고백하는 사람들

고백하는 사람들

자서전과 이력서로 본
북한의 해방과 혁명, 1945~1950

김재웅 지음

푸른역사

| 일러두기 |

1. 인명 뒤에 괄호 표기를 넣고 연령을 기입했다. 모두 만 나이로 계산한 서양식 연령이다.

2. 확인이 가능한 선에서만 인명을 한자로 표기했다.

3. 단체명 표기와 관련해 처음 언급할 경우에만 정식 명칭을 사용하고,
   이후부터는 일반적으로 통용되는 약칭을 사용했다.
   (예) 북조선민주청년동맹 ⇨ 민청

4. 북한식 용어 표기법을 따르기보다 가급적 두음법칙을 적용했다. 그러나 단체명이나
   매체명 등의 경우, 북한의 공식 명칭을 그대로 사용했다.
   (예) 로동신문, 조쏘문화협회

5. 원자료의 긴 문장을 인용할 경우 가독성을 고려해 문법과 맞춤법을 바로잡았다.

6. 원문을 인용할 때에는 큰따옴표(" "), 용어를 강조할 때에는 작은따옴표(' ')를 사용했다.

머리말

막연한 동경을 품고 역사학계에 발을 들여놓은 지 어느덧 스무 해가 지났다. 연구자로서 첫 논문을 발표한 2000년대 초만 하더라도 전체 북한사 연구자는 두 손에 꼽을 수 있을 정도였다. 연구 분야도 한국전쟁 전의 정치·경제사에 집중되었을 뿐, 사실상 많은 부분이 미개척 분야로 남아 있었다. 연구 자료의 수집과 활용에는 늘 검열이라는 성가신 절차가 따라다녔다. 과연 도전할 가치가 있는 분야일까라는 의구심이 초보 연구자의 머리에서 떠나지 않았다.

그러나 이제 연구진의 성장과 연구 성과의 축적에 힘입어 북한사 분야는 학문적 구색을 갖추는 단계에 이르렀다. 더 나아가 한국사의 한 축으로서 대중적 인기를 얻으며 나름의 위상을 확립해가고 있다. 현재 한국의 북한사 연구수준이 미국과 일본을 넘어섰음은 의심의 여지가 없다. 이제 미국·일본·중국·러시아 등 해외의 북한사학은 우리가 넘어서야 할 선진 학문이라기보다, 참고할 가치가 있는 연구의 한 지류일 뿐이다.

북한사의 학문적 수준 향상과 함께 어느덧 저자도 40대 후반의 중견 연구자가 되었다. 북한사 연구에 첫발을 내디뎠을 때 과연 옳은 길을 선택했는지 불안감에 사로잡힌 적도 있었다. 그러한 불확실성은 지금도 새로운 글에 착수할 때마다 마주치곤 하는 감정이다. 마치 새로운 사업에 뛰어든 뒤 파산을 우려하는 사업가들처럼, 새로운 연구 주제에 착수한 연구자들도 그들과 비슷한 심정에 사로잡히곤 한다. 다만 새로운 도전을 즐길 여유가 있다는 점에서 우리 역사가들의 처지는 그들보다 좀 더 나아 보인다.

역사 연구자들은 전혀 예측하지 못한 기쁨을 맛볼 때가 종종 있다. 그 가운데 단연 최고의 기쁨은 엄청난 자료와 마주칠 때의 전율이다. 지난 20여 년의 세월을 돌이켜볼 때, 그러한 전율이 나를 엄습했던 적은 고작 두세 번뿐이었다. 이 글의 기초 자료인 자서전·이력서류를 처음 접했을 때가 그중 하나였다. 지금으로부터 약 10년 전 일반 대중들의 기록인 이 자료들을 처음 마주쳤을 때, 내 심장 박동은 평소보다 두 배 정도 빨라지기 시작했다. 마취약에 취한 듯 온몸은 완전히 마비돼 있었다. 그때가 미국 국립문서기록관리청NARA의 수장고에서 60년간이나 나를 기다려왔을 자서전·이력서류와의 첫 만남의 순간이었다.

아마 최고의 재료를 구한 요리사들도 나와 비슷한 기분에 사로잡힐지 모른다. 더 나아가 그들이 훌륭한 재료를 활용해 어떤 요리를 만들까 고민하듯, 나도 이 엄청난 자료를 어떻게 활용할지 고민하기 시작했다. 현대 역사학은 치밀한 스토리 구성을 중시하는 경향이 있다. 필자도 숱한 사람들의 서로 다른 경험들을 보여주고 있는 이 방대하고도 혼란스러운 자료들을 일관적이고 연결성 있는 스토리로 재구성해야 했다. 그것은 쉽지 않은 작업이었다. 그들의 집단 경험을 하나하나 분해한 다음, 주제별로 꿰맞춰 연결성 있는 스토리를 엮어나가는 방식이 그나마 괜찮을 듯했다. 그것은 마치 컬러 잡지를 조각조각 오려낸 다음 색상별로 하나하나 이어 붙여, 생각한 모양을 만들어나가는 모자이크와 유사한 방식이었다.

물론 이 자료들은 얼마든지 다른 방식으로도 활용될 수 있다. 필자를 비롯한 여러 연구자들은 이미 학술논문에서 자서전·이력서류를 인용해왔다. 그러나 역사의 현장에 있었던 이들의 생생한 육성이 담긴 자료를 무미건조한 학술논문에만 활용하기에는 너무도 아쉽다는 생각이 들었다. 역사의 뒤안길로 사라진 이들의 화석화된 기록에 생명력을 불어넣고 싶었다. 오로지 자서전·이력서류만으로 대중들의 삶과 생각을 흥미롭게 재현해낼 방법은 없을까? 아무래도 대중들의 각기 다른 경험들을 연결성 있게 이어 붙여 하나의 스토리를 완성해내는 방식밖에 없어 보였다. 다행히도 글의 재료인 그들의 생각과 경험 조각들은 무궁무진했다.

필자는 그동안 학술논문의 결에서 벗어난 그와 같은 글쓰기를 통해 호평과 악평을 동시에 받아왔다. 역사의 현장을 생생히 재현할 가능성을 제시했다는 평가도 있었던 반면, 아카데믹한 분석과 거리가 있는 나열식의 글일 뿐이라는 부정적 평가들도 있었다. 연구자 집단 내 동료들의 다양한 평가를 뒤로하고, 이제는 일반 독자들 앞에 서게 되었다. 독자들로부터 어떤 평가를 받게 될지 다시 시험대에 올라선 필자의 심정은 초조함을 금할 길 없다.

역사학계에 발을 들여놓은 지 20여 년이 지난 현재, 종종 학문적 전향의 유혹을 느끼곤 한다. 이제 학술논문 성격의 글쓰기를 중단하고 대중서 저술에 힘을 쏟고 싶다. 역사가 대중화된 사회야말로 우리 삶의 질을 한 차원 더 높일 수 있다는 생각을 오래전부터 해왔다. 대중들이 역사로부터 교훈을 얻고 시비를 옳게 판단할 수 있는 안목을 기른다면, 우리 사회는 분명 더 정의로운 해결책을 찾을 수 있을 것이기 때문이다. 물론 그 임무는 역사학자들의 두 어깨에 걸머져 있다. 치밀한 실증성의 기초 위에서 이루어질 대중적 글쓰기야말로 필자뿐만 아니라 역사학계가 개척해야 할 새로운 영역이 아닐까 생각한다.

이 글은 많은 분들의 도움과 격려에 힘입어 빛을 보게 되었다. 연구자들이 쉽게 이용할 수 있도록 온라인상으로 방대한 자료들을 공개한 국립중앙도서관의 조치는 이 연구의 착수에 결정적 도움이 되었다. 공공기관으로서 "자료의 민주화와 대중화"를 몸소 실천한 혁신적 조치였다고 평가한다. 한국연구재단과 국사편찬위원회는 여러 차례에 걸쳐 연구비를 지원해주었다. 지친 연구자의 갈증을 해소해준

가뭄 뒤의 단비와 같았다. 그리고 이 책이 대중서가 될 수 있도록 많은 영감을 일깨워주고 격려를 아끼지 않은 도서출판 푸른역사에도 감사 인사를 드린다. 마지막으로 역사의 현장에서 자신들의 경험을 진솔하게 들려준 879명의 "고백하는 사람들"에게 이 글을 헌정한다.

나른한 오후, 늦봄 햇살이 밀려드는
고려대학교 대학원 도서관에서

2020년 5월 20일
김재웅

차례

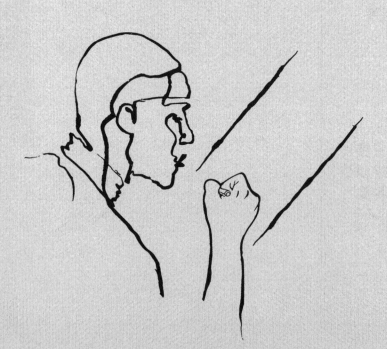

서설

1.
북한체제 하 알려지지 않은 일반인들의 기록

역사란 정복자나 통치자의 기록이라는 말이 있다. 사실 시대와 지역을 막론하고 기록을 남긴 이들은 대부분 지배층이었다. 그들이 남긴 자료를 재구성하는 식으로 이루어지는 역사 서술도 당연히 지배층의 시각을 반영할 수밖에 없다. 본격적 연구가 시작된 지 채 50년이 되지 않은 북한사도 지배층 곧 당·정 기구 간부들이 남긴 기록에 의존하여 연구가 수행돼오긴 마찬가지였다. 그들은 북한체제의 발전 과정을 그들 사이의 '합의된 가이드라인'에 따라 기술하였다.

대중들의 목소리는 좀처럼 그들의 기록에 끼어들 틈이 없었다. 사실 지배층의 통치에 다양한 대응 전략을 구사함으로써 그들의 통치 방식에 중대한 변화를 일으키기도 하는 대중들이야말로 어쩌면 역사의 주역이라 할 만한 이들이었다. 그들은 단 하나의 관점만을 고수한 지배층과 달리, 매우 다양하고 역동적인 사고력을 발휘하는 무한한 영감과 사상의 원천이었다.

대중들의 목소리를 결여한 지도층만의 기록이었다는 점 외에, 북한의 기록문화가 역동성과 생동성을 상실한 다른 원인은 다층적 수준의 검열에 있었다. 통치에 방해가 될 수 있는 목소리를 억누르기 위한 대표적 언론 통제 수단인 검열은 현실 사회주의권 국가들에서 강도 높게 실시되었다. 물론 소련의 검열제도를 도입한 북한도 사회적으로 공인된 규범이나 관점을 벗어나는 기록 행위를 용납하지 않았다.

북한의 기록문화에 비추어볼 때 검열에 결박된 지도층의 기록이 당대의 시대상과 사회상을 가장 객관적이고 진실하게 보여주는가 하는 점은 의문으로 남는다. 사실 대부분의 북한 기록물은 매우 무미건조해 생동감을 일으키지 못할 뿐만 아니라 사실관계에서까지 오류를 보이고 있다. 특히 공식 자료 중 가장 큰 비중을 점하고 있는 신문·잡지류는 조선로동당의 입장을 대변하는 매체로 전락한 지 오래다. 무미건조한 공식 자료를 보완할 수 있는 탈북자들의 증언록이 그동안 다량으로 출판되었으나, 사료적 신뢰성 면에서 적잖은 의심을 받고 있다.

공식 자료와 증언록의 약점을 극복할 수 있는 대안으로, 최근에 자서전·이력서류가 주목받기 시작했다. 이 자료는 해방 후 북한체제하에서 일반 대중들이 작성한 개인 기록물이다. 잘 알려지지 않은 일반 대중들이 남긴 자서전·이력서의 중대한 사료적 가치는 그들의 생각과 일상 삶을 생생히 드러낸다는 점에 있다. 대개 일제시기에 태어난 자서전 작성자들은 자신의 성장 과정과 자신의 눈으로 관찰한 주변세계를 진솔하게 기록하였다. '지배층의 언어'나 '지도자의 언어'

가 아닌 대중들 자신의 일상 언어로 기록된 자서전·이력서는 스냅사진처럼 해방 직후 북한의 시대상과 사회상을 생생하게 포착하고 있다. 그 기록을 읽는 독자라면 누구나 당시의 사회 분위기에 젖어드는 황홀경을 체험할 수 있다.

자서전·이력서의 가장 중대한 가치는 역사의 현장에 있었던 일반인 개개인들의 심리상태를 드러낸다는 점이다. 연구자들은 이 자료를 통해 북한체제의 개개인들이 일상적으로 품고 있었던 생각을 마주할 수 있고, 따라서 그들의 사고방식·가치체계·세계관 등의 의식구조를 재구성할 수 있는 가능성을 얻게 되었다. 대중들의 사고와 관점에 입각한 역사 서술이 가능해졌다는 점은 진정한 '아래로부터의 역사'에 착수할 수 있는 발판이 마련되었음을 의미한다. 더 나아가 '아래로부터의 역사' 구현은 현실세계에서 민주주의를 쟁취한 대중들이 비로소 역사세계의 민주주의마저 향유할 수 있게 되었음을 뜻한다.

필자는 역사의 수면 아래 가라앉아 있었던 알려지지 않은 많은 대중들의 경험을 재료로 활용해 북한사를 그들의 관점에서 재구성하고자 한다. 구체적으로 이 글은 대중들의 집단 경험을 모자이크하는 식의 방법론을 활용하였다. 그들의 경험 조각들을 하나하나 이어 붙여 완결된 스토리를 구성하고자 하는 이 연구의 실험 목표는 낮은 수준에서나마 사회사·일상사·미시사 등의 연구 방법론이 북한사 부문에도 적용될 수 있음을 보이는 데 있다. 지배층의 시선이 아닌 일반 대중의 시선을 통해 역사를 들여다보려는 이 연구의 실험은 북한사 연구 방법론의 새로운 출구 모색에도 도움이 되리라 기대한다.

2.
자서전과 이력서

현실 사회주의권 국가들은 공직자 개개인들로부터 자서전과 이력서를 수합하였다. 그들의 가족·친척 관계를 비롯한 인간관계와 활동 경력을 기록한 이 문건들은 국가가 개개인들을 파악하고 관리할 수 있는 자료로 활용되었다. 더 직접적으로 말해 자서전·이력서는 모든 개개인들을 장악하고자 한 사회주의권 국가들의 일반적 통제 기제였다. 물론 북한도 공직자·간부·노동당원·교원·학생·군인 등에게 이력서와 자서전의 제출을 의무화했다. 그들에 관한 핵심 정보를 담고 있는 이 문건들이 당국의 수중에 들어왔다는 점은 모든 개개인 정보의 장악을 모색한 국가의 야심적 구상이 실현되었음을 의미한다.

북한 당국이 수합한 자서전·이력서류 가운데 일부가 한국전쟁 기간 중 38선 이북 지역을 점령한 미군에 의해 노획되었다. 현재 미국 국립문서기록관리청NARA(National Archives and Records Administration)에 소장돼 있는 이른바 "전시 노획문서들" 중 한 종류인 자서전·이력서류는 RG242 SA2007군과 RG242 SA2011군에 집중적으로 분포해 있다. NARA가 보유한 자서전·이력서류의 상당분은 미군 노획문서를 체계적으로 수집해온 국립중앙도서관과 국사편찬위원회를 통해 한국에도 유입되었다.

미군이 전시에 북한 지역 공공기관에서 탈취한 이 문건들은 그 기관에 근무한 직원들 개개인의 기록물이다. 구체적으로 김일성종합대학 교수진, 평양공업대학 교수진, 흥남공업대학 교수진, 평양의학대학 교수진, 함흥의과대학 교수진, 청진의과대학 교수진, 평양교원대학 역사과·지리과·노어과·수학물리과·화학과·체육과 학생들, 황해도 재령군 내 각 중학교 교사들, 강원도 김화군·평강군 내 각 중학교 교사들, 함경남도 영흥군·함주군 내 각 중학교 교사들, 황해도 벽성군·송화군·은율군 내 참심원들, 조선인민군 하사관과 병사들, 조선중앙통신사 직원들 등의 자서전·이력서가 전시에 노획되었다.

북한 당국은 공직자 개개인들로부터 수합한 자서전·이력서에 평정서라는 문건을 끼워 한 세트로 보관하였다. 개개인들이 직접 작성한 자서전·이력서와 달리, 평정서는 당국자가 그들을 평가한 문건이었다. 때때로 이 세 문건 뒤에 기록자들의 학력을 입증할 근거 자료인 졸업증서 사본이 첨부되었다. 그것을 제출한 이들은 전문학교나 대학을 나온 고학력자들이었다. 그들은 복사 기술이 대중화되지 않은 당시에, 학교 직인까지 정성껏 그려 넣은 졸업증 필사본을 제출하였다.

자서전·이력서는 일정한 양식에 따라 작성되었다. 먼저 작성자의 사진을 오른쪽 상단에 붙여야 하는 이력서는 수십 개의 기재 란을 두고 있었다. 평양공업대학 교수 이력서 양식의 경우 기입해야 할 항목이 총 42개에 달했다.

1) 소속 직장과 직위 2) 성명 3) 성별 4) 민족별 5) 생년월일 6) 본적지 7) 출생지 8) 현주소 9) 부모의 직업 10) 토지개혁 시 몰수되거나 분여받은 부모의 토지 평수 11) 토지개혁 시 몰수되거나 분여받은 본인의 토지 평수 12) 부모의 재산 정도 13) 본인의 재산 정도 14) 출신성분 15) 사회성분 16) 소속 정당 17) 타 정당이나 외국 정당 가입 여부

18) 학력 19) 해방 전 보통문관이나 고등문관 시험 합격 여부 20) 저작이나 발명 여부 21) 소유한 기술 22) 해방 후 정치 강습 수강 여부 23) 외국 여행 24) 여덟 살 이후의 경력 25) 이력에 대한 증명인 26) 주 직업 외에 겸한 직책 27) 선거를 통해 당선된 기관과 직위 28) 구사 가능한 외국어 29) 책벌 여부 30) 표창 수여 여부 31) 해방 전 친일단체 가담 여부 32) 해방 전 표창 수여 여부 33) 혁명운동·지하운동 참가 여부 34) 정치운동에 따른 체포·구금·투옥 여부 35) 정치운동 외의 이유에 따른 체포·구금·투옥 여부 36) 해방 전이나 해방 후 군인 복무 여부 37) 신앙 38) 가족관계 39) 친우관계 40) 취미 41) 이력서 기입 년 월 일 42) 이력서 취급자[1]

　42개 항에 걸친 단답식 서술을 요구한 이력서는 개개인들의 일생을 한눈에 파악할 수 있는 이점을 지니고 있었다. 그러나 단답식 서술만으로는 작성자의 구체적 활동과 경력, 가족관계를 비롯한 인간관계, 내밀한 의식구조 등에 관한 심층적 정보를 파악하기에 불충분했다. 개개인들의 거시적 활동 궤적과 대강의 경력만을 보여주는 문건인 이력서 이상의 자료가 요구되었다. 바로 자서전이 그들의 활동 경력과 가족 배경을 미시적 수준까지 해부할 수 있는 자료였다. 자서전 양식은 백지에 밑줄만 그어져 있었다. 기록자들은 작문을 통해 그 빈 공간을 메워야 했다. 물론 자서전에도 가이드라인에 해당하는 작성 요강이 있었다. 조선인민군 병사들에게 전달된 자서전 작성 요강은 다음과 같다.

1) 본적과 현주소를 쓸 것 2) 출생 당시부터 해방 전까지 가정의 경제 상태(소유한 동산·부동산 액수와 토지개혁 당시 분여받거나 몰수된 토지 평수 등) 및 부모의 직업 변동과 사상 동향(8촌 친척까지)에 대해 구체적으로 쓸 것 3) 해방 후 부모의 직업과 사상 동향 및 정당관계(8촌 친척까지)를 구체적으로 쓸 것 4) 본인의 8세 이래 경력(취학, 해방 전 직업, 일제의 관청·군대와 친일단체 참가 등)을 구체적으로 쓸 것 5) 해방 전 혁명운동 참가 여부와 참가 단체명을 쓸 것 6) 해방 전 사회관계, 교제한 친우의 성명과 교제시기를 상세히 쓸 것 7) 투옥생활을 했는가? 했다면 그 원인과 기간 그리고 출옥 사유와 출옥 이후의 직업 및 사상 동향을 상세히 쓸 것 8) 해방 후 직업, 소속 정당과 그 정당에 참가한 동기, 입당 보증인, 입당한 기관 그리고 책벌 받은 일을 상세히 쓸 것 9) 여덟 살 이후 이상의 사건들이 일어난 연도와 지역명을 명확히 쓰고, 과거 이력에 대한 보증인의 성명, 직위, 주소, 정당관계, 종파관계를 쓸 것 10) 현 직장에 누구의 추천으로 들어왔으며, 근무 기간 중 상벌 사항이 있는지 구체적으로 쓸 것 11) 자신의 사상 작풍과 사업역량 상의 장단점을 구체적으로 쓸 것 12) 국문을 사용해 횡서로 쓰며, 오자 없이 정서할 것.[2]

기록자들은 위 지침에 따라 자신이 어떠한 환경에서 성장했고, 어떻게 활동해왔는가를 세밀하게 기술해야 했다. 자서전·이력서 작성 요강은 특히 기록자의 가족관계와 일제시기 활동에 대한 구체적 서술을 요구했다. 출신성분(출생 당시 부모의 직업), 사회성분(본인이 가장 오랫동안 종사한 직업), 토지개혁 시에 분여받거나 몰수된 토지 평수,

가족과 친척 구성원들의 경력 등은 작성자가 어떠한 가족관계·인간관계 속에서 성장해왔는가를 살핌으로써 그의 포섭과 배제를 판가름하는 척도로 활용될 수 있었다. 마찬가지로 일제에 저항하거나 협력한 작성자들의 해방 전 경력도 그들의 포섭과 배제를 가늠하는 잣대로 활용되었다.

자서전·이력서 작성의 가이드라인은 1948년경 완성된 형태가 나타나기까지 차츰 보완되는 과정을 겪었다. 사실 1948년 이후에 작성된 자서전·이력서와 해방 직후에 작성된 자서전·이력서는 형식 면에서 적잖은 차이를 보인다. 이를테면 1947년경 김일성종합대학 교수들이 작성한 자서전은 판독이 어려울 만큼, 세로쓰기에 더하여 흘려 쓴 한자들을 지나치게 많이 사용하였다.[3] 점차 자서전의 중요성이 강조됨에 따라 작성 요강에 정자 쓰기, 가로쓰기, 한글 전용 등의 지침이 포함되었다.

자서전·이력서 양식의 가장 큰 변화는 작성자들의 일제시기 경력과 가족관계에 대해 구체적 서술을 요구한 점이다. 1948년 이후의 자서전·이력서 양식은 이전 양식과 달리 창씨개명 여부, 출신성분·사회성분, 토지개혁 시 분여받거나 몰수당한 토지 평수, 일제의 군대에 복무한 전력 등을 기입해야 할 란을 신설하였다. 일제의 군대에 복무한 전력과 창씨개명 항목은 기록자들의 친일 행위 여부를 판가름하는 잣대로 활용되었다. 출신성분·사회성분과 토지개혁 시 분여받거나 몰수된 토지 평수 항목은 기록자들의 계급적 지위와 체제 지지도를 가늠하는 잣대로 이용될 수 있었다.

자서전·이력서 양식의 이러한 변화는 북한체제의 급진화 곧 유산계급과 친일파에 대한 공세가 강화된 1948년 이후의 정세 변화를 반영한다. 한국전쟁기에 노획된 자서전·이력서의 대부분이 1948년경부터 1949년경에 걸쳐 작성되었다는 점은 자서전·이력서 작성 문화의 확산이 체제 급진화의 영향과 무관치 않음을 의미한다.

이 연구에 활용된 자서전·이력서의 작성자들 대부분은 북한의 식자층이라 할 만한 고등교육 수혜자들이었다. 따라서 그들의 집단 경험에 기초한 이 글은 북한 하층민들의 이야기라기보다, 상류층의 역사에 근접해 있다. 자서전을 남긴 이들 가운데 교육을 받지 못한 무학력자들이 전혀 없었던 것은 아니었다. "인민의 국가"를 자임한 조선민주주의인민공화국은 "인민의 대표"라는 명분 아래 전혀 교육을 받지 못한 전업 노동자들과 농민들을 적극적으로 등용하였다. 따라서 그들의 자서전도 심심찮게 목격되고 있다.

빼어난 글씨체를 지닌 아주 짧은 분량의 자서전들 가운데 일부는 무식자나 저학력자들의 부탁을 받아 누군가가 대필한 것들이다. 물론 그들이 직접 작성한 자서전도 있다. 그러나 그 기록들은 필체가 형편없는 데다 맞춤법과 문법도 서툴러, 해독에 적잖은 인내를 요한다. 게다가 교육을 제대로 받지 못한 그들은 자신들의 생각과 삶을 구체적이고 생동감 있게 표현하지 못했다. 따라서 이 글은 북한 유산층·식자층의 역사에 초점을 맞추되, 식자층의 눈에 비친 무산층의 역사를 곁가지로 다룰 계획이다.

이 연구는 총 879명이 작성한 자서전·이력서를 기초 자료로 활용하였다. 기록자들의 출생 연대는 1890년대부터 1930년대에 걸쳐 있다. 그들 가운데 1910년대 출생자들과 1920년대 출생자들이 25퍼센트(220명)와 58퍼센트(510명)에 달할 만큼 압도적 다수를 점했다. 성별 비율은 남성과 여성이 각각 91.6퍼센트(805명)와 8.4퍼센트(74명)에 달했다. 기록자들 대부분은 당 조직생활을 영위하고 있었다. 전체 기록자의 61.4퍼센트에 달한 540명이 북조선로동당원들이었다. 무당적자도 35.9퍼센트(316명)에 달할 만큼 상당한 비중을 점했으나, 노동당원 외의 타 정당원들은 극소수에 지나지 않았다.

기록자들의 출신성분(출생 당시 부모의 직업)은 빈농 43.8퍼센트(385명), 중농 17.9퍼센트(157명), 사무원 14.9퍼센트(131명), 노동자 7.3퍼센트(64명), 상인 6.6퍼센트(58명), 지주 4.3퍼센트(38명), 부농 2.6퍼센트(23명) 등의 분포를 보였다. 출생과 함께 확정되는 출신성분과 달리, 가장 오랫동안 종사한 본인의 직업을 의미하는 사회성분은 유동성을 띠었다. 전체 기록자들의 사회성분 가운데 가장 큰 비중을 점한 직업은 64.2퍼센트(564명)에 달한 사무원이었다. 그에 이어 대학생 22.3퍼센트(196명), 빈농 7.3퍼센트(64명), 노동자 5.9퍼센트(52명) 등의 순으로 이어지는 점유율을 보였다.

자서전 작성자들의 압도적 다수는 북한 지역에서 태어났다. 그들의 비율은 90.3퍼센트(794명)에 달했다. 아울러 7.6퍼센트(67명)를 점한 남한 출신자들 외에, 소수의 만주·러시아·일본 출신들도 있었다. 879명의 기록자들 가운데 결혼 연령 확인이 가능한 이들은 총 197명이다. 그들 중 16~20세에 결혼한 이들이 44.7퍼센트(88명)의 점유율을 보였다. 성별 평균 결혼 연령은 남성(179명)의 경우 19.9세, 여성(18명)의 경우 16.9세였다.

기록자들 대부분이 공직자와 간부 출신이라는 점은 그들이 기본적으로 교육수준이 높은 식자층임을 의미한다. 그들의 최종 학력은 전문학교 34.2퍼센트(301명), 대학 26.4퍼센트(232명), 중학교 16.8퍼센트(148명), 소학교 11.8퍼센트(104명), 사범학교 6.8퍼센트(60명), 무학 2.7퍼센트(24명), 서당 1.1퍼센트(10명) 등의 분포를 보였다. 외국 유학을 경험한 이들은 총 241명에 달했다. 물론 유학 경험자들의 대다수는 남성(230명)이었다. 여성은 11명에 지나지 않았다. 그들이 유학한 국가는 일본(167명)과 만주(67명)가 압도적이었다.

당국에 제출된 자서전·이력서의 분량은 적게는 5~6쪽으로부터 많게는 10쪽 이상에 이르기까지, 작성자 개개인에 따라 적잖은 편차를 보였다. 다음에 제시된 '김삼돌의 고백'은 한 세트로 구성된 이력서·자서전·평정서의 기본 양식이다. 1949년경 평양교원대학 노어과 학생인 김삼돌이 자서전과 이력서를, 학과장 교수가 평정서를 작성하였다.

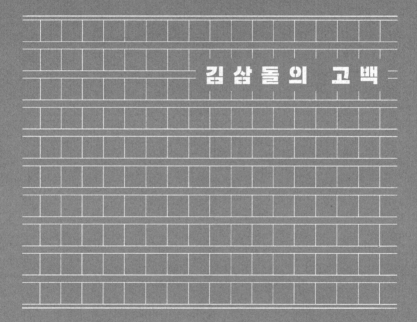

김 삼 돌 의 고 백

간 부 리 력 서

1. ㄱ.성명 ㄱ.본명 金남동   ㄴ.본명   ㄷ.별명

2. 성별 남   ㄱ.성년월일 19?년 / 월 / 일 (29)세   ㄴ.만룡백초선언

   ㄷ.현재 행정구역리 령칭 경상북도 어느돈 암천면, 청구동 87번지

   ㄹ.출생지 ㄴ.과거 행정구역별의 령칭 상   上

4. 사회출신 빈농   ㄱ.부모의직업   부모 의 8.15전   토수
                                                     토지소유 8.15후   분의
                                                     본인 의 8.15전   평 울수
5. 사회성분 책임   본인의기본직업 책임성   토지소유 8.15후   분 의

8. 강별 로동당   입당년월일 1942년 12월 4일   당증번호 NO 243121

9.   (구체)   군당부

10.   (거의당에서 어느때부터 어느때까지) 할당리유 없음

11. 일파 밖에 장가한일이 있는가   없음

12. 대옥정당 의참가 한일이 있는가   없음

13. 지식정도

학교 명칭	학교소재 지방명	어느때부터	어느때까지	졸업년 또는?가	전문하과목
보 통	돈에서	무릇어떤하네우	1933. 2.19	졸업	
지 식	청성돈학교	경상시 청송리	1935. 9	1936	중	정치
전 교	영어로운어	영등제 서울리	1936.10	1939		로어
기술자					
군악교					
과학교					
강 치					
학 교					

14. ㄱ.자위 과미유무   없음

15. 과허 별명 문제 자울유무   없음

16. 외국 려행유무

기느때부터	기느때까지	어느국가 어떤행정 구역에가서있은가	무 슨일 로하였는가
1939.7	1949.12	일본 * 부릇속 이릇동	로동과 정치운동

간 부 리 력 서

1. 성명　ㄱ.본명　김삼돌　　ㄴ. 현명　　　　　ㄷ. 별명　　　　
2. 성별　남　　3. 생년월일 1921 년 1 월 1 일 (29)세　　4. 민족별 조선인
5. 출생지　　ㄱ. 현재 행정구역의 명칭　　경상북도 영천군 영천면 창구동 87번지
　　　　　　ㄴ. 과거 행정구역의 명칭　　同上

6. 사회출신　빈농　부모의 직업　8.15전 1921.4 부 사망　부 모 의　8.15전 1050 평　몰수 ＿＿＿ 평
　　　　　　　　　　　　　　　　8.15후 모 농업　토지소유　8.15후 1050 평　분여 ＿＿＿ 평
7. 사회성분　학생　본인의 기본직업　학생　　　본 인 의　8.15전 ＿＿＿ 평　몰수 ＿＿＿ 평
　　　　　　　　　　　　　　　　　　　　　　토지소유　8.15후 ＿＿＿ 평　분여 ＿＿＿ 평

8. 당별　　로동당 입당년월일 1947 년 12 월 4 일　　당증호수 NO. 743121
9. 입당한 당의 명칭 북조선로동 당 평안남 도 평양특별 시 (구역) 중구역 군당부
10. 다른 당에 입당하였는가 (어떤 당에서, 어느때부터 어느때까지) 탈당리유　　없음

---

11. 당파벌에 참가한 일이 있는가　　없음
12. 외국정당에 참가한 일이 있는가　없음
13. 지식정도

학교별 ＼ 구분	학교명칭	학교소재 및 지역명	어느때부터	어느때까지	졸업인가 중퇴인가	전문학과목
보통 지식 학교	일본대학 제이 상업학교	도쿄시 아마누마쪼	1940.4.20	1943.12.17	졸업	
	경성법정전문	경성시 청량리	1945.12	1946.3	중퇴	정치
	평양교원대학	평양특별시 문수리	1946.10	1949.5		로어
기술학교 및 군관학교						
정치 학교						

14. 학위 학직 유무　　　　　　　　없음
15. 과학, 발명, 문예, 저술 유무　　없음
16. 외국 여행 유무

어느때부터	어느때까지	어느 국가 어떤 행정구역에 가있었는가	무슨 일을 하였는가
1939.7	1943.12	일본 구주 및 동경	로동과 공부를 함

년 월 일 (누락없이 가르쳐야지)		취업기관의 명칭 및 직책	취업장소 (도시군(구역)면리)
1935.4.	1936.9.	대구우편국 전신전화 수선과 수리공 견습	경상북도 대구부내
1936.10	1939.6	집에서 가사를 도우면서 과세구 강제동원	경상북도 영덕군 영해면 성내
1939.7	1939.8	규슈 야하다 애다미쓰 세천공장 로동자	규슈 야하다시
1939.9	1939.12	모-도 연석공장 로동자	모-도시 사요우
1940.1	1940.3	도쿄-요 개어-히로 제초공장 로동자	도-쿄시 아라가와구 대노와
1944.1	1944.3	집에서 휴식하였슴	경상북도 영덕군 영해면 성내
1944.4	1945.8	조선제유 부산지점 로무자 합숙소 로동자	경남 부산시 대신정
1945.9	1945.11	청흥 영해면 동맹	선전부원	경북영덕군 영해면 성내리
1945.12	1946.8	반제반봉건로 위원 반제반봉건위원회 위원	경성시 청량리

17. 로력을 시작한 때부터 리력에 대한 것 (리력을일개월도 빠짐없이 기입할 것)

년 월 일		취업기관의 명칭 및 직위	취업장소(도. 시. 군(구역) 면 리)
어느때부터	어느때까지		
1935.4	1936.9	대구우편국 전신전화 수선과 수리공 견습	경상북도 대구시 본정
1936.10	1939.6	집에서 가사를 도우면서 와새다 강의록을 봄	경상북도 영덕군 영해면 성내
1939.7	1939.8	규수 야하다, 애다미쯔 제철공장 로동자	규슈 야하다시
1939.9	1939.12	교-도 염색공장 로동자	교-도시 사교구
1940.1	1940.3	도-교 개다 히모 제조공장 로동자	도-교시 아라가와구 미노와
1944.1	1944.3	집에서 휴식함	경상북도 영덕군 영해면 성내
1944.4	1945.8	조선해륙 부산지점 로무자 합숙소 로동자	경남 부산시 대신정
1945.9	1945.11	청총 영해면 동맹 선전부원	경북 영덕군 영해면 성내리
1945.11	1946.8	법정전문학교 패쇄반대투쟁위원회회원	경성시 청량리
			.

주의

1. 리력서의 기입은 자필로 쓰되 먹즙으로 정정 오서 등이 없도록 할 것

2. 리력란(17)에는 학교를 꼿마친 때부터 리력을 일개월도 빠짐없이 기입할 것.

18. 로동책임에 걸린한것을쓸것.

변 월 일 어느때부터	어느때까지	직 명 (경당한책임)	행 정 구 역 의 명 칭 (도.시.군.면.리)
없 음			

19. 중앙.도.시.군(구역) 선거기관에 피선된사실유무 (경란락함)

선거기 관소 재지의명칭	선거기관의명칭	선거명칭	상임위 (약인.전권자)	변 월 일 피 선 날	해면된날
없 음					

20. 외국어 소유에관한것

어느국가말 을 하는가	읽 고 쓰 고 말 할 수 있 는 가 (정도)	
	읽 고 쓰 기	말 한 누 게
영 어	읽고, 쓰고, 도름하여서 씀	읽고, 쓰고, 번석하고, 회화도 능함

21. 해방후 동과 지방으로에 참가 하였는가 있었다면어떤장소당당하고와했는가

변 월 일 어느때부터	어느때까지	어느지방에서어떤료동에참가 하였으며조직책임은누구인가	무슨료동을 당당하였는가
		없 음	

22. 정치로동에참가하원신으로검독에체포된일가 있다면어느때로 (간검옥에서)

변 월 일 어느때부터	어느때까지	무 슨 사 건 으 로	어느감옥에서
		없 음	

23. 관치기관 및기타 재국주의기관 및 반동단체에참가분 받았는가. 있었다면어떤관계였는가

변 월 일 어느때부터	어느때까지	어느지방, 어떤기관, 어떤단체에서	무슨책임으로 있었는가
		없 음	

24. 8.15전 정치로동여외에따른사건으로 재판의판결을받었는가 그판결에관한내용을기입쓸것

없 음

(좌측 세로글) 사항. 4 리사진중 자서전을반드시 개월이내의 경력변동을 첨부쓸것. 전후 리여중 격당책부문제포함하여 기입쓸것

18. 근본책임에 겸임한 책임을 쓸 것

년 월 일		직명(겸임한 책임)	행정구역의 명칭(도.시.군.면.리)
어느때부터	어느때까지		
		없음	

사항.

3. 리력 중 삼개월 이내의 경력 변동은 전후 리력중 적당한 부분에 포함하여 기입할것.

4. 사진 자서전을 반드시 첨부 할 것.

19. 중앙 도.시.군.(구역) 선거기관에 피선된 사실유무 (정권 및 당)

선거기관 소재지의 명칭	선거기관의 명칭	선거명칭(상임위원, 위원, 후보위원)	년 월 일	
없음			피선된 날	제명된 날

20. 외국어 소유에 대한 것

어느 국가 말을 하는가	읽고 쓰고 말할 수 있는가 (정도)	
	약하게	원만하게
영어	읽고, 쓰고, 조곰 해석함	
로어		읽고, 쓰고, 해석하고, 회화도 좀 함

21. 해방운동과 지하운동에 참가하였는가. 있었다면 어떤 공작을 담당하고 있었든가

년 월 일		어느 지방에서 어떤 운동에 참가하였으며 조직 책임은 누구인가	무슨 공작을 담당하였는가
어느때부터	어느때까지		
		없음	

22. 정치운동에 참가한 원인으로 감옥에 체포되었는가. 있었다면 어느 때 어떤 사건이었는가

년 월 일		무슨 사건으로	어느 감옥에서
어느때부터	어느때까지		
		없음	

23. 일제기관 및 기타 제국주의 기관 및 반동단체에 참가한 일이 있는가. 있었다면 어떤 일을 하였는가

년 월 일		어느 지방 어떤 기관 어떤 단체에서	무슨 책임으로 있었는가
어느때부터	어느때까지		
		없음	

24. 8.15전 정치운동 이외에 다른 사건으로 재판의 판결을 받았는가. 그 판결에 대한 내용을 기입할 것

없음

25. 군입 복무에 관한것 (어느때부터 어느때까지 무슨리유로 입가하였으며 무슨지위에서였는가)

ㄱ. 조국해방을위한 군대에참가하였는가	없음		
		직위	
ㄴ. 조국해방을 반대하는 군대에참가하였는가	없음		
		직위	
ㄷ. 포로된일이 있는가	없음		
		직위	

26. 상벌관계

년월일	어떠한 사유로서 벌받은바 있는가	어떠한 벌인가	어느단체에서 주었는가
	없음		

27. 표창관계

년월일	어떠한 사유로서 표창을 받았는가	어떠한 표창인가	어느기관에서 주었는가
	없음		

28. 8.15후 재판을 받은일이 있는가 있었다면 그관계의 내용을 기입할것

없음

29. 훈장, 기념장, 모범장을 받은일이 있는가

년월일	어떠한 공로로서 받았는가	어떠한 표창	어느기관에서
	없음		

31. 가족관계 (별거가족까지 기입할것)

박동식	61세	부	강흥운 7세	무 성자
강성도	35세	동업 처		
박보기	29세	무	제	
강희자	1세	무	성자	

기 신상 증명 진실이 변수

현주소 함안남 도 함흥특별 시군 _____ 어론구 _____ 리 31 번

본인의 성명 및 수표 성명 강선동 수표 Kangsendg

가
관
인

수표를 보증하는 (간부부장) 성명 _____ 수표 _____
자의 수 표 (통반책임자)

_____ 년 _____ 월 _____ 일

25. 군인 복무에 대한 것 (어느때부터 어느때까지 무슨 리유로 참가하였으며 무슨 지위에 있었는가)

ㄱ. 조국 해방을 위한 군대에 참가였는가		없음	
			직위
ㄴ. 조국 해방을 반대하는 군대에 참가하였는가		없음	
			직위
ㄷ. 조선군대(해방 후)		없음	
			직위

26. 당책벌 유무

년 월 일	어떠한 사유로써 책벌을 받았는가	어떠한 책벌인가	어느 당 단체에서 주었는가
	없음		

27. 행정책벌 유무

년 월 일	어떠한 사유로써 책벌을 받았는가	어떠한 책벌인가	어느 기관에서 주었는가
	없음		

28. 8.15후 재판을 받은 일이 있는가. 있었다면 그 판결의 내용을 기입할 것.

없음

29. 훈장, 기념장, 표창장을 받은 일이 있는가

년 월 일	어떠한 공로로써 받았는가	어떠한 표창	어느 기관에서
	없음		

30. 가족관계 (별거 가족까지 기입할 것) 그 중 외국여행 여하 리유와 년월일을 기입할 것

박동시	61세	무	모	김용운	7세	무	생질
김석돌	35세	농업	형				
박분이	29세	무	형수				
김히자	10세	무	생질				

31. 신앙종교 명칭 및 년수

현주소 평안남 도 평양특별 시.군　　　면 문수 리 311 번지

본인의 성명 및 수표　성명 김삼돌 수표

기관인

수표를 보증하는 자 의 수 표　[간부부장 혹은 책임자]　성명　　　　수표

년　　　월　　　일

자 서 전

본적지　경상북도 영천군 영천면 창구동 87번지
출생지　동　　　　상
현주소　평양특별시 문수리 311번지 사범대학 제2기숙사
생년월일　1921년 1월 1일생
성명　　김 삼돌

　　　　　　　당시 가정상태는 부친은 병환으로 사경에 처해있고
늙으신 조모님과 우부남 우령남의 7인 가족으로 형성된 빈곤한 가정
에서 초남으로 출생 하였다 부친께서는 소작농으로서 (당시명수가 어마나
되는지 자세히 알수없음) 일가의 생계를 유지하여가나 무지한 농민이였다
친척이라고는 다만 한분 계시는 숙부님은 역시 무지한 농민으로 생활고를
차저 함북청진으로 이주하였다 이러한 가운데 나의 출생 후 얼마 드게되
만에 병환에게서는 부친은 별세하시고 늙으신 조모님과 겨우 10세
미만 대는 우리 초남 맏은 잔약한 어머님의 손으로 생호를 유지하여나
갔다 1929년 4월에 나는 영천 공립 보통학교에 입학 하였다 그때 보통학교
초학면에 다니든 백시는 가정의 극악한 곤난으로 학교를 중퇴하고 영천우
편소 전신전화 공놈으로 취직하여 집의 곤난을 도왔다 1930년에 대구
우편국으로 백시는 전근하기되고 역시 어머님 께서는 두누님과 중시를 다리고
경북 영해로 이주하게되어 조모님과 나는 외숙집에 남아 있게되였다 공부는
계속하되 많은 고롬이 심하였다 그러다가 1933년 2월에 조모님 어도라가시고
나는 대구 우편국에 있는 백시에게로 가게되여 동년 5월에 경북대구 후원
초등학교에 초학면으로 전학하였다 후에 그러나 이런 되는 형님의
원공으로 우리서자 전축 하며 생활을 유지하였다 그러든중 1934년 6월경
대에 평남도 상두우편국으로 전근하고 나흐자 남아서 형님의 부속하여
주는 돈으로 나흐자 자취를 해가면서 공부를 계속하였다 1935년에

자　서　전

본적지	경상북도 영천군 영천면 창구동 87번지
출생지	동상
현주소	평양특별시 문수리 311번지 사범대학 제일 기숙사
생년월일	1921년 1월 1일 생
성명	김삼돌

　　　　　　　　당시 가정상태는 부친은 병환으로 사경에 처해있고 늙으신 조모님과 두 누님 두 형님의 7인 가족으로 형성된 빈곤한 가정에서 5남으로 출생하였다. 부친께서는 소작농으로서 (당시 평수가 얼마나 되는지 자세히 알 수 없음) 일가의 생계를 유지하여가는 무지한 농민이였다. 친척이라고는 다만 한 분 계시는 숙부님은 역시 무지한 농민으로 생활지를 차저 함북 청진으로 이주하였다. 이러한 가운데 나의 출생 후 불과 3개월만에 병환에 계시든 부친은 별세하시고 늙으신 조모님과 전부 10세 미만되는 우리 오남매를 잔약한 어머님의 손으로 생활을 유지하여 나갔다. 1929년 4월에 나는 영천 공립보통학교 5학년에 입학하였다. 그때 보통학교 5학년에 다니든 백시는 가정의 극악한 곤난으로 학교를 중퇴하고 영천 우편소 전신전화 공수로 취직하여 집의 곤난을 도왔다. 1930년에 대구 우편국으로 백시는 전근하게 되고 역시 어머님께서는 두 누님과 중시를 다리고 경북 영해로 이주하게 되어 조모님과 나는 외숙집에 남아 있게 되었다. 공부는 계속하되 많은 고통이 심하였다. 그리다가 1933년 2월에 조모님이 도라가시고 나는 대구우편국에 있는 백시에게로 가게 되여 동년 5월에 경북 대구 복명학교에 5학년으로 전학하였다. 불과 20원 미만 되는 형님의 월급으로 둘이서 자취를 하며 생활을 유지하였다. 그리든 중 1934년 6학년 때에 형님은 상주우편국으로 전근하고 나 혼자 남아서 형님의 부송하여 주는 돈으로 나 혼자 자취를 해가면서 공부를 계속하였다. 1935년에

동묘를 졸업하고 대구사범학교에 수험했으나 되지못하고 다른 학교는
경제 관계로 가지못하고 생각을 새로 개선 하기위하여 동 9 1원에 대구의령국
검신전과 되선 과에 최직하여 一개월 九원식 바더가며 신하였다
여기서 초보적이나마 일본사람들의 차별 대우와 면서가 심하여 또 공부도
더하고싶어 1936년 9월에 상기 직장을 사직하고 어머님이게서는 경북영해
로 갔다 집에서는 보서 둘째님이 추가하고 어머님의 연사도 많으시고 연로
하고하여 손녀를 먼저 결혼 시켰다 손녀는 가정형편으로 공부도 못하고 어머니
도와 농사에 충실히 종사하였다 당시농사는 논 650명 밭 400명의 자작과
소작 800필을 합하여 1850평의 농사 지었다 나는 집안 여 동도와 면서 한편
만세다 중학 강의록을 공부하였다 그러나 공부하는 과정에 독학의 곤난성과
학교에서손지 교수 바음의 위력성을 인식하고 가정형편으로 더학에 길수
없었으나 얼본가면 고학을 하겠다 는 것을알고 굳결심을 하였다
1939년에 7월에 구주해로지 (九州海老津) 만장의 로동자로 여행권을 겨우
바 더서 도항 하였다 그러나 나는 만장에 가지않고 구주마하다 에서
야하다 제철소 지장 (枝光) 초자 공장들에서 약 1 개월 여 자유로동을 하여
여비를 준비하여 가지고 동경에 갈목적으로 동무가 있는 대판으로 갔다
이동무는 그러형이 과거 대구사범학교에 다니다가 고 권준복선생의 지도 하에서
동맹사건으로 드게처간 대구경찰서에 유치를 당하고 집에도라 와 있으면서
자기동생들에 얼마 여렴을 주었다 내가 처음 여행장에 갔으매 처음 여목 와
친하여 많으 배움을 바었다 그러서 대판에서 이동무와 같이 경도에가서
둘변 9우에 경도인막와 대한복숙야 간교하에 一학변으로 입학 하여 주간
에는 염색공장에 어미면서 자비로 조업 하였다 그러다가 동우를 법으로
대판으로내려가고 나 혼자 게속하여 오르동 고향 경찰서에서 만장 로동
자로 가서 일 하겠다고 하여 여행권을 내서도 타지에 갔다는 이유로 경도
경찰서 소위내선계에 조회하여 조선으로 돌여보내려 하였다 그리하여 동년
11월 30일 에 고등계 경사 호송하에 조선으로 쫓기여 나왔다 이여서에서
조사시에 형사가 막 한 기록 너이들이 고학도로 공부 게서 무엇하니 나가라고
까지 하였다 여기서 북이 그놈들에 대한 반항심과 증모심이 더욱기 싹트기

동교를 졸업하고 대구사범학교에 수험했으나 들지 못하고 다른 학교는 경제관계로 가지 못하고 생활문제를 해결하기 위하여 동 4월에 대구우편국 전신전화수선과에 취직하여 1개월 9원씩 바더가며 일하였다. 여기서 초보적이나마 일본놈들의 차별대우와 멸시가 심하여 또 공부도 더 하고싶어 1936년 9월에 상기 직장을 사직하고 어머님이 계시는 경북 영해로 갔다. 집에서는 벌서 두 누님이 출가하고 어머님의 연세도 많으시고 일도 있고 하여 중형을 먼저 결혼시켰다. 중형은 가정형편으로 공부도 못하고 어머님을 도와 농사에 충실히 종사하였다. 당시 농사는 논 650평 밭 400평의 자작과 소작 800평을 합하여 1850평의 농사지었다. 나는 집안일을 도우면서 한편 와세다 중학강의록을 공부하였다. 그러나 공부하는 과정에 독학의 곤난성과 학교에서 실지 교수바듬의 유리성을 인식하고 가정형편으로 더 학교에 갈 수 없었으나 일본가면 고학을 할 수 있다는 것을 알고 갈 결심을 하였다. 1939년 7월에 구주 해로진 九州 海老津 탄광의 로동자로 여행권을 겨우 바더서 도항하였다. 그러나 나는 탄광에 가지 않고 구주 야하다에서 야하다 제철소 지광枝光 초자 공장 등에서 약 1개월여 자유로동을 하며 여비를 준비하여 가지고 동경에 갈 목적으로 동무가 있는 대판으로 갔다. 이 동무는 그의 형이 과거 대구사범학교에 다니다가 고 현준혁선생이 지도하시든 독서사건으로 3계월간 대구 경찰서에 유치를 당하고 집에 도라 있으면서 자기 동생들에게 많은 영향을 주었다. 내가 처음 영해 집에 갔을 때 처음 이 동무와 친하여 많은 배움을 바덨다. 그래서 대판에서 이 동무와 같이 경도에 가서 동년 9월에 경도 입명관대학 부속 야간중학에 1학년으로 입학하여 주간에는 염색공장에 다니면서 학비를 조달하였다. 그리다가 동무는 병으로 대판으로 내려가고 나 혼자 계속하여 오든 중 고향 경찰서에서 탄광 로동자로 가서 일하겠다고 하여 여행권을 내서는 타지에 갔다는 이유로 경도 경찰서 소위 내선계에 조회하여 조선으로 돌여보내라 하였다. 그리하여 동년 11월 30일에 고등계 형사 호송하에 조선으로 쫓기여 나왔다. 이때 서에서 조사시에 형사가 말하기를 너이들이 고학으로 공부해서 무엇하니 나가라고까지 하였다. 여기서부터 그놈들에 대한 반항심과 증오심이 더욱이 싹트기 시작 하였다 더욱 기장에 도착가 있으니 여해주재소에서 호출을 하기에 가보니 한쪽 많이 끌어다 지목하고 지원 박으로 가라 까지 하였다 그리하여 나는 몸이 약하다는 이유로 거절 하고, 배움의 계속과 다시 도항 초금 결심으로 당시 버시 노 감도 우편 국에 게시기 때문에 거기가서 여선을 탈 작심으로 경북 감도에 갔다 동민 12월 24일에 여선을 타고 구룡호로 건너갔다 거기서 1940년 1월에 동경에 갔다 동경서 조선사람이 경영하는 게다공 만드는 공장에 취직하여 가지고 밤에는 (예비)학교에 다녔다 여기서도 역시 고향 경찰서에서 추적이 넘어와서 조사가 심하였어 겨우 피하여 동민 4월에 이불 대극 제에서 사업하고 오후인에 편입 하였다 시간과 경제 관계로 공장은 그만 두고 하시리간 동경요비우리(燕月) 동경 안에 (1일) 신문사등에서 아기 작업을 하여 계속학비를 조달하였다 1943년 12월에 동조로 중업하고 소위 대동아 전쟁이 이러나서 시국이 험악함으로 동원 23되고 항도로 나왔다 당시 지역에 들자 하니 그 280 위 취직을 하고싶지 않고 허서장에 있드니가 순사들과 면서기 족들 이 와서 지원병을 가라니 좋을이 가 라도 심하에 걸리되 동하여 1944년 그리에 정유 떠나 부산 으로 갔다 거기서 조선혁숙운수 부산 지점 호구자 합숙소에 노동자로 있음 소하였다 다 이것은 한제로 다났으나 좋을을 피하는 않고 물제로는 당시 시국 상태로보아 막노동들의 데망을 다도 예고 하였기 때문에 그 시기만 모기를 기다 였다 그리하여 一년 반동안이나 사상 기참서를 갈이라여 노동하는 과정에서 노동자 들이 갖은 가지 가지의 퇴착한 날래도 충격하여 여드며 서지 나자시로 많은 느라람을 경험 하였다 그러나 자신의 역량이 너무나 미약 했기 때문에 그 동부들 에게 알로건 도움도 추지 못하였으며 또 하지도 못했다 그리돌중 1945년 8월 15일 히튀라와 감적등에 해방을 맞이하 였다 장으로 도라와서 당시 정년 총동맹 여러면 뭐운다서 여하다가 사양하고 과정에 자기때양의 짧은 게죽을 느끼고 더 배우서 건국의 첨아올 역군이 되기위해 어서는 새로운 과학자리로과 지식의 필요를 느끼고 동민 11월에 서울로 갔다 그리하여 지금 남로당 북위원장 이시며 당시 병점전을 짞고 러사 잡이시던 리기서 선생의 시작하였다. 더욱이 집에 도라가 있으니 영해주재소에서 호출을 하기에 가보니 하는 말이 공부하지 말고 지원병으로 가라까지 하였다. 그리하여 나는 몸이 약하다는 이유로 거절하고 배움의 계속과 다시 도항할 결심으로 당시 백시는 감포우편국에 계시기 때문에 거기 가서 밀선을 탈 결심으로 경북 감포에 갔다. 동년 12월 24일에 밀선을 타고 구주로 건너갔다. 거기서 1940년 1월에 동경에 갔다. 동경서 조선사람이 경영하는 게다끈 만드는 공장에 취직하여 가지고 밤에는 예비학교에 다녔다. 여기서도 역시 고향 경찰서에서 조회가 넘어와서 조사가 심한 것을 겨우 피하며 동년 4월에 일본대학 제이상업학교 2학년에 편입하였다. 시간과 경제관계로 공장을 그만두고 학시회관 동경 요미우리讀賣 동경일일日日 신문사 등에서 야간작업을 하여 계속 학비를 조달하였다. 1943년 12월에 동교을 졸업하고 소위 대동아전쟁이 이러나서 시국이 험악함으로 동월 23일 고향으로 나왔다. 당시 집에 도라와서 관공서에 취직은 하고싶지 않고 해서 집에 있으니까 순사 놈과 면서기 놈들이 와서 지원병을 가라니 증용을 가라는 성화에 견디지 못하여 1944년 3월에 집을 떠나 부산으로 갔다. 거기서 조선해륙운수 부산지점 로무자 합숙소에 로동자로 입소하였다. 이것은 첫제로 다소나마 증용을 피할 수 있고 둘제로는 당시 시국상태로 보아 일본놈들의 패망을 다소 예견하였기 때문에 그 시기만 오기를 기다렸다. 그리하여 1년 반동안이나 실지침식을 같이하여 로동하는 과정에서 로동자들의 많은 가지가지의 피참한 상태를 목격하였으며 실지 나 자신도 많은 스라림을 경험하였다. 그러나 자신의 역량이 너무나 미약했기 때문에 그 동무들에게 아무런 도움도 주지 못하였으며 또 하지도 못했다. 그리든 중 1945년 8월 15일 환희와 감격속에 해방을 맞이하였다. 집으로 도라와서 당시 청년총동맹 영해면 위원회서 일하다가 사업하는 과정에 자기 역양의 많은 결함을 느끼고 더 배워서 건국의 참다운 역군이 되기 위하여서는 새로운 과학적 리론과 지식의 필요를 느끼고 동년 11월에 서울로 갔다. 그리하여 지금 남로당 부위원장이시며 당시 법정전문학교 리사장이시던 리기석 선생의 축전으로 법저 검토하고 장치리에 임학 하였다. 다시는 과정에서 조선의 현 전세와 우리 조선 인민들이 어떠한 방향으로 나가지 않으면 안되겠다는 우리들의 나갈 바 로선을 명확히 파악 하게 되었다. 그리하여 미제국주의자들이 공화국 남반부에 진주한 처음부터 조선을 자기들의 식민지화 하기 위하여 식민지 정책을 그대로 실시 하였다. 즉 친일파와 민족 반역자들을 고용하여 가진 책동을 다하여도 도죽 그의 마수가 우리 민족 학원까지도 침범하여 소위 그놈들이 말하는 공산주의 학교라고 명목하여 1944년 3월 21일에 학교문 닫게 당하였다. 그리하여 전 학생들은 자결을 죄하리 학원을 빼앗기는 미제국주의반 에 대하여 조국건설과 자유를 찾기 위해서 총 궐기하여 법정 학교 데되 반 이 투쟁 위원회로 조직하여 미제국주의와 그 주구 친일파와 민족 반역들의 노행을 위하여 투쟁 하였다. 그리하여 머배움의 갈과 건건한 전전한 공화국 북반부의 수도 평양으로 왔다. 동 9월에 평양교원 대학에 입학하여 강제 란 기로 동원 18일에 평양 공산문장 에 누뷔로 취 자하여 에 는 호 었 하였다. 1947년 8월에 공부라 게로 동 공장을 사직하고 학교 기숙사에 드러 났다. ─ 반 동안 공부에 띠는 정함에 ─ 학년을 제차 계속하여 공부하게 되었다. 그리하여 현재까지 이르겠더 ─

　　　이상의 나의 리력을 이제 홍동무 (지금 중앙 학교 특별반 학생) 가 증명 학무 있음.

　　　─ 1949년, 4월 27일
　　　본인 　김 ○○ Kim ○○○

추천으로 법정전문학교 정치과에 입학하였다. 다니는 과정에서 조선의 현 정세와 우리 조선인민들이 어떠한 방향으로 나가지 않으면 안된다는 우리들의 나갈 바 로선을 명확히 파악하게 되었다. 그리하여 미제국주의자들이 공화국 남반부에 진주한 첫날부터 조선을 자기들의 식민지화하기 위하여 식민지 정책을 그대로 실시하였다. 즉 친일파 민족반역자들을 조종하여 가진 책동을 다하여 오든 중 그의 마수가 우리 민주학원까지도 침범하여 소위 그놈들이 말하는 공산주의 학교라는 명목 하에 1946년 3월 21에 학교을 패쇄당하였다. 그리하여 전 학생들은 자유를 유린하고 학원을 빼앗는 미제국주의를 반대하며 조국 건설과 자유를 찾기 위해서 총궐기하며 법정학교 폐쇄 반대투쟁위원회를 조직하여 미제국주의와 그의 주구 친일파 민족반역들의 소탕을 위하여 투쟁하였다. 그리하여 더 배움의 길과 민주의 찬란한 공화국 북반부의 수도 평양으로 왔다. 동 9월에 평양교원대학에 입학하여 경제관계로 동월 18일에 평양곡산공장에 수위로 취직하여 야간 근무를 하였다. 1947년 8월에 공부관계로 동 공장을 사직하고 학교 기숙사에 들어왔다. 1년 동안 공부에 많은 결함에 1학년을 재차 계속하여 공부하게 되었다. 그리하여 현재까지 이르렀다.

　　　　　　이상의 나의 리력을 이제홍동무(지금 중앙당학교 특별반 학생)

가 증명할 수 있음.

　　　　　　　　　　1949년　　4월 20일

　　　　　　　　　　본인　　김삼돌

정 정 서

1949 년 5 월 12 일 작성

성명 장 삼 돌 2 생년월일 1921 년 1 월 1 일 (29세) 3 성별 남
가정출신 빈 농 5 현재신분 학 생 6 사회 대 학 졸 업
입당 로 동 당 2 입당년월일 1947 년 12 월 4 일
본적지 경 북 도 대 구 시 수 성 구 수 성 리 157 번지
현주소 경 북 도 영 덕 군 영 해 면 성 내 리 340 번지

11 소속직장 및 현직

우 학생은 극빈한 가정에서의 탄생으로 본적은 경상북도이며
어렸을때부터 로동자 생활의 쓰라림을 맛본 학생이며
일쯕이 동경 대판 구주지방으로 도라다니며 쓰라린
로동의 생활을 겪었었다 이렇게 어려울때부터 로동한
학생인 만큼 그 신체의 장정을 보장못할 만치 중로동에
참가하였다 한바 이러한 과정을 받어온 학생은 일쯕이 일제의
식민지 정책 반대의 사상을 갖게되였다 그의 성격은 매우 침착
하며 교제 수단이 좋으며 그러나 그는 범바른 기능은 소유하지 못
하였다 학생은 해방이후 서울 법정학교에 다니다가
범정학교 페쇄경을 나리게되며 이때 쾌령 반대 위원회
회원으로 적극투쟁하였다 학생은 1946년에 북반부로 입북
하여 평양 모윈 대학에 입학하였다 본 학생은 북조선 로동당 당원
으로 있으나 별로 사엄하는것은 없다 그러나 가장 열심적인
학생이나 학엄에 있어서 당원으로 가장 약화한 편이며
자각하여 공부하고 있으나 성과는 오로지 않는다
앞으로 이학생은 앞줄더 공부에 노력 하라면은 진정한 인민
공원으로서 손색 없는 일꾼이 된다는것을 교통장한다

평 정 서

1949년 5월 12일 작성

1. 성명 김삼돌   2. 생년월일 1921년 1월 1일 29세   3. 성별

4. 가정출신 빈농   5. 사회성분 학생   6. 학력 대학졸업

7. 당별 로동당   8. 입당년월일 1947년 12월 4일

9. 본적지 경북 도   대구 시.군   수성 면 수성리   157 번지

10. 현주소   경북 도   영덕 시.군   영해 면 성내리   340 번지

11. 소속직장 및 현직

우 학생은 극빈한 가정의 탄생으로 본적은 경상북도이다. 어렸을 때부터 로동자 생활의 쓰라림을 맛본 학생이다. 일즉이 동경 대판 구주 지방으로 도라다니며 쓰라린 로동의 생활을 겪었었다. 이렇게 어려슬 때부터 로동한 학생인 만큼 그 신체의 장성을 보장 못할 만치 중로동에 참가하였다 한다. 이러한 과정을 받어온 학생은 일즉이 일제의 식민지 정책 반대의 사상을 갖게 되었다. 그의 성격은 매우 침착하며 교제수단이 좋으며 그러나 그는 별다른 기능은 소유하지 못하였다. 학생은 해방 이후 서울 법정학교에 다니다가 법정학교 폐쇄령을 나리게 되어 이 폐쇄령 반대위원회 회원으로 적극 투쟁하였다. 학생은 1946년에 북반부로 입북하여 평양교원대학에 입학하였다. 본 학생은 북조선로동당 당원으로 있으나 별로 사업하는 것은 없다. 그러나 가장 열성적인 학생이다. 학업에 있어서 당원으로 가장 락후한 편이며 자각하여 공부하고 있으나 성과는 오르지 않는다. 앞으로 이 학생은 일층 더 공부에 노력하면은 진정한 인민교원으로서 손색없는 일꾼이 된다는 것을 평정한다.

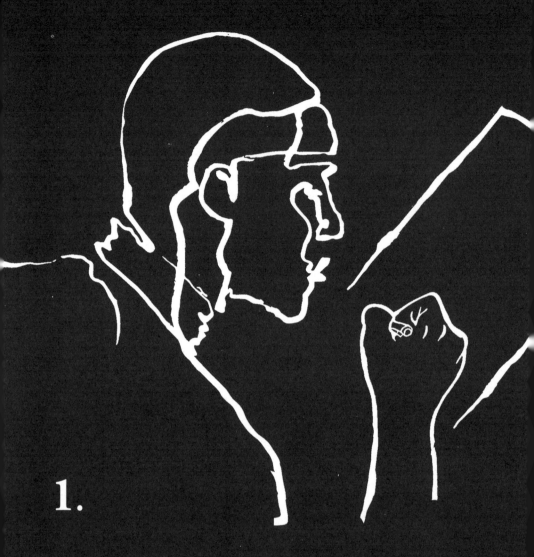

1.

북한은 인민 개개인들에 관한 모든 정보를 속속들이 파악해 그들을 장악하고자 했다. 당국이 개개인들로부터 수합한 자서전·이력서가 그 대표적 수단으로 활용되었다. 그러나 대중들은 자신들의 과거 행적과 가족관계를 상세히 기록해 제출하라는 당국의 요구에 순응하지만은 않았다. 오히려 그들은 당국을 기만하기 위한 전략적 글쓰기를 시도하며, 자서전·이력서를 자신들의 구미에 맞게 활용했다. 자서전·이력서는 개개인 정보를 최대한 캐내려는 국가와 가급적 불리한 정보를 숨기려는 개개인들의 이해관계가 날카롭게 충돌한 격전장이었다.

전략적 글쓰기

- 집안의 역사 고백
- 당국을 기만하기
- 평정서: 개개인을 해부하기

집안의
역사
고백

자강도 후창군 동흥중학교 교사 안수덕(26)은 책상 위에 자서전 양식을 펼치며 철필을 집어들었다. 두 눈을 지그시 감은 그의 머릿속에는 고향 마을의 수려한 자연경관이 떠올랐다. 그는 "앞으로는 고곡산이 솟아 그 아래로 끊임없이 남사수가 흐르고 뒤로는 장백산맥으로 흘러드는 압록강과 남사수가 합류하는 지점에 놓인 농촌, 정정한 노송이 울울창창한 팔봉산 아래 차평 마을의 초가 오막살이에서 태어났다"고 출생지를 묘사했다.[1] 그는 멋들어지게 첫 문장을 완성했지만, 과거의 기억을 짜내 글로 옮기는 작업은 여간 어려운 일이 아니었다. 그것은 번거로운 작업이었을 뿐만 아니라, 소홀히 넘길 수 없는 고역이기도 했다.

안수덕은 기억에 의존해 혼자의 힘으로 첫 문장을 완성했으나, 가족들의 도움 없이 자서전을 완결하기란 쉬운 일이 아니었다. 사실 자서전 작성은 온 집안사람들이 들러붙어야 해결할 수 있는 작업이었다.

본인이 태어나기 전 집안의 역사, 출생 전후의 가정환경과 어린 시절의 경험, 가족과 8촌 이내 친척들의 경력에 관한 서술은 작성자 본인의 기억만으로 해결할 수 있는 문제가 아니었다. 작성자들은 대부분 부모나 조부모로부터 도움을 얻었다. 부모와 조부모가 이미 사망한 이들은 친척 노인들의 도움을 통해 부모·조부모의 일생은 물론 집안의 역사를 재구성했다. 그러한 의미에서 북한의 모든 공직자·간부·노동당원·학생·군인들에게 부과된 자서전 작성은 전 인민적 차원의 "기억 되살리기"이자, 국가에 대한 "진솔한 삶의 고백"에 다름 아니었다.

자강도 후창군 동흥중학교 교장 박학운(31)은 어머니로부터 들은 증조부 이래의 집안 역사를 자서전에 기록했다. 전승된 기억을 누군가로부터 전해들었을 어머니의 이야기는 다음과 같다.

함경남도 삼수군 벽촌에 살던 박학운의 증조부는 더 이상 곤궁에서 벗어날 출구가 보이지 않자 과감한 결단을 내렸다. 그는 아내와 두 아들을 데리고 고향을 떠났다. 정처 없이 유랑하던 그들은 평안북도 후창군 남사 지방에 새 터를 잡았다. 그들은 수년간 화전을 경작했으나, 빈궁한 삶은 조금도 나아지지 않았다.

그 가족이 맞은 더 큰 시련은 두 아이의 어머니가 죽으면서 시작되었다. 빚을 갚지 못해 박학운의 증조부와 큰할아버지가 한 농가의 머슴으로 들어가고, 당시 열두 살이던 그의 친할아버지가 다른 집 데릴사위로 들어가면서 가족들은 생이별을 했다. 다행히 데릴사위로 들어간 둘째가 아내를 데리고 분가해, 그들은 4년 만에 다시 합가할 수 있었다. 네 명의 가족은 문지평이라는 촌락에 오막살이를 짓고 전처럼 산림을 개간해 화전을 경작했다. 부친을 모신 두 형제는 "새벽이면 별을 보고 나가, 저녁이면 달을 이고 밭에서 돌아왔다." "오막살이에서 잠깐이라도 지친 다리를 펼 새 없이 일한 덕으로, 그들은 이웃에 쌀을 꾸러 다니는 생활을 면할 수 있었다."

그 가족의 생활이 여유로워졌을 때 박학운의 아버지가 태어났다. 외아들인 그는 식량과 옷 걱정이라고는 해본 적이 없었다. 더욱이 서당 문턱조차 밟지 못한 그의 부모는 어떠한 일이 있어도 아들만은 가르쳐야겠다고 다짐했다. 부모 덕에 그는 일곱 살 때부터 스무 살이 되기까지 글공부만 할 수 있었다. 그러나 일이라는 것을 전혀 해본 적이 없었던 그는 근로의 소중함을 모르고 낭비를 일삼아, 결국 가산을 탕진하는 상황에 내몰렸다. 사실 박학운은 어머니로부터 집안 이야기를 한두 번 들은 게 아니었다. 부지런히 일하고 절약해야 한다는 교훈을 일깨워주는 그의 집안 역사는 후세 교육에 더할 나위 없는 산 재료가 될 수 있었다.[2]

가족이나 일가친척을 통해 어렴풋이 집안 역사를 알고 있는 이들도 있었지만, 더 많은 이들은 일종의 문화현상이 된 자서전·이력서 작성 과정에서 집안 역사를 처음으로 접할 수 있었다. 김일성종합대학 간부부 직원 홍창범(34)도 자서전을 작성하며, 자신의 가문에 대한 놀라운 내력을 듣게 되었다. 그 비밀스런 이야기의 서막은 200여 년 전인 조선왕조 순조 집권기로 거슬러 올라간다.

당시 "위대한 혁명가" 홍경래는 일족과 동지들을 규합해, "서북인들"을 억압하고 차별한 조정의 악정에 맞섰다. 홍경래 일파는 한때나마 조정에 전율을 일으킬 만큼 서북 일대에 강력한 기반을 구축했다. 그러나 "혁명"은 실패로 돌아갔고, 조정은 홍경래를 대역적으로 규정해 그의 일족을 모조리 몰살하고자 했다. 당시 홍경래 친족인 홍창범의 5대조도 목숨을 부지하기 어려운 형편이었다. 그는 집안사람들이 학살당하는 참상을 목격하며 묘향산으로 피신했다. 성을 이 씨李氏로 바꾼 채 은둔생활을 하며 겨우 대를 이을 수 있었다.[3]

가문의 역사를 기록한 이들은 뒤이어 자기 자신의 이야기로 화제를 돌렸다. 평양교원대학 수학물리과 학생 오영옥(20)은 자신의 출생 순간을 재치 있게 표현했다. "1929년 2월 2일, 영옥이는 황해도 봉산군 사인면 명류리 농민 오경운의 첫딸로서 이 나라 인민에게 탄생을 고했다."[4] 그녀처럼 많은 기록자들은 오랜 고민을 거듭한 끝에 자기 개인 역사의 운을 뗐다.

그러나 뒤죽박죽인 기억을 정연한 스토리로 엮어 글로 옮기는 작업은 생각처럼 쉬운 일이 아니었다. 평양교원대학 지리과 학생 이재복(19)은 집안의 역사로부터 시작해 자신의 소학교 시절 경험담을 늘어놓은 뒤, 그만 이 번거로운 작업에 지치고 말았다. 그녀는 같은 학과 단짝인 조은해(19)의 자서전을 빌렸다. 그리고 마음에 드는 구절을 베끼기 시작했다. 특히 그녀는 "우리 강토에는 벌써 위대한 쏘련군의 영웅적 투쟁과 사선을 헤치고 전진한 애국투사들의 투쟁으로 인하야, 해방의 종소리가 우렁차게 울렸다"는 친구의 장엄하고 유려한 문장이 마음에 들었다.[5] 그녀는 설마 지리과 학과장 교수가 그 많은 학생들의 자서전을 모두 읽으리라고는 생각조차 못했다. 그러나 그것은 오산이었다. 사실 학과장이 직접 작성한 평정서는 학생들의 자서전·이력서와 그들의 평소 품행에 근거한 기록이었다.

●

박학운은 증조부로부터 부친 대에 걸친 집안 역사의 부침을
흥미롭게 기술했다.

홍창범 이력서

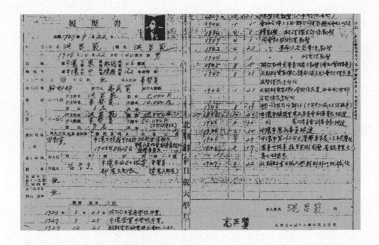

홍창범은 "홍경래의 난"이 진압될 무렵,
자신의 선조가 화를 피해 묘향산으로 숨어들었던 집안 역사를 고백했다.

당국을
기만하기

자서전 쓰기의 전략

개개인의 계급적 소속, 가정환경, 과거 전력이 중시된 사회에 살고 있었던 대중들은 그러한 정보들이 압축돼 있는 자서전·이력서가 자신들의 장래를 좌우할 수 있는 문건임을 간파하고 있었다. 따라서 불리한 출신 배경과 부정한 전력을 지닌 이들은 가능한 한 그것들을 은폐하는 식의 글쓰기 전략을 구사했다. 사실 자서전을 통해 전략적 글쓰기를 시도한 이들은 당국으로부터 불이익을 받지 않을까 우려한 이들에 국한되지 않았다. 작성자들 대부분이 전략적 글쓰기를 통해 자신들의 은밀한 의도와 욕구를 관철하고자 했다.

가능한 한 좋은 직책에 등용되길 바라고 되도록 당국의 눈 밖에 나길 원치 않았던 그들의 대표적 글쓰기 전략은 빈곤했던 삶을 부각하고 부유했던 삶을 은폐하는 방식이었다. 과거의 친일 행위는 철저히 숨기는 반면, 일제에 저항한 경력을 적극적으로 드러내는 식의 서술도 동일한 효과를 노린 대응이었다. 그들은 유리한 배경과 경력을 가능한 한 드러내고 불리한 배경과 전력은 되도록 은폐해야 했다.

자서전 작성자들이 과시하고자 했던 배경들 가운데 하나는 유명 인사들과의 인맥이었다. 평양교원대학 역사과 학생 최경희(22)는 자신이 작성한 자서전의 보증인으로 "중앙정부 부수상 홍명희 선생의 비서인 원완희"를 내세웠다.[6] 흥남공업대학 수학 강좌장에 임명된 교수 홍성해(32)는 경성 보성고등보통학교 시절의 인맥을 뽐냈다. 그러나 그의 인맥은 훗날 자신에게 득이 되기는커녕, 치명적 걸림돌이 되었을 가능성이 높다. 그가 "좋은 선배"라고 소개한 이강국과 주영하는 한국전쟁 직후에 숙청된 대표적 인사들이었다.[7]

불리한 배경을 지닌 이들은 인맥 과시를 통해 불이익을 모면하려 했다. 평양교원대학 화학과 학생 선우철(21)은 목사의 아들로 태어나 기독교인이 되었다. 당시 억압 대상인 기독교인이었던 그는 자신이 쓴 자서전의 보증인으로 아버지의 지인인 최고인민회의 상임위원회 서기장 강량욱을 내세웠다.[8] 평양교원대학 지리과 학생 이성주(22)는 상업에 종사한 맏형 이덕주가 마음에 걸렸다. "착취계급"으로 간주된 상인은 사회적 차별을 받을 수 있는 직종이었기 때문이다. 그는 "해방 직후 맏형이 현 조선민주주의인민공화국 상업상 장시우 선생과 함께 일했다"고 자서전에 기록한 뒤에야 한시름 놓을 수 있었다.[9]

모종의 이익을 노린 자서전 작성자들의 전략적 글쓰기는 인맥 과시에 국한되지 않았다. 그들은 자신이 원하는 바를 당국에 건의하는 통로로 자서전을 활용했다. 황해도 해주공업전문학교 교원 이현식 (25)은 고향인 자강도 강계에 있는 학교로 전근하길 바라며 자서전에 다음과 같이 기록했다. "내 고향은 강계이다. 고향 집에는 늙은 어머니와 폐병으로 신음하고 있는 형님이 내가 돌아오길 학수고대하고 있다." 그는 자신의 바람이 이루어질 때까지 업무에 충실하겠다는 각오도 빼놓지 않았다. "나는 상부의 지시가 있을 때까지 해주공업전문학교에서 충실히 일하겠다는 결의 아래 근무하고 있다."[10]

자서전은 작성자 자신의 이익을 도모할 수 있는 공간인 동시에, 타인의 손익에 영향을 끼칠 수 있는 통로로도 활용되었다. 많은 이들이 자서전을 통해 은인을 칭송하고, 적대·원한관계에 있는 이들을 비방했다. 조선인민군 군관 홍창하(20)는 빈곤한 어린 시절 자신이 공부할 수 있도록 물심양면으로 도와준 "최재훈 선생님께" 감사 인사를 올리며 자서전을 마무리했다.[11] 아마도 그는 교사 최재훈의 선행과 좋은 평판이 상부에 전달돼, 스승이 당국으로부터 모종의 보상을 받길 원했을 것이다.

반면 평양교원대학 수학물리과 학생 정원명(21)은 반목하고 있는 동료의 실명과 과오를 자서전에 기록했다. "나의 동무들 대다수가 일제시기에는 대학에 갈 꿈도 꿀 수 없었다. 지금 그들은 민주 대학에서 씩씩하게 공부하고 있다. 그러나 동무들 중의 한 명인 김윤육은 반대 방향에 서 있다." 정원명은 대학 당국이 김윤육을 주시하도록 넌지시 암시했고, 더 나아가 그가 모종의 불이익을 받길 획책했다. 내친 김에 정원명은 원한관계에 있던 자신의 친척까지 밀고했다. "해방 전 빈궁에 빠져 있던 이들이 오늘날 농촌에서, 공장에서, 철도에

타지인 황해도 해주에서 교편을 잡고 있었던 이현식은
가족이 있는 그리운 고향땅 자강도 강계로 돌아가고 싶다는 희망을 내비쳤다.

정원명 이력서

•

정원명은 밀고 수단으로 자서전을 활용했다.

서 씩씩하게 일하고 있다. 그러나 일제시기에 소자산가였던 나의 오촌은 그리 적극적 분자라고는 볼 수 없다."[12]

변명성 글쓰기

자서전 작성자들은 전략적 글쓰기를 통해 자신이 바라는 바를 관철하려 했다. 다양한 이해관계가 얽힌 그들의 글쓰기 전략도 그만큼 다양한 형태로 발현될 수밖에 없었다. 그러나 누구보다 고차원적인 글쓰기 전략을 시도한 이들은 불리한 배경과 부정한 전력을 지닌 이들이었다. 그들은 어떤 식으로든 당국에 자신의 배경과 전력을 숨겨야 했다.

기만 행위의 발각을 우려한 이들이나 당과 국가 앞에 떳떳하고자 했던 이들은 당국을 속이기보다, 부정한 전력과 불리한 배경에 대해 변명하는 전략을 구사했다. 불리한 출신성분에 대한 자기변명은 특히 빈번히 시도된 대응이었다. 목재상의 가정에서 유복하게 자란 평안북도 후창여자중학교 교사 박규회(21)는 상인으로 분류된 자신의 출신성분에 불안을 느꼈다. 그는 목재상이 되기 전 10여 년간이나 노동하며 "갖은 고생을 다했다"는 아버지의 경험담을 자서전에 인용해 출구를 모색했다. 당국으로부터 노동계급 출신으로 인정받길 바라는 그의 간절함을 엿볼 수 있다.[13]

토지개혁 시에 논 5정보, 밭 1정보, 기와집 한 채를 몰수당한 평양공업대학 교수 김명기(31)는 출신성분을 숨기기보다 자신이 얼마나 진보적인 지주인가를 호소하는 전략에 의존했다. 그는 지주의 아들임에도 불구하고 자신이 "진취적 성향"과 "자유주의적 부르주아 사상"을 견지해왔다고 강조하며, 어린 시절의 경험담을 그 근거로 제시했다. 그 경험담에 따르면 그는 열두 살 무렵 소작인이 전부 부담하던 비료대를 지주와 절반씩 분담하자고 선동해, 다른 지주들로부터 비난을 당한 반면 농민들의 열광적인 환영을 받았다.[14] 이 고백은 그가 "봉건적 착취자"가 아니라는 항변을 통해, 당국으로부터 동정을 얻으려는 전략을 구사했음을 보여준다.

토지개혁 당시 부친이 경작지를 몰수당한 함경남도 갑산중학교 교사 정태설(25)은 자서전에 억울함을 호소했다. 그는 중농이었던 부친이 타인에게 소작을 준 토지 1,500평을 몰수당했다고 고백하며, 그 토지를 임대할 수밖에 없었던 이유를 해명했다. 그 해명에 따르면 부친은 오랜 기간 장질부사(장티푸스)로 고생한 데다 중풍까지 걸려 오른팔을 자유롭게 쓸 수 없었다. 따라서 8,000평의 토지를 홀로 경작하기에 힘이 부쳤던 그는 소유지의 일부인 1,500평을 이웃에게 소작주었다. 정태설은 경작지를 몰수당한 아버지가 불만을 품기는커녕, 토지개혁이 "옳은 시책"이라고 지지했다며 그를 비호했다.[15]

자서전 작성자들의 변명성 글쓰기 전략은 일제에 협력한 이들의 기록에서도 자주 목격된다. 철원고급중학교 교사 박연순(25)은 해방 전 일제의 교육기관에 복무한 전력을 "죄악"이라며 자책했다. 그는 교직에 임용된 뒤 "죄악을 범하고 있음을 자각"했으나, 사범학교 재학 당시 관비를 지원받은 탓에 의무적으로 근무 연한을 지켜야 했기에 교직을 그만둘 수 없었다고 변명했다.[16] 1944년경 강원도 철원군 영중면 임시고원이 돼 회계 보조원으로 일한 박태남(18)도 어쩔 수 없이 일제에 부역했다는 변명을 늘어놓았다. 세금 조정에 분주했던 영중면사무소가 수판을 잘 놓는 자신을 불러내 무보수로 부리다가 임시고원의 자리에 앉혔다는 해명이었다. 그는 징용과 징병을 피하려 그 일을 지속할 수밖에 없었지만, "일제 주구 노릇은 일생일대의 씻을 수 없는 오점이었다"고 반성했다.[17]

평양의학대학 교수 이성숙(34)은 일제시기 민선 부회의원에 선출된 아버지의 전력을 몹시 우려했다. 그는 부친이 누구보다 조선인들의 후생 문제에 관심을 쏟았으며, "자작농창정 사업" 당시 진보적 의견을 제시해 당국자들의 눈 밖에 났다고 토로했다. 그것으로도 안심이 되지 않았는지, 그는 부친이 일제에 협력하길 거부한 인물이었다는 변론을 덧붙였다. 일제 당국이 조선 청년들의 참전을 독려하기 위한 강연회를 열었을 때, "참석하라는 통보를 받은 부친은 그를 거부하고 해방을 맞이하기까지 고향인 용천에서 피신생활을 했다"는 변론이었다.[18]

출신성분이 불량한 이들, 친일 전력을 지닌 이들 외에 여러 이유로 북한체제와 불편한 관계에 있었던 이들도 변명성 글쓰기 전략을 시도했다. 가족관계가 좋지 않았던 이들, 기독교인들, 노동당원들과 갈등을 빚은 민주당원·청우당원이 그 대표적 부류에 속했다. 함경남도 갑산중학교 교사 정태설(25)은 일제시기 6년간 경찰직에 종사하다 해방 직후 월남한 삼촌의 존재를 지우고 싶었다. 유학과 징병 탓에 오랫동안 외지생활을 한 그는 고향에 있는 삼촌과 거의 접촉할 기회가 없었다는 변명을 자서전에 늘어놓았다. 그는 삼촌과 접촉하지 않아 그에게서 어떠한 영향도 받지 못했다는 변명을 당국이 믿어주길 바랐다.[19]

•

양영숙은 과거의 신앙생활이 자신의 앞길에
걸림돌이 될 수 있음을 우려했다.

평양교원대학 지리과 학생 양영숙(20)은 어린 시절부터 믿어온 기독교가 자신의 앞길에 걸림돌이 될 수 있음을 직감했다. 그녀는 신앙을 가지게 된 이유를 어린 시절 모교인 평안북도 영변군 숭덕여자소학교 탓으로 돌렸다. 그 학교가 "예수교 학교"였던 까닭에 자신을 비롯한 대부분의 학생들이 맹목적으로 교회에 나갔다고 변명했다. 그녀는 예배당에 나오도록 열성껏 친구들을 전도한 이유에 대해서는 자신이 급장을 맡고 있었던 데다, 교인들인 선생님들의 지시에 따라야 했기 때문이라고 둘러댔다.

더 나아가 그녀는 소학교 5학년 무렵에 기독교와 절연했다고 강조하며, 그 계기가 되었다는 예배당 화재사건을 들려주었다. 그녀의 회상에 따르면, 삽시간에 불이 번져 교회가 아수라장이 되었다. 어린 신도들은 비명을 지르며 맨발로 뛰쳐나갔다. 그때 그만 애지중지하던 그녀의 새 운동화가 화마에 사라지고 말았다. 그녀는 이 일을 계기로 "하나님이 자신들을 보호해준다"는 기독교도들의 금언이 허위적이고 기만적임을 깨달았다고 회상했다. 이제 성인이 된 그녀는 "예배당은 한가한 사람들이 모여 향락을 즐기는 장소"에 다름 아니라고 비판했다.[20]

허위 기재

불리한 배경과 부정한 전력을 지닌 이들의 대응은 변명성 글쓰기에 국한되지 않았다. 그들은 더 과감히 당국을 기만하여 불이익을 면하려는 전략을 시도했다. 불량한 출신성분을 속이는 행위는 이력서 작성자들이 쉽게 빠질 수 있는 유혹이었다. 그들은 출신성분을 허위로 기재해 사회적 지위 상승의 걸림돌을 걷어내고, 더 나아가 자신들을 옥죌 수 있는 각종 차별에서 벗어나고자 했다.

강원도 평강여자중학교 교사 최성배(24)도 자신의 출신성분을 속이고 싶은 유혹에 빠졌다. 그는 토지개혁 당시 경작지 5정보를 몰수당한 데다 상업에 종사한 가정에서 성장했지만, 이력서의 출신성분 란에 "사무원"이라고 기입했다. 허위 기재 후 그는 적잖은 고민에 빠진 듯하다. 결국 그는 양심의 가책을 느꼈는지 아니면 당국의 검열을 의식했는지, "사무원"이란 세 글자 위에 두 줄을 긋고 "소시민"으로 정정했다.[21]

평양교원대학 지리과 학생 한종숙(20)은 더 과감한 기만 전략을 구사했다. 그는 이력서 출신성분 란에 "사무원"이라 적은 뒤, 해방 전 자신의 아버지가 서울시청·함흥시청 토목과에서 근무했다는 근거를 자서전에 덧붙였다. 그러나 그 기록은 거짓이었다. 사실 그의 아버지는 전국 각지 형무소의 간수장을 지냈다. 독립운동가 탄압에 연루된 친일 관리였던 그는 해방 직후 체포돼 감옥에서 죽음을 맞았다. 아버지의 치명적 전력이 자신의 앞길에 걸림돌이 되리라 생각한 한종숙도 허위 기재의 유혹을 피할 수 없었다.[22]

허위 기재 전략을 가장 적극적으로 활용한 이들은 누구보다 계급적 지위가 불안했던 지주와 부농 출신들이었다. 계급 질서의 최하위에 위치해 사회적 지위의 수직 이동이 가로막혀 있었던 그들은 가능한 한 출신 배경을 은폐하고자 했다. 평양교원대학 지리과 학생 변석해(21)는 7,000평의 토지를 보유한 자기 집안이 토지개혁기에 2,000 평의 경작지를 몰수당했다고 이력서에 기입했다. 그러나 그 기록은 거짓이었다. 사실 6정보의 토지를 보유한 그의 집안은 토지개혁 당시 1만 평의 경작지를 몰수당한 부농이었다. 그는 사실대로 기록할 경우, 취업에 불이익을 당하지 않을까 우려하고 있었다.[23]

황해도 장연고급중학교 교사 최의섭(25)도 이력서에 몰수지 면적을 줄여 기입했다. 그는 토지개혁기에 자신의 집안이 5,500평의 토지를 몰수당했다고 고백했다. 그러나 실제로는 전체 소유지 1만 9,000 평 가운데 몰수지가 1만 3,000평에 달했다. 심지어 그의 부모들은 1948년 3월경 황해도 송화군에서 안악군으로 축출되기까지 했다.[24]

평양교원대학 화학과 학생 길성혁(18)은 자강도 강계중학교 졸업 당시 실시된 국가 졸업시험에서 5점 만점을 받아, 한설야로부터 북조선인민위원회 교육국장상을 받은 전도유망한 학생이었다. 출중한 실력의 소유자였던 그는 무시험 전형에다 장학금까지 받아 평양교원대학에 입학했다. 그러나 그는 자신의 장래가 실력만으로 결정되지 않으리라는 점을 잘 알고 있었다. 불행하게도 지주의 아들이었던 그는 허위 기재 전략을 통해, 자신의 집안 배경을 철저히 숨기고자 했다.

먼저 이력서에 출신성분을 "빈농"으로 적은 다음, 토지개혁 시에 2,000평의 토지를 분여받았다고 기입했다. 그는 자신의 집안이 매우 가난했다는 거짓말을 당국이 믿게끔 더 그럴듯하게 포장하고픈 유혹에 빠졌다. 거짓은 또 다른 거짓을 낳았다. 그는 교재를 구입할 돈이 없어 친구들과 함께 그것을 등사했고, 가난한 부친은 토지를 분여받아 매우 기뻐했다는 거짓 경험까지 지어냈다. 그러나 학교 당국은 그의 자서전

길성혁 이력서

•

최우등생임에도 불구하고 자신의 장래가 실력만으로 결정되지 않으리라는 점을 간파하고 있었던
지주의 아들 길성혁은 출신성분을 빈농으로 허위 기재했다.

이 허위로 작성되었을 뿐만 아니라, 그가 자강도 자성군에서 강계군으로 축출된 지주의 아들임을 간파하고 있었다. 그가 절친한 친구들에게까지 자신의 출신 배경을 숨겨왔다는 사실도 드러났다.[25]

의도적 누락

사실 허위 기재 전략은 발각될 경우 상당한 위험 부담이 있었다. 따라서 기록자들은 부정한 전력과 불리한 배경을 왜곡해 기술하기보다, 그것들을 고의적으로 누락하는 식의 대응을 보였다. 누락 전략의 빈번한 대상이 되었던 것은 친일 전력이었다. 해방 후 친일파와 일제 잔재 청산운동이 본격화되자, 자서전 작성자들은 그들 본인이나 가족들의 친일 전력이 어떠한 후과를 불러올지 노심초사했다. 평양교원대학 지리과 학생 김경렬(19)은 굳이 부친의 의심스러운 전력을 고백해, 긁어 부스럼을 만들고 싶지 않았다. 그의 아버지는 일제의 "조선 토지 약탈기구인 토지조사부에 근무하며 많은 산림과 전답을 수중에 넣은" 친일 관료 출신이었다.[26]

친일파와 일제 잔재 청산운동은 선량한 일본인들을 기억에서 끄집어내는 일까지 제약했다. 자서전 작성자들은 자신들을 도운 일본인 은사들의 미담을 가능한 한 머릿속에서 지우려 한 반면, 악질적인 일본인 교사들의 차별과 구타 행위를 집중적으로 드러내고자 했다. 사실 일본인 교사들의 미담을 소개한 이들은 극소수에 지나지 않았다.

평양 광성소학교 시절의 담임선생 "오지마"의 추천을 받아 평양 제2중학교에 입학한 이응삼, 일본 교토제국대학 유학 당시 일본인 지도교수의 "초민족적인 친절"에 힘입어 졸업 후에도 대학에 남아 연구를 지속할 수 있었던 이재영, 황해도 신천군 북부보통학교 재학 당시 일본인 교장의 추천과 학비 지원 덕에 신천군 노원심상소학교 고등과에 편입한 김용수 등 몇몇 제자들만이 일본인 은사에게 감사의 마음을 전했다.[27] 물론 대부분의 기록자들은 훌륭한 인품을 지닌 일본인 교사들의 미담을 외면한 반면, 기본 소양을 갖추지 못한 교사들의 악행을 부각해 기술하는 경향을 보였다.

일본인들과의 로맨스도 기록자들이 가슴속에 묻어두고 싶어 한 기억이었다. 평양의학대학 교수 이춘희(32)만이 와세다대학 유학 당시 "사상적 동지"였던 한 일본인 친구의 누이와 학부 1학년 때부터 교제를 시작했다고 고백했다. 사실 그가 쉽지 않은 고백을 감행한 데에는 그럴 만한 이유가 있었다. 졸업 후 함께 가정을 이룬 배우자가 바로 그녀였기 때문이다.[28] 그러나 일본 유학을 경험한 이들 가운데 이춘희를 제외한 어느 누구도 일본인들과의 연애 경험을 털어놓지 않았다.

일본인들과의 친밀한 관계를 소개한 몇몇 예외적 사례들이 있었던 반면, "해방군"으로 불린 소련군의 일탈을 비난한 이들은 거의 없었다. "사회주의 모국" 소련을 부정적으로 기술하는 태도도 마찬가지였다. 소련의 북한 지역 공장시설 철거와 물자 반출, 소련 군인들의 약탈과 여성들을 대상으로 한 성폭력 등이 민간사회에 큰 파문을 일으켰음에도 불구하고, 그들에 대한 비판은 제약을 받았다. "해방군"이라 불린 그들의 비행을 문제 삼거나 심지어 거론하는 행위마저도 정치범죄인 "반쏘 혐의"를 받을 수 있었기 때문이다. 따라서 소련과 소련군에 관한 기술에는 기록자들의 신중한 자기검열이 요구되었다.

허위 기재 전략을 시도한 이들과 마찬가지로 고의 누락 전략을 시도한 이들 중에는 지주와 부농·중농 출신이 많았다. 그들은 토지개혁기에 몰수당한 경작지 면적을 기입하지 않는 식으로 착취에 관여한 전력을 숨기려 했다. 특히 지주와 같은 대토지 소유자는 아니지만, 과거에 토지를 소작 준 탓에 몰수 대상이 된 부농·중농 출신들이 그러한 대응을 보였다. 출신성분이 중농인 평양교원대학 지리과 학생 장원겸(21)도 이력서의 "몰수 평수"란을 공란으로 남겨두었다. 그러나 학교 당국은 그가 토지개혁 당시 5,000평의 경작지를 몰수당한 가정에서 성장했음을 간파하고 있었다.[29]

한편 부정한 전력과 불리한 배경을 의도적으로 누락하는 행위는 허위 기재 못지않은 국가 기만 행위로 간주되었다. 철원농업학교 교무주임 김영식(32)을 평정한 시학은 그가 "과거 전력을 솔직하게 고백하지 않는다"고 지적했다. 특히 시학은 그가 1946년경 월북하기 전 수년간 서울에서 지냈음에도 불구하고, 친구가 별로 없으며 그나마 떠오르는 몇몇 지인들의 이름마저 기억나지 않는다고 진술한 점에 격분했다. 자신의 과거를 철저히 숨긴 김영식은 사상성을 의심받을 수밖에 없었다. 결국 시학은 그가 역사과 교사에 적합하지 않다는 결론을 내렸다.[30]

만일 부정한 전력을 의도적으로 기입하지 않은 이가 노동당원이라면, 그는 책벌을 피할 수 없었다. 황해도 안악여자고급중학교 교장 홍완희(29)는 수감생활을 했던 전력을 자서전에 기입하지 않아, 그가 속한 북조선로동당 황해도 은율군당으로부터 견책 처분을 받았다.

●

자신의 부정한 전력과 불리한 가족관계를 자서전에 기입하지 않은 노동당원 강석구는
최고 책벌에 해당한 출당 처분을 받았다.

값비싼 교훈을 얻은 그는 나중에 쓴 자서전에 그 전력을 다음과 같이 구체적으로 기술했다. "1942년 4월경, 상회를 경영하던 중 경제범으로 평양경찰서에 검거되었다. 그해 8월부터 이듬해 8월까지 약 1년간 수감생활을 했다."[31]

해주공업전문학교 교원 강석구(28)는 이력서에 부정한 전력과 불리한 가족 배경을 기입하지 않아, 노동당 최고 책벌인 출당 처분을 받은 젊은이였다. 1948년 6월 25일부터 북조선로동당 황해도당학교에 입학해 교육을 받던 그는 입당 당시 제출한 자서전에, 일제시기 학도병 자원입대 전력과 해방 후 두 형의 월남 사실을 기입하지 않았음이 들통나고 말았다. 그는 도당학교에 재학 중인 1948년 8월 12일, 출당 처분을 받고 퇴출되었다. 고의 누락에 의한 기만 행위가 어떠한 후과를 불러올 수 있는지 몸소 경험한 그는 다음번 자서전에 자신의 가족관계를 숨김없이 털어놓았다. 일제시기에 면장을 지낸 큰형은 월남 후 황해도 옹진에서 어물상을 차렸고, 둘째 형은 인천 도립병원에서 의사로 근무하고 있으며, 동생은 서울에서 국민학교 교사로 일한다는 고백이었다.[32]

평정서:
개개인을 해부하기

기만적 글쓰기 적발

이력서와 자서전은 각 기관에 소속된 직원들 자신이 직접 작성해 제출한 문건이다. 이 두 문건과 함께 한 세트를 구성한 평정서는 기관 당국이 그들 개개인을 평가한 기록이었다. 평정서는 이력서·자서전의 기록 내용, 기록자의 평소 품행, 그의 지인들로부터 수집한 정보 등에 기초하여 작성되었다. 종종 이력서·자서전의 허위 기재와 의도적 누락을 지적하고 있는 이 문건은 기록자가 고백한 경력의 진위를 교차 검토할 수 있는 유용한 자료이다. 연구자들은 자기검열을 거친 변론적 기록인 이력서·자서전뿐만 아니라, 평정서까지 종합적으로 검토해야 개개인들의 개성·인성과 경력을 객관적으로 파악할 수 있다.

각기 다른 사람이 작성한 자서전과 평정서는 동일인의 행적에 대한 서술에 큰 시각차를 보이기도 한다. 평안북도 후창여자중학교 교사 박규회(21)는 1946년 4월 말, 강원도 철원을 경유하여 서울로 떠났다. 그가 자서전에 밝힌 상경의 목적은 진학에 있었다. 그러나 그는 김일성종합대학이 창설되었다는 소식을 듣고 고민에 빠졌다. 그는 친구들과 의논한 뒤 9일간에 걸친 도보여행을 통해 평양으로 돌아왔다고 고백했다. 그럼에도 김일성종합대학에 지원하지 않은 이유에 대해서는 "수속이 불충분했다"는 모호한 구실로 얼버무렸다.[33] 반면 그의 평정서를 작성한 당국자는 부유한 가정에서 자란 그가 토지개혁 직후 "남반부로 도주한 사실이 있다"고 매몰차게 비판했다. 그는 "도주자"를 현직에서 강등시켜야 한다는 건의도 잊지 않았다.[34]

자서전과 전혀 다른 관점에서 쓰인 평정서의 목표는 자서전에 기록된 허위 정보를 바로잡는 데 있었다. 앞서 소개한 박규회의 평정서는 기록자의 변명성 서술 또는 기만적 서술을 바로잡고 있는 전형적 사례이다. 물론 고의 누락 전략을 구사한 이들의 은밀한 과거를 캐내는 일도 평정서의 주요 목표 가운데 하나였다.

강원도 평강축산전문학교 교원 송춘모(28)는 아버지가 대서업에 종사했다고 자서전에 기록했다.[35] 그러나 당국은 잠깐 대서업에 몸담았을 뿐, 일제시기 경찰직에 복무하다 해방 직후 월남한 그의 은밀한 과거사를 밝혀내고야 말았다. 송춘모를 평정한 당국자는 직계 가족이 친일 행위에 연루된 데다 월남한 점, 심지어 그러한 행적을 이력서와 자서전에 기입하지 않은 점 등에 근거하여 그를 정치·사상적으로 신뢰할 수 없다고 결론내렸다. 평정자는 그가 현직에 적합하지 않

다는 건의도 잊지 않았다.[36]

전략적 글쓰기를 통한 자서전 작성자들의 기만 행위는 대체로 간파되었다. 그러면 당국자들은 어떻게 기록자들의 속임수를 꿰뚫어볼 수 있었을까? 물론 가장 일반적인 방식은 기록자의 지인들을 통해 자서전 내용의 진위를 확인하는 방식이었다. 평양교원대학 화학과 학생 길성혁(18)의 자서전·이력서를 검토한 학과장 교수는 "빈농"이라 적혀 있는 그의 출신성분에 의구심을 품었다. 그는 같은 학과에 재학 중인 길성혁의 동향 친구 유강을 불러 사실관계를 따졌다. 유강은 그가 빈농의 아들이 아닌, 축출된 지주의 자식이라고 털어놨다.[37]

한편 황해도 해주여자고급중학교 교사들을 평정한 시학은 그 학교 교장으로부터 그들에 관한 구체적 정보를 얻었다. 시학이 교사 고광선(44)을 평정할 때, 교장은 그가 "까불거릴 뿐만 아니라 아첨기가 다분한 사람"이라고 귀띔해주었다.[38] 황해도 재령군 남률중학교 교사 이대순(23)을 평정한 시학은 그의 가정이 몹시 궁핍하다는 이야기를 촌락 세포위원장으로부터 들었다고 기록했다.[39] 평정자가 자서전 작성자의 지인들로부터 보다 객관적인 정보를 입수했음을 볼 수 있다.

항간에 떠도는 풍문도 평정의 근거가 될 수 있었다. 황해도 재령군 신원중학교 교장 노의백(29)을 평가한 시학은 그가 "여자관계로 실수한 적이 있으며, 심지어 여자를 바치는 경향이 있다"고 기록한 뒤 "들은 말"이라고 덧붙였다.[40] 기록자들의 은밀한 과거를 캐고자 했던 당국자들은 그들과 그들 가족 성원들의 이력서·자서전을 비교하는 방식을 활용하기도 했다. 강원도 철원고급중학교 교사 김강동(20)의 자서전 내용에 의구심을 품은 시학은 이웃한 철원여자중학교 교사로 재직 중인 그의 형의 자서전·이력서를 조회했다. 결국 그가 기만적 글쓰기를 시도했음이 시학의 문건 대조 작업을 통해 밝혀졌다.[41]

자서전·이력서의 기록, 기록자들의 평소 행실, 기록자 지인들과의 면담 등을 종합하여 평정서를 작성한 당국자들의 목표는 그들 개개 인들의 내면세계와 인간관계를 철저히 해부하는 데 있었다. 황해도 재령군 남률중학교 교무주임 김창배(25)를 평정한 시학은 그의 아내 가 "생활에 계획성이 없고 낭비하는 경향이 있으며 산만하다"는 내 밀한 가정사까지 파악하고 있었다.[42] 개개인을 철저히 해부한 평정서 는 일반적으로 평가 대상자의 가정환경과 가족관계, 과거 경력, 정 치·사상적 수준, 성격과 인간성, 사업 태도와 역량, 약점 등을 소상 히 밝혔다. 황해도 재령군 북률여자중학교 교무주임 송관수(28)를 평 정한 시학은 다음과 같이 기록했다.

주위 환경은 청백하며 정치적 불순성이 없다. 8·15해방 전, 학도병 으로 나갔다. 자라온 환경은 극빈 가정이며, 순전히 고학으로 학교를 졸업했다. 계급성이 강하고 이론 수준도 높다. 인간적으로 착하며 친 절하다. 그럼에도 사업에 대한 연구 계획성과 집행력이 강하다. 현재 신체가 허약하여 사업에 과단성을 발휘하지 못하나, 뒤떨어져 있던 본 직장의 사업을 제 궤도에 올려놓았다. 교무주임은 물론 큰 학교의 교장이라도 감당할 능력이 있다.[43]

송관수는 일제시기 학도병에 지원한 과오를 제외하면, 나무랄 데 없는 배경과 경력을 지닌 인물이었다. 모범적 유형에 속한 그와 달

●

가족관계에 치명적 오점이 있었던 평양교원대학생 한종숙은
교내 요주의 인물로 낙인찍혔다.

리, 성장환경과 가족관계가 좋지 않거나 큰 과오를 범한 이들은 아주 철저히 해부되었다. 가정환경뿐만 아니라 행실마저 문제가 있었던 평양교원대학 지리과 학생 한종숙(20)은 다음과 같이 평정되었다.

부친은 일제시대의 관리였다. 경성서대문형무소·전주형무소·대전형무소·함흥형무소의 간수장을 지냈다. 또한 5,000평의 토지를 소유한 소지주였다. 해방 즉시 투옥되었고, 얼마 뒤 옥사했다. 본인은 이러한 가정환경에서 공부하며 자랐다. 고집스러운 성격과 소부르주아적 의식 등은 그 노골적인 표현이다. 회의 시 취급된 문제들에 대하여 자신에 관한 지적이 있으면 항상 불만을 품으며, 때때로 옳지 못한 발언("제정 때는 안 그랬다"는 등)을 한다. 본인 가정의 결함 탓에 항상 자기 출신을 숨기려 하고 원칙적인 문제를 포착하지 못한다. 때때로 남조선을 동경하는 듯한 말을 한다. 제 사업 면에 있어서 방관적이며 학생들과 함께 어울리지 않는다. 학업에 대해서는 대단히 모범적일 만큼 열성적이나, 그 성과는 그리 크지 않다. 함흥에 있는 어머니는 때때로 경성을 왕복한다. 누이는 제정 시에 경성에서 고등여학교를 졸업했다. 그녀는 의학박사와 결혼했는데, 그는 지금 남조선 국방군의 대좌로 활약한다. 이 자의 아우는 불란서에서 오래 살았고 현재 서울에서 불란서어 통역을 하고 있다. 모친은 토지개혁 당시 경작지 5,000평을 몰수당했다. 이러한 환경에 둘러싸여 있는 이 학생은 여러 방면으로 주의를 돌려야 할 것이다. 고급중학 교원으로 적당치 않으며, 간부 교원으로는 상당한 고려를 요한다.[44]

한종숙은 자신의 아버지가 일제시기에 서울시청과 함흥시청 토목과에서 근무했다고 자서전에 기록했다. 그러나 학교 당국은 그가 "친일 관리"였음을 간파하고 있었다. 친일 관리 중에서도 독립운동가들을 탄압했다는 혐의를 받은 형무소 간수장을 지낸 탓에, 그의 부친은 해방 즉시 투옥되었다. 평정자는 학생의 고집스런 성격과 소부르주아적 의식 등이 그가 성장한 가정환경에서 싹텄다고 보았다. 명예롭지 못한 성장 배경을 지닌 그는 의식적으로 그것을 감추곤 했다. 부친의 치명적 전력에 더하여 일제를 옹호하고 남한을 동경하는 듯한 언행 그리고 동료들의 비판에 불만을 품는 태도는 당국의 관점에서 용납하기 힘든 사상적 결함으로 인식되었다.

평정자는 한종숙의 인성에 이어 가족관계까지 철저히 해부했다. 그의 부모의 부정한 전력은 물론, 사돈 집안 자제들의 불온한 경력마저 당국에 훤히 간파되었음을 볼 수 있다. 치명적 과오를 범한 부모를 둔 데다, 대단히 위험스러운 집안과 결혼관계를 맺은 가정에서 성장한 그는 교내 요주의 인물로 낙인찍힐 수밖에 없었다. 국가는 개개인의 인성·개성·사상성 등 내면적 성향뿐만 아니라 주변 환경까지 평정서를 통해 해부함으로써 모든 인민들을 철저히 장악·관리하고자 했다. 요컨대 자서전·이력서·평정서는 북한 대중들과 당국 간의 갈등이 표면화된 공간이자, 양자가 '글쓰기'라는 매개를 통해 서로 대립한 치열한 격전장의 성격을 띠었다.

한편 평정의 목표는 국가의 개개인 장악에 국한되지 않았다. 그들을 적절한 직장과 직책에 배치해 국가 운영의 효율을 높이는 일도 평정의 주요 목표들 가운데 하나였다. 한종숙의 평정서를 작성한 당국자가 고급중학 교원과 간부 교원에 그가 부적당하다고 결론내린 점도 보다 유능하고 적합한 인재를 등용하기 위한 노력의 일환이었다. 평정서를 작성한 당국자들은 개개인들을 철저히 해부하는 데 그치지 않고, 재직 중인 직장과 직책에 그들이 적합한가를 평가하며 승급이나 강등 또는 해임을 건의했다.

직업과 직책에 대한 적합도 면에서 개개인들의 사업역량 못지않게 정치·사상적 수준도 중시되었다. 강원도 철원사범전문학교 교원 김관용(20)은 시학으로부터 다음과 같은 평정을 받았다. "실력은 우수하나, 사상적으로 낙후하다. 성격으로 보아 교내 학생들에게 간혹 헛소리치는 경향이 있다. 따라서 학생들에게 위신이 서지 않으며 사업에 성과를 내지 못한다. 교직에 둘 수 없으며, 현직에서 이동시키는 편이 바람직하다."[45] 사업역량, 과거 경력, 가족관계뿐만 아니라 정치·사상적 수준도 인재 등용의 중요 척도였음을 볼 수 있다. 승급·강등·해임을 좌우할 만큼, 평정서는 북한 대중들의 사회적 성취에 중대한 의미를 지닌 문건이었다.

눈가리개를 하지 않은 평정자들

평정서가 신뢰할 만한 여러 정보원에 기초하여 작성되었다 해도, 그것을 통해 개개인들의 성향을 정확히 파악하기에는 한계가 있다. 평정서 작성자들은 대개 공직자 개개인이 속한 기관의 책임자들이었다. 그들도 감정과 개성을 지닌 인간인 이상 냉철한 이성을 확고히

일본 유학 시절 사회주의운동에 투신한 지주의 아들 신건희는
김일성종합대학 공학부장과 흥남공업대학 학장을 지낸 인물이었다.

●

신건희의 친동생인 영화 연출가 신두희는 형과 달리
출신성분을 중농으로 기입했다.

견지하기보다, 다양한 이해관계 앞에서 객관적 판단력을 상실하기 일쑤였다.

성품 자체가 온화한 평정자들은 부하 직원들에 대한 평가에 좀처럼 쓴소리를 하지 못했다. 김일성종합대학 공학부장과 흥남공업대학 학장을 지낸 신건희申建熙(44), 김일성종합대학 의학부장과 평양의학대학 학장을 지낸 정두현鄭斗鉉(59)은 온화한 성품을 지닌 학자들이었다. 흥남공업대학과 평양의학대학 교수들을 평정한 그들은 어느 누구에 대해서도 신랄한 비판을 퍼붓지 않았으며, 대체로 긍정적 평가를 통해 그들의 승급이나 유임을 당국에 건의했다.

한 개인에 대한 객관적이고 정확한 평정은 평정자의 개성과 인성에 따라 곡해될 수 있었을 뿐만 아니라, 평정자와 평정 대상자 간의 사적 관계에 따라 곡해될 수도 있었다. 흥남공업대학 학장 신건희가 같은 대학에 재직 중인 친동생 신두희(31)를 평정한 사례는 명백히 후자에 해당한다. 와세다대학 불문학부를 졸업한 신두희는 오로지 "취미 활동을 통해" 러시아어를 익힌 학자였다. 그러나 그의 형은 동생이 "노어에 정통"할 뿐만 아니라 "사업 작풍이 열성적이고 장래성이 있는 동무"라는 근거를 들어, 그에게 "러시아어 전공 부교수직을 수여함이 적당"하다고 추천했다.[46]

4,000평의 토지를 몰수당한 뒤 축출된 지주의 아들인 황해도 재령군 남률중학교 교장 김유각(34)의 평정서도 그와 평정자 간의 친밀한 사적 관계를 암시한다. 평정자인 시학 이의혁은 그가 이론 수준이 높을 뿐만 아니라, 통솔력·실천성·과단성을 겸비해 높은 사업성과를 거두고 있는 이상 현직에 적합하다는 결론을 내렸다. 그는 축출된 지

주의 아들임에도 불구하고 지주 출신들에게 가해지기 마련인 상투적 비판을 포함해, 어떠한 부정적 평가도 받지 않았다.[47] 지주 출신이 전혀 비판을 받지 않았다는 점은 평정자와 평정 대상자 간의 친밀한 사적 관계를 제외하고는 달리 설명할 방도가 없다.

평정 대상자들로부터 받은 좋지 않은 첫인상이나 그에 따른 편견도 객관적이고 정확한 평정을 가로막은 요인이었다. 황해도 재령군 교육과 시학 전종만이 상성중학교 교사 기노학(23)을 삐딱한 시선으로 바라본 데에는 그럴 만한 이유가 있었다. 그 교사는 면담 심사를 앞두고 친구를 만나 술을 마셨다. 시학은 벌게진 얼굴로 나타나 심사를 받은 그의 태도에 격분한 나머지, 다음과 같이 평정했다. "영웅심이 강하고 자기 자신만 생각한다. 근로하기 싫어하며 봉건적 양반 태도가 농후하다. 사상도 견실하지 못하며 기회주의적인 입장에 서 있다." 시학은 그의 해임을 건의하고 싶었다. 그러나 문제는 그가 부족한 러시아어 교사들 가운데 한 명이라는 점이었다. 시학은 "많은 교양이 필요하다"는 조건을 달며 마지못해 그의 유임을 건의했다.[48]

당국자들의 정확한 평정을 가로막은 대표적 편견은 출신성분과 가족 배경에 대한 부정적 관점이었다. 황해도 재령군 청천중학교 교사 이인곤(23)을 평정한 교장은 그가 인성, 사업역량, 정치·사상 수준, 군중들과의 관계 등 어느 면에서나 나무랄 데 없는 인재라고 평가하며 그의 현직 유임을 건의했다.[49] 반면 재령군 교육과 시학은 그를 전혀 다르게 평가했다. 시학은 그가 "계급성이 약하고 소극적이며 융화적이다. 정치적 수준을 높이려는 노력도 부족하다"고 비판하며 부정적 평가를 내렸다. 사실 시학이 그렇게 매정한 평가를 내린 까닭은 그의 가정환경 때문이었다. 그는 토지개혁 당시 3,000평의 토지를 몰수당한 부농의 아들인 데다, 축출된 "불로지주不勞地主"의 딸을 아내로 맞아들인 가정환경에서 지내고 있었다.[50]

평정자의 개성, 평정자와 평정 대상자 간 사적 관계, 평정자가 지닌 편견 등이 객관적이고 정확한 평정을 가로막는 요인이었음을 살펴보았다. 이상의 문제점들을 지닌 평정서는 조심스럽게 다루어질 필요가 있다. 특히 개개인들의 인성·사업역량·계급성·사상성 등에 대한 평정 기록은 연구자들의 활용에 면밀한 검토와 주의를 요한다. 평정자의 주관이 개입될 여지가 있는 면들이기 때문이다. 반면 사실 관계를 따져 기입해야 할 개개인들의 과거 경력, 가족관계, 평소 행실 등에 관한 평정 기록은 대체로 신뢰할 만하다.

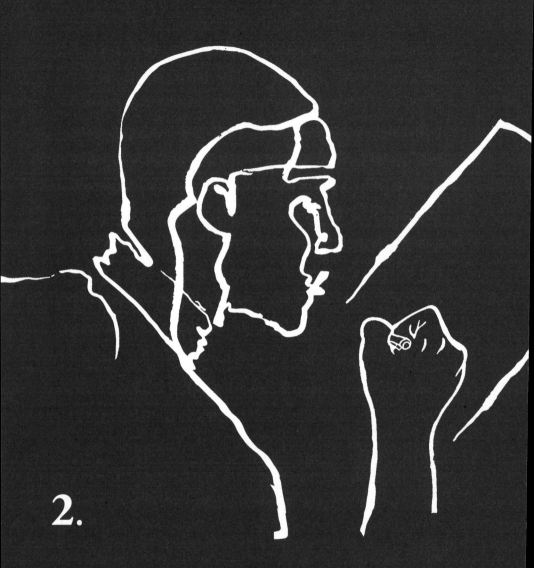

2.

어느 날 갑자기 누구도 예상하지 못한 해방의 날이 왔다. 감격에 젖은 사람들은 광란의 축제에 참여했다. 사회 시스템은 완전히 마비되었고, 모든 것이 혼란의 소용돌이에 빨려들었다. 해방공간은 감격의 시기이자 혼돈의 시기였고, 휴식의 시기이자 위기의 시기이기도 했다. 물론 깊고도 강렬한 충격파에서 깨어난 조선인들은 점차 해방을 새 국가 건설을 위한 준비의 시기로 받아들이기 시작했다.

해방의 소용돌이

해방의
전조

소련군 참전

1925년경 조선을 떠나 러시아 극동 지역에 정착한 고병원(44)은 1933년 8월부터 12년간 소련정치대의 대일 공작원으로 일해오고 있었다. 그에게 맡겨진 임무는 소만蘇滿 국경 일대를 오가며 일제의 정치·경제·군사적 동향을 내사하는 일이었다. 1945년 8월 9일, 그는 포시에트시에 있는 정치보위부 사택 안에서 잠이 들었다. 그러나 새벽 3시경 요란한 라디오 신호음이 깊은 잠에 빠진 그를 깨웠다. 소련 외상 몰로토프의 육성이 들려왔다. 그는 일제에 선전포고를 하는 그 긴급한 방송에 정신이 번쩍 들었다. 40분 뒤에 이어진 중앙 방송은 소련군이 진격하자, 일본군이 "총 한 발 쏘지 못한 채 패퇴했다"는 고무적인 소식을 전했다. 그때 고병원은 조선의 해방이 눈앞에 다가왔음을 직감했다.

1945년 8월 13일, 그를 비롯한 정치보위대 요원들은 기계화 전투부대에 편입되었다. 14일 아침 만주 훈춘琿春에 진입한 그는 일제의 헌병·경찰과 친일파·반동세력을 청산하기 위한 작업에 착수했다. 얼마 가지 않아 일제의 패망 소식이 들려왔다. 다시 부대를 따라 간도 옌지延吉로 이동한 그는 그곳에 거주 중이던 가족들을 데리고 한만韓滿 국경을 넘었다. 함경북도 회령과 청진을 경유하여, 1945년 10월경 마침내 꿈에도 그리던 고향인 함경남도 갑산에 발을 들여놓았다. 그곳을 떠난 지 어언 27년 만의 귀향이었다.[1]

대일 선전포고와 함께 시작된 소련군의 폭격은 함경남북도 일대를 혼란의 도가니로 몰아넣었다. 사실 조선인들을 공포에 빠뜨린 연합군 전투기의 출현은 그 주체만 달랐을 뿐, 처음 있는 일이 아니었다. 조선총독부 교통국 항공과 시설부에 근무한 김봉우(29)는 1945년 6월경 경성 상공에 나타난 미 공군의 B-29기를 보고 불안감에 사로잡혔다. 그가 할 수 있는 일이라고는 아이들과 가구를 시골 어머니 집에 맡기는 것뿐이었다.[2] 그 무렵 함경북도 청진 방적공장에서 근로봉사를 하고 있었던 회령상업학교 학생 김병철(17)도 B-29기의 출몰을 우려의 눈길로 바라보았다.[3]

그러나 한반도 상공을 스쳐 지나간 미 공군 B-29기와 달리, 소련 공군은 함경남북도 일대에 맹공을 퍼부었다. 1945년 8월 9일, 함경남도 원산 상공에 뜬 소련 폭격기는 시내 세 지점에 폭탄을 투하했다. 엄청난 폭발음이 고이 잠든 주민들을 깨웠다. 영문을 알 수 없었던 그들은 공포심에 사로잡힌 채 뜬눈으로 밤을 지새웠다.[4] 회령상업학교 학생 김병철은 얼마 전 청진 상공에 나타난 B-29기와 달리, 폭격을 단행한 소련 전투기의 기습에 간담이 서늘해졌다. "쏘련 비행기의 연속적 폭격과 무적함대의 함포 사격으로 청진 일대가 수라장이 되자", 그는 근로봉사에 동원된 친구들과 함께 두만강 대안으로 피신했다.[5]

고병원처럼 소련군 편에 서서 대일전을 치른 조선인들도 있었지만, 일본군 편에 서서 소련군을 대적한 조선 청년들이 훨씬 많았다. 물론 그들도 소련군의 공격이 시작되자 공포심에 사로잡혔다. 함경북도 부령군 석막국민학교 교사 현봉득(20)은 1945년 8월 4일 나남 제202부대에 징병되었다. 입대한 지 꼭 열흘째 되던 8월 13일 오후 1시경, 청진에 체류하던 그는 소련군이 상륙하는 광경을 목격했다. 잔뜩 겁을 먹은 그는 다음 날 밤 10시경 중학교 동창 세 명과 함께 부대를 이탈했다. 함경북도 경성군 어랑면 부윤동에서 닷새간 피신생활을 한 그들은 해방된 지 나흘이 지난 8월 19일 고향에 돌아왔다.[6]

황해도 해주 동중학교를 갓 졸업한 강창숙(19)은 1945년 입대 직후 만주 홍안남성에 배치되었다. 그가 그곳에 도착했을 때, 소련군 비행기가 나타나 투항을 요구하는 삐라를 살포했다. 며칠 뒤 전차를 앞세운 소련군 보병대가 진격해왔다. 당황한 일본군 1개 사단은 산산이 흩어져 퇴각했다. 그러나 그가 속한 공병대는 전차에 대항하며 끝까지 버티라는 명령을 받았다. 이 전쟁이 자신과 아무런 관계가 없다고 생각한 강창숙은 친구 네 명과 함께 내빼기 시작했다.

다음 날 정처 없이 남행하던 그들은 일본군 기병대와 맞닥뜨렸다. 한 장교가 그들을 막아섰다. "네놈들, 조선놈들이지? 이놈의 자식들, 목숨이 아까워 도망치고 있구나? 귀대하지 않으면 쏘겠다!" 다섯 명

강창숙 이력서

●

소련군 보병대의 진격에 겁을 먹은 일본군 공병대원 강창숙은
조선인 친구들과 함께 탈영해 남쪽으로 달아났다.

의 탈영병들은 자신들도 떨어진 부대를 찾고 있는 중이라고 둘러댔다. 기병대가 시야에서 사라지자 그들은 다시 남쪽으로 달아났다. 인가가 드문 만주 벌판을 20일가량 헤매는 동안 며칠씩 굶기 일쑤였다. 강창숙은 조선이 해방된 지 두 달이 지난 10월 중순에야 집에 돌아올 수 있었다. 오랜 방랑과 굶주림의 여파로 그는 두 달간 병을 앓았다.[7]

공포심에 사로잡혀 총 한 발 쏘지 않고 도주한 현봉득·강창숙과 달리, 용기를 내 전투를 치른 조선 청년들도 있었다. 그러나 소련군의 화력이 압도적 우위를 보이자, 그들도 목숨을 부지하는 길을 택했다. 함경북도 청진 어항국민학교 교사 이장민(19)은 소련이 일제에 선전포고한 8월 9일, 제3기 징병생으로 소집되었다. 청진에 주둔한 그의 부대는 상륙 작전에 성공한 소련군에게 거듭 패배를 당했다. 퇴각후 산속에 숨어 지내던 그는 동창생 세 명을 꼬드겨 부대를 이탈했다. 그들은 해방 다음 날인 8월 16일 무사히 귀가할 수 있었다.[8] 만주 무단장牡丹江 철도부대에 배치된 청년 김종건(22)은 소만 국경지대에서 소련군과 싸웠다. 철도부대가 전멸하자 홀로 도주한 그는 어느 조선인 농가에 숨어들었다. 다행히 그도 해방된 지 한 달 반이 지난 9월 말경 집에 돌아올 수 있었다.[9]

도피하지 않고 부대에 남은 청년들은 큰 대가를 치렀다. 그들은 일제의 항복 즉시 포로가 되어 소련군 수용소에 수감되었다. 만주 지역 일본군 보병부대에 복무한 정태설(21)은 해방 다음 날인 8월 16일, 헤이룽장성黑龍江省 자무쓰시佳木斯市에 위치한 소련군 수용소에 억류되었다. 그 수용소는 350명에 달하는 조선인 병사들을 2개 중대로 편제해 관리했다. 그들의 수용소 생활은 약 6개월간 지속되었다. 중대장을 맡아 소련군의 지시를 충실히 이행한 정태설은 1946년 2월 1일 수용소에서 풀려나, 9일 뒤인 2월 10일 고향인 함경남도 갑산군에 돌아갈 수 있었다.[10]

수심에 젖은 피란민들

전쟁이 시작되자마자 달아난 일본군 내 조선 청년들처럼, 만주와 함경북도 지역에 거주한 주민들도 피란을 떠났다. 사회주의국가 소련의 이미지가 조선 대중들에게 부정적으로 각인돼 있었던 데다, 일제 당국도 피란을 독촉했기 때문이다. 함경북도 길주군 영신공립국민학교 훈도 이승렬(22)은 소련군이 청진에 상륙했다는 소문이 나돌던 8월 13일, 줄을 지어 길주 시내를 빠져나가는 피란민들과 짐짝 행렬을 보고 간담이 서늘해졌다. 무엇을 해야 할지 갈피를 잡지 못한 그는 교내를 서성거리며 시간을 보냈다. 그때 일본인 교장이 교사들을 불러 모아, 문서를 정리한 뒤 피란을 떠나라고 권고했다. 이승렬은 그 권고에 따라 가족들을 데리고 혜산 행 열차에 올라탔다. 그 열차에도 피란민들이 가득차 있었다.[11]

소련군의 급속한 남하는 조선인들에게 피란 계획을 세울 시간적 여유를 허락하지 않았다. 만주 무단장牡丹江 지역에서 중학교를 다닌 이승란(16)은 8월 9일 아침, 전쟁의 시작과 함께 소련군 정찰기가 무단장 상공에 떴다는 소식을 들었다. 미처 아무런 준비도 하지 못한 그녀의 가족은 12일에야 피란을 떠났다. 그들은 "그리운 집과 모든 집기를 그대로 남겨둔 채 하얼빈哈爾濱행 기차에 몸을 실었다." 고심 끝에 결정한 최종 목적지는 조선이었다. 그녀의 가족은 하얼빈을 경유하여 펑톈奉天에 도착했을 때, 일제가 패망했다는 소식을 들었다. 소련군 비행기의 폭격을 우려하며 겁에 질려 있는 피란민들의 창백한 얼굴에 다시 핏기가 돌기 시작했다. 그녀의 가족은 기차가 끊긴 펑톈에서 약 2주일간 머무르다, 9월 2일 신의주에 첫발을 내디뎠다. 집집마다 내걸린 태극기가 바람에 나부끼며 그들을 맞았을 때, 모두들 "폭포 같은 눈물"을 흘렸다.[12]

만주로부터 조선에 이르는 피란길은 몹시 혼잡한 데다 위험 부담이 매우 컸다. 만주 다롄大連의 한 전기회사 타자수로 근무한 여성 이창애(20)의 가족은 배를 타고 인천으로 들어오는 피란길을 택했다. 사실 그녀의 가족이 많은 비용을 들여가면서까지 뱃길을 택한 데에는 그럴 만한 이유가 있었다. 육로를 따라 신의주로 나오는 길은 매우 혼잡했던 데다, 도중에 마적들과 마주칠 수 있다는 흉흉한 소문마저 나돌았기 때문이다.[13]

일제의 강제 노역에 동원된 조선 청년들의 귀향도 간단한 문제가 아니었다. 1944년경부터 만주 펑톈성奉天省 소가툰蘇家屯 남만방직공장에서 근로봉사를 하고 있었던 간도여자고등학생 백여 명은 귀가 시점을 저울질하며 상황이 안전해지기만을 기다리고 있었다. 1년 가까이 집을 떠나 노역에 시달리던 그들은 햇빛조차 스며들지 않는 "옥사 같은 공장 안"에서 해방을 맞은 참이었다. 그들은 곧장 귀가하고 싶었지만, 치안 불안과 사회 혼란이 그것을 허락하지 않았다. 그러나 마냥 기다릴 수만도 없는 노릇이었다.

그때 딸을 찾아온 한 학부형이 누군가로부터 소개받은 김호남(22)이라는 청년에게 인솔을 요청했다. 연해주 지역에서 소학교를 나온 그는 러시아어를 완벽하게 구사할 수 있었다. 행여나 소련군을 마주치기라도 한다면 그의 언어 능력이 빛을 발할 터였다. 1945년 9월 10일, 그는 백여 명의 여학생들을 이끌고 공장을 떠났다. 그들의 귀가 수단은 도보와 정상적 운행이 불가능한 철도 교통뿐이었다. 그들은 한 명의 사고도 없이 10월 20일에 무사히 귀가했다. 공장을 떠난 지 꼬박 40일이 걸린 셈이었다.[14]

기록으로
포착된 해방의 순간

감격에 젖은 사람들

황해도 송화 공립심상소학교 교사 오기혁(33)은 1945년 7월경 여름방학을 맞아 지역 수리조합 공사에 동원되었다. 8월 13일에야 노역을 마친 그와 동료 교사들은 지친 "다리를 질질 끌고" 귀가했다. 이틀이지난 8월 15일, 학교에 나가 담소를 나누던 그들은 오전 라디오 방송을 통해 중대 발표가 예정돼 있다는 보도를 접했다. 오기혁은 두려움과 희망이 뒤섞인 복잡한 감정에 사로잡혔다. 고통스러우리만큼 참기 힘든 시간이 더디게 흘러갔다. 이윽고 "천황이 벌벌 떨며" 직접 전한정오 속보의 요지는 다름 아닌 항복 선언이었다. 그와 동료 교사들은 "눈물을 흘리며 서로 부둥켜안고 조선 독립 만세를 외쳤다."[15]

사실 조선인들이 해방의 소식을 접한 시점은 저마다 차이가 있었다. 일본 천황의 항복 선언이 모호해 방송을 듣고도 그 의미를 알아채지 못한 이들이 부지기수였고, 방송을 듣지 못한 대다수 군중들은 시간이 지나서야 주변에 나도는 입소문을 통해 그 소식을 들었다.

근로보국대로 동원된 평양 제2중학교 학생 김명준(15)은 병기소에서 노동하던 중 해방을 맞았다. 전혀 바깥소식을 알 길이 없었던 그는 평소와 다른 일본인 중좌의 비장한 연설에 의구심을 품었을 뿐, 일제의 패망을 상상조차 할 수 없었다. 중좌는 다음과 같이 말했다. "대동아전쟁은 아직 끝나지 않았다. 일본과 미국 간의 전투는 일시적으로 중단되었을 뿐이다." 그는 마지막으로 "야마도다마시大和魂(일본정신)"를 역설하며 근로보국대의 해산을 지시했다. 김명준은 만세 소리로 가득찬 평양에 도착해서야 휘날리는 태극기를 목격하고 해방을 감지했다.[16] 그가 반나절 정도 늦게 해방이 도래했음을 알아차렸다면, 하얼빈에서 학교를 다닌 김창만의 조카 김지용(16)은 이틀 정도 뒤에 그 소식을 접했다. 그는 만주 지역의 경우 8월 17일에야 조선이 해방되었다는 보도가 나왔다고 회상했다.[17]

조선인들이 해방의 소식을 접한 시점은 제각각이었지만, 그것이 가져다준 감격과 환희는 매한가지였다. 몇 가구 되지 않은 산간벽촌인 함경남도 갑산군 동인면 신흥리는 정적에 싸인 마을이었다. 이곳에 거주한 청년 이승렬(22)에게 8월 14일은 아무 일도 없었던 듯 고요히 지나갔다. 정작 8월 15일에도 이상한 자동차가 지나갔을 뿐, 평소와 다름없는 일상이 지속되었다. 16일이 되어서야 비로소 "해방의 희소식"이 정적에 잠긴 온 마을을 깨웠다. 17일부터 마을에 태극기가 휘날리고 해방을 자축하는 주민들의 시위가 시작되었다. 이승렬은

김명준은 같은 또래의 여느 중학생들처럼 근로보국대로 동원돼
병기소에서 노동하던 중 해방을 맞았다.

친구들과 함께 모든 행사에 찾아다니며 조국을 되찾은 기쁨에 빠져 지냈다.[18]

평양 제1여자중학교 학생 김혜덕(14)은 8월 15일 병원에 가던 중 거리에서 이상한 낌새를 챘다. 옹기종기 모여 대화를 나누는 사람들의 모습은 평소와 다른 구석이 있었다. 밤이 되자 "난생처음 듣는 만세 소리와 애국가"가 거리에 울려 퍼졌다. 그로부터 한 달이 지나, 편지 한 통이 그녀에게 배달되었다. 학교에서 온 그 편지에는 등교를 바란다는 내용이 놀랍게도 한글로 적혀 있었다. 학교에 나간 그녀는 더 놀라운 광경을 목격했다. 그것은 친구들이 여태껏 쓸 수 없었던 조선말로 대화를 나누는 모습이었다.[19]

경성상업학교를 졸업한 청년 온화성(18)은 해방이 자신의 아버지 온병환에게 가져다준 감격의 깊이를 이루 헤아리기 어려웠다. 온병환은 일제시기 적색농민조합운동에 참가한 혁명가였다. 수년간의 투옥생활은 그의 혁명 경력에 영예로운 상흔으로 남아 있었다. 해방 당일 그는 괭이와 삽을 들고 뒤꼍으로 향했다. 온화성은 의문을 품은 채 그의 뒤를 따랐다. 표식을 찾기라도 하듯 주변을 유심히 살피는 그의 행동은 아들의 궁금증을 더더욱 자극했다. 마침내 땅을 파기 시작한 그는 "소화 8년"에 만든 팸플릿 열여섯 권을 그곳에 묻어두었다고 털어놓았다. 사회운동에 관한 내용을 담은 팸플릿이었다. 그러나 12년 만에 햇빛을 본 그 책자들은 전혀 알아보지 못할 만큼 엉망이 돼 있었다. 온병환의 입에서 탄식이 흘러나왔다.[20]

혁명가의 아들 온화성은 열두 해 전 땅속에 묻어둔
책자를 캐내는 해방 당일 아버지의 모습을 보며 감격에 젖었다.

일본인들 사이에서 맞은 해방

해방의 기쁨은 조선인들만이 누릴 수 있는 특권이었다. 한반도에 거주하고 있던 일본인들은 전혀 다른 반응을 보였다. 8월 15일, 함경남도 원산 루씨樓氏고등여학교 학생 신배영(15)과 급우들은 조회를 마친 뒤 오전부터 농원 노동에 동원될 예정이었다. 그러나 조회 시간 내내 평소와 다른 무거운 분위기가 교정을 에워쌌다. 어찌된 일인지 눈물을 흘리며 훈시한 일본인 교장은 예정된 농원 노동을 취소했다. 조선인 학생들은 무언가 이상한 일이 일어났다는 낌새를 챘을 뿐 영문을 알 길이 없었다. 그들은 미동도 하지 않았다. 반면 일본인 학생들의 울음소리는 점점 커져갔다. 신배영은 학교를 나와 큰거리로 들어섰을 때에야 무슨 일이 일어났는지 짐작할 수 있었다. 그곳에는 태극기를 흔들며 만세를 외치는 청년들이 몰려다니고 있었다.[21]

원산 루씨고등여학교의 조선인 학생들과 일본인 학생들이 보인 상반된 태도와 달리, 패전 국민인 일본인들이 느낀 비애에 공명한 조선인들도 있었다. 그들은 일제의 동화정책에 넘어간 이들이었다. 함경남도 함흥 영생여자중학생 김경옥(16)은 해방 당일까지 급우들과 함께 마초 베기 노동에 동원되었다. 그들이 일을 마치고 학교에 돌아왔을 때, 일본인 교장이 슬픈 낯으로 자국의 패망 소식을 전했다. "10년 가까이 일제의 교육을 받아 일본인이 돼가고 있었던" 김경옥은 그 때 해방의 기쁨을 느끼기는커녕 슬프고도 복잡한 감정에 사로잡혔다. 당시에 그녀는 자신을 비롯한 학생들의 장래와 운명에 대해 갈피를 잡을 수 없었다고 고백했다.[22] 사실 많은 조선 학생들이 그녀와 유사한 심리상태를 보였다.

일제의 패망에 낙담한 조선인들이 있었듯, 패전 국민으로 전락한 모든 일본인들이 슬픔에 빠진 것은 아니었다. 일본 도쿄 고사포부대에 복무하다 해방을 맞은 청년 병사 박형만(21)은 전혀 예상치 못한 광경을 목격했다. 그것은 8월 15일 일제 패망의 날, 놀랍게도 일본인 군인들이 어깨를 낀 채 노래하고 춤을 춰 세간의 화제가 된 사건이었다. 박형만과 조선인 동료들은 제국주의 전쟁을 반대하는 일본인 군인들에게 깊은 인상을 받았으나, 그들의 축제에 동참할 수 없었다. 조선인 징병자들은 태극기가 휘날리는 부산 부두의 수많은 환영 인파를 배 위에서 목격한 뒤에야 서로 부둥켜안고 기쁨을 나누었다.[23]

일본 나라현奈良縣 나라시奈良市 항공정비학교에서 군생활을 하고 있던 청년 장치원(18)도 한 일본군 장교의 반일적 태도에 의구심을 품었다. "이께다 중위"라 불린 그 장교는 일제의 패망 직후 학교 창고에 적재돼 있는 물품들을 집으로 실어 나르는 다른 장교들의 일탈에 환멸을 느꼈다. 그는 조선인 병사들을 불러 모아 작심한 듯 입을 열었다. "너희들은 일본 군대와 같은 썩어빠진 군대를 건립해서는 안 된다. 돌아가거든 오직 조국을 위해 헌신할 수 있는 군대를 창설해야 한다. 훗날 조선과 일본이 서로 총을 맞대고 싸울 날이 올지 모른다. 그때 너희들은 조국을 위해 피를 흘려야 한다. 돌아가거든 조국의 훌륭한 간부가 되길 바란다." 조선인 병사들은 "그럴듯한" 그의 연설에 다만 "하이(예)!"라고 대답할 수밖에 없었다.[24]

물론 일제의 패망을 성찰적 태도와 긍정적 관점에서 바라본 일본인들은 극소수였다. 그들을 제외한 대다수는 울분과 비애에 빠져 있었다. 낙담한 일본인들에 둘러싸여 있었던 조선인들도 마음 놓고 해방의 기쁨을 표출할 수 없긴 마찬가지였다. 일본 야마구치현山口縣 쿠다마츠시下松市 동양강판주식회사에 징용돼 온 청년 문상두(22)는 실의에 빠진 일본인들 속에서 해방을 맞은 탓에 눈치껏 처신해야 했다. 그는 한국의 독립을 거듭 약속한 포츠담선언의 내용을 접하고 "가슴에 끓어 넘치는 감격"을 주체할 수 없었지만, 일본인들 앞에서 어떠한 내색도 하지 않았다. 부산 부두에 첫발을 내디딘 순간에야 그의 두 눈에서 눈물이 흘러내렸다.[25]

평안북도 신의주상업학교를 졸업한 청년 이영서(17)도 일본에서 해방을 맞았다. 일제의 패망 전 해군에 입대한 그 역시 학도지원병으로 전쟁에 동원된 수많은 조선 청년들 중 한 명이었다. 1945년 6월 28일, 그는 여느 때처럼 항행 중인 구축함 한쪽에 자리를 지키고 있었다. 그때 갑자기 미군 전투기가 나타나 공습을 시작했다. 그의 기억은 거기에서 중단되고 말았다.

다행히 해군병원에서 의식을 회복한 그는 구축함이 침몰했고, 운좋게 구조된 자신은 등과 손에 탄을 맞아 치료 중이라는 후일담을 들었다. 사실 그가 치료받고 있던 곳은 제대로 된 시설을 갖춘 병원이라기보다, 나가노현長野縣 유가시마湯ヶ島라는 곳에 위치한 온천 치료소였다. 바로 이곳에서 해방을 맞은 그는 자신을 치료해온 한 간호원과 가까워졌다. 놀랍게도 그녀는 조선인이었다. 천황 히로히토의 항복 선언 직후 주위의 "일본놈들이 울고불며 야단칠" 때 그와 그녀는 말없이 끌어안았다. 그들은 일제의 패망에 기뻐할 수도, 슬퍼할 수도 없었다. 아직 상처가 아물지 않은 이영서는 8월 23일 조선으로 떠났다. 그 간

●

미군의 공습을 받고 침몰하는 배에서 가까스로 구조된 해군병 이영서는
일본의 한 온천에서 치료를 받던 중 해방을 맞았다.

호원은 귀국 도중 어디론가 종적을 감추었다.[26]

　일본 나라현 나라시 항공정비학교에서 해방을 맞은 청년 장치원 (18)과 조선인 동료들도 주변 분위기를 살피며 눈치껏 처신했다. 그는 《오사카마이니치신문大阪每日新聞》1면에 실린 〈조선, 독립인가?〉라는 기사를 보았을 때, "가슴이 고동치고 손발이 떨림을 느꼈다." 그러나 그가 할 수 있는 것이라고는 2층을 오르내리며 만나는 조선인 동료들과 기쁨을 속삭이고 들뜬 마음을 가라앉히는 일뿐이었다.

　일제의 항복 직후 나라시에서 "왜놈 청년 무리"가 조선인 주택을 습격해 일가족 다섯 명을 살해한 사건이 발생했을 때에도, 항공정비학교 내 조선 청년 백여 명은 분개할 도리밖에 없었다. "원수를 갚자! 우리에게는 총이 있다!"고 외친 청년도 있었지만, "여기도 왜놈! 저기도 왜놈!"만 있었던 탓에 그들은 후일을 기약하며 격분한 감정을 추스르기에 힘썼다. 더구나 헌병대의 감시는 조금도 느슨해질 조짐을 보이지 않았다. 매일 밤 두세 시에 인원 점검이 있었고, 낮에도 외출이 허용되지 않았다. 배편 조달이 쉽지 않아 그들은 한 달 동안 "옥살이 같은 생활"을 했다. 일본인 하사관들과 갈등을 빚으며 지내던 끝에, 9월 15일에야 귀국할 수 있었다.[27]

일제의 군병에서 조선의 군인으로

타국에서 일본군에 복무하며 해방을 맞은 조선인들도 자유로운 활동에 제약을 받긴 마찬가지였다. 그러나 그들은 동포 청년들을 규합해

세를 확장하며, 점차 일본군의 영향력에서 벗어날 수 있었다. 일본 주오中央대학 유학을 마치고 귀국한 청년 박창서(24)는 학도지원병령이 내린 직후인 1944년 초 용산 23부대에 입대했다. 그가 입대한 지 열흘이 지나 부대 이동이 시작되었다. 야간에 당도한 특별 열차는 군인들을 싣고 어디론가 떠났다. 목적지도 통고되지 않았다. 압록강을 건너 산해관을 지나 그 열차가 도착한 곳은 중국이었다. 박창서는 안후이성安徽省 율양현 사도진에서 3개월간 훈련을 받았다. 리더의 자질을 갖춘 그는 간부 후보생에 추천돼, 50일간 더 난징南京육군예비사관학교 교육을 이수했다.

그러는 사이 8월 15일 해방의 날이 왔다. 자신들의 패망을 "정전"이라고 기만한 일본군 지휘부는 9월 23일, 조선인 군인들을 무장해제했다. 그러나 한 달 뒤 진상을 파악한 조선 청년들은 지휘부의 반대를 물리치고 일본군을 이탈했다. 총 218명에 달한 그들은 "한국부대"를 결성했다. 이후 한커우漢口 부근에 주둔해 있던 조선인 병사 266명까지 흡수해 부대 규모를 더 확대했다. 재편된 한국부대는 1대대 8중대로 편성되었다. 1946년 3월경에는 후난성湖南省 일대의 조선인들까지 흡수하여 총 1,004명에 달하는 1연대를 조직했다.

부대의 활동은 장차 새 국가 건설의 주역이 될 청년 대원들 교육에 중점이 두어졌다. 문맹 퇴치·체육·음악·정치 교육이 실시되었다. 그러나 무엇보다 시급한 과제는 대원들의 귀국이었다. 그 과제를 해결해야 할 임무가 1대대 부관인 박창서에게 맡겨졌다. 그는 배편을 알아보던 중 조선에 인민공화국이 수립되고 38선이 획정되었다는 소식을 들었다. 1946년 4월 19일, 드디어 조선 청년들 484명이 승선

＊

No. 1

간 부 리 력 서

1. 성명 ㄱ. 본명 없음 ㄴ. 현명 박창서 ㄷ. 별명 사라의 도레오
2. 성별 남자 3. 생년월일 1920년 10월 2일 (20세) 4. 민족별 조선인
5. 출생지 ㄱ. 현재행정구역의명칭 함경남도 혜산군 혜산면 ○○리
   ㄴ. 과거행정구역의명칭 함경남도 갑산군 보혜면 ○○리
6. 사회출신 빈농 부모의직업 (8.15전 ○○ 본인 부모 8.15전 ○○평 골수 2000
   8.15후 노동 토지소유 815전 없음 본인 ○○ 없음평
7. 지식일분 노동자 본인의기본직업 교원 본인의 8.15전 없음 본인 ○○ 없음평
   토지소유 8.15후 없음 본인 ○○ 없음평
8. 당별 없음 입당년월일 년 월 일 당증호수 No.
9. 입당한당에명칭 없음 당 도 시(구역) 군당부
10. 다른당에입당하엿든가. (어떤당에서. 어느때부터어느때까지) 탈당리유 거룹관계상
    조선 민주당 1946. 5 ~ 1946. 7. 18
11. 당과일에참가한일이있는가 없음
12. 외국정당에참가한일이있는가 없음
13. 지식정도

구분 학교별	학교명칭	학교소재지역명	어느때부터	어느때까지	졸업인가 중퇴인가	전문한바목
보통 지식 학교	혜산 보통학교	함남 혜산군 혜산진	1930. 4. 1	1936. 3. 24	졸업	
	경성 중학교	경기부 수송동	1936. 4. 1	1941. 3. 2	졸업	
기술학교및군관학교	중앙 어학	동경도 수육가다이	1941. 4. 8	1943. 9. 23	졸업	법교
정치 학교						

14. 학위. 학직유무 없음
15. 과학. 발명. 문예. 저술유무 없음
16. 외국 려행유무

어느때부터	어느때까지	어느국가어떤행정구역예가있었든가	무슨일을하였는가
1941. 4. 8	1943. 1. 23	일본 동경도 수육가 다이	공부함
1944○○. ○. 10	1946. 5. 10	중국 중부중국 일대	일본 군대에 장병으로 당명

중국에서 해방을 맞은 박창서와 조선 청년들은
일본군을 이탈해 "한국부대"를 결성했다.

했다. 그들은 해방된 지 약 열 달이 지난 6월 10일에야 인천항을 통해 귀국했다.[28]

1944년 봄, 경성제국대학 의학부를 졸업한 황수봉(24)은 징병과 징용 가운데 하나를 선택해야 할 절박한 처지에 놓였다. "평소 흠모해온" 조선의용군을 찾아 중국 옌안延安으로 떠날 각오를 다지고 있던 그는 주저 없이 징병을 택했다. 그러나 상황은 전혀 그의 예측대로 흘러가지 않았다. 군의軍醫 훈련을 받고 중위로 임관한 그는 당시 주요 격전지 중 한 곳인 필리핀 파견을 통보받았다. 엎친 데 덮친 격으로 1945년 1월 11일, 필리핀을 향해 출항한 선단은 새까맣게 하늘을 뒤덮은 연합군 전투기들의 공습을 받았다. 주변의 배들이 침몰하는 와중에, 그가 탄 군함은 간신히 타이완에 입항할 수 있었다. 더 이상의 항행은 무리였기 때문에 필리핀 행은 취소되었다. 그는 타이완 산중에 주둔한 수비대의 군의로 배치되었다.

그 부대의 유일한 조선인이었던 그는 일본인 병사들에 둘러싸인 채 해방을 맞았다. 그러나 연합군은 좀처럼 나타나지 않았고, 여전히 "왜놈들"이 그 섬의 주인 행세를 했다. 황수봉은 탈주할 기회를 엿보며 병사들에게 반전·반제국주의 선전을 감행했다. 당황한 일본군 사령관은 대위 계급장을 달아주겠다며 그를 회유하기도 하고, 군법회의에 회부하겠다며 으름장을 놓기도 했다. 그러나 당돌한 조선 청년의 돌발행동을 막으려는 모든 시도는 허사로 돌아갔다. 결국 사령관은 자신에게 윽박지른 뒤 막사를 뛰쳐나가는 그의 뒷모습을 물끄러미 바라볼 수밖에 없었다.

타이완인 농부로 변장한 황수봉은 거침없이 숲길을 헤쳐 나갔다.

목적지인 타이페이臺北에 도착한 그는 함경북도 성진 출신의 이종철과 명천 출신의 태병식을 만났다. 그들도 타이완에 끌려온 조선 학병들이었다. 황수봉은 그들로부터 타이완 남부에 약 400명의 조선인 병사들이 집결해 있다는 정보를 얻었다. 그제서야 그에게 희망의 빛이 보였다. 그는 일본군에서 그들을 분리해 독자적인 조선인 부대를 조직할 계획을 세웠다. 조선인 병사 포섭을 시도한 세 청년들은 일본군의 방해를 물리치고 간신히 그들을 빼내는 데 성공했다.

황수봉은 자신의 주도 아래 창설된 새 부대에 "인민의용군"이라는 이름을 지었다. 그가 오랫동안 흠모해온 조선의용군으로부터 착상을 얻은 부대 명이었다. 이제 독자적 세를 형성한 인민의용군은 일본군에 맞설 수 있었고, 그들에게 항의하여 식량·의복과 위생 물자를 나눠 가질 수 있었다. 단체 훈련을 개시한 이 부대는 타이완 전역에 산재한 조선인 군인·군속을 흡수해 부대의 규모를 확장하는 일도 게을리하지 않았다. 황수봉은 1,300여 명에 달한 인민의용군의 총대장으로 선출되었다.

타이완에 중국국민당 중앙군이 진주한 시점은 1945년 10월 말이었다. 황수봉은 중앙군 사령관과 협상해 일본군 무장해제를 돕는다는 조건으로 귀국 시까지의 편의 보장을 약속받았다. 인민의용군 지휘부는 대원 교육에 주력했다. 교육 목표는 계몽, 일제 잔재 청산, 역사 발전 법칙과 민주주의 이념 습득에 초점이 맞추어졌다. 구체적으로 국어·마르크스주의·영어·러시아어·과학·역사 교육이 이루어졌다. 그러나 "민족적 공동생활"을 기피해 몰래 부대를 이탈하는 이들도 있었다. 그들은 일제에 동화된 극소수의 "친일 반역자들"이었다.

●

No. 1

간 부 리 력 서

1. 성명 ㄱ.본명 황수봉 ㄴ.한명 황수봉 ㄷ.별명 김의식
2. 성별 남자 3. 생년월일 1912년 2월 20일 (39세) 4. 민족별로 선사람
5. 출생지 ㄱ.현재행정구역의명칭 함경남도 함흥시 서화리 2반 91
　　　　 ㄴ.과거행정구역의명칭 함경남도 서화천 2리목 91
6. 사회출신 소시민 부모의직업 [8·15전 상인, 목축업] [8·15전 1,000평] 몰수 없음평
　　　　　　　　　　　　　　 [8·15후 무직] 토지소유 [8·15후 없음평] 분여 없음평
7. 사회성분 기술자 본인의기본직업 생활학 도원 [8·15전 없음평] 분여 없음평
　　　　　　　　　　　　　　 본인 토지소유 [8·15후 없음평] 분여 없음평
8. 당별 남로당으로동당 입당년월일 1946년 12월 15일 당증호수 No. 504316
9. 입당한당의명칭 남로선로동당 다 도 서울 시(구역) 종로 군당부
10. 다른당에입당했던가. (어떤당에서. 어느때부터어느때까지)입당리유 없음
11. 당파별에참가한일이있는가 없음
12. 외 국정당에참가한일이있는가 없음
13. 지식정도

학교	학 교 명 칭	학교소재 지역명	어느때부터	어느때까지	졸업인가중퇴인가	전문학과목
보통학교	함흥제일보통학교	함흥시	1927.4.1	1933.3.31	졸업	보통교육
기술학교전문학교	함흥상업학교	함흥시	1933.4.	1938.3.31	졸업	실업교육
	경성제국대학예과	서울시 청량리	1938.4.1	1941.3.21	〃	리과교육
	경성제국대학의학부	서울시 연건동	1941.4.1	1944.9.30	〃	의학
정치학교	없음					

14. 학위 학직유무 의학사. 침진의와 대학교원
15. 과학, 발명 론문. 저술유무 없음
16. 외국 려행유무

어느때부터	어느때까지	어느국가의 민행정구역에가있었는가	무슨일을 하였는가
1944.7.15	1944.12.	일본동경육군군의학교 학도대	군의 후보생
1945.1.	1945.9.	대만화련항	수비대군의 (계급 중위)
1945.10	1946.3	대안 대북시.	조선인군인총회 함흥출연총대장

인민의용군 총대장 황수봉은 조선 민족해방운동에 청춘을 바친
일본인 이소가야 스에지磯谷季次와 우의를 나눈 주인규·주선규 형제의 조카이다.

대원들의 귀국은 두 차례에 걸쳐 이루어졌다. 먼저 1946년 3월 18일, 약 800명의 대원들이 배를 타고 떠났다. 나머지 대원들은 10여 일 뒤인 3월 31일에 귀국했다. 그들은 부산 부두에서 해산했다.[29]

해방의 두 얼굴

민족성 되찾기

오랫동안 해방의 감격에 젖어 있었던 자서전 작성자들은 "해방의 종소리" "무궁화" "삼천리금수강산" 등의 용어와 표현을 즐겨 사용했다. 이를테면 황해도 재령군 청천중학교 교사 이인곤(24)은 "쏘일전쟁이 시작된 지 일주일이 지난 8월 15일, 해방의 종소리가 무궁화 삼천리금수강산에 울려 퍼졌다"고 기록했다.[30] 그가 고심 끝에 만든 이 문장은 해방의 감격뿐만 아니라, 민족성 회복을 갈구한 조선인들의 염원을 함축하고 있다.

자서전 작성자들 가운데 특히 교사들이 조선 학생들의 민족의식을 일깨우는 일에 열성을 보였다. 평안남도 중화군 양정인민학교 교사 문태주(20)는 해방 당시 학생들에게 애국가와 한글을 가르쳤다. 그가 학생들과 함께 만든 태극기도 그들의 민족의식을 일깨울 수 있는 유용한 수단이었다.[31] 사실 해방 직후 도처에 내걸린 태극기는 그것을 처음 접한 조선인들에게 큰 감격을 주었다. 신의주 동중학교 학생 정준성(16)도 해방 이후에야 처음으로 태극기를 마주하고 가슴이 뭉클해짐을 느꼈다.[32] 평안북도 자성군 삼풍인민학교 교사 김항래(23)는 해방 후 "우리말로 아이들을 가르치고 함께 애국가를 불렀을 때의 기쁨은 영원히 잊지 못할 감격"이었다고 회상했다.[33]

민족의식이 분출한 조선인들과 달리, 일본인들은 몹시 위축되었다. 근로보국대로 동원된 원산 명사중학교 학생 류명상(16)은 두 민족의 뒤바뀐 처지를 목격했다. 그는 흥남비료공장에서 노동을 하며 해방을 맞은 참이었다. 귀가를 학수고대해온 그와 동료들은 해산 통고가 내려지자 곧장 원산 행 열차에 몸을 실었다. 그 기차가 함흥역을 지나칠 무렵, 창밖의 수많은 인파가 승객들의 이목을 끌었다. "패망한 왜병들이 거러지 모양으로 웅성웅성하는" 꼴이었다. 류명상과 동료들은 그들의 "맥없는" 모습에 희열을 느꼈다.[34]

근로보국대로 역포비행장 공사에 동원된 평양 제2중학교 학생 윤시종(16)도 해방과 함께 조선인들과 일본인들의 지위가 완전히 뒤바뀌었음을 실감했다. 그곳에 해방의 소식이 전해진 뒤, 연단에 올라 연설한 이는 바로 학생들을 인솔해온 조선인 교사였다. 놀랍게도 그는 일본인 교사들과 학생들 앞에서 "우리말"로 소리 높여 훈시한 뒤 "조선 독립 만세!"를 외쳤다. 그 광경은 윤시종을 비롯한 조선 학생들에게 평생 잊지 못할 감격을 주었다.[35]

패전 국민의 지위로 전락한 일본인들이 저자세를 보인 반면, 해방을 맞은 조선인들은 과거의 부정과 부조리를 바로잡으려는 활동에 적극성을 보였다. 산간벽촌인 평안남도 양덕군 쌍룡면의 상황도 별반 다르지 않았다. 이곳에 해방의 소식이 전해진 때는 8월 16일 오후 무렵이었다. 옹기종기 모여 무언가를 속삭이던 농민들은 저녁이 되어서야 행동에 착수했다. 그들은 불과 보름 전까지만 해도 순사와 면사무소 직원들의 공출 강요에 못 이겨 아무런 저항 없이 곡식을 수탈당한 힘없는 약자들이었다. 16일 밤, 창고 주위에 떼지어 몰려든 그들은 농부가를 부르며 공출당했던 맥류를 각자의 집으로 실어 날랐다. 바로 그때 단체행동을 개시한 지역 청년들은 일제시기 내내 악질 행위를 일삼았던 순사부장과 면장을 내쫓았다.[36]

일본제국주의를 상징하는 모든 물질적·문화적 잔재들도 조선인들의 공세를 피할 수 없었다. 함경남도 단천군 내 한 소학교 교사 주옥여(19)는 해방 당일 학교에 내걸린 전범기가 불태워진 뒤, 태극기가 게양되던 광경을 목격했다. 그녀의 감격은 그것으로 끝이 아니었다. 일본인 교장은 어디론가 종적을 감췄고, 그 이튿날부터 한글 교육이 시작되었다.[37]

해방 직후 청년들 사이에 일어난 축구 열풍도 반일 정서와 무관치 않았다. 평안남도 안주군 농업학교 학생 명재천(17)의 일상은 해방과 함께 큰 변화를 맞았다. 그는 하루도 거르지 않던 철봉을 그만두고 갑자기 축구에 빠져 지내기 시작했다. 사실 일제 당국은 조선 청년들에게 기계체조를 강권하며, 장차 전쟁에 동원될 그들의 체력 향상을 꾀해왔다. 철봉에 재능이 있었던 명재천도 그 영향을 받아 기계체조에만 열중해온 터였다. 그러나 해방은 그의 일과를 완전히 바꾸어버렸다. 그는 다른 청년들과 함께 새로운 유행의 물결에 동참했다. 그에게 축구는 기계체조에 구속된 신체를 해방할 수 있는 운동이었다.[38]

해방은 조선인들이 피부로 느낄 수 있는 이로움을 가져다주었다. 함경남도 흥남 화약공장에 근로보국대로 동원돼, 24시간 3교대 노동을 하고 있었던 함흥사범전문학교 학생 손승원(16)은 밤마다 울려대던 공습경보가 사라졌다는 점에 안도했다. 물론 그보다 더 큰 위안이 되었던 것은 그 공장의 "노예생활"에서 해방되었다는 점이었다.[39] 같은 학교에 다닌 한보훈(15)도 고된 근로보국대 활동의 종료에 기뻐했다. 그는 8월 15일 오후 3시경 장에서 돌아온 할아버지로부터 해방의 소식을 전해들었다. 이웃들은 그가 더 이상 공장에 나가지 않아도 되고, 징병된 작은아버지도 곧 돌아오리라는 덕담을 건넸다. 그는 실생활에서 느낄 수 있는 위안과 이로움을 통해 해방의 의미를 실감할 수 있었다.[40]

평안북도 강계군에 거주한 김덕상(18)의 가족은 해방을 통해 뜻하지 않은 행운을 얻었다. 일제 말 독로강 수력발전소 건설 계획이 발표된 뒤, 그의 집안은 침수지로 예정된 경작지를 적은 보상가에 내놓아야 했다. 만만치 않은 작업이었음을 입증한 그 건설 공사는 몇 차례의 실패를 거듭한 뒤 중단되고 말았다. 결국 해방과 함께 수력발전소 건설 계획이 철회되고, 일제 당국이 강제로 매입한 농토들은 기존 소유주들에게 반환되었다. 김덕상은 8월 17일에 열린 평안북도 강계군 해방 시위에 참가해 태극기를 흔들며 만세를 불렀다. 농토를 되찾은 그는 "해방된 조선의 농군"이 되기로 결심했다.[41]

명재천 이력서

일제시기에 철봉으로 체력을 단련해온 명재천은
해방 후 축구 열풍이 불자 새로운 유행의 물결에 동참했다.

자 서 전

본적 경안북도 영변군 독산면 성룡동 12의2번지
출생지 경안북도 영변군 독산면 성룡동 12의2번지
현주소 경안남도 경양특별시 기림리 100번지
       1928년 1월 28일생
    성명   명 재 천

나는 1928년 1월 24일 경안북 영변군 독산면 성룡동 12의2
번지에서 다섯 익효의 5남으로서 출생하였다
그당시의 우리집의 가족은 부모님과 형님내두분 누나두분
그리고 아우들과가 합하여 八명이었는데 가정 세간
살림정편은 너짝도 없이 비반하였다
논가 라고하여도 논함아지도 없는 소가 두간 마라하면은도것이
다 토지라고하는것은 더앗약 200평하고 밭이라고하는것은
아주조금이나는 밭가 300평밖에 없었다
그래가족은 八요인데 먹기책수없어서 밤의 땅이라고 논
약 초백평 을 소작하여되었다 그것은 땅이라도 소작
경작윤하이아바만된으로 오처네있도 걸자운 이라는사람네
소를 빌러 이럭저럭 겨우 죽지못하며 살아가고 있는것
이다   이럭저럭 살어나가다가 애가댁네서 송아지
를 얻어내어 그것을길러 우리집네도/소태도 한는없은 기쁨
가운데서 세월을 보냈다
그러는 호세째때 여러아들 산지안어 한밤두날 못든으로써
아틀욱약 700명을샀다 경양남은 두볼게시느라 죽을모르는
것은 출전 비타보지못하고 그당시 서당 이라라하은 호네서
한문이여 한을공부를 하라고는것이다. 두넘욱은 그당시 공부
시기까지 안밥된다 하나 아주 부패한 생각구범네 붓박라고
것은 친히 생각기오 말하고 가정에 총나하였는도면 이라

혼돈에서 건설로

해방이 조선인들에게 가져다준 것은 이로움만이 아니었다. 기쁨의 환호성이 클수록 그 이면에 드리운 그늘도 짙었다. 조선총독부가 권력을 상실하고 산하 기구들의 운영이 마비되자, 많은 사람들은 하루아침에 직장을 잃고 실업자로 전락했다. 일제의 패망이 불러온 대일 경제관계의 단절도 조선 경제에 치명상을 입혔다. 그동안 일본에 의존해온 조선의 공장들 대부분이 폐업이나 휴업상태에 돌입함에 따라, 실업자 속출과 생필품 부족사태가 심각한 사회 문제로 부상했다.

게다가 모두가 기쁨과 환희에 빠져 헤어나지 못하고 있는 사회 분위기는 대중들이 일할 수 있는 여건을 허락하지 않았다. 평안북도 신의주상업학교를 갓 졸업한 용연권(17)은 해방을 맞아 "거리거리에서 들려오는 만세 소리"에 감격했다. 그는 "푸른 하늘에 일장기 대신 태극기가 휘날리는 광경을 바라보며 우리 조선 청년들에게도 길이 열리게 되었다"는 기쁨과 희망에 도취되기도 했다. 그러나 감격의 시간이 지속될수록 그 느낌이 무뎌지며, 맹목적이고 무의미한 감격일 뿐이라는 생각이 들었다. 곧 해방이 가져다준 기쁨과 들뜬 감정은 몽롱한 의식상태로 이어져, 무의미한 생활의 반복을 조장하는 심리적 마취 효과를 일으켰다. 그는 해설 사업을 나온 선배들의 연설을 듣고서야 아련한 몽환상태에서 깨어날 수 있었다.[42]

어떤 이들은 해방된 조선을 "혼란의 도가니"나 "무법천지"에 비유하기도 했다. 소일전쟁의 개시와 함께 주민들의 피란이 시작된 함경북도야말로 그러한 비유가 정확히 들어맞을 법한 지역이었다. 회령여자중학생 이죽순(16)의 가족은 전쟁이 시작되자 가재도구를 남겨 둔 채 피란을 떠났다. 그러나 며칠 뒤 집에 돌아왔을 때, 탁자 하나와 화덕 하나만이 그들을 기다리고 있었다. 다른 집기는 모조리 사라지고 없었다.[43]

함경북도 청진시 포항동에서 아세아병원을 운영하고 있었던 의사 양진홍(48)도 같은 봉변을 당했다. 그는 전황이 고조된 8월 13일 새벽, 주택과 병원 문에 자물쇠를 채우고 피란을 떠났다. 일주일쯤 지난 8월 21일에 돌아왔을 때, 그의 집과 병원은 그야말로 난장판이 돼 있었다. 모든 것이 도난을 당해 집기와 물품이라곤 하나도 남아 있지 않았다.[44]

해방 직후 만주 지역의 혼란은 조선보다 더 심각한 상황이었다. 만주 펑톈시 강덕섬유주식회사에서 일하고 있던 청년 김명호(19)는 주변의 모든 것이 일제의 패망과 함께 혼란에 휩싸이는 광경을 목격했다. 그는 자서전에 다음과 같이 기록했다. "중국 땅은 무법천지로 변했다. 공장이 문을 닫아 더 이상 일을 하기 불가능했으며, 조선 땅으로 나가는 사람들 수가 하루에도 몇 백 몇 천 명을 헤아렸다. 만주사변 때 유행했다는 흉흉한 소문들이 나돌기도 했다." 며칠 동안 밤잠을 설치며 고민한 그는 잠시 바깥 동정을 살피러 역에 나갔다. 그는 랴오닝성遼寧省 단둥丹東까지 직행하는 기차가 있다는 이야기를 듣자, 거금 400원을 들여 표를 구입했다. 만주에서의 불안한 생활을 청산하고 그리운 고향 집에 돌아갈 수 있다는 유혹에 못 이겨 내린 즉흥적 결정이었다. 따라서 그는 아무런 짐도 챙기지 못한 채 맨몸으로 기차에 올랐다. 그의 부모들은 마치 "죽은 자식이 살아 돌아온 듯" 기뻐했다.[45]

평안북도 의주농업학교 학생 최용희(17)에게 와닿은 해방의 이미지도 기쁨과 환희보다 혼란에 가까웠다. 평소 운동을 즐기던 그는 1945년 10월경부터 갑자기 권투 연습에 열중하기 시작했다. 그가 당시에 유행한 축구가 아닌 권투를 택한 데에는 나름의 이유가 있었다. 사실 그는 "무법적인 행위가 판치고, 힘 있는 자가 유리한" 해방 당시의 실태에 큰 충격을 받았다. 그에게 권투는 혼란의 시기에 자신을 보호할 수 있는 최적의 단련법이었다.[46]

환희와 뒤섞인 혼란상태의 지속은 조선인들에게 진지한 성찰을 요구했다. 해방이 새로운 국가의 건설을 통해 결실을 맺을 수 있음을 자각하지 못한 이들은 아무도 없었다. 그들은 점차 냉정을 되찾고 조선의 장래를 고민하기 시작했다. 와세다대학 이공학부를 졸업한 뒤 경성철도국에 취직한 신종립(25)은 "집집마다 조선의 장래를 걱정하며 정치를 논하는" 주변 분위기에서 희망을 엿볼 수 있었다. "수십 수백 개의 군소 정치단체들이 비온 뒤의 버섯처럼 솟아나고, 많은 정객들이 8월의 무더위에 땀을 뻘뻘 흘리며 바삐 돌아다니는" 광경도 그에게 깊은 인상을 남겼다.[47]

성찰을 넘어 실천을 통해 새 국가 건설을 지원한 이들도 적지 않았다. 해방 직후 황해도 장연군 인민위원회 원호부 선전원으로 활약한 김상륜(19)은 청년들의 역량을 최대한 동원하는 일이야말로 새 국가 건설의 관건이라고 보았다. 그는 매일 역두에 나가 기차에서 내리는 청년들을 상대로 선전 활동을 벌였다. 그들은 다름 아닌 "일제에 끌려갔다 겨우 목숨을 부지한 채 돌아온" 징용·징병자들이었다. 김상륜은 그들을 향해 새 국가 건설을 위하여 "힘껏 싸워달라!"고 목청을

높였다.[48]

각 분야의 전문가들은 자신이 소유한 지식과 기술로써 해방된 조선의 국가 건설에 이바지하고자 했다. 제중의원을 운영한 함경북도 경성군 어랑면 지역 의사 박석련(33)은 해방과 함께 "건국 의욕"으로 충만한 조선인들의 모습에 깊은 감명을 받았다. 그는 "대뇌로부터 말초신경에 이르기까지 느껴지는 흥분"을 주체할 수 없었다. 갑자기 "열이 나고 힘이 솟아올랐다." 의사들이 건국에 기여할 수 있는 길은 무엇일까? 깊은 고민 끝에 그는 걷잡을 수 없이 퍼지고 있었던 발진티푸스를 떠올렸다. 전염병의 예방이야말로 의사인 그가 할 수 있는 최선의 활동이었다. 방도를 찾은 그는 각 지구와 학교를 돌며, 위생과 예방의학의 필요성을 강조하는 선전 활동에 주력했다.[49]

1945년 8월 27일, "의사회"를 결성한 함경북도 청진 지역 의사들은 진료소를 설치해 구호 사업을 벌였다. 그들이 치료한 환자들은 주로 전쟁 이재민들이었다. 의사회의 주도적 인사이자 청진시 중앙리 아세아병원 원장인 양진홍(48)은 한 달간 이재민 구호 사업에 참여한 뒤, 자신의 병원으로 돌아와 약 두 달 동안 무료 진료를 실시했다. 그는 1946년 4월경 평양에서 개최된 북조선보건연맹 결성식에 함경북도 대표로 참석한 데 이어, 다음 달 5월경 조직된 함경북도보건연맹의 위원장으로 선출되었다. "과거의 잔재를 청산하고 진보적 민주주의를 지향하며, 인민을 섬기는 어진 일꾼이 되어야 한다"는 지침이 보건연맹 회원들에게 전달되었다.

중앙 간부학교에서 사상 교육을 받으며 "머리를 개변한" 그는 금전적 이익에 혈안이 된 과거 의사들의 습성을 버리고, 인민을 위해

전염병 예방 활동은 박석련이 의사로서
국가건설운동에 참여할 수 있는 현실적 방안이었다.

양진홍 이력서

사상 교육을 받고 인민에게 봉사하는 의사로 거듭난 양진홍은
콜레라 예방에 기여한 공로를 세워 북조선임시인민위원회 위원장 김일성으로부터 감사장을 받았다.

봉사하는 새로운 민주주의 국가의 의료인으로 거듭나겠다는 각오를 다졌다. 1946년 11월 10일, 그는 호열자(콜레라) 예방에 기여한 공로를 인정받아 북조선임시인민위원회 위원장 김일성으로부터 감사장을 받았다. 그것은 건국운동에 열성을 보인 의사들이 받을 수 있는 가장 영예로운 상이었다. 1948년 8월 10일, 그는 청진의과대학 학장에 임명되었다.[50]

해방군의 나라

붉은 군대

해방 전후 소련을 바라보는 조선인들의 시선은 우호적이지 않았다. 소련을 비방해온 일제의 선전이 조선인들의 의식에 깊이 각인된 탓이었다. 조선인들의 소련관 형성에 영향을 끼친 일제의 반공주의적 선전은 해방 후 소련군과 공산당에 대한 부정적 관점을 공고히 했다. 소련군이 대일전을 개시한 직후, 함경북도 주민들 다수가 피란 행렬에 동참한 까닭은 그러한 이유에서였다. 소련군을 비방하며 피란을 독촉한 일제 당국의 선전을 믿을 수밖에 없었던 함경북도 회령여자중학생 이죽순(16)의 가족들도 가재도구를 남겨둔 채 피란을 떠났다.[51] 해방 전부터 북한 지역에 진주한 소련군은 그들을 우려의 눈길로 바라본 조선인들에게 "해방군"이란 인상을 심어주지 못했다.

조선이 해방되고 사회 질서가 안정을 되찾고 있을 무렵에도 소련 군에 대한 경계심은 좀처럼 누그러지지 않았다. 더욱이 소양을 갖추지 못한 일부 소련군이 저지른 약탈과 성폭력 등의 일탈은 민간사회에 큰 파문을 일으켰다. 그들의 비행을 경계하는 온갖 풍설풍문이 난무하기까지 했다. 함경남도 원산 정인여자중학생 윤계호(16)가 해방 직후 학교에 가길 주저한 까닭도 여성들을 찾기에 혈안이 돼 있다는 "붉은 군대"를 마주치지 않을까 우려했기 때문이다.[52]

1946년 중순경 북조선공산당에 입당한 최경희(18)는 그토록 갈망해온 소련 유학 대상자로 선정되는 영예를 안았다. 그러나 그녀는 다시는 찾아오지 않을 그 절호의 기회를 유일한 혈육인 어머니 때문에 접어야 했다. 1946년 말 그녀의 출국 당일 아침, 문제가 터졌다. 외동딸만을 믿고 의지해온 어머니가 짐을 챙기던 그녀 앞에서 그만 졸도하고 말았다. 사실 그녀의 어머니는 오랜 기간 늑막염을 앓아온 딸의 건강을 염려한 데다, 딸이 악명 높은 나라에서 봉변이나 당하지 않을까 전전긍긍해온 터였다. 그녀의 어머니도 일제가 유포한 반소적 선전에 현혹되었음을 볼 수 있다.[53] 게다가 빈번히 일어난 소련군의 일탈은 일제의 선전이 옳았음을 입증하는 증표처럼 보였다.

황해도 봉산군 마동광업회사 기수보로 일하며 해방을 맞은 한선일 (24)은 1945년 12월경 중학교 동창인 좌익운동가 오경복을 만났다. 해방 직후 석방돼 평양에서 "오기섭 동지"와 함께 일했다는 그는 고향인 황해도 송화군에 내려와 공산청년동맹과 적위대를 지도하고 있었다. 그 무렵 소련군이 송화군에 진주하기 시작했을 때, 한선일은 믿기 힘든 광경을 목격했다. 마땅히 그들을 환영할 줄로만 알았던 공산청년동맹과 적위대가 되레 사이렌을 울리며 주민들의 피신을 유도했기 때문이다. 게다가 그들은 소련군으로부터 재산과 부녀자들을 잘 간수해야한다는 경고도 빠뜨리지 않았다. 좌익 단체들조차 불신했을 만큼, 해방 직후 소련군은 북한 주민들에게 좋은 인상을 심어주지 못했다.

송화군 공산청년동맹과 적위대의 대응과 달리, 한선일은 호의적 시선으로 소련군을 바라보았다. 그는 소련군에 대한 견해차로 동창 오경복과 대립하다 결국 절교하는 수순을 밟았다. 사실 그가 소련군에 호감을 가지게 된 데에는 그럴 만한 사연이 있었다. 그 사연은 뜻하지 않게 분쟁에 휘말린 그의 집안의 가정사와 관련이 있다. 해방 전 농사를 짓던 그의 아버지는 장사를 시작해볼 요량으로 전답을 처분할 준비에 착수했다. 그때 황해도 안악군 대지주 김홍양의 아들이 부친의 대리인을 자처하며 땅을 매입하겠다고 접근했다. 한선일의 아버지는 계약서를 작성한 뒤, 계약금만 받고 토지 소유권을 넘겨주었다.

그러나 약속한 기일이 지나도록 토지 대금은 들어오지 않았다. 대금을 지불하라고 김홍양에게 독촉했지만, 들려온 답변이라곤 자신은 그 땅을 매입한 적이 없다는 볼멘소리뿐이었다. 결국 한선일의 아버지는 그의 아들을 상대로 소송을 걸었다. 그러나 결과는 참담했다. 2년간에 걸친 긴 재판은 패소와 전 재산 탕진으로 귀결되었다. 그 후 진학을 접어야 했던 한선일은 자신의 앞길을 막고 아버지와 형을 광부의 신세로 내몬 김홍양 부자를 집안의 원수로 여겼다. 그러나 해방과 함께 놀랍고도 반가운 소식이 들려왔다. 소련군이 대지주 김홍양을 내쫓았다는 소식이었다. 집안의 원수를 대신 갚아준 소련군은 한선일에게 진정한 해방군으로 인식되었다.

한선일 이력서

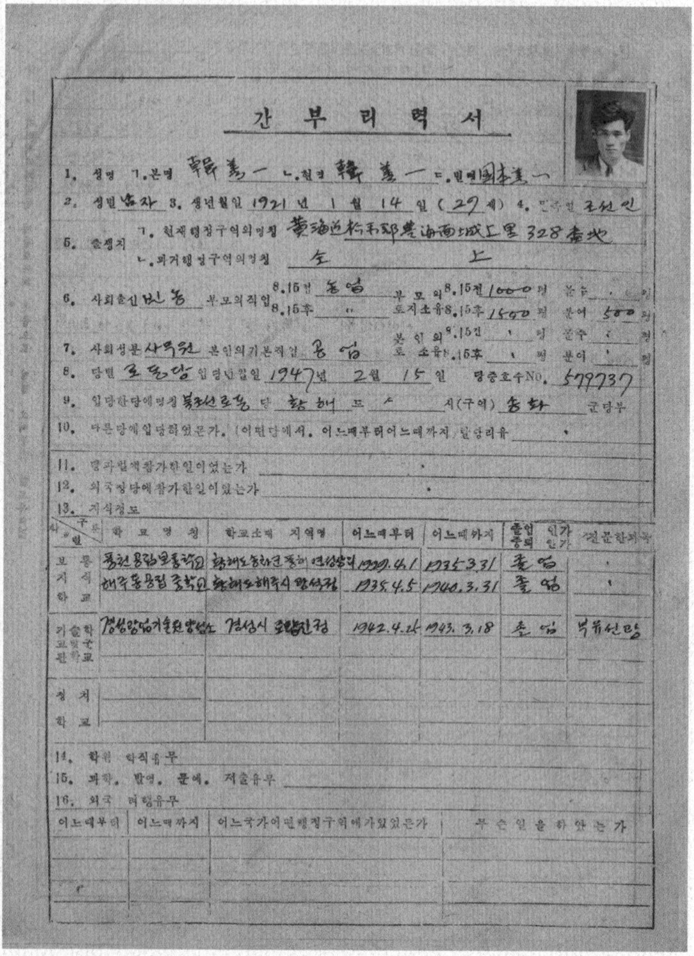

간부리력서

1. 성명 ㄱ.본명 韓善一 ㄴ.창씨 韓善一 ㄷ.별명 國本善一
2. 성별 남자 3. 생년월일 1921년 1월 14일 (29세) 4. 민족별 조선인
5. 출생지 ㄱ. 현재행정구역의명칭 黃海道松禾郡豊海面城上里 328番地
ㄴ. 과거행정구역의명칭 仝 上
6. 사회출신 빈농 부모의직업 8.15전 농업 8.15후 〃 부모의 토지소유 8.15전 1000평 8.15후 1500평 분여 500평
7. 사회성분 사무원 본인의기본직업 공업 본인의 토지소유 8.15전 평 8.15후 평
8. 당별 로동당 입당년월일 1947년 2월 15일 당증호수No. 579737
9. 입당한당에명칭 북조선로동 당 황해 도 시(구역) 송화 군당부
10. 다른당에입당하였는가. (어떤당에서. 어느때부터어느때까지) 탈당리유
11. 당과렬책참가한일이있는가
12. 외국정당에참가한일이있는가
13. 지식정도

구분	학교명칭	학교소재 지역명	어느때부터	어느때까지	졸업인가 중퇴인가	전문한과목
보통지식학교	풍천공립보통학교	황해도송화군 풍해면 성상리	1929.4.1	1935.3.31	졸업	
	해주동공립중학교	황해도해주시 왕신정	1935.4.5	1940.3.31	졸업	
기술학교및 전문학교	경성광업기술원양성소	경성시 오류진정	1942.4.25	1943.3.18	졸업	부유선광
정치학교						

14. 학위 학직유무
15. 과학. 발명. 문예. 저술유무
16. 외국 려행유무

어느때부터	어느때까지	어느국가어떤행정구역에가있었는가	무슨일을하였는가

한선일은 집안의 원수인 대지주 김홍양을 축출한 소련군을 진정한 해방군으로 여겼다.

그는 소련군의 겸손한 태도에도 감동을 받았다. 멋진 군복을 입은 이방인들을 처음 본 조선 어린이들은 엄지손가락을 치켜세우며, "세상에서 제일 높은 사람"이 스탈린이라고 말했다. 그리고 "김 장군은 그 아래에 있는 사람"이라며, 새끼손가락을 들어올렸다. 소련군은 그것이 아이들다운 인사라 할망정 그대로 지나치지 않았다. 그들은 양손 엄지손가락을 치켜들고, "둘 다 똑같이 용한 사람"이라고 바로잡아주었다. 소련과 조선의 평등성을 강조한 그들의 태도는 한선일에게 깊은 인상을 남겼다. 그는 소련군을 비방한 "공산청년동맹 지도부 건달꾼들"에 맞서, 부정적 소련관을 척결하고자 노력했다.[54]

소련군에 대한 부정적 인식이 만연한 와중에도, 그들을 환영한 조선인들이 있었다. 신징新京에 위치한 만주 공기주식회사 기계제도원 김호남(22)은 한인신보사(구 만선일보사)의 진보적 기사·노동자들과 함께 "붉은 군대"를 맞이할 환영 행사 준비에 착수했다. 그가 맡은 임무는 러시아어 환영 표어와 소련기의 제작이었다. 동료들과 함께 완성된 깃발과 현수막을 챙겨 신징 역전에 나간 그는 기차에서 내리는 소련군을 열렬히 환영했다. 사실 그가 소련군 환영 사업에 차출된 까닭은 어린 시절을 연해주에서 보내, 러시아어를 자유자재로 구사할 수 있었기 때문이다.[55]

만주 무단장성牡丹江省의 한 조선인소학교 교장 진창국(40)은 소련군에게 좋은 인상을 받았다. 1945년 8월 9일 새벽 소련 전투기가 무단장성 내 군사시설을 폭격하자, 그는 전장에서 약 20리 떨어진 외곽 지역으로 피신했다. 일제가 패망하고 보름 정도 지난 9월 1일, 소련 주둔군 사령관이 그를 소환했다. 사령관은 그의 경력을 물은 뒤 다음과 같이 말했다. "조선은 이제 해방되었소. 당신들 자력으로 조국을 일으켜 세울 날이 왔소. 당신은 조선인 소학교를 경영해, 새 조선 건설에 이바지할 인재들을 양성하시오." 그는 곤란한 일이 있으면 서슴지 말고 건의하라는 배려의 말도 잊지 않았다. 사령관의 따뜻한 태도에 감복한 그는 곧 교사 수리에 착수했다. 소련군의 원조 아래 책걸상을 완비한 뒤, 1945년 10월경 개교식을 열었다.[56]

소련군은 조선인들에게 일제가 운영해온 공공기관의 접수와 관리를 허용했다. 그러나 중요 공장들의 관리와 경영에 대한 개입은 일체 허용하지 않았다. 해방 직후 소련군이 함경북도 성진 고주파공장을 점유했을 때, 그 공장의 기술자 김인식(30)은 박영성·허영일 등과 함께 "성진지구 금속노동조합"을 조직했다. 손상을 입은 공장의 복구에 노동자들을 동원하는 일이 조합의 주요 과제였다. 더 나아가 조합 간부들은 공장 관리에도 관심을 보였다. 그러나 소련군은 그들의 개입을 한사코 거부했다. 성진 고주파공장이 군수품 제조공장이었기 때문이다. 소련군은 그 공장을 점유한 뒤 직접 관리에 나섰다.[57]

러시아어 학습 열풍

공산주의자들이 북한 지역 헤게모니를 장악함에 따라, 일제시기와 전혀 다른 각도에서 소련을 바라보는 관점이 태동했다. 이제 소련은 불온한 사상의 근원지이자 적국이 아니라, 모두가 추구해야 할 가장 진보적인 문물을 소유한 최고 선진국으로 추앙되었다. 그러면 소련의 문물을 어떻게 도입할 수 있을까? 물론 그 첫걸음은 러시아어를 배우는 일이었다. 소련을 동경한 공산주의자들의 주도 아래, 러시아어 학습 열풍이 전국을 휘몰아쳤다. 누구보다 러시아어를 전공한 대학생들이 커다란 희망과 열정에 도취되었다. 평양상업학교를 졸업한 뒤 평양교원대학 노어과에 입학한 박병칠(19)은 "선진 국가 소련의 과학과 문학을 깊이 연구하여 우리나라 문화 발전에 이바지하겠다"는 각오를 다졌다.[58]

1947년 7월경 실시된 국가 졸업시험에서 5점 만점에 4점을 받은 평안남도 안주중학교 졸업생 정위택(16)도 "우리에게 해방을 선사한 선진 사회주의국가 쏘련의 모든 것을 배우기로 결심"했다. 그는 먼저 소련의 과학·예술·문화를 수입할 수 있는 도구인 러시아어를 익히고, 더 나아가 후진들에게 그것을 가르치고자 평양교원대학 노어과에 지원하여 합격했다.[59]

"우리의 해방군인 위대한 쏘련 군대에 감사의 마음을 품고 있었던" 평양상업학교 졸업생 고대갑(16)도 "쏘련의 진보적인 과학과 문화를 남보다 먼저 섭취하려는 열망 아래 러시아어를 공부하기로 결심"했다. 그가 러시아어 공부를 갈구한 이유는 그뿐이 아니었다. 그것이 "위대한 레닌과 스탈린이 사용한 언어"라는 점도 그의 호기심을 자극하기에 충분했다. 결국 그는 평양교원대학 노어과에 입학해 국비 혜택을 받아 공부할 수 있었다.[60]

소련으로부터 배우려는 풍조가 빚어낸 러시아어 학습 열풍은 평양교원대학 노어과 학생들에게만 국한된 현상이 아니었다. 그 열풍은 전국적으로 확산되었다. 인텔리나 대학생이라면 러시아어 서명을 만드는 일이 유행처럼 번졌다. 정성스레 자서전을 마무리한 그들은 작성일과 성명을 기입한 뒤, 멋들어진 러시아어 서명을 남겼다.

소련에 대한 인식의 전환과 함께 러시아어의 지위가 격상된 반면, 제2차 미소공동위원회 결렬 이후 미국을 제국주의로 바라보는 관점이 정립됨에 따라 영어의 지위는 급속히 추락했다. 황해도 해주여자고급중학교 교사 고광선(43)을 평정한 시학은 "아첨기가 다분할 뿐만 아니라 사상적으로 동요"하고 있는 그를 신뢰할 수 없었다. 더구나 세계사 수업을 담당하고 있는 그는 강의안을 영어로 작성하고, 수업 중 학생들에게 "자랑삼아 영어를 구사"하기까지 했다. 그의 태도를 용납할 수 없었던 시학은 당국에 해임을 건의했다.[61]

김일성종합대학 의학부 조수 현병근(21)은 그동안 동경해온 소련의 선진 의학을 몸소 체득할 절호의 기회를 얻었다. 그는 1946년 9월경 "선진 국가 쏘련의 보건제도와 의학 연구제도를 견학"할 "쏘련 보건 시찰단" 일원으로 선발되었다. 두만강을 건너 소련 땅에 발을 디딘 순간, 그의 두 눈가에 눈물이 서렸다. 오래전 그 길을 따라 망명했을 독립운동가인 아버지의 모습이 떠올랐기 때문이다. 모스크바에 도착한 현병근은 약 한 달간 소련의 보건제도에 관한 강의를 들은 뒤 시찰단을 이탈했다. 그는 예정대로 의학아카데미에 들어가, "아노휜" 박사의 지도를 받으며 신경생리학 연구에 착수했다. 다섯 달간에 걸친 연구의 결과, 그는 독일어로 논문을 발표해 주변 학자들로부터 찬사를 받았다. 조선을 떠난 지 9개월이 지나 예정된 귀국일이 다가오자, 아노휜 박사는 이 재능 있는 청년의 연구 중단을 아쉬워했다. 그는 친절한 격려와 함께 추천서까지 써주며 1년만 더 같이 연구하자고 권유했다.

1947년 6월경 귀국한 현병근은 북조선인민위원회 보건국 부국장 이동화에게 아노흰 박사의 추천서를 전달하며 다시 소련에 보내달라고 청원했다. 그러나 그의 간곡한 요청은 받아들여지지 않았다. 비록 두 번째 소련 방문의 꿈은 좌절되었지만, 그가 조선에 남아 수행해야 할 중요한 과제가 있었다. 그것은 바로 자신이 습득한 선진 의학을 국내에 보급하는 일이었다. 그는 소련의 생리학 서적을 번역하고, 소련 생리학의 우수한 점을 신문·잡지·라디오를 통해 발표하기도 했다. 자신의 강의를 듣는 학생들에게 소련 의학을 소개하는 일도 게을리하지 않았다. 선진 국가 소련의 의학과 보건제도를 조선에 보급하는 일이야말로, 그가 새 국가 건설에 이바지할 수 있는 가장 현실적인 방법이었다.[62]

소련의 문물을 수입할 수 있는 도구인 러시아어의 활용가치가 높아짐에 따라, 러시아어를 구사할 수 있는 이들에게 많은 기회의 문이 열렸다. 게다가 북한 지역에 주둔한 소련군은 러시아어에 재능이 있는 조선인들을 대거 통역원으로 채용했다. 이제 그들은 어렵지 않게 소련군사령부 산하 기구에 취직할 수 있었다. 평양의학대학 교수 박기호(28)의 아버지도 러시아어를 구사할 수 있었던 덕에 생애 처음으로 직장을 얻었다. 중국어를 알지 못해 하얼빈에서 무직생활을 하던 그는 1946년 10월경 북한에 들어온 뒤, 러시아어를 구사한다는 이유만으로 뜻밖의 대접을 받았다. 그는 소련군사령부의 요청에 따라 평양시 주택관리국에서 통역원으로 일하기 시작했다.[63]

어린 시절을 연해주에서 보낸 청년 김호남(22)에게도 러시아어는

김호남이 어린 시절 습득한 러시아어는
소련군이 주둔한 북한에서 그의 생계 유지에 큰 도움이 되었다.

요긴한 자산이었다. 1945년 12월경 평양에 돌아온 그의 가족은 변변한 집 한 채 없이 끼니를 걱정해야 할 처지에 놓였다. 그러나 러시아어를 구사할 수 있었던 그가 1946년 3월경 함경북도 청진시 소련군사령부 내 통역원 자리를 얻게 되면서부터 생활의 안정을 찾을 수 있었다. 소련군 간부들과 좋은 관계를 유지할 경우, 직장생활은 훨씬 안정적이었다. 상부의 지시에 따라 평양시 소련군사령부로 자리를 옮기게 된 그의 담당 장교는 그동안 함께 일하며 손발을 맞춰온 그를 데리고 떠났다.

소련군사령부 통역원을 사직한 뒤에도 김호남은 취직에 어려움을 겪지 않았다. 1946년 11월 초, 그는 김일성종합대학 도서관의 러시아어 통역원으로 채용되었다. 1947년 9월 1일 평양교원대학 외국어과에 입학한 뒤에는 학비를 마련하고 가족을 부양하고자 야간 직장인 평양시 소련군사령부 통역 자리를 얻었다. 심지어 1948년 말 소련군이 북한에서 철수한 뒤에도, 그는 전혀 타격을 받지 않았다. 소련과 긴밀한 관계를 유지한 북한이 여전히 러시아어 구사자들을 필요로 했기 때문이다. 김호남의 다음 직장은 소련 영화 무역사였다.[64] 구직에 어려움을 겪지 않은 그는 뜻밖에도 성실한 청년이 아니었다. 평양교원대학 노어과 학과장 교수는 그가 책임감이 부족할 뿐만 아니라 음흉한 구석이 있는 학생이라고 평정했다.[65] 다른 조건에 관계없이 러시아어 구사력이 구직의 결정적 요건이었음을 볼 수 있다.

서춘식 이력서

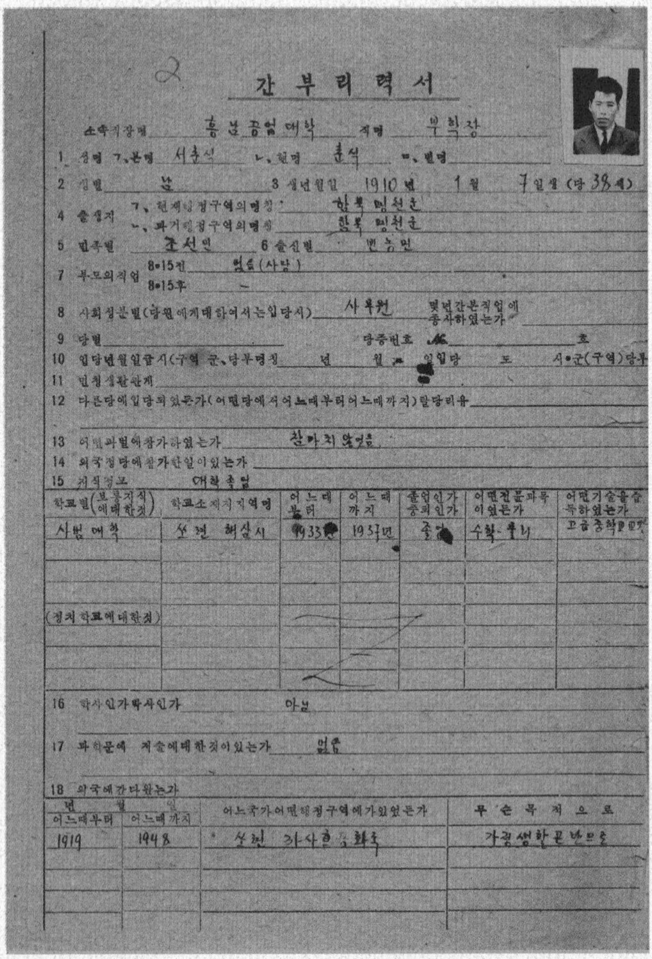

간부리력서

소속직장명 흥남공업대학 직명 부학장

1 성명 ㄱ、본명 서춘식 ㄴ、현명 춘식 ㄷ、별명

2 성별 남 3 생년월일 1910년 1월 7일생 (당 38세)

4 출생지 ㄱ、현재행정구역의명칭 함북 명천군

ㄴ、과거행정구역의명칭 함북 명천군

5 민족별 조선인 6 출신별 빈농민

7 부모의직업 8•15전 없음(사망)

8•15후 ―

8 사회성분별(당원에게대하여서는입당시) 사무원 몇번간본직업에 종사하였는가

9 당별 당증번호 호

10 입당년월일급시(구역 군、당부명칭 년 월 일입당 도 시•군(구역)당부

11 민청생활관계

12 다른당에입당되었든가(어떤당에서어느때부터어느때까지)탈당리유

13 어떤파벌에참가하였는가 참가치 않었음

14 외국정당에참가한일이있는가

15 지식정도 대학졸업

학교별(보통지식에대한것)	학교소재지지역명	어느때부터	어느때까지	졸업인가중퇴인가	어떤전문과목이였든가	어떤기술을습득하였는가
사범대학	쏘련 해삼시	1933년	1937년	졸업	수학·물리	고급중학교교
(정치학교에대한것)						

16 학사인가박사인가 아님

17 과학문예 저술에대한것이있는가 없음

18 외국에간다왔는가

년 월 일 어느때부터	어느때까지	어느국가어떤행정구역에가있었든가	무슨목적으로
1919	1948	쏘련 카사흐공화국	가정생활곤난으로

어린 시절 부모를 따라 러시아 극동 지역으로 이주한 서춘식은
30여 년 만에 돌아와 모국의 국가 건설을 지원했다.

소련계 한인 서춘식

소련에서 학위를 받았거나 북한 정부의 초청을 받고 들어온 소련계 한인들은 훨씬 좋은 대우를 받았다. 소련 문물의 수혜를 입은 데다 소련군사령부와 유착관계에 있었던 그들은 소련이란 배경을 등에 업고 커다란 영향력을 행사했다. 1948년 7월경 흥남공업대학 부학장에 발탁된 서춘식(38)도 초청을 받고 들어와 요직을 두루 거친 인물이었다. 약 30년 전인 1919년경 생계를 해결할 길이 막막했던 그의 가족은 조선을 떠나, 러시아 극동 지역 블라디보스토크에 정착했다. 그도 어려서부터 생활전선에 뛰어들어야 했다. 가족을 도와 농사를 짓고, 나이가 들어서는 공장 노동을 하며 생활비를 벌었다.

그러나 배움에 목말라 있었던 그는 공장생활을 접고, 늦은 나이인 23세에 "해삼위 고려사범대학"에 입학했다. 그가 줄곧 교육자의 길을 걸을 수 있었던 것은 그 대학을 졸업한 덕이었다. 중학교 교사로서 교직에 첫발을 내디딘 그는 1937년경 다른 조선인들과 함께 중앙아시아 지역으로 강제 이주되었다. 북한 정부의 초청으로 1948년 7월 초에 귀국하기까지, 그는 약 2년 동안 카자흐공화국 내 한 중학교 교장직을 맡고 있었다. 북조선인민위원회 교육국은 소련에서 경력을 쌓아온 그에게 흥남공업대학 부학장이란 중책을 맡겼다. 사실 그는 전공 면에서 흥남공업대학과 별 관련이 없는 인물이었다.[66] 더 놀랍게도 그는 북한에 들어온 지 10여 년이 지난 1959년경 상당한 고위직인 조선로동당 평안북도당 위원장에 재임 중이었다.

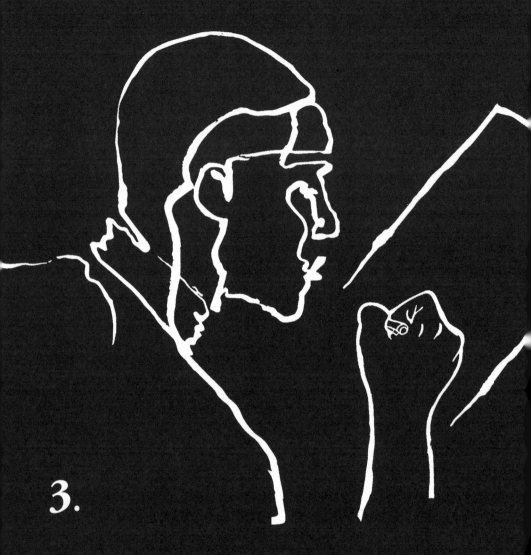

3.

해방과 함께 우후죽순처럼 무수한 조직들이 결성되었다. 대중조직 건설 운동은 정치에 대한 조선인들의 관심이 얼마나 높았는가를 상징적으로 보여준 현상이었다. 치안조직을 결성한 청년학생들은 지역사회의 질서 유지에 온힘을 쏟았다. 운동가들과 지식인들은 자치기구를 조직하고 일제의 기관들을 접수하며 새 국가 건설에 대비했다. 자연발생적 대중조직 건설 운동의 참여자들은 모두가 새 국가 건설의 주인공들이었다. 그러나 그들에 이어 조직 건설 운동을 주도한 공산당은 대중을 동원의 대상으로 바라보았다.

대중조직 건설 운동

- 해방기의 혼란 수습
- 북조선 청년층 장악
- 인민 장악과 동원의 가교 사회단체

해방기의 혼란
수습

질서 유지에 앞장선 학생 치안대원들

뜻밖에 찾아온 해방은 새 국가 건설을 염원한 조선인들의 조직 활동을 자극했다. 지역사회의 혼란 수습과 질서 유지를 담당한 치안조직으로부터 정의로운 사회의 건설을 지향한 정치조직에 이르기까지, 우후죽순 격으로 무수한 대중조직들이 출현했다. 정치에 대한 조선인들의 관심 증대와 적극적 조직 활동은 순수한 조국애와 민족애의 표현이었다. 곧 그것은 일제 식민통치에서 막 벗어난 그들이 새 국가 건설에 몸소 참여할 수 있는 애국 실천의 현실적 방안이었다.

해방 직후 가장 적극적 활동을 벌인 단체는 치안조직이었다. 자연발생적으로 등장한 이 조직은 대개 "치안대"라는 명칭을 사용했다. 치안대 활동의 일차적 목표는 지역사회의 질서 유지와 시설·물자의 보호였다. 군중들 사이에 권위를 세울 필요가 있었던 치안대는 엄격한 계급제를 도입하기도 했다. 해방이 되자마자 평안남도 양덕군 쌍룡면 청년들을 이끌고 순사부장과 면장을 내쫓은 평양공업학교 졸업생 이청우(19)는 치안대 결성을 주도하며 중대장의 책임을 맡았다.[1] 함경남도 원산 명사중학교 학생 류명상(16)은 자신의 팔에 두른 치안대 완장이 대중들의 순응을 이끌어낼 수 있는 힘의 원천임을 간파했다. 완장을 찬 그는 해방된 "우리의 거리를 활보"하며 질서 유지에 온 힘을 쏟았다.[2]

치안대의 임무는 해방 직후의 혼란을 바로잡고 질서를 유지하는 일에 국한되지 않았다. 평안북도 강계중학교 졸업생들이 결성한 치안대가 그러했듯, 그들은 일제 패잔병들과 친일파의 위해 행위를 방지하는 일에도 주목했다.[3]

일제 당국으로부터 억울한 일을 당한 적이 있는 대원들이 과거 청산에 적극성을 보였다. 1945년 8월 15일 오전 8시까지 입영하라는 통보를 받고 마치 "도살장에 끌려가는 소"의 신세가 되었던 청년 이근성(19)은 어찌된 영문인지 정오가 지나 해산 명령을 받았다. 귀가한 뒤에야 일제가 패망했다는 소식이 그의 귀에 들려왔다. 그는 해방의 기쁨을 만끽하기도 잠시 즉각 동리 치안대에 가입했다. 그리고 벼르고 벼르던 "일제 앞잡이 노릇을 한 땅개들"을 찾아 나섰다.[4]

치안대 활동에 가담한 청년들은 계몽 사업에도 관심을 보였다. 거주 지역만이 아닌 근방 농촌 지역까지 망라한 그들의 치안 활동은 자연스레 농민 계몽운동과 접합되었다. 황해도 재령군 명신중학교 학생 김정수(17)는 '치안유지대'의 일원으로 농촌에 파견돼, 한 달간 치안 활동을 담당하며 농민 계몽에 힘썼다. 해방 직후 '학생치안대'에 가입한 평양상업학교 학생 임건순(16)도 농촌 지역을 돌며 선전 사업을 벌였다.[5]

경상북도 대구 지역 청년들의 농촌 파견 활동은 정치운동과 연계되었다. 그들은 "동진인민공화국" "조선인민공화국" 등의 깃발을 앞세우고 농촌 지역 해설 사업을 떠났다. 농촌에 들어간 청년들은 아직 일제의 경관과 헌병들이 무장을 풀지 않았음에도 불구하고, 인민들이 권력을 장악한 인민공화국이 수립되어야 한다고 소리를 높였다.[6] 서울에서 결성된 "조선학도대"도 "인민공화국 사수"라는 슬로건을 내걸고 정치운동에 관여했다.[7]

해방 직후 치안 유지 활동에 가장 적극성을 보인 이들은 학생층이었다. 그들은 일반적으로 "학도대"나 "학생대"라 불린 조직을 결성했다. 해방을 맞아 "학생대"에 참가한 황해도 해주 동중학교 학생 최광문(16)은 "무기를 들고 농촌과 지방으로 출동"했다. 그가 가입한 학생대도 치안 유지 활동에 주력했음을 볼 수 있다.[8] 함경남도 원산상업학교 학생자치대에 가입한 신범영(15)은 선배들의 지도 아래 학교 방위 활동을 수행했다. 원산노동조합과 '건국촉성위원회'가 위임한 원산 시내 치안 유지 활동도 학생자치대의 주요 사업들 가운데 하나였다.[9]

때로는 그들의 활동에 위험이 따르기도 했다. 나라를 되찾은 민족의 일원으로 낯선 애국가를 부르며 감격에 빠져 있던 함흥중학교 학생 한중호(17)는 8월 17일에 결성된 학생대에 가입했다. 그에게 맡겨진 임무는 쌀 창고 경비였다. 그때 "일제 패잔병들"이 몰려와 쌀을 실어 가겠다고 으름장을 놓았다. 그러나 학생대원들은 주눅들지 않았다. 그들은 "당당히 뱃심을 부리며" 일본군의 활동을 제지했다. 한중호는 며칠 전까지만 해도 그들에게 "손발조차 내밀지 못했던" 조선인들이 "큰소리 칠 수 있게 되었다"며 쾌재를 불렀다.[10]

임시 치안기구에서 영구 보안기구로

해방 직후의 혼란기에 자연발생적으로 등장한 치안조직들은 한시적으로 운영된 과도적 기구였다. 사회 질서가 회복되자 소련군 사령부는 무장단체의 해산과 민간에 산재한 무기의 압수를 지시하는 성명을 발표했다. 치안조직의 해산에 따라 그 대원들 상당수는 정권기관 산하의 보안기구에 흡수되었다.

평안남도 양덕군 쌍룡면 치안대 중대장으로 활약한 이청우(19)는 지역 경찰기구인 "치안서"에 채용되었다. 그와 10여 명의 청년 서원들에게 맡겨진 임무는 향토방위 사업이었다.[11] 국경지대인 평안북도 강계군에서 창설된 보안기구도 "치안서"라는 기관명을 사용했다. 만주에 진주한 중국공산당 부대 팔로군을 찾아갈 꿈에 부풀어 있던 청년 장치원(18)은 강계치안서가 경비대원을 모집한다는 광고를 보고 돌연 생각을 바꾸었다. 그는 "애국심에 불타는" 청년 지원자들 300여 명 가운데 3대 1의 경쟁률을 뚫고 합격자로 선발되었다.[12]

평안북도 강계중학교 졸업생들이 결성한 치안대도 여느 치안조직들과 동일한 해체 수순을 밟았다. 해방 직후 결성된 이 조직의 부대장에 오른 이는 유강(19)이란 청년이었다. 그는 약 석 달 뒤 경찰기구인 보안대가 창설되자 치안대를 해체했다. 마땅한 생계수단을 찾기 어려웠던 그와 동료들은 주저 없이 보안대에 입대했다. 입대한 지 약 반년이 지난 1946년 5월 30일, 그는 평안북도 내무부로부터 정식 보안원에 임명되었다. 게다가 보안 사업에 헌신한 공로를 인정받아, 8·15해방 1주년 기념 축전에서 "모범 서원" 표창을 받았다.[13]

해방 후 공산주의자들의 약진이 두드러진 지역에서는 "적위대"라는 명칭을 사용한 치안조직이 결성되었다. 황해도 "장연군 적위대"와 함경북도 "성진 적위대"가 그 전형적 조직에 속했다. 해산 이후 대원들이 보안기구에 흡수된 각지 치안대와 달리, 장연군 적위대와 성진 적위대는 "발전적 해소" 과정을 거쳐 "보안서"로 개편되었다.[14]

치안대·적위대와 동일한 임무를 수행한 "자위대"도 도처에서 출현했다. 근로동원 중 해방을 맞은 함경남도 원산 명사중학교 학생 류명상(16)은 8월 18일부터 "학교 자위대"에 참가했다. 원산시 노동조합 운동가들의 연설에 감명을 받은 그는 새 국가 건설에 이바지할 수 있는 방안을 곰곰이 생각해 보았다. 그때 그가 할 수 있는 일이라곤 자위대에 가입하여 해방된 조선사회의 혼란을 수습하고 치안을 유지하는 활동뿐이었다.[15] 근로보국대 동원을 요령껏 피하며 집에서 소일하고 있던 평양공업학교 학생 장근상(15)도 학생들이 조직한 자위대에 가입했다. 학교 창고를 열어 무기를 손에 넣은 자위대원들은 총을 메고 시내를 돌며 수색과 접수 활동을 벌였다.[16]

치안대·적위대와 동일한 성격을 지닌 자위대도 보안기구에 흡수되거나 보안기구로 전환되었다. 해방 당시 공장 노동자였던 청년 신영일(17)이 가입한 자위대가 그러한 전환 과정을 겪었다. 그가 속한

"지방자위대"는 잇따라 "공안대" "보안대" 등으로 명칭을 바꾸며 경찰기구로서의 체계를 확립해갔다.[17] 그러나 일반적으로 자위대는 지역 민방위 조직의 성격을 띤 기구로 전환되는 경향을 보였다. 38선 경계 근무와 주요 시설 경비가 지역에 거주하는 청장년층 자위대원들에게 맡겨졌다. 내무기구 산하에 편제된 자위대는 준보안기구로서의 역할을 수행하며 지역사회에 영향력을 행사했다. 방위 업무와 보안 업무의 특성상 엄격한 규율이 자위대원들에게 부과되었다. 자위대 경계 근무 중 술을 마신 평양교원대학 지리과 학생 변정석(22)은 민청으로부터 엄중경고 책벌을 받았다.[18]

치안조직들이 단기간 활동하다 해체된 반면, 대중들이 접수한 일제의 경찰기구는 정식 보안기구로 발전하는 경향을 보였다. 해방을 맞아 남녀노소를 막론하고 아침부터 저녁까지 시위에 참가해 만세를 부른 평안북도 만포 주민들은 당지 경찰기구를 접수해 "만포보안부"를 창설했다. 만포가 미개지였던 시절부터 양주회사를 경영한 적이 있는 57세의 유지 계문식이 주민들의 지지를 얻어 보안부장에 추대되었다. 만포보안부가 만포보안서로 개명되자, 그의 직함도 보안부장에서 보안서장으로 변경되었다. 중앙으로부터 말단에 이르기까지 보안 기구체계가 정비됨에 따라, 만포보안서는 평안북도 보안부 산하에 편제되어 지속적 검열을 받았다. 그때 계문식은 보안서의 무기 분실 과오에 책임을 지고 신의주교화소에 수감되었다.[19]

38선 이남 지역인 옹진반도에도 보안기구인 "옹진치안부"가 들어섰다. 일본 유학 경험이 있는 기술자 김태권(33)은 비교적 한직에 해당한 치안부 교통과장에 발탁되었다. 그러나 1945년 10월 초순경

미군이 옹진반도에 주둔하고, "보기에도 지긋지긋한 옹진경찰서 간판"이 다시 내걸리자 해방 전 상황이 재연되었다. 신임 경찰서장은 기존 치안부 간부들을 모두 잡아들이라는 지시를 내렸다. 38선을 넘어 황해도 해주로 피신한 김태권은 북한 지역 정식 보안원으로 임명돼, 1945년 11월부터 해주보안서 교정면 지서장직을 수행했다.[20]

자치기구 결성에 나선 조선인들

곳곳에서 출현한 지방 보안기구들이 중앙의 산하 기구가 되어갔듯, 자연발생적으로 조직된 각지 정권기구들도 중앙 정권기구 산하에 편제돼 통일적 지휘체계를 갖춰나갔다. 함경남도 풍산군에서 자치기구를 조직하는 데 앞장선 이는 해방 전 일본 주오中央대학 유학을 마치고 귀국해, 풍산군청 사회계장으로 근무한 김공근(28)이었다. 해방과 함께 동료인 박경섭·김형모의 도움을 얻어 "풍산군자치위원회"를 조직한 그는 행정 업무를 수행하며 군청 보호에 노력했다. 얼마 뒤 풍산군자치위원회는 "풍산군인민위원회"로 개칭되었다. 풍산군인민위원회가 함경남도인민위원회 산하 기구로 편제되자, 김공근은 군인민위원회 총무과장 겸 경비과장에 임명되었다.[21]

해방 직후 지방 정권기관 창설을 주도한 이들 중에는 함경남도 풍산군자치위원회 간부들처럼 일제 기관에 복무한 사무원 출신들이 적지 않았다. 반면 군중대회를 통해 창설된 정권기구의 경우, 대개 지역사회의 명망가나 유지 또는 일제시기 혁명가들이 수반에 추대되는

과음하는 버릇이 있었던 데다 인민위원회 사업 도중
몇 차례 과오를 범한 조동우는 교육 부문 간부로 좌천되었다.

경향을 보였다. 해방 직후 면민대회를 통해 결성된 함경남도 북청군 성대면인민위원회가 그 전형적 예에 속했다. 당시 초대 면인민위원장에 추대된 온병환은 혁명가로 널리 알려진 지역사회의 명망가였다. 일제시기에 이영과 함께 적색농민조합운동을 지도한 그는 경찰에 체포돼 수감생활을 하며 모진 고문을 받았다.[22]

정권기관의 통일적 지휘체계는 검열제도의 정착에 힘입어 확립될 수 있었다. 검열을 통해 과오가 드러난 간부들은 책벌을 받거나 면직되었다. 1946년 9월경 황해도 장연군 인민위원장에 취임한 조동우(33)는 관할 지역에서 일어난 사고와 하급 간부들의 과오에 책임을 지고 책벌을 받았다. 운송 중인 현물세를 분실한 데다, 소비조합 창고에 쌓여 있는 성인학교 교과서를 제때에 배포하지 않은 탓이었다. 그의 불운은 책벌에서 끝나지 않고, 1949년 3월에 실시된 인민위원 선거의 낙선으로 이어졌다. 조동우를 평가한 당국은 쾌활하고 배짱이 있었던 그가 사업을 제대로 지도하지 못한 데다, "술친구들이 많았던 관계로 낙선했다"고 지적했다. 이후 장연고급중학교 교장으로 강등된 그는 시학으로부터 "군 교육과를 우습게" 여기며 "관료주의적 태도를 보인다"는 평정을 받았다.[23]

북조선 청년층 장악

공산청년동맹

해방과 함께 가장 적극적 활동을 벌인 이들은 청년층이었다. 각지에서 조직을 결성한 그들은 치안 활동 외에, 계몽 사업과 정치 활동에도 관심을 보였다. 청년단체가 가장 일반적으로 사용한 조직명은 "청년동맹"이었다. 함경북도 명천군 아간면에서 결성된 '해방청년동맹'은 선전부와 체육부를 설치해, 농촌 청년들의 의식 개혁과 체력 증진을 도모했다.[24] 함경남도 흥남시의 청년 교원들이 결성한 '흥남청년동지회'는 정치운동에 관여한 조직이었다. 이 조직은 흥남시 노동조합이 창설되자 그에 흡수되었다.[25]

해방 직후 우후죽순처럼 출현한 청년단체들 대부분은 '북조선민주청년동맹(이하 민청)'에 흡수되는 수순을 밟았다. 1946년 1월 17일에 창설된 민청은 북한 유일의 공식 청년단체로 발전해갔다. 강원도 이천군에서 발족한 청년동맹도 여느 청년단체들처럼 민청이 창설된 뒤 그 산하에 편입되었다. 이천군 청년동맹 결성을 주도한 이들 중 한 명인 송춘모(24)는 일제 경관인 아버지 밑에서 춘천중학교를 졸업하고 일본 유학을 다녀온 전도유망한 청년이었다.

해방 당시 그는 이천군청 내무과 고원으로 일하고 있었다. 청년운동에 뜻을 두고 일주일간 서울에 들러 정세를 살핀 그는 1945년 9월 24일, 보통학교 동창들과 함께 이천군 청년동맹을 결성했다. 이 단체는 강령 첫 조목에 이천군 인민위원회를 지지한다는 기치를 내걸었다. 청년동맹 총무부장과 조직부장을 역임한 송춘모는 1945년 10월경 강원도 인민위원회 창립 대회와 같은 해 12월경 남한에서 개최된 '전국청년단체총동맹' 창립 대회에 이천군 청년 대표로 참가했다. 민청이 조직체계를 확립해감에 따라, 이천군 청년동맹도 그 산하에 편제돼 민청 이천군위원회로 개편되었다.[26]

일제시기에 공산주의운동이 적극적으로 전개된 지역에서는 좌익 성향의 청년단체가 결성되었다. 함경북도 온성군에서 조직된 '적색청년동맹'이 그 전형적 단체였다. 물론 이 단체도 오래가지 않아 민청에 흡수되었다.[27] 공산주의자들이 조직한 대표적 청년단체는 일반적으로 '공청'이라는 약칭을 사용한 "공산청년동맹"이었다. 공청은 공산당원이 될 만한 자질을 갖춘 청년들을 모아 예비 교육을 실시했다. 곧 마르크스-레닌주의적 소양을 갖춘 만 20세 이상의 성인들에게 공산당 입당 자격이 부여되었기 때문에, 당원이 될 가능성이 있는 20세 미만의 청년들을 선발해 준비 교육을 실시한 단체가 공청이었다.

1945년 9월 11일 서울에서 조선공산당이 재건되고 그 지부들이 북한 각지에 설치되자, 공청도 곳곳에서 모습을 드러냈다. 동양특수광업 추동광산 기술자로 근무하던 청년 조윤호(25)는 해방 후 조선공산당 평안남도당 산하의 공청에 가입했다.[28] 1945년 11월 4일, 조선공산당 황해도 재령군당에 입당한 오화석(29)은 공청원 선발 과제를 위임받았다. 그는 당원이 될 만한 자질을 갖춘 농촌 청년들을 재령군당 산하의 공청원으로 선발했다.[29] 함경남도 북청군 성대면에서 공청을 조직한 이들은 공산당 세포 책임자 조태형과 성대면 인민위원장 온병환이었다. 그들은 일제시기 공산주의운동에 가담한 혁명 경력을 지니고 있었다. 온병환의 아들인 온화성(18)은 성대면 공청 조직부 책임자로 활약하며, "붉은 깃발" 아래 지역 청년들을 조직하고 교육하는 일에 앞장섰다.[30]

공청원으로 선발된 이들은 대개 학식과 됨됨이를 갖춘 청년들이었다. 공청이 공산당 입당을 준비하고 있는 청년들에게 예비 교육을 실시했듯, 공청 가입에도 준비가 필요했다. 함경남도 원산 정인여자중학교에 재학 중인 윤계호(16)는 제법 철저한 준비 교육을 받았다. 공청 가입을 계획하고 있었던 그녀와 네 명의 여학생들은 매일 방과 후에 열린 모임에 참석했다. 한 교사가 지도한 그 모임은 사회과학 서적을 읽고 토론하는 방식으로 진행되었다.[31]

그러나 공청의 조직 사업은 순조롭게 추진되지 않았다. 그에 대한 부정적 인식이 만연한 탓이었다. 특히 여학생들이 공청을 탐탁지 않게 바라보았다. "쏘련의 실상"도 "혁명의 의미"도 제대로 알지 못했던 함경남도 함흥시 영생여자중학생 신희식(16)은 당시 공청에 대한 불미스런 소문이 난무해, 자신뿐만 아니라 대부분의 학생들이 기피했다고 고백했다.[32] 같은 학교에 재학 중인 김경옥(17)이 그 불미스런 소문의 진상을 털어놓았다. 그녀는 "남녀를 몰아넣은" 공청이 "연애나 하며 풍기가 문란"한 건전하지 못한 조직이었다는 소문이 파다했다고 밝혔다.[33]

공청의 사업은 학습회·강습·선전 위주로 운영되었다. 제2차 도쿄대공습 무렵 메이지明治대학 유학생활을 청산하고 귀국한 청년 조경일(20)은 1945년 11월 8일 공청에 가입했다. 그의 공청 활동은 학습회 참가와 야학 운영에 집중되었다.[34] 원산 명사중학교 교사 이재춘이 지도한 공산주의청년동맹은 매주 두 차례 맹원들을 소집하여 학습회를 열었다.[35] 학습회가 다룬 주제는 대개 마르크스-레닌주의였다.

공청의 마르크스-레닌주의 강습은 종종 일반 청년들에게도 개방되었다. 아직 공청에 가입하지 않은 함흥중학교 학생 한증호(17)는 주위의 권유로 공청 강습회에 참가했다. 강습회 간사들은 열흘간에 걸쳐 교육을 받을 참가자들에게 쌀을 준비해오라고 거듭 당부한 터였다. 낯선 청년들과 함께 숙식하며 사회과학을 배운 한증호는 말로만 듣던 공산주의가 과거에 일제가 선전하던 것과는 "딴판"임을 깨닫게 되었다. 토론에 참여해 자아비판을 실시한 그는 공산당원들의 행동양식을 접할 수 있었다.[36]

대중들을 대상으로 한 선전도 공청의 주요 사업이었다. 함경남도 혜산중학교 학생 김을천(17)은 1945년 10월 22일 공청에 가입해 선전부원으로 활동했다. 그가 맡은 임무는 학생들과 농촌 청년들에게 팸플릿을 배포하는 일이었다. 그 팸플릿들에는 '공산주의란 무엇인가?'

'프롤레타리아 경제학' '사회주의 대의' '변증법적 유물론' 등의 제목이 큼지막한 글씨로 인쇄돼 있었다. 마르크스주의의 보급에 주력한 공청은 소련 공청원들의 활동을 소개하는 일도 게을리하지 않았다.[37]

공청과 상반된 성향을 지닌 우익 학생단체도 조직됨에 따라, 학원 내의 갈등이 고조되는 경향을 보였다. 함남도당학교에 입학해 정치교육을 받던 청년 김철(18)은 1946년 1월 9일 공청에 가입했다. 그 무렵 그의 모교인 함흥중학교에서도 우익 성향의 학생조직인 '자치회'와 공청이 충돌하는 사태가 발생했다. 김철에 따르면 학내 소동의 책임은 어디까지나 "정치적으로 낙후한" 학생들이 조직한 자치회에 있었다. 곧 자치회가 공청의 "학생 사업을 방해하고 학교 질서를 문란케 했다"는 비판이었다. 공청원들을 규합한 그는 자치회에 맞서 적극적 투쟁을 벌였다.[38]

민주청년동맹

대부분의 청년단체들처럼 공청도 유일 청년단체인 민청이 창설되자, 발전적 해소 과정을 거쳐 그에 흡수되는 수순을 밟았다. 공청원들은 모두 민청에 이적되었다. 민청은 공청을 통한 청년·학생층 장악에 한계가 있다고 본 조선공산당 북조선분국의 주도로 1946년 1월 17일에 창설되었다. 곧 공산당은 16세 이상의 모든 청년들을 민청에 흡수하여 자신의 영향권 아래에 두려는 목표를 구상하고 있었다. 그러나 공산당이 지도한 민청의 조직 확장은 순조롭게 이루어지지 않았다.

공산당에 반대한 많은 청년·학생들이 민청 가입에 비협조적 태도를 보였다.

함경남도 함흥시 영생여자중학생 김경옥(17)은 공청이 해체되고 민청이 창설된 뒤, 가입을 촉구하는 교사들과 "상급생 언니들"의 집요한 설득에 시달렸다. 그러나 그녀의 동급생들 가운데 민청 가입을 자원한 이는 아무도 없었다. 1946년 6월 24일 참다못한 담임교사가 가입 원서를 돌리며 작성을 강요하자, 그녀를 비롯한 반 학생들은 마지못해 민청에 가입했다. 학생들은 단지 명부에만 이름을 올렸고, 몇몇 간부들과 교사들만이 민청 사업에 적극성을 보였다.[39]

1946년 5월 8일, 김경옥처럼 자신의 의사에 관계없이 민청에 가입한 평안북도 선천중학교 학생 정국정(16)도 민청의 목표와 활동 내용이 무엇인지 모르긴 마찬가지였다.[40] 민청 가입을 학생들의 자발성에 맡길 경우 가입률은 몹시 저조했다. 1946년 2월 22일 현재, 총 600여 명에 달한 함경남도 함흥중학교 학생들 가운데 민청 가입자 수는 겨우 20명에 지나지 않았다.[41]

학생들뿐만 아니라 농촌 청년들의 민청 가입도 당사자들의 자발성에 맡겨지지 않았다. 소학교를 중퇴한 뒤 평안북도 강계군 시중면에서 농사를 짓고 있던 청년 김덕상(18)은 1946년 4월 9일, 마을 청년 회합에 참가하라는 연락을 받았다. 이 회합을 주도한 단체는 민청이었다. 민청은 강계군 시중면 청년층 남녀들에게 가입 원서를 돌리며 작성과 제출을 독촉했다. 민청이 수합해간 가입 원서를 심사하는 데만도 한 달 이상이 소요되었다. 산간벽촌인 시중면으로부터 강계군 소재지에 이르는 교통편이 매우 열악했을 뿐만 아니라, 아직 원활한 심사체계가 확립되지 못한 탓이었다. 마을 청년 회합 이후 한 달여가 지난 5월 11일에야 김덕상의 민청 가입이 승인되었다.

민청의 사업 내용도 보잘것없었다. 한글, '새로운 노래', '신문 읽는 법' 등을 교육하며 종종 체육대회를 열었을 뿐 정치 교육은 거의 이루어지지 못했다. 경험 있는 간부들이 농촌에 없었던 데다, 민청 상급조직의 지도원 파견도 원활하지 못한 탓이었다. 간부로 선출된 김덕상이 민청 만포지구위원회에서 강습을 받고 내려온 뒤에야, 지역 청년들에 대한 정치 교육이 실시될 수 있었다.[42]

마지못해 가입한 많은 민청원들은 동요하는 기색을 내비쳤다. 1946년 6월 23일 교사의 독촉에 못 이겨 민청에 가입한 함흥 영생여자중학생 신희식(16)은 민청 사업에 조금도 관심이 없었다. 심지어 그녀는 학교 친구의 꾐에 빠져 "남조선으로의 도망을 꿈꾼 적도 있었다." 중학교 졸업을 앞둔 여학생들에게 선망의 대상이었던 이화전문이 그들을 현혹했기 때문이었다. 놀랍게도 그녀에게 월남을 부추긴 친구는 영생여자중학교 민청 선전부장이었다. 그러나 신희식은 딸을 먼 곳으로 떠나보내길 원치 않은 어머니의 간청에 못 이겨 평양교원대학 화학과에 입학했다.[43]

민청의 조직 확장과 규율 확립 과제는 지속적 정치 교육을 통해 성과를 거둘 수 있었다. 해방 직후 정치와 교육의 분리를 교풍으로 내세운 함경남도 함흥시 영생여자중학교는 학생들의 정치 참여를 탐탁지 않게 여겼다. 그러나 좌익계 교사들과 학생들은 그러한 교풍에 반발해 전교생들의 적극적 정치 활동을 독려했다. 영생여자중학교 내 민청 창립을 주도한 그들은 민청의 강령과 규약을 해설하며 정치 교양 사업을 전개했다. 그 결과 1946년 4월 20일 민청 창립 당시 전교생 400여 명 중 46명에 지나지 않았던 맹원 수가 몇 달 뒤 250여 명으로 급증했다.[44]

인민 장악과
동원의 가교 사회단체

치안조직과 청년조직뿐만 아니라 다양한 목표를 지향한 사회단체들이 결성되었다. 사회운동가들은 문화단체를 조직해 계몽 사업을 전개했다. 황해도 재령군에서 결성된 '신문화건설동맹新文化建設同盟'이 그 대표적 단체였다. 송봉욱·이우량·최동화·임용섭·김공흥·정인창 등 진보적 지식인들이 주도한 이 단체는 정치·경제에 관한 "선진적 이론"을 소개하는 한편 대중들을 계몽하는 데 힘썼다.[45] 평양 기림인민학교 교사 박인선(21)은 동료들과 함께 '동진문화회'를 결성했다. 해방 직전 세 명의 친구들과 독서회를 조직한 그는 경찰에 적발돼 한 달간 평양형무소에서 옥고를 치른 적이 있었다. 동진문화회는 동인지 《동진》을 발간할 계획이었으나 경비 문제로 실행에 옮기지 못했다.[46]

전문 지식을 소유한 여러 분야의 전문가들도 각종 조직 창설에 착수했다. 조직 활동은 그들이 국가건설운동에 동참할 수 있는 현실적 방안이었다. 평양 숭실중학교 재학 당시 농구선수로 활약한 김원섭 (34)은 1945년 10월경 진보적 체육인들과 함께 '체육동맹'을 조직했다. 명망가 영입을 물색한 그들은 체육동맹 제1대 위원장에 "최용건 장군", 제2대 위원장에 "임춘추 동지"를 추대했다. 체육동맹 총무부 장을 맡아보던 김원섭은 평안남도인민위원회 산하에 체육과가 설치되자 차장에 선출되었다.[47] 도쿄제국대학 공학부 건축과를 중퇴한 청년 김윤제(22)는 1945년 9월 20일 '북조선건축동맹' 결성에 가담했다. 진보적 건축 기술자들을 규합한 건축동맹은 "민주주의적 조선 건축 문화의 향상"을 기치로 내걸었다.[48]

직업인들은 그들 공동의 이해관계를 관철하기 위한 조합 결성에 착수했다. 평안북도 신의주시 평안중학교 교사 김득서(25)는 농민운동에 뜻을 둔 이복만·백용하·안창순·이혜용 등 진보적 청년들과 함께 '신의주농민청년회'를 조직했다. 이 청년단체는 농민조합 결성을 모색한 준비조직의 성격을 띠었다.[49] 일본인 회사에 근무하고 있었던 이영희(29)는 해방이 되자마자 5~6명의 친구들과 함께 일본인들이 경영해온 기업 접수에 착수했다. 함경남도인민위원회와 조선공산당 함경남도당의 지시 아래 그 기업들을 관리한 그는 노동조합 결성에도 적극성을 보였다. 그는 1945년 11월경 함흥지구 노동조합평의회 산하 "함흥노력자공리사"의 책임자가 되었고, 1946년 3월경 함흥시 노동연맹 상무위원에 취임했다.[50]

정당을 제외한 모든 조직은 "사회단체"의 지위를 부여받았다. 사회단체는 공산당(노동당)이 대중들을 장악하기 위한 매개조직으로 활용되었다. 공산당이 모든 북한 주민들이 가입한 사회단체들을 장악한다면, 그 구상은 어렵지 않게 실현되리라 전망되었다. 이 과제를 염두에 둔 공산당은 사회단체를 조직한 뒤, 대중들을 그 산하로 끌어 모으기에 주력했다.

니혼日本대학 건축과를 나온 김응상(29)은 1945년 9월경 공산주의자들의 지시에 따라 '북조선건축동맹'을 조직하고 그 위원장에 선출되었다. 그러나 당시의 기술자들은 정치적 "무색 투명성"을 내세우며 정치 참여에 반대했을 뿐만 아니라, 건축동맹과 공산당의 친밀한 관계에도 부정적인 입장을 내비쳤다. 1946년 8월경 북조선공산당에 입당한 김응상이 건축동맹 내의 정치적 과제 곧 맹원들에 대한 사상 개조에 착수한 까닭은 그러한 이유에서였다. 각 도에 지부들을 설치하여 맹원 수를 늘리는 데 주력한 북조선건축동맹은 이후 '공업기술연맹' 산하의 '건축분과위원회'로 개편되었다. 이러한 조직 개편은 북조선로동당의 건축동맹 통제뿐만 아니라, 그 산하의 대중 장악에도 도움이 되었다.[51]

공산당은 사회단체 결성을 주도하는 한편, 이미 조직된 사회단체들을 장악하는 데에도 관심을 보였다. 고향 지역 '청년단' 부단장을 맡아 한 달 동안 치안 유지 활동을 수행한 김재현(18)은 어느 날 공산당 간부의 방문을 받았다. 그 간부는 청년단 간부들을 불러 모은 뒤 그들이 지향해야 할 목표와 노선뿐만 아니라, 공산주의에 대해 무려 두 시간 동안 해설했다. 그러나 청년단 간부들은 시큰둥한 반응을 보였다. 공산당에 대한 선입견이 해소되지 않은 탓이었다. 김재현은 민청에 가입해 정치 교육을 받고나서야 청년단 간부 시절의 그 과오를 깊이

반성했다. 이어 그는 북조선공산당에 후보당원으로 입당했다.[52]

공산당(노동당)은 대중들이 가입한 사회단체를 통제함으로써 개개인들에까지 영향력을 행사할 수 있었다. 달리 말해 사회단체에 가입한 대중들은 공산당의 지시에 따라 동원될 수 있는 여건이 조성되었다. 동원체제의 원활한 작동을 모색한 북한 당국은 사회단체 가입을 인민들의 선택에 맡겨두지 않았다. 이제 모든 북한 주민들은 연령, 성별, 직업에 따라 분류된 각종 사회단체에 의무적으로 가입해야 했다. 어린이들은 소년단에, 청년들은 민청에, 여성들은 여맹에, 노동자·사무원들은 직맹에, 농민들은 농맹에 가입하여 조직생활을 했다.

단체주의 문화를 중시한 좌익계 인사들에게 조직생활은 개개인이 필수적으로 거쳐야 할 수양의 과정으로 인식되었다. 방학을 맞아 북조선로동당 함경북도당 조직부장을 맡고 있는 사촌오빠 집에 놀러간 회령여자중학생 원산옥(16)은 "조직생활을 하고 있느냐?"는 오빠의 질문에 붉게 물든 얼굴을 숙이며 아무런 대답도 하지 못했다.[53]

성인들은 대부분 여러 개의 사회단체에 가입했다. 심지어 5~6개의 사회단체에 이름을 올린 이들도 부지기수였다. 1946년 8월 28일 북조선로동당에 입당한 김응선(46)은 이듬해 2월경 황해도 재령군 북률면 동신흥리인민위원장에 선출되었다. 전업 농민인 그는 1946년 11월 5일 농민동맹에 가입한 데 이어 1947년 3월경 교육문화후원회, 1947년 5월경 애국투사후원회, 1948년 10월경 조쏘문화협회, 1948년 12월경 북조선적십자사 등 5개 사회단체에 가입했다.[54]

1950년 3월 현재 평양 곡산공장 노동과장인 노동당원 이성술(38)은 자신의 직업과 관련된 북조선직업총동맹·북조선공업기술연맹에

김용수 이력서

•

노동당원이자 인민학교 교장인 김용수는
무려 여섯 개의 사회단체에 적을 두고 있었다.

가입했을 뿐만 아니라, 조국보위후원회·북조선적십자사·애국투사
후원회·조쏘문화협회 등을 포함하여 총 6개의 사회단체에 적을 두고
있었다.[55] 1949년 현재 황해도 재령군 제4인민학교 교장에 재임 중인
노동당원 김용수(22)는 연령과 직업에 따라 북조선민주청년동맹·북
조선교육문화일꾼직업동맹에 가입했고, 부가적으로 조쏘문화협회·
북조선적십자사·북조선인민항공협회·애국투사후원회에도 이름을
올렸다.[56] 사회단체의 운영이 매달 회원들로부터 징수된 회비에 의존
함에 따라, 성인들의 복수 사회단체 가입은 재정 문제 해결에 도움이
되었다. 반면 그러한 경향은 회비를 떠안은 이들의 가정 경제에 적잖
은 부담을 안겼다.

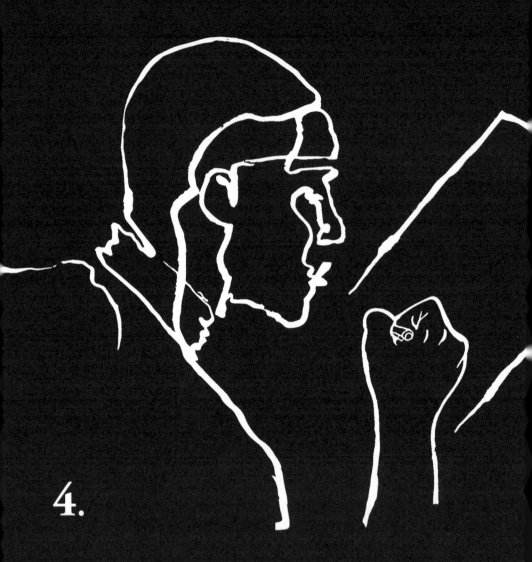

4.

해방과 함께 그동안 억눌려온 조선인들의 분노가 폭발했다. 분노의 표적은 일본인들과 친일파
였다. 그러나 조선인들을 억압하며 일제에 협력한 이들을 모두 처벌할 수만은 없는 노릇이었
다. 조선인들 가운데 일제시기 공직을 독점했던 그들 대다수가 새 국가 건설에 필요한 식자층
이었기 때문이다. 따라서 친일 혐의가 경미한 생계형 부역자들은 면죄부를 받을 수 있었다. 북
한은 현실 여건을 고려해 일제시기 인적 잔재를 청산한 반면, 물질적·문화적 잔재의 청산에 대
해서는 결코 타협의 여지를 보이지 않았다.

일제 잔재 청산

공분의 표적 일본인과 친일파

면죄부를 받은 일제시기 공직자들

공분의 표적
일본인과
친일파

보복 대상이 된 일본인들

해방과 함께 그동안 억눌려온 조선인들의 분노가 폭발했다. 그들은 즉각 보복에 나섰다. 보복의 대상은 조선인들에게 차별과 억압을 일삼아온 일본인들이었다.

　개성 송도중학교 학생 오치경(16)에게도 벼르고 벼르던 한 일본인이 있었다. 그는 1945년 2월경 평택비행장에서 오치경을 사정없이 구타한 장교였다. 근로보국대에 동원된 학생들의 작업을 감독한 그 일본인 장교는 허구한 날 그들이 태만하다며 매를 들었다. 해방의 날, 드디어 오치경에게 기회가 찾아왔다. 삽을 쥐어든 그는 자루가 부서지도록 그 장교를 두들겨 팼다. "죽여도 시원치 않다"는 생각이 들 정도였다.[1]

　일본인들을 겨냥한 보복이 가장 성행한 공간은 학교였다. 사실 학교는 조선인 학생 차별이 만연해 두 민족 간 대립이 극에 달한 격전장이었다. 함께 공부한 일본인 학생들로부터 멸시를 받아온 평양상업학교 학생 김경렬(16)은 해방 즉시 조선인 학생들에게 많은 원한을 사고 있었던 한 일본인 학생을 구타했다.[2] 함흥사범전문학교 학생 손승원(16)은 두 명의 일본인에게 원한을 품고 있었다. 한 명은 그를 자주 구타한 "왜놈 교사"였고, 다른 한 명은 인사를 하지 않았다고 심하게 폭행한 적이 있는 "왜놈 상급생"이었다. 해방은 그에게 "원수를 갚을 수 있는" 기회를 제공했다.[3]

두 민족 간 지위가 뒤바뀌자, 조선인 학생들은 일본인 학생들을 내버려두지 않았다. 일본인 학생들이 쫓겨난 평양상업학교의 상황은 해방 직후 학원사회가 맞닥뜨린 일반적 현상이었다.[4] 설령 조선인 학생들이 쫓아내지 않았다 해도, 그들은 도둑이 제 발 저리 듯 스스로 학교를 떠났다.

1945년 9월 중순경 해방 후 첫 개학식을 연 함경북도 회령상업학교의 상황도 마찬가지였다. 이 학교의 4학년 학생 김병철(17)은 거의 절반에 달한 일본인 동급생들이 모두 사라지고 조선인 학생 28명만 등교했음을 목격했다.[5] 일본인과 조선인 학생들의 공학인 서울 무학고등여학교에서도 일본인 학생들이 모두 사라지자 전교생 수가 절반으로 줄어들었다. 일본인 교사들도 완전히 자취를 감추었다. 해방 직후 무학고등여학교에 출근한 교사는 단 한 명에 불과했던 조선인 선생뿐이었다.[6]

항일운동에 가담했던 조선인 운동가들은 일본인들이 운영해온 공공기관 접수에 나섰다. 황해도 송화 공립심상소학교 교사 오기혁(33)

소학교 교사 오기혁은 일제의 항복 선언을 접한 뒤,
한 혁명가를 찾아가 학교와 지역사회 차원의 대책을 논의했다.

은 "천황"이 항복을 선언한 8월 15일 정오 라디오 방송을 듣자마자, 학부형 대표인 백준렬을 찾았다. 그는 일제시기 조선공산당사건에 연루되어 5년간 수감생활을 경험한 혁명가였다. 몇 시간에 걸쳐 대책을 논의한 그들은 오후 6시경 조선인 교사들과 학부형 대표들을 불러 모았다. 학교를 접수하자는 최종 결론에 다다르자, 그들 중 몇몇이 일본인 교장 시미즈 다네아키淸水種秋를 끌어다 앉혔다. 백준렬은 그 교장으로부터 학교를 인수했다. 그는 학교 접수에 만족하지 않고, 조선을 침략한 일제의 만행을 들추어 사죄를 받아내기까지 했다. 교장은 그의 지시에 무조건 따르겠다고 약속한 뒤 가택에 연금되었다.

다음날 16일 아침, 일본인들을 포함한 전교생과 교사들이 학교에 소집되었다. 조선인 교사들은 모두가 지켜보는 가운데 교내 일제의 상징물인 "왜 귀신을 안치한 대마봉사전"을 불살랐다. 그들은 과거 "왜놈들의 죄상"을 낱낱이 폭로하며 조선인들의 민족의식을 일깨우는 한편, 일본인들을 불안에 빠뜨렸다. 8월 17일, 송화 심상소학교의 접수를 주도한 이들은 '송화군 치안유지회'를 조직하고 백준렬을 수반으로 선출했다. 이 조직은 얼마 뒤 '건국준비위원회 송화군지부'로 발전했다. 송화군 치안유지회 총무부장을 맡은 교사 오기혁과 동료들은 8월 19일, 경찰서를 접수하고 지역사회의 일본인 고관들을 체포했다. 심상소학교 교장에 이어 형사, 판사, 서장 등이 차례로 검거되었다.[7]

조선인들에게 악질 행위를 일삼은 관료와 공직자들뿐만 아니라, 일본인 주민들의 입지도 불안하긴 마찬가지였다. 특히 북한 지역 일본인들은 주택과 재산을 몰수당한 뒤 거리로 내몰리기 시작했다. 북한 당국과 대중들의 압박이 점점 거세지자, 그들의 관심사는 안전한 귀국에 집중될 수밖에 없었다. 따라서 그들은 자신들의 이동에 걸림돌이 될 거추장스러운 물품들을 모두 처분하려 애썼다. 그러나 이마저도 여의치 않았다. 해방 직후 인민위원회 활동에 관여한 강원도 춘천사범학교 학생 윤병수(18)는 "일본인들이 사용하던 물건을 사지 말자!"는 선전 사업에 동원되었다.[8]

친일파 척결

조선인들의 보복 대상이 된 이들은 일본인들만이 아니었다. 같은 조선인임에도 일본인들의 앞잡이가 돼 그들보다 더 가혹하게 동족을 탄압한 이른바 친일파들이 보다 큰 원한을 샀다. 평양사범학교 학생 한용팔(16)도 자신에게 큰 수모를 안긴 한 친일파를 잊지 못하고 있었다. 극빈한 가정에서 자란 그는 열네 살이 되던 해에 그만 폐렴에 걸렸다. 병원이라곤 고작 두 번 가본 일이 전부였고, 변변한 약조차 쓰지 못한 채 집에서 쉬어야 했다.

그로부터 2년이 지난 1945년 초, 휴학해 쉬고 있던 그에게 파출소 호출장이 날라왔다. 성치 않은 몸을 끌고 파출소에 나간 그는 한 조선인 경관으로부터 해군에 지원하라는 강압을 받았다. 그는 거부했다. 그러자 그 경관이 그의 뺨을 갈기며 호통을 쳤다. "대일본제국을 위해 군병으로 나가는 것보다 더 큰 영광이 어디 있느냐?" 그 호통은 성인이 된 후에도 그의 귓가에 맴돌 만큼 큰 모욕을 안겼다. 한용팔

한용팔은 해군 입대를 강요하며
수모를 안긴 한일 경찰에게 깊은 원한을 품고 있었다.

은 무릎을 꿇고 빌다시피 애원했다. 극빈한 가정에 일손이 부족한 데다 폐렴까지 걸려 몸이 골골하다는 구구절절한 사연이 그의 입에서 흘러나왔다. 결국 그는 징병을 면할 수 있었다. 그러나 조선인의 피가 흐름에도 불구하고, "왜놈들"보다 더 동족을 학대한 그 자에 대한 증오심은 사라지지 않았다. "너 이놈, 어디 두고 보자!" 그는 이를 갈며 속으로 끊임없이 되뇌었다.

그로부터 4개월 뒤 놀랍게도 해방의 날이 왔다. "그는 일본 천황 폐하의 정오 라디오 방송"을 듣자마자 부리나케 파출소로 뛰어갔다. 분하게도 경찰들이 다 종적을 감춘 뒤였다. 그러나 며칠 지나지 않아 통쾌한 소식이 들려왔다. 그들 중 "몇몇은 매를 맞아 죽고 몇몇은 병신이 되었다"는 소식이었다. 다만 한 가지 한용팔에게 원통한 구석이 있었다면, 그자를 한 대도 때리지 못했다는 사실이었다.[9]

황해도 금천군 구이면 덕안 공립보통학교를 졸업한 뒤 청년훈련소에 들어간 김종성(16)도 개인적 원한이 있는 한 친일파를 주시하고 있었다. 그의 아버지는 가난한 우차몰이꾼이었다. 1944년경 그의 가정은 극심한 식량난에 봉착했다. 일제의 공출에 시달린 데다, 금천군 구이면 우차牛車 총대總代가 우차몰이꾼들에게 배급할 쌀을 횡령했기 때문이었다. 끼니를 때우기 힘들었던 김종성의 가족들은 그를 원수로 여겼다.

그러던 어느 날 해방의 날이 왔다. 세상은 갑자기 "무법천지"로 변했다. 구이면 주민들은 우차 총대의 집으로 몰려갔다. 성난 군중들 틈에 김종성도 끼어 있었다. 그들은 우차몰이꾼들을 혹사하며 배급미를 횡령한 총대뿐만 아니라, 금천군 구이면 징용 업무와 보국대 업무

일반적 자서전 양식을 사용하지 않은 김종성은 자신의 성장 과정과
주변 환경을 기록하며 인상적인 스케치를 곁들였다.

1929. 8. 27.

黃海道 金川郡 口東面 月田里 茶○里洞
三八三番地에서 農男으로 탄생하였고
그 당시 家庭形便은 우리집으로서
면주름들이 마름 집이었다.
빈곤한 생활을 계속하때, 地主가 日本놈
외어갑과 척취 말에서 1日 1日겨우
살것이다.
하루하루지내며 1936年당시에 8才였때
그럼으로 빈곤한 가정 長男으로서 小校에
入學하였을것이다.   학교名稱은
金川郡 口東面에있는 德南公立普通小學교
1937 그당시 日本놈놈는조금도 몰았다
대들어선생에게 벌도받고 매도마젔고 사랑
이였다

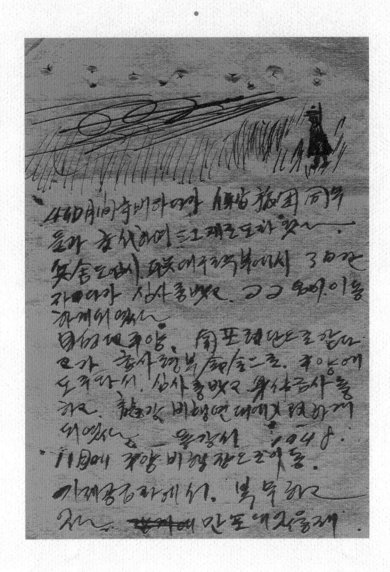

를 담당해온 그의 둘째·셋째 아들에게도 적개심을 드러냈다. 일제의 앞잡이였던 두 아들은 이미 도주한 뒤였으나, 총대와 그의 큰아들이 남아 있었다. 격분한 군중들은 그 부자를 사정없이 구타했다. 온갖 고생을 겪은 아버지의 모습이 아른거린 김종성도 폭행을 주저하지 않았다. 몰매를 맞은 우차 총대는 결국 사흘 뒤에 숨을 거두었다. 그의 집에 들이닥친 군중들은 폭행을 가했을 뿐만 아니라, 친일파의 재산이라는 명목 아래 유기 한 가마니와 쌀 세 달구지를 몰수하기까지 했다. 1945년 11월경에 일어난 사건이었다.[10]

해방 후 한용팔과 김종성이 친일파 척결에 가담한 이유는 사적 원한관계의 해결 때문이었다. 개인적 보복의 차원에서 이루어진 그들의 대응과 달리, 의식 있는 청년들의 집단행동을 통한 친일파 척결도 곳곳에서 이루어졌다. 경성상업학교를 막 졸업한 청년 온화성(18)은 일제시기 적색농민조합운동에 가담한 혁명가인 아버지의 영향을 받아 친일파 청산의 당위성을 절감하고 있었다. 그가 벼르고 있던 지역사회의 "제일가는 민족반역자"는 함경남도 북청군 성대면 면장을 지낸 조영호였다. 지난날 "군사 회계장"을 맡아보기도 했던 그는 징병 업무를 취급하며 숱한 조선 청년들을 전장으로 내몰았다. 심지어 징병을 기피하려는 이들로부터 많은 뇌물을 착복하기까지 했다. 해방 직후 온화성은 친구들인 김흥무·주병권·김두삼과 함께 면장 조영호를 끌어다 군중들 앞에 세웠다. 그가 저지른 숱한 죄상들의 전모가 군중재판을 통해 밝혀졌다. 그는 함흥교화소에 수감되었다.[11]

일본 도쿄 소압상업학교를 졸업한 청년 한율종(21)도 해방 직후 친일파 척결에 앞장선 의식 있는 청년이었다. 그러나 그의 전력에는 석

연치 않은 구석이 있었다. 1944년 7월경부터 약 열 달간 평안북도 후창군 동흥면사무소 서기로 "식민지 행정의 제일선에서" 근무한 전력이 그것이었다. 친형의 알선으로 면서기가 된 뒤, 그는 줄곧 양심의 가책에 시달렸다. 더욱이 그의 부역 활동은 친구들의 충고를 안중에 두지 않은 경솔한 행위이기도 했다. 지난날 일본 유학생활이 끝나갈 즈음, 그는 친구들이 마련해준 송별연에 참석한 일이 있었다. 그 모임은 도쿄의 어느 아파트 한 구석에서 열렸다. 그때 한 친구가 "너는 조선에 돌아가더라도 굶어죽을지언정 순사나 면서기 따위는 되지 마라!"고 간곡히 부탁했다. 그러나 한율종은 그 친구의 충고를 흘려버렸다. 빈곤한 가정형편 때문이었다.

면서기가 된 뒤 양심의 가책에 시달린 그는 식민지 조선을 위해 무엇을 해야 할지 고민했다. 오랜 고민 끝에 그가 은밀히 착수한 활동은 동료 직원들에게 일제 패망설을 설파하며 민족의식을 고취하는 일이었다. 그러나 그 무모한 행위는 얼마 가지 않아 탄로 나고 말았다. 1945년 5월경 경찰에 체포된 그는 약 한 달간 구금된 채 모진 고문을 받았다. 감옥 문을 나설 때 그의 몸은 "나뭇잎처럼 흐늘거렸다."

약 두 달이 지나 꿈에도 그리던 해방을 맞았을 무렵, 다행히 그의 건강은 어느 정도 회복된 상태였다. 8월 18일, 그를 비롯한 지역 청년들은 면장과 지방 유력자들의 반대를 무릅쓰고 동흥면 각지를 누비며 "조선 독립 만세!"를 외쳤다. 그들은 '동흥치안유지대'를 결성했다. 이 조직은 지역사회 치안 유지에 힘쓰며, 일제시기 관료와 친일파 체포에 주력했다. 한율종을 고문했던 동흥경찰서 순사들을 포함한 13명의 전직자들과 악질 행위를 일삼던 친일파들이 체포되었다.[12]

일제 패망설을 설파해 경찰로부터 모진 고문을 받은 한율종은
해방 직후 친일파 척결에 앞장섰다.

서울 영등포 소화정공주식회사 직원 조성준(23)은 기계설계 기술자였다. 1945년 7월경 안타깝게도 그는 근무 중 병을 얻어 고향인 함경남도 신흥군으로 돌아왔다. 그가 귀향한 지 꼭 한 달이 지나 해방의 날이 왔다. 그러나 그의 눈에 비친 해방된 고향의 모습은 말이 아니었다. 그는 특히 "신경찰"을 자처하며 "구경찰"을 비판한 청년단체인 "건국보좌회"의 결성에 실소를 금치 못했다. 일제시기 관리 출신 청년들이 주도한 이 조직은 자신들의 과거 행적을 반성하기는커녕, "조선 민족을 위해 싸우겠다!"는 허울 좋은 선언문을 발표하며 해방 후 지역사회의 주도권 장악에 연연하는 모습을 보였다.

조성준은 그들의 기회주의적 처신에 화가 치밀었다. 그를 비롯한 "이름 없는 민간 청년" 10여 명은 '신흥청년대'를 결성해 지지기반을 넓혀갔다. 곧 건국보좌회를 제압한 신흥청년대는 경찰서를 접수하고 군내 치안 유지에 주력했다. 그러나 강령과 규약을 갖추지 못해 기강 해이에 빠진 이 조직은 얼마 가지 않아 타락의 일로를 걸었다. 사복을 채우는 간부들이 나타났고, 그럴수록 민간의 비난도 커져갔다. 정보부장을 맡고 있었던 조성준은 회의감에 사로잡혔다. 결국 그는 신흥청년대를 탈퇴했다.[13]

군중들은 친일파 척결뿐만 아니라 그들의 재산 몰수에도 적극성을 보였다. 친일파 재산 몰수는 그들의 재기를 봉쇄할 수 있는 근본적 조치들 가운데 하나였다. 더구나 그들이 축적한 재산은 동족 착취의 산물로 인식되고 있었다.

한편 일제의 패망과 함께 원료와 연료의 조달체계가 무너짐에 따라, 조선 내 대다수 공장들은 조업을 멈추었다. 황해도 봉산군 마동광업회사 직원 한선일(24)은 공장 가동이 중단되자, 1945년 9월 15일 고향인 송화군 풍해면에 돌아왔다. 그가 귀향했을 때 지역 친일파들인 순사·밀정·면장·면서기 등은 수난을 당하고 있었다. 그들은 군중들에게 몰매를 맞고 재산을 몰수당했다.

그러나 친일파 재산 몰수는 법적 절차에 따라 엄정히 집행되지 않았다. 그들의 재산을 몰수해 사복을 채운 이들 중에는 지역 내 "건달꾼들"이 많았다. 해방 직후의 혼란에 편승해 사리사욕을 채운 그들은 남한으로 도주하거나, 보안기구에 체포되어 교화소에 수감되었다. 고향에서 일어난 "건달꾼들"의 비행을 목격한 한선일에게 해방은 혼란의 이미지를 심어주었다.[14]

면죄부를 받은
일제시기
공직자들

참회와 속죄

해방 직후 대중들은 친일파 청산에 적극성을 보였다. 악질 행위자들을 겨냥한 보복적 성격의 폭력이 난무했음을 앞서 살펴보았다. 그러나 법적 절차에 의존하지 않은 해방 직후의 친일파 처벌은 많은 부작용을 낳았다. 친일 혐의가 경미한 이들이 민족반역자로 지목돼 과중한 처벌을 받은 사례도 있었다. 시간이 지날수록 친일파 청산은 점차 대중들의 손에서 국가기구의 소관으로 옮겨지기 시작했다. 1946년 9월경 친일파의 법적 개념과 범주가 정립된 뒤, 그들에 대한 체포와 처벌은 비로소 명료한 기준에 의거할 수 있었다. 평양교원대학 지리과 학생 한종숙(20)의 아버지도 그 규정에 따라 처벌을 받았다. 그는 일제시기 여러 형무소의 간수장을 지낸 관리 출신이었다. 독립운동

가 탄압 혐의를 받은 그는 해방 직후 교화소에 수감되었고 투옥생활 중 죽음을 맞았다.[15]

한종숙의 아버지처럼 일제에 협력한 정도가 과중했던 이들은 친일파로 규정돼 처벌을 피할 수 없었다. 그러나 친일 혐의가 가벼운 대부분의 공직자들은 면죄부를 받았다. 북한이 친일 전력이 있는 공직자들을 구제한 데에는 중대한 이유가 있었다. 대개 식자층이었던 그들은 북한의 국가 건설에 꼭 필요한 인재들이었다. 곧 일제에 복무한 공직자들을 모두 친일파로 규정해 처벌한다면, 북한은 고등 교육을 받은 고급 인력 부족난에 직면할 수 있었다. 식자층 인재 확보정책에 따라 구제된 일제시기 공직자층은 "사무원"이라는 성분 명을 부여받았다. 그러나 일제에 부역한 그들의 지위는 안정적이지 않았다. 그들은 양심의 가책에 시달렸으며, 주변으로부터 신랄한 비판을 받았다.

학교에 근무한 교사들도 예외는 아니었다. 강원도 철원군 이동중학교 교장 주병권(32)은 일제시기 "반동단체"에 참가한 전력을 기입해야 할 이력서 란에, 만주국의 한 소학교에서 교편을 잡은 경력과 아오지탄광주식회사에서 측량 보조원으로 일한 경력을 써넣었다.[16] 1944년경 함흥사범학교를 졸업한 뒤 해방 직전까지 함경남도 혜산군 봉두국민학교 교사를 지낸 박연순(25)은 심지어 자신의 교직 경력을 "과거 1년간의 죄악"이라고 자책하기까지 했다.[17]

교사들을 비롯한 일제시기 공직자들은 커다란 부채의식에 사로잡혀 있었다. 그들은 자서전에 자신의 친일 전력을 낱낱이 고백하며 엄숙히 반성하는 태도를 보였다. 황해도 해주 여자고급중학교 교장 김정배(40)도 10여 년간에 걸친 일제시기의 교직생활에 참회하는 마음

·

일제시기 10여 년간 교직에 복무한 김정배는
자책하며 깊이 참회하는 태도를 보였다.

을 내비쳤다. 그는 자서전에 다음과 같이 기록했다. "나의 과거 환경과 경력에 비추어볼 때 선진적인 일꾼들의 영향을 많이 받았음에도 불구하고, 의식적이든 무의식적이든 10여 년이란 장구한 기간 동안 일제의 노예 교육에 충실히 복무했음은 의심의 여지가 없다. 이 사실은 나의 과거 사상과 행동을 과학적으로 평정해주며 인민들 앞에 속죄할 변명조차 허락하지 않는다. 그에 대한 양심의 가책은 평생 나의 두뇌에서 사라지지 않을 것이다."[18]

춘천사범학교를 졸업한 뒤, 1944년 3월경 강원도 평강군 기산공립국민학교에 부임한 교사 주동헌(24)도 양심의 가책을 느꼈다. 그는 참회하는 심정으로 고백했다. "1944년부터 일제의 교육자로 복무했다. 나는 일생을 통해 이때 처음으로 민족적 과오를 범했다. 곧 나 자신이 일제의 앞잡이 교육자가 되었다." 해방 후 그의 수치심은 극에 달했다. 북한 지역의 식자층 인재 부족 탓에 다시 교편을 잡을 수 있었던 그는 지난날의 과오를 철저히 자아비판하는 한편, 자신이 새로운 시대의 교원으로서 자격을 갖추고 있음을 입증해 보여야 했다.

그는 자서전에 다음과 같이 기록했다. "해방 후 1945년 10월 15일부터 향리에 있는 백룡인민학교에서 교편을 잡았다. 일제의 잔재가 가득 남아 있는 내 자신이 새 조선의 일꾼이 될 아이들을 가르친다는 것 자체가 어불성설일 수밖에 없다. 해방 후 다시 교단에 설 때부터 교육 정신의 개변을 부르짖으며 일제 교육 잔재의 청산에 노력했다. 그러나 교육의 체계·조직·실행 면에서 완전히 일제의 정신 밑에 움직인 나는 오늘 조선 인민이 요구하는 참다운 민주 교육자가 되기에는 버거운 감이 있다. 앞으로도 끊임없이 반성하고 맑스-레닌주의 사상으로 무장하는 과업에 꾸준히 노력할 것이다."[19]

일제시기의 교원들을 바라보는 주변의 시선도 곱지 않았다. 1946년 2월경 교직에 첫발을 내디딘 강원도 회양인민학교 교사 이채구(27)는 누구보다 반일의식이 투철한 좌익 운동가였다. 우익계 청년들에 맞서 사상투쟁을 벌인 그에게 줄곧 "빨갱이"라는 오명이 따라다녔을 정도였다. 일제시기 공직자들을 경멸한 그는 자서전에 다음과 같은 기록을 남겼다. "교직에 발을 들여놓은 지 3년 반이 지나고 보니, 무엇보다 불쾌했던 것은 왜정 시 교육계에서 20~30년간 몸담은 노인들의 썩어빠진 작풍이었다. 앞으로 그들의 옳지 못한 경향과 단호히 투쟁할 계획이다."[20]

비켜가지 않은 처벌

일제시기 공직에 복무한 이들의 입지는 시간이 지날수록 위축되었다. 그들은 비판을 받았을 뿐만 아니라 각종 불이익을 당했다. 직장 내 파면이나 강등, 노동당이 부과한 출당·경고 등의 책벌이 그것이었다. 자강도 초산남자고급중학교 교사 함윤형(25)의 아버지 함창익(46)은 해방 전 평안북도 위원군 서태면사무소 서기를 거쳐, 위원군청 고원과 주사를 지낸 일제시기 관료 출신이었다. 지역 유지인 그는 해방과 함께 위원군인민위원회 부위원장에 선출되었고, 1946년 1월부터 8개월간 위원군 내무서장을 역임했다. 어수선한 틈을 타 북조선로동당에도 입당할 수 있었다.

그러나 결국 일제시기 공직에 복무한 전력이 그의 앞길을 가로막았다. 이제 그를 기다리고 있었던 것은 가파른 내리막길뿐이었다. 그는 노동당으로부터 출당 처분을 받은 데다, 내무서장직에서도 파면되었다. 그가 몹시 가혹한 수준의 징계를 받은 까닭은 친일 전력 외에 첩까지 두고 있었던 탓이었다. 파면된 뒤 자강도 초산군 초산면 양토동에서 "놀고 있는" 그의 근황이 목격되었다.[21]

유능한 이들도 일제시기 공직에 복무했다면, 강등을 피하기 어려웠다. 일본 주오中央대학 법과를 졸업한 함경남도 함주군 주지고급중학교 교무주임 김공근(32)은 불과 2년 전까지만 하더라도 앞길이 창창한 촉망받는 젊은이였다. 일본 유학을 마치고 돌아온 그는 함경남도청 사회과 고원과 풍산군청 사회계장을 거쳐 출세를 향한 도약을 준비하고 있었다. 해방을 맞은 뒤에도 지역사회 내 그의 입지는 위축되지 않았다. 오히려 일본인 전직자들의 귀국과 함께 식자층 인재 부족난이 가중되자 그의 위상은 더 공고해졌다. 풍산군인민위원회 재정과장과 총무과장을 지낸 그는 1946년 9월경, 함흥철도검찰소 검사에 발탁되면서 자신이 쌓아온 경력의 정점에 올라섰다.

그러나 결국 그도 일제시기 공직 전력에 발목이 잡히고 말았다. 검사에 발탁된 지 열 달이 지난 1947년 7월경부터 그는 내리막길을 걷기 시작했다. 좌천당한 여느 간부들처럼 그도 한직인 교사직으로 밀려났다. 함경남도 함주군 독산중학교와 천원여자중학교를 거쳐 주지고급중학교에 발령된 그의 추락은 거기에서 끝나지 않았다. 김공근을 평정한 당국자는 그가 "사업에 열성적이고 직원들 사이에 신망이 있으며 통솔력도 갖춘" 유능한 간부임을 의심하지 않았다. 그러나 문

김공근 이력서

●

일본 유학을 다녀와 관직생활을 한 김공근은 해방 직후 고위직에 등용되었으나,
친일 전력이 문제시된 뒤 계속해서 한직으로 밀려났다.

제는 평정자가 지적했듯, 그가 5년간 "적 기관"에 복무했다는 점이었다. 평정자는 그러한 전력에 비추어, 고급중학교에 재임 중인 그를 초급중학교로 내려보내야 한다고 당국에 건의했다.[22]

북한의 과거 청산 대상은 친일파와 일제에 협력한 공직자층에 국한되지 않았다. 인적 잔재뿐만 아니라 물질적·문화적 잔재들도 모조리 척결 대상에 포함되었다. 이를테면 일본 서적·복식과 함께 일본식 용어·노래 등이 그 구체적 예에 속했다. 교육분야는 일제 잔재가 깊이 뿌리 박혀 있었던 부문들 가운데 하나였다. 어린 시절 일제의 교육을 받았던 함경북도 경성인민학교 교사 유창훈(19)은 "일제 잔재에 물든 자신이 부지불식간에 어린이들을 잘못 인도하는 죄악"을 저지르지 않을까 노심초사했다. 어린 학생들에게도 주의를 환기시킬 필요가 있다고 생각한 그는 급훈을 "일제 잔재 숙청"으로 정했다.[23]

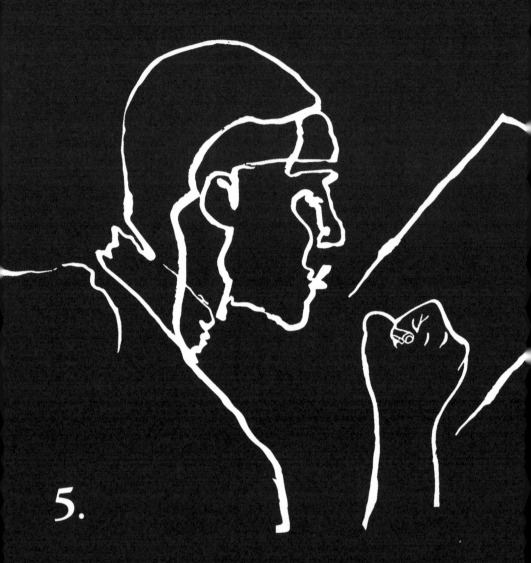

5.

평안남북도와 황해도는 한반도 내 여느 지역보다 민족주의운동과 기독교운동의 기반이 견고한 지역들이었다. 기독교와 유착한 이 지역 토착 민족주의 세력을 제압하는 일이야말로 해방 직후 북한체제가 해결해야 할 급선무였다. 그러나 그보다 더 어렵고도 첨예한 과제는 민족주의 진영을 지지한 일반 대중들을 그들에게서 떼어내, 좌익 진영 영향권 아래로 끌어오는 일이었다. 당시 좌익 진영에 반기를 든 학생층의 저항은 북한체제 초창기에 일어난 반체제운동의 전형적 양상을 드러낸다.

반체제 운동

좌우 대립
우익 기반의 몰락

좌우 대립

우익을 지지하는 학생들

해방 직후 북한 지역 공산주의자들은 대중적 지지기반 확보에 큰 어려움을 겪었다. 북한은 상대적으로 민족주의운동의 기반이 견고한 데다 반공주의적 정서가 만연한 지역이었다. 평양교원대학 체육과 학생 최용희(21)의 불만스런 관측에 따르면, 해방 직후 정작 대중들로부터 큰 환영을 받은 정치 지도자들은 해외에서 귀국해 활동하고 있는 김구·이승만 등의 민족주의자들이었다. 반면 "민족의 영웅 김 장군"의 업적은 평가절하되는 경향을 보였다. 게다가 그는 대중들이 해방에 기여한 "쏘련군의 결정적 역할"을 제대로 인식하지 못하고 있을 뿐더러, "쏘미 양군"의 업적을 동등하게 평가했다는 점에 대해서도 불만을 내비쳤다.

최용희 이력서

•

해방 직후 최용희는 우익 진영 인사들이
북한 지역 학생들에게 인기가 많았다고 고백했다.

최용희는 학생들 사이에서도 좌익 진영을 탐탁지 않게 여기는 분위기가 지배적이었다고 털어놓았다. 1947년 현재 평안북도 의주농업학교에 재학 중이던 그는 학생들의 3분의 2 이상이 "바람에 쏠리는 갈대"처럼 동요하는 실태를 목격했다.[1] 다른 학교들의 상황도 별반 다르지 않았다. 조심스럽게 "학교의 공기"를 살핀 함경남도 함흥영생여자중학생 오남선(15)은 "학생들이 민주노선에 역행하는 방향으로 행동하며 동요하는 기색을 보였다"고 고백했다. 그녀의 관측에 따르면 학생들 앞에 서서 지도력을 발휘하고 있는 이들은 대개 "진정한 민주노선에 무지한 부르주아 출신 학생들"이었다.[2]

황해도 송림여자중학생 이봉빈(17)은 학생들이 보인 사상적 과오의 책임을 우익계 교사들에게 돌렸다. 그녀는 "그들이 순진한 여학생들을 선동해 반민주적 사상을 주입했다"고 보았다. 우익계 교사들의 입장을 지지한 몇몇 학생들이 "옳지 못한 일"을 벌이다, 해주검찰소에 소환돼 취조를 받은 일도 있었다. 그들은 대개 대지주나 소시민층의 딸들이었다. 이봉빈은 학교에 돌아온 그들을 냉정한 비판으로 맞았다고 회고하며, 다시 한번 "해방 직후 학교 상황이 매우 복잡했다"고 강조했다.[3]

학생들의 우익 진영 지지 경향을 부모나 교사들이 끼친 영향에서 찾는 이들이 있었는가 하면, 역사적인 맥락에서 그 책임을 일제에 전가한 이들도 있었다. 평양교원대학 노어과 학생 강성식(20)은 그 인과관계를 따지며 조선 대중들의 "정치적 문맹성"에 주목했다. 그가 보기에 그것은 일제로부터 물려받은 잔재에 다름 아니었다. 그는 전 사회적으로 만연한 "정치적 문맹성이 학생들 사이에 무의식성과

무자각성을 조장해, 그들을 반동의 구렁텅이로 몰아넣었다"고 꼬집었다.[4]

지난날 자신이 "반동 진영"에 가담했다고 솔직히 고백한 평양교원대학 수학물리과 학생 박양성(19)도 그 책임을 일제 탓으로 돌렸다. 그는 특히 자신의 정치관 형성에 지대한 영향을 끼친 인물로, 황해도 해주중학교 재학 당시의 교련 선생인 일본인 육군 중위를 꼽았다. 그 교사는 해방 직후 학생들에게 조선은 "쏘련의 속국"이 될 가능성이 높다는 견해를 내비쳤다. 소련과 공산주의자들을 비방하는 악소문이 도처에 난무하는 상황에서, 그의 견해는 너무도 그럴듯해 보였다.

당시 교련 선생의 생각에 조금도 의혹을 품지 않은 박양성은 다음과 같이 고백했다. "그 모든 것이 나의 사상 개변에 큰 걸림돌이었다. 나에게 올바른 지식을 가르칠 수 있는 사람을 만나지 못했다. 당시 학생들 대부분이 무의식적으로 반동에 휩쓸렸으며 나도 마찬가지였다. 따라서 나는 중학교를 졸업할 때까지 명확하게 북조선과 남조선의 차이를 깨닫지 못했다. 사회주의 소비에트 국가의 대외정책에 대한 이해도 부족했음은 물론이었다." 박양성은 자신도 소련에 거부감을 가지고 있었음을 그와 같이 우회적으로 시인했다.[5]

한편 북한의 좌익 진영은 학생층이 저지른 사상적 과오가 기득권을 지키려는 유산층의 계급적 속성에서 비롯되었다고 진단했다. 다른 계층보다 특히 중학생·대학생층이 사상적으로 동요한 까닭은 그들 대부분이 유산층의 자제들이었기 때문이다. 사실 경제적 뒷받침이 필요한 당시의 고등 교육은 유산층 자제들만이 누릴 수 있는 일종의 특권이었다. 해방 직후 평안북도 정주군 오산중학교에 다닌 홍성구(12)는 자신의 모교가 "사상적으로" 많은 문제를 안고 있었다고 털어놓았다. 그의 관측에 따르면 그 학교 학생들 대다수가 중농 이상에 속했고, 교원들도 대부분 부르주아 계급 출신이었다.[6]

우익계 교사와 학생들이 우세를 점한 대표적 학교로 평안북도에 오산중학교가 있었다면, 함경남도에는 함남중학교의 후신인 함흥중학교가 있었다. 그 학교를 졸업한 한 청년은 모교 학생들 대다수가 "자산계급의 자제들"이었던 탓에 많은 사단이 일어났다고 고백했다.[7] 교무주임을 지낸 이용우(40)도 같은 입장을 내비쳤다. 함흥중학교를 함경남도에 하나뿐인 "특권계급 자제들의 학교"라 일컬은 그는 바로 그 때문에 교내 사상적 갈등과 혼란이 극에 달했다고 회상했다. 빈농 출신인 그의 비판에 따르면, 우익 진영을 지지한 자산계급 학생들은 "반동 학생들"에 지나지 않았다. 그들이 주도한 1946년 3월 중순경의 학생 시위인 이른바 '3·13사건'은 토지개혁에 반대한 자산층의 대표적 저항운동에 속했다.[8]

해방 직후 우익 진영에 동조한 학생들의 시위는 북한 지역에서 일상화된 저항문화의 성격을 띠었다. 그러나 체제를 반대하거나 심지어 비판하는 행위마저 중대 범죄로 규정돼 탄압받음에 따라, 학생 시위는 곧 종적을 감추었다. 물론 그것을 공개적으로 옹호하기도 어려웠다. 함흥의과대학 사회과학 강사 김석우(30)는 1946년 3월 13일에 일어난 '함흥학생사건'을 "우리 조선 학생운동사에 큰 오점을 남긴 사건"이라고 비판했다.[9]

평양교원대학 지리과 학생 김기홍(18)은 1945년 11월 23일에 일어난 '신의주학생사건' 참가자였다. 그가 자서전에 고백한 경험담은 자신이 반공적 학생 시위에 참가할 수밖에 없었던 변명의 성격을 띠었다. 당시 그는 신의주 제1중학교에 재학 중인 열네 살의 애송이였다. 그는 저학년생들 모두가 시위를 주도한 "상급생들이 너무 무서워" 그들의 지시를 따라야 했을 뿐만 아니라, 군중심리에 이끌리지 않을 수 없는 상황이었다고 강조했다.[10]

함흥학생사건과 신의주학생사건 같은 대규모 시위 외에, 동맹휴학 형태의 저항도 빈번히 일어났다. 함경남도 단천중학생 김승륜(20)의 집안은 토지개혁 당시 4,600평의 소유지 가운데 2,600평을 몰수당했다. 그의 불만은 동맹휴학 참가를 통해 표출되었다. "빈궁민들을 구제하자!"는 슬로건 아래 전개된 단천중학생들의 동맹휴학도 함흥학생사건처럼 표면적으로는 다른 명분을 내걸었으나, 본질적으로는 토지개혁 반대를 겨냥하고 있었다. 김승륜은 동맹휴학에 참가하며 체제가 지향하는 노선과 반대 방향으로 행동했다. 그러나 그는 형에게 교육을 받고 마음을 고쳐먹었다. "사상을 개변"한 뒤에는 북조선로동당에까지 입당할 수 있었다.[11]

정치투쟁의 장으로 돌변한 학원사회

우익 진영에 동조한 자산층 학생들과 교사들의 반체제 활동은 학원 내 격렬한 좌우 갈등을 불러왔다. 평양 서문고등여학교 학생 장문옥(15)은 자유를 넘어 방종으로까지 치닫는 학교 상황에 큰 충격을 받았다. 좌익계 학생들 가운데 선생님을 "동무"라 부르는 이들이 있을 정도였다. 우익계 학생들은 반탁 시위를 벌여 물의를 빚었다. 학교에 도착한 장문옥은 매일 아침마다 그들이 책상 안에 넣어둔 삐라를 목격했다. "모스크바삼상회의 결정을 반대한다"는 내용이 적혀 있었다. 교내 좌우 갈등에 휘말려든 그녀는 어느 진영이 옳은지 갈피를 잡을 수 없었다. 그러나 사회발전사와 마르크스주의를 배우며 차츰 시비를 판단할 수 있는 안목을 키워나갔다. 그녀에게 사회과학적 지식을 교육한 주체는 다름 아닌 학교였다.[12]

함경북도 경성농업학교 학생 최창익(17)은 좌익 진영의 선두에 서서 우익 진영 학생들과 투쟁했다. 민청 간부로서 "반동적 학생들과 무자비하게 싸운" 그는 그들의 보복을 걱정해야 할 처지에 놓였다. 졸업 당시 우익계 동창생들은 그에게 거센 비난을 퍼부었다. 그는 그들 중 한 명으로부터 섬뜩한 협박을 받았다. "민청 사업에 너무 나대지 마! 잘못하면 너도 남조선 서북청년회의 처단자 명단에 오를 수 있어!" 그는 집에서 두 다리를 뻗고 잠을 이루기 어려웠다. 다른 곳으로 피신한 적도 부지기수였다.[13]

학생들 사이의 갈등 못지않게 교사들 간 대립도 첨예했다. 강원도 철원 제2인민학교 교사 남익환(19)은 부임해오자마자, 좌우익 교사들 사이에 격화되고 있었던 사상투쟁을 목격했다. "사회 경험이 없었던" 그는 어느 쪽을 지지해야 할지 혼란에 빠졌다. 그때 공산당원인 한 동료 교사가 그에게 접근했다. 남익환은 그를 통해 세계를 바라보는 새로운 시각을 얻었으며, 더 나아가 "민주노선과 반민주노선"을 분간할 수 있게 되었다고 고백했다.[14]

좌우익 교사들 간 치열한 사상투쟁이 벌어진 학원사회의 경우, 학

교장의 정치적 성향은 투쟁의 성패에 영향을 끼칠 수 있는 중요 변수였다. 강원도 철원군 영평인민학교의 좌익 교사 박태남(20)은 하나 같이 우익 진영을 지지한 그 학교의 역대 교장들 탓에 고전을 면치 못했다. 명확한 정견이 없었던 교사들 대다수가 교장의 정치노선을 따르는 경향이 있었기 때문이다. 박태남은 특히 "반탁운동으로 유명한" 정기준 교장이 주도권을 잡자, "학교 사업이 파괴 일로를 걸었다"고 지적했다. 좌익 진영에 선 그는 우익계 교사들의 "흑책Black List"에 올라 신변을 위협받는 상황에까지 몰렸다. 보안기구가 개입해 정기준을 체포한 뒤에야, 교내 소동이 가라앉았다. 그는 잠시 교화소에 수감되었으나 석방된 즉시 월남했다. 1947년 여름에야 비로소 우익계 교사들이 모두 축출되고 교내 혼란이 수습되었다.[15]

좌우 갈등이 빚은 혼란이 1948년경까지 지속된 학교들도 있었다. 1948년 1월경 황해도 재령여자사범전문학교에 부임해온 좌익계 교원 이낙훈(28)은 학생들의 정치적 성향에 큰 충격을 받았다. 대개 유산층의 자녀들인 그들은 민족주의 세력을 지지했을 뿐만 아니라, 소련에 반대하는 태도를 보이기까지 했다. 학생층 사상의식 개혁에 주력한 그는 그들을 단호히 다루며 엄격한 규율을 부과했다. 물론 그를 바라보는 학생들의 시선은 곱지 않았다. 그는 학생들이 "탈선한" 이유가 우익계 교사들의 영향 때문이라고 진단했다. 그로서는 속수무책일 수밖에 없었다.

결국 재령여자사범전문 내 좌우익 간 투쟁에도 공권력이 개입했다. 1948년 10월 신학기를 맞아 전체 교원의 3분의 2가 새 교원들로 교체되었다. 교장과 교무주임을 비롯해 새로 부임해온 교원들 대부분이 좌익계 인사들이었다. 그러나 소동은 쉽게 가라앉지 않았다. 월남을 시도하다 체포된 그 학교의 우익계 교원 이기영이 문제를 일으킨 탓이었다. 교장은 그가 석방될 수 있도록 보증을 선 자신의 배려가 화근이 될 줄은 전혀 예상하지 못했다. 석방된 이기영은 교단을 떠나지 않고 학생들 사이에 지지기반을 넓혀갔다. 얼마 지나지 않아 좌우익 교원들 간 갈등의 불씨가 되살아났다. 학교는 다시 혼란에 빠졌다. 북조선로동당 황해도 재령군당 상무위원회가 직접 수습에 나서야 할 정도였다. 노동당원이었던 교원 이낙훈은 교내 혼란을 바로잡지 못했다는 이유로 엄중경고 책벌을 받았다.[16]

좌우익 교원들 간 사상투쟁을 종식하고 학생들의 사상의식을 개혁하기 위한 특단의 조치가 필요했다. 당국의 처방은 우익계 교사 축출과 좌익계 교사 충원에 집중되었다. 조선미곡창고주식회사 강원도 회양군영업소 사원 이채구(23)는 좌익계 교사 수요 급증에 따라 우연히 교직에 발을 들여놓은 인물이었다. 해방 전 "반일독서회사건"에 가담한 그는 1945년 7월 29일, 사상범으로 체포되었다. 경찰은 그를 회양경찰서 유치장에 구금했다. 그는 매일같이 고문을 받았으나, 곧 해방을 맞아 석방될 수 있었다. 약 보름간에 걸친 투옥생활은 그에게 격한 반일감정을 불러일으켰다. 회양군청년동맹에 가입한 그는 일제 경찰과 친일파 척결에 발 벗고 나섰다. 그러나 친일 전력이 있는 유산층 출신 간부를 몰아내려다, "반동 청년들"로부터 두 차례 구타를 당하기도 했다. 그때 그들이 휘두른 돌에 맞아 그의 머리가 깨지는 불상사가 일어났다.

그가 고군분투하고 있을 무렵, "반동의 소굴"이라 일컬어질 만큼

반일독서회사건에 가담한 경력이 있는 이채구는
해방 직후 좌우 갈등이 극에 달하자 좌익 진영의 열렬한 투사가 되었다.

우익계 교사들의 "기세가 등등"했던 회양인민학교 개조 문제가 지역 당국의 시급한 과제로 부상했다. 회양군청년동맹은 그동안 좌익 진영에 서서 열렬히 투쟁해온 이채구를 그 학교의 "프락치 교사"로 파견했다. 그는 얼마 가지 않아 "빨갱이"라는 별명을 얻었을 만큼, 교내 사상투쟁에 열의를 보였다. 우익계 교사들은 그의 일거수일투족을 주시하며 경계했다.[17]

지역적으로 좌우익 간 대립이 가장 첨예했던 곳은 38선 접경지였다. 우익 진영에 동조한 접경 지역민들은 어렵지 않게 월남을 감행할 수 있었다. 황해도 해주는 북한 당국으로부터 특히 주시된 접경 지역 문제의 도시였다. 해주 동중학교 학생 최광문(17)에 따르면, "학생들이 사상적 통일을 이루지 못한 이 지역은 좌우 대립의 격전지였다. 그 결과 38선 이남으로 넘어간 이들이 부지기수였다." 그는 월남한 학생들이 대개 "부르주아의 자식들이었다"는 지적도 빠뜨리지 않았다.[18]

접경 지역 학교들에서도 우익계 교사들이 축출되고 좌익계 교사들이 그 공백을 메웠다. 해방을 맞아 친일파 척결에 앞장선 좌익계 교사 오기혁(34)은 1946년 4월경 황해도 풍천중학교 교장에 발령되었다. 38선 접경 지역에 위치한 이 학교는 송화군 내 "제일가는 반동의 소굴"이라는 오명을 얻고 있었다. 지난날 송화군에 편입된 풍천은 황해도 송화·은율·장연 3개 군 내에서 "제일가는 갑부들"의 거주지가 밀집해 있었고, 38선 이남 지역의 영향을 많이 받은 곳이기도 했다. 풍천중학교 교장과 북조선공산당 황해도 송화군 풍해면당 위원장을 겸직한 오기혁의 투쟁 대상이 바로 풍천의 거부들이었다. 그는 보안기구 간부인 분주소장과 함께 숙식하며 그들에 맞서 싸웠다. 투쟁 도중 "악질 불량 청년들"로부터 세 차례 습격을 받기도 했다.

1946년 초 오기혁이 주력한 북조선공산당 풍해면 지부 확장 사업은 "시내 거부들의 방해"를 받아 뚜렷한 성과를 올리지 못했다. 당시 면내 공산당원 수는 겨우 수 명에 지나지 않았다. 그러나 농촌 지역민 포섭을 시작으로 시내를 포위해가는 전술을 구사하자 상황이 나아져갔다. 그가 풍천 지역에 부임해온 지 약 4개월이 지난 1946년 8월경, 풍해면당 당원 수는 무려 10여 배로 급증했다.[19]

우익 기반의
몰락

사상투쟁의 선두에 선 민청

우익 진영에 동조한 학생층의 사상의식을 개혁하는 일이야말로 북한이 해결해야 할 시급한 과제였다. 이 과제는 전국의 학교에 산하 조직을 설치한 민청에 맡겨졌다. 공산당의 지시 아래 활동한 민청은 전국 학생들에게 사상 교육을 실시하여 마르크스주의적 세계관과 가치관을 심어주었다. 평안북도 의주농업학교 학생 최용희(19)는 1947년 5월경 학교 민청위원회 위원장에 선출되었다. 그에게 맡겨진 임무는 "동요하고 있는 학생들"을 민청에 흡수해 사상 교육을 실시하는 일이었다.[20]

민청의 활동가들은 우익 진영 학생들을 적대적 시선으로 바라보았다. 평양사범전문학교 학생 강성식(17)은 학교 내에 민청이 결성되자 선두에 서서 활약했다. 그는 자신이 민청 활동에 헌신한 이상, "우리 조선 학생운동사에서 가장 더러운 반동학생이라는 오명을 쓰지 않게 되었다"고 자부했다.[21] 그에게 "반동학생"이란 다름 아닌 우익 진영 학생을 가리키는 용어였다. 그는 평양사범전문학교 민청 산하 조직인 '학생선구대'에도 가입해, 약 2개월간 우익 진영 학생들에 맞서 싸웠다.

그러나 좌익 진영의 이해관계를 대변한 민청은 대다수 학생들로부터 외면받았다. 정치에 무관심한 일반 학생들조차 거부감을 표하긴 마찬가지였다. 원산 정인여자중학생 이명숙(16)은 정치에 관심이라곤 조금도 없는 학생이었다. 그녀는 순진한 자신이 어떻게 교내 좌우익 간 투쟁에 휘말려들었는지 진솔하게 고백했다. 물론 그녀도 우익 진영을 "반동"이라고 자서전에 기록했다. "아무것도 모르는 우리는 옳지 못한 반동적 선생들과 학생들에게 이끌렸다. 반동적 선전만이 우리 주변의 분위기를 지배했다. 모두 올바른 노선을 찾지 못했으며 찾으려고도 하지 않았다."

우익 진영 교사들과 학생들에게 휘둘렸다고 털어놓은 그녀는 자신도 좌익 진영에 반감을 품었음을 시인했다. "우리는 적극적으로 사업하는 몇 명의 선진적 학생들을 비난하며 그들에게 조금도 협력하지 않았다." 당연히 그녀는 민청에도 거부감을 보였다. "우리는 민청을 제대로 알지 못했고 따라서 민청 가입에 반대했다. 그러나 1946년 3월경 강요에 의해 어쩔 수 없이 민청에 가입하는 수순을 밟았다. 민청 회의가 열리면 모두들 싫어했다. 어떤 학생들은 책보를 끼고 집으로 내빼기까지 했다." 그러나 시간이 흐르면서 점점 분위기가 변하기 시작했다. 그녀는 자신을 비롯해 민청을 반대하던 학생들이 좌익 진영 교사들과 간부들로부터 사상 교육을 받으며, 점차 "올바른 민주노선"이 무엇인가를 깨닫게 되었다고 회고했다.[22]

이명숙처럼 함경남도 함흥 영생여자중학생 김경옥(17)도 민청에 비협조적 태도를 보였다. 그녀는 민청에 가입해야 한다는 교사들과 상급생들의 충고를 한 귀로 흘려버렸다. 그러나 1946년 6월경 한 교사가 학생들에게 민청 원서를 돌리며 가입을 강요하자 그들은 순응할 수밖에 없었다. 대부분의 학생들처럼 김경옥도 민청 명부에 이름만 올렸을 뿐, 전혀 활동에 관심을 보이지 않았다. 사실 초창기 민청 사업은 몇몇 교사들과 학생 간부들만의 관심사였다.[23]

북한 당국은 16세 이상 청년·학생들의 의무 가입을 촉구하며, 창설 초기 고전을 면치 못한 민청을 지원했다. 곧 전체 학생들을 조직에 흡수하고 그들을 장악하는 일이야말로 민청과 공산당의 주요 관심사였다. 민청의 사업은 조직 확대와 함께 사상 교육을 통한 학생층 의식 개혁에 초점이 맞추어졌다. 1946년 12월 20일 황해도 봉산군 사리원여자중학교에 편입한 조병렬(18)은 "학생들 대부분이 북반부의 올바른 노선을 반대하는 비참한 상황"을 목격했다. 사리원여중 민청위원회는 일주일에 세 번씩 정치좌담회를 열어 학생들의 사상의식을 개혁하는 데 주력했다.

한편 조병렬은 서울에 있는 부모를 떠나 홀로 그 학교를 찾아온 도정환이란 친구에게 깊은 인상을 받았다. 그녀가 월북한 이유는 "북반부 학생들이 반동으로 흐른다"는 소문을 듣고, 그들의 사상을 개혁해야 할 소명의식에 사로잡혔기 때문이다. 그녀는 주야를 가리지 않고 열심히 독서회를 지도했다. 독서회 회원 열한 명은 투철한 사상성으로 무장한 좌익 학생들이었다. 그들이 학교 사업을 주도함에 따라 사리원여중 민청은 사리원 내 어느 민청보다 우수한 조직으로 발전할 수 있었다.[24]

1946년 7월 16일 민청에 가입한 황해도 황주농업학교 학생 이문기(18)도 우익 진영 학생들이 기세를 올리고 있는 혼란스런 학교 상황에 당황했다. 당시 다수의 황주농업학교 학생들이 우익 진영을 지지하며 동요한 까닭은 평양중학생들이 일으킨 "반동학생사건"의 여파가 그 학교에까지 미쳤기 때문이었다. 이문기를 비롯한 교내 민청 간부들은 먼저 기숙사에 있는 학생들을 포섭하기 시작했다. 그들은 매일 사생들에게 "조선이 지향해야 할 정치노선"을 해설하며 민청 가입을 호소했다. 1946년 9월 5일 현재, 교사 이수출이 지도한 황주농업학교 민청은 241명의 학생 맹원들을 보유한 조직으로 성장했다.[25]

민청은 사상 교육에 주력하며 우익 학생단체와 투쟁을 벌였다. 평양사범전문학교 민청은 1946년 7월 30일 전교생 약 700명 중 가입자 57명이 참석한 가운데 결성식을 열었다. 10퍼센트의 학생도 흡수하지 못한 민청과 달리, 우익 진영 단체인 '학생자치회'는 대다수 학생들의 지지를 얻고 있었다. 따라서 민청의 투쟁은 "반동적인" 학생자치회의 소탕에 중점이 두어졌다. 교내 민청위원장을 맡고 있었던 수학물리과 학생 이춘섭(17)을 비롯한 열성적 간부들은 결국 학생자치회를 지도한 "악질 분자들"을 학교에서 몰아내는 데 성공했다.[26]

학내 경찰력 투입

우익계 학생·교사들에 대한 투쟁은 민청만의 임무가 아니었다. 언론도 사상투쟁의 효과적 수단이 될 수 있었다. 평양상업학교에 재학 중인 박병칠(18)은 교내 좌우익 학생들 틈바구니에 끼어 동요한 이들 가운데 한 명이었다. 사상적 이정표를 찾지 못해 고민하던 그는 《로동신문》을 읽고서야 올바른 노선이 무엇이며, 더 나아가 자신이 어느 편에 서야 할지 깨달을 수 있었다.[27]

한편 학원사회의 좌우익 간 투쟁에 경찰기구가 개입했다는 점은 이 문제의 해결이 해방 직후 북한체제에 매우 중대한 과제였음을 드러낸다. 북조선임시인민위원회 보안국 감찰부에 복무한 박인덕(25)은 일선에서 우익 진영에 맞서 싸운 경찰 요원이었다. 그는 "최용건 장군의 특명" 아래 "반동세력" 척결 임무를 수행했다. 1946년 3월 25일, 보안 당국은 그를 "야간 공작"에 투입했다. 그때 그는 위기에 빠진 한 동료를 돕던 중 손에 큰 부상을 입었다. 병원 입원 기간이 한 달에 달했을 정도였다. 그의 회고에 따르면 당시 보안 부문의 급선무로 설정된 과제는 "반동 학생들과 반동 종교자들 소탕"이었다. 일선에서 이 사업을 담당한 그는 집에 들어가지 못하는 날이 많았다. 현장 파견 근무가 일상이었던 탓에, 직장인 보안국에 들르지 못하는 날도 부지기수였다.[28]

공산당의 외곽단체인 민청의 활동에 더하여, 공권력까지 동원되었다는 점은 좌우익 간 투쟁에서 우익의 패배가 단지 시간문제였음을 드러낸다. 앞서 살펴보았듯 소련군사령부의 후원을 받은 북한 좌

박인덕은 일선에서 우익 진영 학생들에 맞서 싸운
북조선임시인민위원회 보안국 감찰부 산하의 경찰 요원이었다.

익세력은 언론을 장악해 사상투쟁을 유리한 방향으로 이끌었다. 우익 교사 파면과 좌익 교사 충원도 당국이 좌우익 간 투쟁에 개입한 대표적 방식이었다. 물론 이상의 조치들로도 해결되지 않을 경우, 최후의 수단인 경찰력이 투입되었다. 견고해 보였던 우익세력은 몰락을 피할 수 없었다.

1946년 10월 1일 강원도 철원군 석교인민학교 교장으로 발령받은 김용완(28)은 좌익 진영의 교사였다. 그는 약 2년간 교내 사상투쟁을 주도했다. 투쟁이 절정에 달했을 무렵, 그와 대립한 어느 우익계 교사가 "애국동지회"라는 비밀결사에 몸담고 있음이 적발되었다. 그 교사는 보안기구에 체포돼 조사를 받은 뒤 교화소에 수감되었다.[29] 1945년 9월 15일에 개교한 강원도 철원 제1인민학교의 수석 교원 권오창(30)도 좌익계 교사였다. 교내 좌익 교사들을 규합한 그는 보안기구의 협력을 얻어 교회를 중심으로 "반동 공작"을 일삼던 여덟 명의 교사들을 축출했다.[30]

학원사회에 좌우익 간 대립이 격화된 계기는 모스크바삼상회의 결정 발표였다. 그를 둘러싼 입장 차는 좌우익 간 경계를 뚜렷이 가르는 결과를 낳았다. 곧 좌우 경계선의 선명화는 좌익을 지지한 당국의 투쟁 대상이 누구인가를 쉽게 일깨워주었다. 평안남도 덕천군 청년동맹 총무부장 변정석(20)도 모스크바삼상회의 결정 발표 이후 "동요 분자들"을 쉽게 판별할 수 있었다. 그들은 김구와 이승만을 지지하며 "신탁통치 반대!"를 외쳤다. 보안기구의 주목을 받은 그들의 선택지는 넓지 않았다. 월남은 그들의 유력한 선택지들 가운데 하나였다.[31]

모스크바삼상회의 결정에 반대한 교원·학생들은 엄청난 규모에 달했다. 강원도 평강농업학교 교장 장회상도 반탁 진영에 가담한 교육자였다. 그가 우익 성향 교사들을 채용하며 학생들의 사상과 정치관에 영향을 끼치자 당국은 좌시하지 않았다. 강원도 당국은 평강공산청년동맹의 열성적 활동가들인 최성호·박상진·최인환(24)을 그 학교에 파견했다. 좌익 "공작원들"인 그들이 부여받은 임무는 우익계 교사들과 학생들에 맞선 사상투쟁이었다.

그들 중 조선어·문법·영어를 가르친 최인환은 학생들에게 "불온한 사상"을 불어넣고 있었던 교장을 집중적으로 견제했다. 그 교장의 반체제 행위는 모스크바삼상회의 결정이 발표된 직후 절정에 달했다. 방학을 맞아 세 명의 좌익 공작원 교사들이 자리를 비운 틈을 타 그는 '반탁위원회'라는 조직을 결성했다. 이 조직은 평강 시내의 우익계 청년·학생 대다수를 반탁 시위에 동원했을 만큼 상당한 세를 과시했다. 결국 보안기구가 개입해 장회상을 비롯한 평강농업학교 우익 진영 교사들을 체포했다. 그들이 축출된 뒤 좌익계 교사인 최성호와 최인환이 각각 교장과 교무주임에 취임했다.[32]

강원도 철원중학교의 우익계 교사들도 모스크바삼상회의 결정 발표 이후 큰 타격을 받았다. 당시 이 학교에 다닌 고진천(18)은 좌익 성향 단체인 철원군 해방청년동맹에 가입한 진보적 청년이었다. 그는 교내에 민청을 결성하려 고군분투했으나 숱한 방해에 직면했다. 주로 지주·자본가·대상인의 자제들인 철원중학교 학생들 대부분이 우익 진영을 지지한 탓이었다. 게다가 구 교원과 신 교원 할 것 없이 대다수 교사들도 지주·자본가 출신이었다. 모스크바삼상회의 결정이 발표되자, 학교는 온통 반탁운동으로 들끓었다.

좌익계 교사들과 고진천이 속한 철원군 해방청년동맹은 시위를 주도한 우익계 교사 척결에 주력했다. 그들은 1946년 5월경 교내 우익계 교사들을 모조리 몰아내고, 철원중학교 민청위원회를 조직할 수 있었다. 1946년 7월 5일 졸업식에 참석한 고진천은 그 공로를 인정받아 학교 모범상과 민청 모범상을 수상했다. 그러나 아쉽게도 우등상은 그의 몫이 아니었다. 수학·역사·지리 시험 성적이 뒤처졌기 때문이다. 사실 그 과목들을 가르친 이들은 우익계 교사들이었다. 그는 그 과목들보다 좌익계 교사들이 가르친 '사회발전사'에 훨씬 큰 흥미를 가지고 있었다.[33]

수면 아래로 잠수한 저항운동

모스크바삼상회의 결정 발표는 신탁통치에 반대한 많은 북한 주민들의 반탁운동 참여를 자극했다. 1946년 3월경부터 시작된 토지개혁도 북한의 정치 지형을 양분하는 결과를 불러왔다. 북한체제는 토지개혁의 수혜를 입은 빈농층으로부터 적극적 지지를 끌어낸 반면, 토지를 몰수당한 유산층의 지지를 상실하는 대가를 치러야 했다. 더욱이 토지개혁은 유산층의 반발을 촉발함으로써, 모스크바삼상회의 결정 발표에 이어 다시 한번 좌우익 간 경계를 선명하게 가르는 결과를 낳았다. 곧 체제의 적들은 쉽게 판별될 수 있었다. 패배의 숙명을 피할 길이 없었던 그들은 점차 음지로 숨어들었다. 모스크바삼상회의 결정 발표 직후와 토지개혁 당시 좌익 진영에 맞서 싸운 그들의 공개적 저항은 더 이상 불가능했다. 모진 탄압을 받은 반체제 저항운동은 지하운동의 형태로 전환될 수밖에 없었다.

현물세 창고 방화는 은밀히 이루어진 반체제 저항운동의 전형적 예에 속했다. 1946년 12월 24일 밤, 한 "반동분자"가 황해도 재령군 신원면 현물세 창고에 불을 질렀다. 이 방화로 인해 곡식 200여 석이 소실되었다. 사실 1946년은 토지개혁이 실시되었음에도 불구하고, 흉작이 들어 북한사회가 심각한 식량난에 봉착한 해였다. 따라서 당시의 식량난은 반체제 세력들에게 토지개혁이 옳지 못한 조치였다는 구실을 제공할 수 있었다. 곧 북한체제는 경제적 부담뿐만 아니라, 정치적 부담까지 떠안아야 했다. 방화사건 당시 재령군 신원면 현물세 창고의 경비 책임을 맡고 있었던 신원분주소 소장 김인환(43)은 징역 8개월 형을 언도받았다. 그에게 적용된 죄목은 '직무 태만죄'였다.[34]

수면 아래로 잠수한 반체제 세력의 가장 일반적인 저항 방식은 삐라 살포였다. 북한 당국은 그들의 은밀한 삐라 살포 행위를 용납하지 않았다. 조선인민군 582군부대 군악소대원 최창익(18)은 우연한 기회에 삐라 살포자 검거 작전에 투입되었다. 입대 이후 줄곧 그는 동기인 이동선이라는 소대 연극 지도원과 함께 일하며 우의를 다졌다. 곧 그들의 관계는 서로에게 속마음을 터놓고 의지하는 사이로까지 발전했다. 특히 이동선을 향한 그의 신뢰와 존경은 남다른 면이 있었다. 거기에는 자신을 노동당원이자 일제시기에 투옥생활을 한 항일운동가였다고 소개한 이동선의 고백이 한몫했다.

사건은 그들이 입대한 지 3개월이 지나 발생했다. 최고인민회의 선거가 실시된 역사적인 1948년 8월 25일, 군악소대 식당 벽에 "반동적 삐라"가 나붙었다. 누구보다 의심을 산 이는 이동선이었다. 삐라가 발견되기 전날 밤, 평양 시내에 외출한 그는 이틀이 지나서야 부대에 복귀했다. 그는 군율을 어긴 죄로 영창에 수감되었다. 그때 군내 정보기구가 최창익을 소환해 그와의 관계를 캐물었다. 심문 과정에서 그는 이동선이 항일운동은 고사하고 노동당에 입당한 적도 없다는 이야기를 들었다. 순간 동료에 대한 존경심이 사라지고 배신감이 치밀어 올랐다.

정보기구의 한 간부가 그에게 이동선이 "반동적 삐라"를 붙인 "민족주의자"인지 알아보라고 제안했다. 마지못해 그 제안을 받아들인 그는 공작원으로서 기밀을 누설하지 않겠다는 서약서를 썼다. 공작이 시작되자 그도 이동선이 수감돼 있는 영창에 함께 갇혔다. 그는 친구의 의심을 피하고자 정보기구가 가르쳐준 대로 군모를 잃어버려 처벌을 받게 되었다는 그럴듯한 구실을 둘러댔다. 그리고 믿을 만한 동료에게 속마음을 터놓듯 거짓 고백으로 넌지시 그를 떠보았다. "사실 나는 오래전부터 민족주의 사상을 지지해왔어. 내 추측이 맞다면 너도 그렇지?" 그러나 이동선은 말려들지 않았다. 영창에서 나온 뒤 그는 최창익을 멀리했다. 최창익은 동료의 사상 동향을 계속 감시하며 보고해야 할 의무를 걸머져야 했다.[35]

6.

공산당은 소련군의 간여 아래 이루어진 정치적 경쟁에서 유리한 고지를 점했다. 통일전선이라
는 명목 아래 약간의 지분을 할당받은 우당友黨들은 독주자인 공산당의 조력자일 뿐, 독자적 활
동에 제약을 받았다. 모든 권력은 공산당(노동당)에 집중되었다. 이제 공산당(노동당)에게 중
요한 과제는 우당들과의 경쟁이 아닌, 당을 효율적으로 관리해 대규모의 우수한 당원들을 양성
하는 일이었다. 이들 모범 당원들은 국가 사업에 앞장서서 참여할 뿐만 아니라, 인민들의 국가
건설운동 참여를 독려하고 자극하는 귀감이 될 터였다.

주도권 쟁탈에 나선 정당들

- 북조선공산당(북조선로동당)
- 우당友黨: 연대와 갈등의 불협화음

북조선공산당
(북조선로동당)

혁명투사 선발과 육성

해방 직후 북한 지역의 대중조직 창설 운동은 과열된 경쟁 양상을 보였다. 세력 확장에 목표를 둔 제 조직들 간 경쟁은 구성원 모집을 둘러싸고 치열하게 전개되었다. 치안조직, 청년조직, 사회단체보다 구성원 확보에 더 적극성을 보인 조직은 북한 지역의 정치적 헤게모니를 둘러싸고 경쟁한 정당조직들이었다. 그 가운데 공산당은 여느 조직들보다 철저한 입당정책을 통해 대규모의 우수한 성원들을 확보함으로써 유리한 고지를 선점할 수 있었다.

공산당에 입당한 이들은 한결같이 큰 감격에 빠졌다. 함경남도 흥남시 내호인민학교 교사 김승현(24)은 1946년 5월경 북조선공산당 후보당원으로 입당했다. 그는 앞으로의 후반생을 노동계급의 이해에 헌신하며 기꺼이 "어린 동무들과 함께 생활하겠다"고 다짐했다. 그가 무엇보다 크게 감격한 점은 "지금까지 우리 선조들조차 조직한 적이 없는 강력한 공산당에 입당했다"는 사실이었다.[1]

1946년 4월 18일 공산당 정당원이 된 청년 이인점(24)은 입당이야말로 자신의 생애에서 가장 큰 영광이었다고 회고했다. 극빈한 화전민의 아들로 태어나 오랜 기간 공장에서 노동해온 그는 자신의 계급적 이익 곧 노동계급의 이익을 위해 "생명과 재산을 바쳐 싸우겠다"는 각오를 내비쳤다. 나무랄 데 없는 출신성분과 사회성분을 지닌 그는 1946년 5월경 당의 추천을 받아 함경남도 흥남시당 간부훈련반에 입학했다. 약 3개월간 정치 교육을 받고 농촌에 파견된 그에게 선전사업이 맡겨졌다.[2]

한편 당원이 되길 원한 모든 성인들에게 입당의 문이 열려 있었던 것은 아니었다. 유능한 공산당원이 될 만한 자질을 갖춘 이들, 그중에서도 모범적 행동을 통해 타인의 귀감이 된 이들이 우선적 입당 대상이었다. 토지개혁 직후 공작원으로 농촌에 파견돼 인상적 활약을 펼친 청년 양도전(22)은 공산당원들의 추천과 보증을 받아 후보당원으로 입당할 수 있었다. 토지개혁의 완수에 기여한 그의 "무자비한 계급투쟁"은 그가 공산당원이 될 만한 자질을 갖추었음을 입증한 시금석이었다.[3]

한국전쟁 기간에 용맹성을 떨친 군인들도 어렵지 않게 당적을 획득했다. 서울 방어 전투에서 적군 탱크를 파괴하고 미군 지프차를 기습해 전과를 세운 청년 병사 이의준(19)의 노동당 입당은 이제 시간문제에 지나지 않았다.[4] 간부급 청년 병사 김형권(20)은 7명의 대원들을 이끌고 치안대원 40명이 버티고 있는 적진을 기습했다. 태극기를 흔들며 지휘하던 적군 장교가 그의 보총 총탄에 쓰러졌다. 그의 용맹성과 모범 행위는 이루 헤아리기 어려울 정도였다. 다리에 부상을 입은 상황에서도 끝까지 대원들을 따라 후퇴해 부대를 재편하고 고된 훈련까지 소화했다. 마침내 그는 노동당원들의 추천을 받아 입당의 꿈을 이룰 수 있었다.[5]

모범적 행동과 공적을 통해 당원이 된 이들보다 공산당원들의 지인들 가운데 그들의 추천을 받아 입당한 이들이 훨씬 많았다. 황해도 재령군 신원분주소 소장 김인환(42)은 1945년 12월 중순경 저명한 농업혁명가인 송봉욱과 처남 김찬순의 추천으로 공산당에 입당했다. 황해도 조쏘문화협회 위원장을 지낸 김찬순은 일제시기 '제4차 조선공산당사건'에 연루돼 6년간 "철창생활"을 맛본 공산주의자였다. 해방 전부터 처남을 통해 "사상적 문제"를 접한 김인환은 사회과학에 많은 관심을 가지고 있었고, 해방 후에는 송봉욱으로부터 정치 교육을 받았다.[6]

함경북도 회령여자중학생 원산옥(16)의 공산당 입당도 주변인들의 알선 아래 이루어졌다. 담임교사가 수차례 입당을 권유한 데다, 중학교 세포위원장 교사도 입당 수속에 관한 정보를 그녀에게 수시로 제공했다. 가정에서의 상황도 별반 다르지 않았다. 그녀는 여맹위원장인 어머니와 공산당원인 둘째 언니로부터 입당을 종용받기 일쑤였다.[7]

주변 공산당원들의 추천을 받아 입당한 이들이 있었는가 하면, 주변 공산당원들의 모범 행위에 감명을 받아 입당을 자청한 이들도 적지 않았다. 한국전쟁에 참전한 청년 병사 강병권(21)은 서울 방어 전투 당시 노동당원들의 용맹성에 깊은 감명을 받았다. 특히 그는 적군이 지척에서 추격해오는 절박한 상황에서도 탄창을 채운 무거운 경기관총을 끝까지 걸머진 채 후퇴한 노동당원 전사에게 경외심을 느꼈다. 그의 헌신성이 당원이기에 가능했다고 생각한 강병권은 입당 청원서 제출을 주저하지 않았다.[8]

한편 공산당원들로부터 추천을 받은 이들이 모두 입당의 꿈을 이룬 것은 아니었다. 입당 심사가 테스트 방식으로 실시되었기 때문에, 청원자들은 마르크스주의와 정치 시사 등을 학습하며 그에 대비해야 했다. 조선공산당 강원도당 선전부 운전수로 채용된 청년 정연달(19)은 공산당 입당을 결심한 뒤, 줄곧 심사에 대비하며 바쁜 나날을 보냈다. 그는 1945년 10월경 철원정치학교에 입학해 한 달간 강습을 받은 적이 있었음에도 불구하고, 고된 운전일을 하며 매일 아침 '독보회'에 참석해 마르크스-레닌주의를 학습했다.[9] 평양교원대학 체육과 학생 김운학(20)은 당사黨史를 공부하고 신문을 구독하며, 입당에 대비한 정치적 소양을 닦아나갔다. 그것으로 부족했는지 보충 재료를 찾아 읽는 일도 게을리하지 않았다.[10]

그러나 심사를 통과했다 해도 입당에 이르기까지 넘어야 할 관문은 아직 더 남아 있었다. 상급당 면접이 그것이었다. 함경북도 회령여자중학생 원산옥은 학교 세포회의 도중에 입당 심사를 받았다. 다행히 그녀는 세포 심사를 통과했지만 그것으로 끝이 아니었다. 상급당의 2차 심사와 중앙당의 3차 심사가 그녀를 기다리고 있었기 때문이다. 그녀와 네 명의 동급생들은 학교 수업마저 제치고 중앙당 심사에 참석했다. 그러나 그들은 나이가 너무 어리다는 이유로 입당 불가 판

정을 받았다. 그때 그녀는 겨우 열여섯 살이었다.[11]

혈기 왕성한 많은 청년들이 입당 청원서를 제출했으나, 만 20세가 되지 않았다는 이유로 승인을 얻지 못했다. 평양교원대학 체육과 학생 심봉락도 아직 19세인 데다, 보증인과의 교제 기간이 1년을 경과하지 않아 입당 불가 판정을 받았다.[12] 그러나 입당 연령 제한 규정이 예외 없이 준수된 것은 아니었다. 평양학원생 정정환(17)은 1946년 6월경 북조선공산당 평양학원 제9세포 조직 간사 이갑영의 추천을 받아 입당 수속에 착수했다. 그러나 심사를 주관한 평양학원당 위원장 전창철은 그의 입당을 승인하지 않았다. 아직 나이가 어리니 민청에서 더 많은 경험을 쌓아야 한다는 이유에서였다.

하루라도 빨리 공산당원이 되고 싶었던 정정환은 한 달 뒤 다시 입당 청원서를 제출하고 심사를 받았다. 그러나 결과는 전과 다르지 않았다. 그때 "가슴에 불타오르는 혁명적 열정을 억누를 수 없었던" 그는 당 위원장에게 다음과 같이 호소했다. "저도 공산당원의 한 사람으로서 프롤레타리아트의 이익을 위해 마지막 피 한 방울까지 아끼지 않고 싸우고 싶습니다." 그의 진심 어린 각오에 감복한 당 위원장은 1년간의 후보당원 자격을 부여하며 입당을 승인했다. 정정환에게 입당을 전후한 4개월간의 평양학원 생활은 그가 자신의 사상을 높은 수준까지 연마할 수 있었던 "정치적 용광로의 삶"이었다.[13]

입당 청원서를 제출한 이들이 고배를 마신 이유들 가운데 가장 큰 비중을 점한 요인은 출신성분의 약점이었다. 일반적으로 지주·기업가·상인·부농 등 이른바 "착취계급" 출신들에게 공산당 입당은 허용되지 않았다. 시간이 지날수록 출신성분 불량자들의 입지가 점점 더

좁아져갔으나, 1946년 중순경까지만 하더라도 그들이 당적을 취득할 수 있는 기회가 조금이나마 열려 있었다. 고등 교육을 받은 유산층의 자제들인 인텔리들이 해방 직후 혁명운동을 주도한 데다, 정치적 헤게모니 선점을 둘러싼 경쟁에서 공산당도 가능한 한 많은 당원들을 확보해 당세를 확장할 필요가 있었기 때문이다. 그러한 인텔리층 수요에 따라 지주의 아들인 고성군 인민위원회 간부 하용락(31)은 1945년 9월경 조선공산당 강원도 고성군당 후보당원으로 입당할 수 있었다.[14]

그러나 시간이 지날수록 성분 불량자들의 입당은 철저히 봉쇄돼 갔다. 함흥교통병원 내과의사 박재갑(28)이 공산당에 가입하라는 철도노동조합 간부들의 권유를 거절한 까닭도 그가 자신의 계급적 지위를 명확히 간파하고 있었기 때문이다.[15] 평양시에서 치과를 개업한 의사 계원규(29)도 자신의 직업이 공산당 입당에 걸림돌이 될 수 있음을 잘 알고 있었다. 그는 공산당 가입을 간절히 원했지만 개업의 생활을 청산할 수 없었던 탓에, 공산당원이 될 자격이 없다고 자책했다. 결국 다른 직업을 찾지 못해 개업의 생활을 지속한 그는 1946년 7월 27일 조선신민당에 입당했다. 그러나 공산당과 신민당의 양당 합당은 그에게 뜻하지 않은 행운을 가져다주었다. 그가 그토록 갈구해왔던 공산당원의 꿈이 북조선로동당 창립을 통해 이루어졌기 때문이다.[16]

계급성분의 약점 외에 공산당 입당을 제약한 다른 여러 요인들이 있었다. 확인하기 힘든 의심스러운 전력을 지녔거나, 친일 행적이 있는 이들이 입당에 제약을 받았다. 해방 직후 남한에 체류하며 약 반년간 사무원 생활을 하다 돌아온 청년 이영호(23)의 전력이 그에 속했다.[17] 신의주상업학교를 졸업한 청년 이영서(18)는 1946년 5월경 공산당 입당 청원서를 제출했다. 그러나 학도지원병으로 일본군에 입대한 전력이 문제시되어 보류 처분을 받았다. 그는 한 달 뒤 다시 청원서를 제출한 끝에 6개월간의 후보당원 자격을 부여받아 입당의 꿈을 이뤘다.[18] 사실 수많은 조선 청년들이 연루된 일본군 입대 전력은 심중한 친일 행위로 간주되지 않았다. 불법 행위를 포함한 각종 일탈을 저지른 이들에게도 입당의 문이 닫혀 있었다. 남한에 친척이 있거나 가족관계가 좋지 못한 이들도 마찬가지였다.

부적격자 처벌과 축출

철저한 입당정책 외에 공산당원(노동당원)으로서 적합하지 않은 부적격자들을 걸러내기 위한 다른 조치도 필요했다. 1946년 말에 실시된 '유일당증 수여 사업'은 그러한 부적격자들을 축출하기 위한 양당 합당 후의 첫 청당清黨 사업이었다. 당시 숙청의 표적이 된 이들은 주로 양당 합당을 통해 노동당적을 취득한 신민당 출신자들이었다. 그들의 상당수가 당원으로서의 소양과 자격을 갖추지 못한 탓이었다. 전 당원들을 대상으로 실시된 성분 심사와 교양 테스트를 통과한 이들에게만 "유일당증"이 수여되었다. 황해도 재령군 명신인민학교 교사 김유각(32)은 1946년 12월경 심사를 받으며, 자신에게 마르크스주의적 소양이 얼마나 부족한가를 절실히 깨달았다. 명신인민학교 교장의 알선을 통해 그가 처음 발을 들여놓은 정당은 조선신민당이었다.[19]

황해도 재령군 신원면에 거주하며 잠시 농사일을 거들던 홍성숙 (28)은 1945년 12월경 공산당에 입당했다. 그는 약 1년 뒤 유일당증 수여 사업 기간 중 마음을 졸이며 심사를 받았다. 사실 그는 토지개혁기에 40정보의 토지를 몰수당한 대지주의 아들이었지만, 정치·사상적 소양을 충분히 갖춘 덕에 교양 테스트를 통과할 수 있었다. 그에게 사회발전사를 가르친 인물은 일제시기 '제4차 조선공산당사건'에 연루돼 6년간 복역한 혁명가 김찬순이었다.[20]

유일당증 수여 사업은 심사를 통해 부적격한 당원들을 정리한 대규모 청당 사업이었다. 공산당은 특별한 기회에 단행한 그러한 사업 외에도, 당원들의 일상적 과오에 책임을 묻는 책벌제도를 실시했다. 과오의 경중에 따라 주의·경고·엄중경고·출당 등의 책벌이 부과되었다. 흥남공업대학 교수 이여재(31)는 "눈동자"처럼 간수해야 할 당증을 분실한 탓에 경고 책벌을 받았다. 그의 당증은 취침 도중 도난당한 옷 속에 들어 있었다.[21] 더 심중한 과오를 저지른 당원들은 엄중경고를 받았다. 강원도 철원군 이동중학교 교장 주병권(31)이 범한 과오인 "과음에 따른 세포회의 불참"은 엄중경고 책벌의 일반적 사유였다.[22] 학생의 잘못을 혼내며 분필을 먹인 한 중학교 교사와 동료 교사들의 한글 맞춤법 구사가 형편없다고 학생들에게 비방한 어느 중학교 교사도 엄중경고 책벌을 받았다.[23]

당의 관점에서 용납하기 힘든 과오를 저지른 이들은 출당 처분을 받았다. 정치적·사상적 과오를 범한 이들이 그 대표적 예에 속했다. 황해도 해주시당 간부 김병기(25)는 월남 도중 철도경비대에 체포된 친척을 빼내려 로비를 시도한 탓에 출당을 당했다.[24] 당시 월남은 반체제 행위로 간주되었고 월남자는 "38선 이남 도주자"로 불렸다. 황해도인민위원회 시학 강석구(28)는 과거 경력을 이력서에 기입하지 않았다는 이유로 출당 처분을 받았다. 그러나 그의 공식적 출당 사유인 일제시기 학도병 전력 은폐 행위는 출당의 빌미에 지나지 않았다. 문제의 본질은 그의 가족관계에 있었다. 토지개혁 시에 20여 정보의 토지를 몰수당한 부친, 일제시기에 면장을 지낸 데다 해방 직후 월남한 큰형, 인천에서 의사로 복무 중인 둘째형을 두고 있는 그의 가족관계는 몹시 우려할 만한 수준이었다.[25]

출당은 개인적 과오에 국한되지 않았다. 강석구의 사례처럼 가족·친척관계가 좋지 못한 당원들, 불온한 정치세력과 관계를 맺은 당원들, 상부가 내린 중대 과업을 이행하지 못한 조직의 책임자들도 출당을 당할 수 있었다. 사실 출당을 비롯한 노동당 책벌제도는 소련공산당으로부터 도입된 기제였다. 소련공산당도 개인적 과오와 무관한 여러 이유를 들어 당원들을 처벌했다.

함경남도 갑산군 한 중학교 교사 고병원(48)은 지난날 소련공산당에 가입해 활동하던 중 개인적 과오와 무관하게 출당을 당한 인물이었다. 연해주 지역 한 콜호스(집단농장)의 책임자로 발탁된 그는 29세가 된 1930년 3월경 소련공산당에 입당했다. 그러나 두 해가 지나 콜호스에 흉년이 들면서 그에게 불운이 닥쳤다. 그의 콜호스가 당국에 매도한 농작물이 국가 수매 계획의 67퍼센트에 그치자, 콜호스 책임자인 그는 재판에 회부되어 6년 6개월 형을 선고받았다. 다행히 탄광 노동자로 복역하던 중 상급 재판소에 상소해 무죄 판결을 받았으나, 이미 당으로부터 "기계적 출당"을 당한 뒤였다.

•

연해주 지역 한 콜호스의 책임자인 소련공산당원 고병원은
국가가 부과한 생산량 목표를 달성하지 못했다는 이유로 강제 노동형과 함께 출당 처분을 받았다.

그는 명예 회복을 벼르며 복당의 기회를 노렸다. 그러나 그가 노동을 하며 복역하던 중 예기치 못한 일이 일어났다. 1937년경 "원동 지역" 조선인들이 중앙아시아로 강제 이주된 사건이 그것이었다. 문제는 조선인들의 이주에 그치지 않고, 그가 속했던 당조직도 본부를 이전했다는 점에 있었다. 복당을 타진하던 그는 중앙아시아로 이전한 조직에서 수속을 밟아야 한다는 상급당의 답변을 들었다. 무려 "2만 리"나 떨어진 중앙아시아 여행에 소요될 여비와 식량은 그가 도저히 감당할 수 없는 수준이었다. 소련 국적 취득도 중앙아시아에서 수속을 밟아야 해결될 수 있었기 때문에, 그는 결국 소련공산당적과 소련 국적을 모두 포기해야 했다. 그의 불운은 "원동 지역"에서 끝나지 않고, 조선으로 귀국한 뒤까지 이어졌다. 소련 거주 당시 그의 행적을 보증해줄 이가 없었으므로 그는 북조선로동당에도 가입할 수 없었다.[26]

"종파분자"로 몰린 고영찬

개인적 과오와 무관한 구실로 당원들을 처벌한 소련공산당의 책벌제도는 북조선로동당에도 도입되었다. 좋지 못한 인간관계는 노동당이 용납하지 않은 대표적 책벌 사유들 가운데 하나였다. 강원도인민위원회 선전부장을 지낸 노동당원 고영찬(27)이 억울하게 출당당한 원인도 다름 아닌 인간관계에 있었다. 열다섯 살에 소년노동자가 되어 1년 뒤인 1936년경 '원산적색노동조합'에 가입한 그는 일제 경찰에 체포돼 4년간 투옥생활을 했다.

해방 직후 그는 원산적색노동조합 재건운동에 참가하여 기관지 《로동자신문》을 속간했다. 출판은 그에게 낯선 업무가 아니었다. 일제시기 적색노동조합운동에 가담했을 때에도, 출판 책임자로 활동한 일이 있었기 때문이다. 조선공산당 원산시당과 원산시인민위원회가 창설돼 해방 직후의 혼란이 바로잡혀가는 가운데, 그는 조선공산당 원산시당 선전부장, 북조선로동당 강원도당학교 강사, 북조선통신사 강원도 지사장, 강원도인민위원회 선전부장 등 선전 부문의 요직을 두루 거쳤다.

그러나 1947년 7월 22일 북조선로동당 강원도당이 돌연 그에게 출당 처분을 내렸다. 출당 사유는 "종파주의"였다. 그때처럼 비참하고 "뼈저린" 고뇌에 빠졌던 적은 그의 생애에서 한 번도 없었다. 그는 "절망 속에서 자포자기적인 사색의 나날"을 보냈다. 소년노동자로서 사회생활을 시작해 온갖 시련과 싸우다 계급투쟁 전선에 투신하고, 해방과 함께 조직 재건운동에 참가한 과거사가 파노라마처럼 그의 뇌리를 스쳐 지나갔다. 이미 일제의 옥중에서 건강을 잃은 그는 두세 달간 요양하며 지난날 자신이 걸어온 투쟁의 길을 낱낱이 해부해보았다.

"당으로부터 버림받은 내 과오의 사상적 근거는 어디에 있을까?" 부단한 자아비판과 분석 끝에 그는 그것이 "편협한 소시민적 영웅심"에 있다는 결론을 얻었다. 그러면 "소시민적 영웅심의 물질적 토대는 무엇일까?" 그는 끊임없이 자신에게 되물었다. 그러자 "인물 중심주의와 협소한 그룹주의"로 모든 일을 처리했기 때문에, "비약적으로 발전하는 후진들의 등용과 천거를 주저하며 심지어 반대했다"

는 내면 깊은 곳의 울림이 들려왔다.

그가 반성한 인물 중심주의와 협소한 그룹주의는 "국내 공산주의 운동 그룹"에 겨누어진 비판의 핵심적 근거들이었다. 그는 자신이 속한 그룹이 "종파 활동"에 가담했다는 비판을 겸허히 받아들였다. 사실 국내 공산주의운동 그룹이 집중적 견제와 비판을 받은 까닭은 북한 지역 내에 새로운 공산당을 창설하고, 공청을 해체한 뒤 유일 청년단체인 민청을 창설하자는 김일성의 두 제안을 모두 반대했기 때문이었다. 함경남도 지역을 중심으로 활동한 그 그룹의 대표적 인물이 다름 아닌 오기섭이었다. 고영찬도 그가 지도한 그룹에서 활동한 경력을 지닌 데다, 원산적색노동조합 활동 당시 이주하로부터 지도를 받은 적이 있었다.

그는 국내 공산주의운동 그룹에 속했다는 이유로 개인적 과오와 무관하게 출당 처분을 받았다. 그러나 이 강단 있는 청년은 불평불만 한 마디 없이 당 중앙의 조치를 겸허히 받아들이며, 자신의 "사상적 과오"를 청산하겠다는 결연한 의지를 내비쳤다. 출당과 함께 간부직에서 해임된 그에게 남은 선택지는 백의종군뿐이었다. 그는 과거에 자신이 "순수한 노동자"였다는 자긍심을 안고 옛 일터인 철도 기관구와 조선소를 찾아갔다. 그러나 건강이 쇠약한 탓에 문전박대를 당했다. 다행히 원산무역소가 그의 간청을 받아들여 서무과장 직을 맡겼다.

이때부터 그는 실천을 통해 자신의 과오를 청산하려 노력하는 한편 직장 내의 "사상 통일"에 힘썼다. 그의 목표는 오로지 "종파주의" 척결이었다. 그는 곧 두각을 나타냈고 급기야 선거를 통해 직업동맹

고영찬 이력서

리 력 서

함경남도 공산주의운동 그룹에서 활동한 경력 탓에
"종파분자"로 몰린 고영찬은 직위 파면에 이어 출당 처분을 받았다.

231

위원장으로 선출되었다. 그의 다음 과제는 직원들의 정치·사상적 수준을 높이는 일이었다. 그는 직장 내 세포의 승인을 얻어 《쏘련 볼셰비키 공산당사》를 강의하며 직원들의 마르크스-레닌주의적 소양 제고에 온 힘을 쏟았다. 마침내 그의 열정과 진심 어린 노력은 당국자들의 마음을 움직였다. 감복한 그들은 1948년 8월 1일, 그를 강원도 안변군 안도중학교 교장에 발탁했다. 이제 그에게 남은 마지막 과제는 복당을 통해 명예를 회복하는 일뿐이었다.

고영찬을 평가한 시학도 그가 교원들의 정치·사상적 수준 향상에 기여했다고 추켜세우며 그의 명예 회복을 적극적으로 지원했다. 시학의 평정은 다음과 같다. "이 동지는 과거 일제를 반대하는 투쟁에 누구보다 용감히 참가했으며, 5년 동안의 감옥생활을 경험했다. 해방 후에도 조국을 위해 헌신했으나, 협소한 수공업적 그룹주의와 영웅심 탓에 노동당에서 출당을 당했다. 그러나 현재 자신의 과오를 솔직히 반성하고 사업의 실천과 성과를 통해 그 과오를 청산하겠다는 결의를 내비치고 있다. 앞으로 과거 과오를 완전히 청산하면, 훌륭한 간부로 등용할 수 있다."[27]

우당友黨:
연대와 갈등의 불협화음

조선의용군과 독립동맹의 만주 진출

양당 합당 이전 조선신민당은 북조선공산당의 라이벌 정당이었다. 이 정당의 지도자들은 해방 전 중국 옌안延安에서 항일투쟁을 전개한 화북조선독립동맹과 조선의용군의 간부 출신들이었다. 해방과 함께 만주로 진출한 그들은 조선 동포들로부터 열렬한 환영을 받았다. 당시 옌지延吉고등여학교 서무과에 근무하고 있었던 김창길(18)은 "연안에서 나온 우리 조선의용군"의 행진 광경을 직접 목격했다. 그들은 조선인들에게 민족의식을 일깨워주었을 뿐만 아니라 큰 희망을 불어넣었다. 눈앞에서 그들의 늠름한 자태를 바라보며 감격에 젖은 김창길은 "조국을 위해 분투하겠다는 각오"를 다졌다.[28]

만주에 도착한 독립동맹·조선의용군은 동포 청년들을 끌어 모아

세력을 확장해갔다. 용정 제1국민고등학교에 재학 중이던 이학설(16)은 긴 여행에도 지친 기색 없이 청년들을 향해 가입을 호소하고 있는 조선의용군의 일거수일투족에 주목했다. 그는 가는 곳마다 민족적 자긍심을 일깨우며 일제의 억압에 시달리던 과거를 상기시키는 조선의용군의 활동에 깊은 감명을 받았다. 그들의 연설 내용 중 그에게 가장 인상적이었던 대목은 친일파와 일제 잔재를 청산하기 위한 투쟁에서 청년들이 인민들의 선두에 서야 한다는 점이었다.[29]

조선 청년들에게 가입을 호소한 의용군의 활동은 열광적 호응을 이끌어냈다. 조선의 장래를 진지하게 고민해본 청년이라면, 누구라도 의용군 입대에 관심을 가지기 마련이었다. 이국에서 해방을 맞은 하얼빈 제3여자중학교 학생 오영옥(17)은 중대한 선택의 기로에 서 있었다. 그녀의 친구들 다섯 명 가운데 세 명은 조선의용군에 입대하길 원했고, 나머지는 해방된 모국에 돌아가길 희망했다. 그녀도 조선에 들어가 공부를 하지 못할 바에는 차라리 의용군이 되겠다고 친구들과 다짐했다. 사실 오영옥이 조선의용군을 열렬히 흠모한 데에는 그녀의 아버지가 독립동맹 군사후원회 상무위원이었다는 점도 한몫했다. 그러나 결국 그녀는 하얼빈의 정세 변화에 따라 조선행을 택할 수밖에 없었다. 중국공산당 부대가 주둔하고 있던 그곳에 국민당 중앙군의 진입이 임박해오자, 그녀의 가족들은 독립동맹 간부들을 따라 1946년 7월에 귀국했다.[30]

적극적 조직 활동을 벌인 독립동맹은 만주 지역 요충지를 중심으로 조직망을 확장해갔다. 하얼빈에도 지부가 설치되었다. 하얼빈여자중학교 교사 허문향(25)은 1945년 10월경 아버지의 권유로 독립동맹에 가입했다. 조선독립동맹 북만특별공작위원회 하얼빈시위원회 간부인 그의 아버지는 아들의 독립동맹 가입을 돕고자 틈틈이 이론 교육을 실시해온 터였다. 하얼빈여자중학교 내 독립동맹 세포의 조직부 책임을 맡게 된 허문향은 중국국민당 중앙군의 진입 직전, 독립동맹 간부들이 평양으로 이동할 때 가족들을 데리고 귀국했다.[31]

해방 당시까지 만주 펑톈奉天에 있는 일본페인트주식회사 기수로 일한 청년 김지현(21)도 우연한 기회에 독립동맹에 가입했다. 해방이 되자 그도 만주 곳곳에서 태극기를 흔들며 "독립 만세"를 외치는 시위 군중들 속에 파묻혔다. 8월 20일, 그는 펑톈의 어느 중국인 아파트에서 조선독립동맹 비밀 공작원 한청韓靑을 만났다. 그 아파트에서 약 일주일간 한청과 토론한 그는 자신도 독립동맹의 투쟁에 힘을 보태겠다고 맹약했다.

그가 독립동맹에 가입한 직후인 1945년 9월 초, 중국공산당 부대인 팔로군이 펑톈에 진주했다. 그가 속한 독립동맹 지부는 팔로군과 협의해 조선의용군 대원들을 모집하기로 결정하고 9월 7일부터 본격적 활동에 나섰다. 그때 김지현은 팔로군 정치부에 파견되었다. 그에게 맡겨진 임무는 중국인들이 작성한 선전문을 일본어로 번역하는 일이었다. 그 선전문은 만주에 거주하고 있는 일본인들에게 배포될 터였다. 그는 약 20일간 번역 업무를 수행한 뒤 조선의용군 독립지대에 배치되었다. 그의 성실성을 눈여겨본 한청은 중국공산당 입당을 주선했다. 1945년 10월 3일 후보당원으로 입당한 그는 한 달 뒤인 11월 3일 정당원 자격을 부여받았다. 조선의용군 선견종대 비서와 독립대대 비서로 활약한 그는 잉커우營口·단둥安東·환런桓仁 등

김지현 이력서

만주 지역 일본 회사에 근무하던 김지현은 해방 직후
독립동맹 비밀 공작원 한청에게 포섭된 뒤 혁명운동에 투신했다.

지를 옮겨 다니다, 평양으로 이동한 간부진을 따라 1946년 5월에 귀국했다.[32]

만주 지역에서 활동하던 독립동맹 간부들이 귀국해 정치 활동을 전개하고 있을 무렵, 북한의 인재들도 만주에 파견돼 국공내전을 치르고 있는 중국공산당 부대를 지원했다. 평양의학전문 부속병원 의사 최창수(25)는 1946년 8월경 상부의 지시에 따라 만주 랴오닝성 일대에서 활약 중인 동북민주연합군 이홍광지대에 파견되었다. 그는 조선의용군의 후신인 이 부대에서 1948년 3월까지 군의 업무를 수행했다.[33] 평양 제1인민병원 의사인 홍병두(24세)도 동북민주연합군 이홍광지대에 들어갔다. 그에게 참전을 권유한 이는 지난날 함께 일하다 먼저 이홍광지대에 입대한 민청 시절의 동료였다. 1946년 8월 5일에 입대한 홍병두도 군의 업무를 수행했다.[34]

조선신민당

1945년 말부터 1946년 초에 걸쳐 귀국한 독립동맹 간부들은 평양을 중심으로 정치 활동을 전개했다. 그들은 대중이 운집한 곳이라면 어디든 발품을 파는 노고를 아끼지 않았다. 평안북도 선천상업학교 교장 김대길(37)은 제1차 종합교원강습회에서 처음으로 독립동맹 인사들을 목격했다. 그 강습회를 찾은 저명인사들인 "김일성 장군" "최용건 장군" "최창익 선생" 등의 강연은 그에게 평생 잊지 못할 감격을 주었다. 특히 명민한 독립동맹 지도자인 최창익의 강연에 감명을 받은 그는 독립동맹에 가입하기로 마음먹었다. 독립동맹이 조선신민당으로 재발족한 이후인 1946년 4월경 그의 입당이 승인되었다.[35]

인텔리층의 이해관계를 대변한 조선신민당은 특히 교사들 사이에서 지지기반을 넓혀나갔다. 해방 직후부터 정당 활동에 뜻을 두고 있었던 함경남도 갑산군 동인인민학교 교사 이승렬(23)은 주로 "사무원들"이 조선신민당에 가입한다는 소문을 듣고 수속을 밟아 1946년 6월 3일 입당의 꿈을 이뤘다.[36] 당세 확장을 꾀한 조선신민당 지도자들도 인텔리층 당원 확보에 사활을 걸었다. 평양 상수인민학교 교장을 맡고 있었던 한빈은 그 학교의 여교사인 원덕중(26)의 가능성을 눈여겨보았다. 틈틈이 당원들이 갖춰야 할 기본 소양을 전수한 그는 그녀를 조선신민당 상수인민학교 지부의 일원으로 받아들였다.[37] 김일성종합대학 공학부 교수인 김인식(31)은 최창익의 권고를 받아들여 그의 보증 아래 1946년 8월경 조선신민당에 입당했다.[38] 그러나 당세 확장에만 주력한 조선신민당의 입당 사업은 엄격한 심사에 기초하기보다, 이른바 "모집 식으로" 당원들을 확충하는 문제점을 드러냈다.

1946년 4월경 함경남도 갑산군 영창인민학교에 교생 실습을 나온 청년 노태명(18)은 우연한 기회에 조선신민당 당적을 얻었다. "정당이 무엇인지 몰랐던" 그는 "서류 한 장 보지 못한 채" 조내봉이라는 간부의 날인을 통해 신민당원이 되었다.[39] 황해도 수안농업학교 교사 최재춘(25)은 "교원이라면 누구나 신민당에 들어가야 한다"는 그럴듯한 풍문에 휩쓸려 입당했다.[40] 평안북도 후창군 칠평인민학교 교사인 정남순(18)의 입당 과정도 다를 게 없었다. 그는 신민당의 노선은 물론 사상투쟁이 무엇인지 모를 뿐더러, "당원의 권리와 의무조차 알지 못한 채 맹목적으로 입당했다"고 털어놓았다.[41]

신민당원들은 양당 합당 후 노동당원이 되고 나서야 비로소 자신들의 당 운영 방식에 문제가 있었음을 절감했다. 평양 성남인민학교 교사 박정식(32)이 "진실한 민주주의노선"을 파악한 시점도 노동당원이 된 뒤였다. 그는 "신민당 시기의 조직생활에 문제가 많았고, 교양사업이 불철저했음을 느꼈다"고 고백했다.[42]

조선신민당의 "모집 식" 당원 확충과 그에 따른 부적격자들의 입당은 양당 합당 이전 공산당과의 경쟁에서 빚어진 부작용이었다. 사실 기층 수준에서 벌어진 양당 간의 경쟁은 갈등과 대립으로 발전하기 일쑤였다. 북조선공산당원인 함경남도 북청군 성대인민학교 교사 온화성(19)은 신민당원들에 둘러싸인 사면초가의 환경에서 근무했다. 그를 비롯해 겨우 두 명에 불과한 공산당원 교사들이 대적해야 했던 신민당원 교사 수는 일곱 명이었다.[43]

조선민주당

유산층의 이해관계를 대변한 조선민주당과 공산당 간의 갈등은 그보다 훨씬 심각한 수준이었다. 김일성의 최측근 인사인 최용건은 모스크바삼상회의 결정을 반대하다 연금된 조만식에 이어 조선민주당 당수에 취임했다. 그는 반체제적 성향을 띤 조선민주당을 친체제적 정당으로 개조해야 할 임무를 부여받았다. 함흥의과대학 교수이자 민주당원인 양인성(47)은 당의 그러한 성격 전환과 관련해, "1946년 2월경 조선민주당이 최용건·강양욱·홍기주 등 제 씨들의 지도 아래 새로운 당으로 발족하기 위한 확대위원회를 평양에서 열었다"고 털어놓았다.

그는 평양 중앙당의 조직 개편 이후 소련군사령부의 지시에 따라 조선민주당 함경남도당을 결성해 상임위원으로 활동했다. 그러나 여섯 달에 걸친 그의 활동은 "반동세력들의 견제를 받아 하등의 성과도 없이" 끝나고 말았다. 그의 고백은 지방 수준에서 전개된 조선민주당 개조 사업이 반체제적 당원들의 저항에 부딪혀 성과를 거두지 못했음을 보여준다. 양인성은 함경남도당 개조 사업을 제대로 지도하지 못했음에도 불구하고, 당국에 제출한 자서전을 통해 자신이 얼마나 신실한 민주당원인가를 입증하고자 했다. 그는 《레닌주의의 기본》과 《국가와 혁명》 등 수십 종의 서적을 읽고 "우리 북조선의 노선이 옳다는 것을 깨달았다"고 강조했다. 더 나아가 그는 "정치적 오류를 범하지 않으려면 혁명가가 될 것이오, 개량주의자는 되지 말라!"는 "스탈린 대원수의 말씀"이 자신의 가슴 속에 새겨진 좌우명이라고 덧붙였다.[44]

한편 민주당원들은 공산당원들과 대립관계에 있었음에도 불구하고, 정권기구인 인민위원회의 요직에 진출할 수 있었다. 천도교청우당과 함께 조선민주당도 공산당의 "우당友黨"이자 통일전선 대상이었기 때문이다. 1949년경 강원도 철원여자중학교 교장에 취임한 한병진(49)은 민주당원으로서 인민위원회에 진출한 인물이었다. 일제시기 말까지 소학교 교장에 재직 중이었던 지역사회 유력 인사인 그

양인성 이력서

양인성은 감명 깊게 읽은 사회과학 서적과 스탈린의 명언을 소개하며,
자신이 얼마나 신실한 민주당원인가를 드러내 보이고자 했다.

는 해방 직후 면민들의 추천을 받아 강원도 철원군 북면인민위원회 위원장에 추대되었다. 그의 출세가도는 면인민위원회에서 끝나지 않았다. 1946년경부터 조선민주당 강원도 철원군당 위원장을 맡고 있었던 그는 1947년 4월 1일 강원도인민위원회 부위원장에 발탁되었다.[45]

노동당원들과 대립한 민주당원들은 자신들의 출신 배경과 경력을 적극적으로 변호했다. 그러나 노동당원들은 그들에 대한 의심의 눈초리를 거두지 않았다. 이를테면 황해도 재령군 청천중학교에 재직 중인 조선민주당 소속 교사들은 한결같이 학교 당국으로부터 부정적 평가를 받았다. 그들을 평정한 시학은 민주당 소속 교장의 주선을 통해 입당한 한 교사가 "충동에 휩쓸려" 민주당원이 되었다고 진단했다. 심지어 그는 민주당원들을 노동당 세포 사업이 활발히 이루어지고 있는 기관들에 분산 배치하여, 그들을 고립시킬 필요가 있다고 제안하기까지 했다.[46]

민주당원들뿐만 아니라 그들과 가족·친척 관계에 있는 이들의 입지도 불안하긴 마찬가지였다. 중농 가정에서 성장한 노동당원 교사 이용필(23)은 "민주당원인 숙부의 영향 또는 가정환경의 영향을 받아 계급적 입장에 서지 못하고 기회주의적 태도를 보일 수 있다"는 우려 섞인 평가를 받았다.[47] 민주당원 형을 둔 강원도 철원군 영평중학교의 노동당원 교사 박태남(23)도 가족관계에 불안을 느꼈고 자서전을 통해 변명성 글쓰기를 시도했다. 먼저 그는 형이 "모집 식 입당정책에 끌려 민주당에 그릇 입당했다"고 둘러댔다. 이어 자신과 가족들이 형의 사상 개조에 "심심한 노력과 주의를 돌리고 있다"는 변론도 잊

지 않았다.[48]

천도교청우당

천도교청우당도 노동당과 원만한 관계를 유지하지 못했다. 황해도 해주공업전문학교 교원 정운경(28)은 북조선로동당 입당을 갈망해온 청년이었다. 그는 북조선로동당 황해도 장연군당 간부를 찾아가 입당 의사를 내비쳤다. 그러나 그 간부는 당분간 신입 당원을 받지 않기로 결정했다고 둘러대며, 정운경에게 천도교청우당 입당을 권유했다. 그 권유에 따라 그는 1946년 12월경 청우당에 입당했다.

사실 북조선로동당 장연군당 간부의 의심쩍은 대응이 암시하듯, 정운경은 노동당원이 되기에 충분한 자질을 갖추지 못한 청년이었다. 학교 당국의 평정에 따르면, 그는 일제시기 학도병에 자원한 "열성분자"로 "왜군의 오장伍長"까지 지낸 전력을 지니고 있었다. 게다가 항상 동요하고, 시사 문제에 무관심하며, 정치 학습에도 태만했다. 그의 빈번한 남한 여행 전력도 당국의 의혹을 사기에 충분했다. 심지어 가족관계도 몹시 우려할 만한 수준이었다. 그의 부친은 토지개혁 당시 경작지를 몰수당한 지주였고, 그의 동생은 일제시기에 면서기로 근무한 데다 해방 후 "38선 이남으로 도주한" 월남자였다. 평정자는 사상적으로 낙후한 그가 전혀 발전 가능성이 없으므로, 사무계통에 배치해야 한다는 결론을 내렸다.[49]

한편 정운경은 천도교청우당에 입당한 뒤 당원이라면 누구나 천

노동당원이 될 자격을 갖추지 못한 정운경은 차선책으로 청우당에 가입했지만,
천도교에 귀의하라는 압력을 받자 미련 없이 당을 떠났다.

도교에 입교해야 한다는 압력을 받았다. 그러나 그는 교인이 되고 싶은 마음이 추호도 없었고, 자연스레 당 사업에도 무관심한 태도를 보였다. 끝까지 천도교에 입교하지 않은 그는 1949년 1월 11일 청우당을 탈당했다고 털어놓았다. 사실 그의 고백은 현재 자신이 청우당과 무관할 뿐더러, 과거에도 청우당에 깊이 관여하지 않았다는 변론의 성격을 띠고 있었다.[50]

7.

해방에 이어 북한 지역민들에게 가장 큰 충격파를 남긴 사건은 토지개혁이었다. 그들은 아무런 대가 없이 토지의 소유자가 뒤바뀌는 현실을 목격하며 혁명의 의미를 실감하기 시작했다. 토지개혁은 정상적 생계 유지가 불가능했던 빈농층의 경제력을 보장하는 데 역점을 두었다. 물론 이 목표는 "착취계급" 소유지의 몰수를 통해 이루어질 수 있었다. 그러나 착취계급의 범주와 그들에 대한 투쟁 방식을 설정하는 일은 쉬운 과제가 아니었다. 사실 현실세계에서 착취계급과 피착취계급 간 경계는 너무도 불분명했다.

혁명의 시작, 토지개혁

- 몰수와 분여
- 환호와 보답
- 시련과 저항

몰수와
분여

토지개혁의 정당성

1946년 3월경 황해도 수안농업학교 교사 최재춘(25)은 지역 당국으로부터 수안군인민위원회 회의실에 집결하라는 통고를 받았다. 그는 황해도인민위원회가 파견한 한 간부로부터 "역사적인 토지개혁"에 관한 연설을 들었다. 그 연설에 감격한 그의 머릿속에 과거의 서글픈 기억들이 되살아났다. 쌀을 꾸러 갔을 때 으름장을 놓던 지주의 거만한 태도와 그해 가을 빚을 갚고자 독에서 쌀을 퍼내던 어머니의 그늘진 표정이 차례로 떠올랐다. 그 간부는 참석자들을 향해 외쳤다. "왜 농민들은 1년 내내 갖은 고생을 다하며 거둬들인 쌀을 고스란히 지주들에게 넘겨야 합니까? 토지는 자신의 노력으로 밭갈이하는 농민들에게 돌아가야 합니다!" 그날 밤 한숨도 잠을 이루지 못한 최재춘은

이튿날부터 농민들에게 토지개혁법령을 해설하는 사업에 발 벗고 나섰다.[1]

광업 기술자 박재형(26)에게 토지개혁의 정당성을 일깨워준 이들은 중국 옌안 출신의 운동가들이었다. 평양에 들어와 정치 활동을 시작한 그들은 조선 문제 해결의 출발점이 토지개혁에 있다고 역설했다. 해방 직후 박재형은 지식인이라면 누구나 "새로운 사회 질서의 건설"에 적극 참여해야 한다는 점을 간파했을 뿐, 그 구체적 실천 방향을 가늠할 수 없었다. 옌안 인사들이 그에게 지식인들이 나가야 할 방향을 일깨워준 셈이었다. 1946년 2월 초 고향인 강원도 김화군 근북면에 돌아온 그는 막 결성된 농민조합에 가입해 선전부장직을 맡았다. "봉건 잔재에 물들어" 토지개혁을 반대하고 있는 농민들의 의식을 개혁해야 할 과제가 그에게 위임되었다.[2]

혁명가의 집안에서 성장한 함경남도 영흥농업학교 학생 김지용(16)은 누구보다 토지개혁의 필요성을 절감하고 있었다. 다름 아닌 그의 외삼촌이 일제시기 중국 옌안에서 활동한 화북조선독립동맹 간부 김창만이었다. 1946년 3월 5일 토지개혁법령이 포고되자, 그도 '대중노선'을 강조한 외삼촌처럼 농민들 속으로 들어갔다. 그는 "자동차 길도 없는 산간벽촌에 머물며 일주일간 선전공작을 벌였다." "준비해 간 변또도 맛보지 못했으나, 전혀 고달프지 않았다." 사실 8,000평의 경작지를 자작해온 중농층인 그의 집안은 토지개혁의 수혜 대상도 아니었다.[3]

역사의 현장에서 본 토지개혁

토지개혁과 함께 몰수 대상이 된 토지는 모든 소작지였다. 특히 5정보 이상의 경작지 보유자들 가운데 자경하지 않는 이른바 "불로지주不勞地主"의 토지가 몰수의 표적이 되었다. 20만 평(66.67정보)에 달한 막대한 경작지를 임대해온 대지주인 평양공업대학 광산지질학부 교수 김재명(30)의 아버지도 모든 소유지를 몰수당했다. 그 탓에 그의 재산은 20만원에서 5만원으로 급감했다.[4]

평양공업대학 금속공학부 교수 김명기(31)의 아버지는 논 5정보와 밭 1정보를 몰수당했다. "불로지주"인 그는 토지개혁법령에 따라 경작지와 기와집을 몰수당한 뒤 거주 지역에서 축출되었다. 신의주에 정착한 그는 양철 세공품을 만드는 수공업에 종사하며 생계를 이어 갔다. 김명기는 불행에 빠진 아버지를 비호하는 한편, 토지개혁의 정당성을 지지해야 할 난처한 입장에 봉착했다. 그는 자서전에 다음과 같이 기록했다. "부친은 토지개혁이 옳은 정책임을 알고 있으나, 아직 과거의 생활을 완전히 청산하지 못한 채 사상적 불행 속에서 살고 있다. 일제시대에는 자유주의적 부르주아 사상이 농후해 진보적인 면도 있었으나, 지금에 와서는 오히려 무능한 '봉건의 화신'처럼 보인다."[5]

평양교원대학 지리과 학생 박수봉(19)의 아버지도 토지와 주택을 몰수당한 김명기의 집안과 유사한 처지에 놓였다. 전답 6,000평(2정보)과 산림 6만 평(20정보)을 소유한 그는 대서업을 겸하며 정미소를 운영한 기업가였다. 곧 농사는 그의 본업이 아니었다. 따라서 전답을 소작 준 그는 대서업과 정미소 수입 외에, 소작료까지 거둬들여 상당한 부를 축적할 수 있었다. 그러나 토지개혁은 그가 일군 자산을 순식간에 앗아갔다. 그는 전답뿐만 아니라 산림과 정미소까지 몰수당했다.[6]

한편 토지개혁법령은 건물과 물자의 몰수에서 제외해야 할 이른바 "양심적 지주"를 규정하고 있었다. 그들은 토지개혁이 시행되기에 앞서 자발적으로 농민들에게 경작지를 분여한 이들이었다. 평양공업대학 건설학부장 정인창(32)의 두 형도 미리 토지 소유권을 내려놓는 모범을 보였다. "진보적 지주"이자 "양심적 지주"라 할 만한 그들은 토지개혁 이전에 공산당원이 되었고, 자신들의 토지를 "국가에 헌납"한 덕에 가옥과 자산의 몰수는 물론 축출까지 면할 수 있었다. 황해도 재령군인민위원회가 창설되자 그의 큰형은 부위원장에, 작은형은 문화부장에 선출되었다.[7] 지주 토지의 몰수는 지위 고하를 막론하고 예외 없이 단행되었다. 북조선임시인민위원회 산업국장 이문환(43)은 북한의 산업 부문을 총괄한 고위 인사였지만, 토지개혁 시에 2만 평(6.7정보)의 경작지를 몰수당했다. 그 탓에 그의 재산은 30만원에서 1만원으로 줄어들었다.[8]

토지개혁법령에 규정된 몰수 대상 토지는 5정보 이상을 소유한 지주들의 경작지에 국한되지 않았다. 토지 면적에 관계없이 모든 소작지가 몰수 대상에 속했다. 평양의학대학 종합진료소 이비과 과장 이익환(32)의 집안은 해방 전 1,500평(0.5정보)의 경작지를 소유하고 있었다. 1944년경 경작자인 부친이 사망하자 그의 가정은 소작을 주어 토지를 관리했다. 그로부터 약 2년 뒤 토지개혁이 일어났다. 비록

1,500평의 소토지에 지나지 않았으나, 그의 집안도 토지개혁법령에 따라 소유권을 박탈당할 수밖에 없었다.[9]

자강도 후창인민학교 교양주임 유승걸(23)은 9,500평의 경작지를 소유한 중농 가정에서 성장했다. 그의 아버지는 자경하기 힘든 5,500평의 밭을 타인에게 소작 주었다. 그 밭이 집에서 5킬로미터나 떨어진 탓이었다. 대신 그는 집 근처에 있는 4,000평을 자작하며, 아울러 이웃의 토지 1,000평을 임차해 소작했다. 임대와 임차를 병행한 그의 이해관계 득실도 정확히 토지개혁법령에 따라 처리되었다. 그는 소작을 준 밭 5,500평을 몰수당하고 소작한 1,000평을 분여받아, 총 소유지가 5,000평에 달한 순자작농이 되었다. 결과적으로 4,500평의 토지를 잃은 그의 가족들은 북한체제의 개혁에 싸늘한 반응을 보였다. 그들은 "묵묵히 농사에만 전념하며 그날그날을 보내면 그만이라는 소극적 정신의 소유자들"이 되었다.[10]

토지개혁을 통해 몰수된 소작지들 가운데 농업에 종사하지 않는 이들의 소유지도 상당한 비중을 점했다. 황해도 재령군 신원불로양조공장 사무원 김인환(42)은 1943년경 약 20년간 저축해 모은 돈으로 5,794평의 논을 사들였다. 당시 악화되고 있었던 식량난에 대비해 안정적으로 쌀을 확보하려는 의도에서였다. 물론 그 토지를 자경할 여력이 없었던 그는 소작에 의존하는 길을 택했다. 그러나 안타깝게도 토지개혁은 그가 일군 자산을 송두리째 앗아가버렸다.[11] 김인환의 사례에서 볼 수 있듯, 집안의 노동력 부족 탓에 자경할 수 없었던 많은 사무원들이 토지를 몰수당했다.

상인이나 기업가들이 소유한 경작지도 마찬가지였다. 어린 시절

아버지를 여읜 평양교원대학 체육과 학생 박순복(19)은 여관을 운영한 할머니와 어머니 밑에서 자랐다. 그 세 여성 일가족의 재산 목록에는 여관 외에 6,000평(2정보)의 경작지도 포함돼 있었다. 그들은 고된 노역이 필요한 농사를 포기하고 여관일에만 들러붙어 생계를 유지했다. 물론 소작을 준 6,000평의 경작지는 토지개혁을 통해 몰수되었다.[12]

토지개혁법령이 소유 면적에 관계없이 소작지만을 몰수 대상으로 규정함에 따라, 기존 자작지의 소유권은 그대로 인정되었다. 1만 5,000평(5정보)의 경작지를 보유한 황해도 재령군 청천중학교 교사 최흥택(22)의 집안은 소작을 주어온 2,000평을 몰수당했으나, 자작지인 1만 3,000평의 소유권은 지켜낼 수 있었다.[13] 황해도 재령군 장수중학교 교장 박봉섭(32)의 집안은 3만평(10정보)의 경작지를 소유한 대농이었다. 토지개혁과 함께 그의 집안도 자작해온 1만평의 소유권을 승인받은 반면, 타인에게 소작을 준 2만평을 몰수당했다.[14] 토지개혁법령이 5정보 이상의 경작지 소유자들을 지주로 규정했음에도 불구하고, 자작지는 몰수 대상에서 제외되었음을 볼 수 있다.

토지를 분여받은 이들은 대부분 빈농들이었다. 그들은 자신들이 이전부터 소작해온 지주의 토지를 분여받았다. 토지개혁 이후 만주나 남한에서 들어온 빈농들도 수혜를 입었다. 그들은 가정 노동력 부족에 따라 당국에 반환된 토지나 월남자들이 남기고 간 토지를 분여받을 수 있었다. 1948년 2월경 만주에서 귀국한 평양교원대학 역사과 학생 김을천(21)의 가족들은 "인민위원회로부터 묵밭 5,000평을 분여"받아 경작했다. 그의 가족들은 더 이상 끼니 해결에 곤란을 겪

지 않았다.[15]

토지개혁과 더불어 기존의 소작제가 폐지되고, 분여받은 경작지에 한해 매매가 법적으로 금지되었다. 이제 분여지의 임대와 매각은 불법 행위로 규정되었다. 따라서 자경할 여력이 없는 토지는 국가에 반환해야 했다. 철원사범전문학교 교원 박찬재(21)는 할아버지·할머니·누이동생(17)·고모(22) 외에 어린 조카들과 한 가정을 이루고 있었다. 3,400평의 토지를 경작한 그의 가정은 가장인 조부가 사망하자 농사에 큰 타격을 받았다. 그들은 가정의 핵심 노동력인 그가 죽은 뒤, 1,300평의 토지를 국가에 반환하고 자경이 가능한 2,100평만을 부쳤다.[16]

과열된 계급투쟁, 2차 토지개혁으로

빈농들이 토지개혁의 혜택을 받은 반면, 일하지 않는 5정보 이상의 경작지 소유자들인 이른바 "불로지주들"은 법령에 명시된 "요이주자 要移住者" 규정에 따라 토지와 주택을 몰수당한 뒤 다른 지역으로 축출되었다. 평양공업대학 건설공학부 건축과 교수 김윤제(25)의 부모는 경작지 7정보를 비롯해 전 재산 10만원을 소유한 지주였다. 그러나 토지개혁이 그들을 나락으로 떨어뜨렸다. 그들은 경작지와 주택을 몰수당해 재산의 절반을 잃었을 뿐만 아니라, "요이주지주"로 낙인을 찍혀 거주 지역인 평안남도 안주군에서 축출되었다.

그들에게 주어진 선택지는 기껏해야 두 개뿐이었다. 그들은 타지

평양공대 교수이자 노동당원인 김윤제는
토지개혁에 불만을 품고 있었던 부모와 극심한 갈등을 빚었다.

에서 경작지를 분여받아 직접 농사를 짓기보다, 평양에 올라와 아들인 김윤제 가족과 합가하는 길을 택했다. 그러나 그와 부모의 사상적 간극은 마치 "물과 불의 관계" 같았다. 노동당원이자 평양공대 교수인 그는 토지개혁을 적극 지지한 반면, 재산을 몰수당한 뒤 축출된 그의 부모는 토지개혁에 이를 갈며 체제를 증오했다. 결국 부자간의 "사상적 갈등"이 극에 달하자, 부모는 아들 집을 뛰쳐나왔다. 그들은 평양 근교에 가방을 파는 상점을 차렸다.[17]

황해도 재령여자고급중학교 교장 양희봉(37)은 대지주의 집안에서 성장했다. 조부모를 정점으로 그의 가족, 큰아버지 가족, 작은아버지 가족이 일가를 이룬 대가족 집안이었다. 한문에 능통하여 진사 시험에 합격한 그의 할아버지는 황해도 봉산군 서종면에서 잘 알려진 유력 인사였다. 곧 그의 집안은 "서종면 양진사댁"으로 통했다. 해방 직전 그의 집안이 매년 거둬들인 소작료가 무려 2,000여 석에 달했을 정도였다. 양 진사는 자식들이 분가하자 땅을 나누어주었다. 양희봉의 부모도 3만평(10정보)을 분배받았다. 그러나 토지개혁은 그 집안사람들을 몰락의 길로 내몰았다. 1947년경 그의 부모뿐만 아니라 조부모와 큰집·작은집 가족들이 모두 "불로지주"로 규정돼, 재산을 몰수당한 뒤 지역사회에서 축출되었다. 그의 사촌 세 명은 급기야 월남을 감행했다. 들리는 소문에 따르면, 그들은 서울에서 상업에 종사하며 새 삶을 시작했다.[18]

지주층 축출은 토지개혁이란 단발성 조치로 끝나지 않았다. 오히려 토지개혁 이후 계급투쟁이 격화되면서, 지주층을 겨냥한 공세 수위가 높아져갔다. 1946년 3월경 토지개혁기의 축출 대상이 경작지 5

정보 이상을 소유한 "불로지주들"에 국한되었다면, 1947~1948년경에 들어서는 경작지 일부를 소작 준 전력이 있는 자작농까지 그 대상에 망라되었다. 북한 주민들 사이에 이른바 "제2차 토지개혁"으로 알려진 이 대대적 축출운동은 1947년경부터 시작돼 1948년경 절정에 이른 북한사회의 과열된 계급투쟁이었다.

황해도 재령군 남률중학교 교장 김유각(32)의 부모는 1947년 여름, "5정보 이상의 토지를 소유한 지주"라는 이유로 "이주의 명"을 받았다. 사실 황해도 신천군 산간벽지에 거주하며 1만 2,000평(4정보)을 자작한 그들이 소작을 준 토지는 4,000평(1.33정보)에 지나지 않았다. 따라서 토지개혁 당시 4,000평의 소작지를 몰수당했지만, 대부분의 토지를 자경했기 때문에 축출을 면할 수 있었다. 곧 그의 부모는 "불로지주"가 아니었다.

그러나 토지개혁 후 농촌사회의 계급투쟁이 격화되자, 그들은 1947년 여름 신계군으로 축출되었다. 그들은 몹시 억울해했다. 사실 산간벽지의 척박한 토양에서 그들이 매년 거둬들인 70석가량의 작물은 평야지대 중농 수준의 수확고에 가까웠다. 그러나 5정보 이상의 경작지를 소유한 데다, 오지의 빈한한 가정들 사이에서 상대적으로 부유한 생활을 영위해 "큰집"으로 불렸다는 점이 화근이었다. 결국 그의 부모는 2차 토지개혁의 직격탄을 맞았다. 신계군으로 축출된 그들은 토지를 분여받아 농사를 지을 수도 있었다. 그러나 60세를 넘긴 기력이 쇠한 노인들이었던 그들은 재령군에 있는 아들 집으로 들어와 손녀들을 돌보며 여생을 보냈다.[19]

평양 제6중학교 교무주임 장동찬(27)의 집안도 김유각의 집안과 유사한 시련을 겪었다. 평안북도 영변군에서 토지 9,000평(3정보)을 자경하며 6,000평(2정보)을 소작 주고 있었던 그의 부모는 토지개혁 당시 소작지를 몰수당했을 뿐 축출을 면할 수 있었다. 그러나 5정보의 토지를 소유한 그들도 결국 지주로 규정돼, 1948년 5월경 평안북도 운산군으로 축출되었다. 그들은 그곳에서 5,000평의 토지를 분여받아 농업에 종사했다. 장동찬은 아버지의 축출을 애석해하며 자서전에 다음과 같이 그를 비호했다. "봉건사상이 농후한 아버지는 해방 후 나에게 퍽 많은 교양을 받아 좀 나아진 편이다."[20] 그의 변론에는 토지개혁을 지지하는 자신의 입장도 반영돼 있었다.

평양교원대학 화학과 학생 강창숙(23)의 집안은 훨씬 억울한 일을 겪었다. 전체 소유지 8,000평(2.67정보) 가운데 3,200평(1.07정보)을 자작하고 4,800평(1.6정보)을 소작 준 그의 부모는 토지개혁을 맞아 4,800평을 몰수당했다. 소작을 준 토지가 있었지만 8,000평에 달한 총 소유 면적에 비추어볼 때, 그의 집안은 중농으로 분류될 수 있었다. 그러나 2차 토지개혁기에 단행된 광범한 축출은 그의 부모를 내버려두지 않았다. 이 사례는 5정보 소유 규모에 관계없이 토지를 소작 준 전력이 있는 중농의 지위도 위태로웠고, 경우에 따라 축출될 수 있었음을 보여준다. 강창숙을 평정한 학과장 교수는 아예 그의 출신성분이 지주라고 못박았다. 더 나아가 그는 반항적이며 자유를 동경하는 제자의 태도가 그러한 출신성분에서 비롯되었다고 진단했다.[21]

2차 토지개혁이 농촌사회의 과열된 계급투쟁을 가리킨다는 점은 토지 소유 면적에 관계없이 소작을 준 전력이 있는 농민들까지 축출을 당했다는 점에서 명확해졌다. 심지어 토지개혁 이전에 토지를 헌

토지개혁 이전 소유지를 국가에 헌납해 축출을 면할 수 있었던
"양심적 지주"인 이근수의 부모도 2차 토지개혁의 파고를 넘을 수 없었다.

납해 법령에 따라 축출을 면할 수 있었던 이른바 "양심적 지주들"마저 2차 토지개혁이라는 계급투쟁의 소용돌이에 휘말려들었다. 평양 공업대학 운수공학부 교수 이근수(27)의 집안이 그 전형적 예에 속했다. 소유 토지 중 일부를 자경해온 그의 가정은 해방 직후 "은행에 저당 잡힌 토지를 제외한 나머지를 국가에 바쳐, 첫 토지개혁 때에는 이주를 당하지 않았다." 그러나 2차 토지개혁은 "양심적 지주들"에게조차 관용을 베풀지 않았다. 1948년 4월경, 마침내 그의 부모는 본적지에서 축출돼 평양으로 올라와 아들의 가족과 합가했다. 이근수는 토지개혁을 통해 착취자들을 척결한 국가의 조치에 호응하여, 자신의 올곧은 사상성을 드러낼 필요가 있었다. 그는 자서전에 다음과 같이 기록했다. "이 이주는 당연히 필요하며 그에 대해 나는 조금도 의심하지 않는다. 또 부모에게도 항상 그렇게 말하고 있다."[22]

1946년 3월 5일부터 시작된 토지개혁의 궁극 목표는 모든 농민들의 안정된 생활기반을 창출하는 데 있었다. 그에 따라 몰수된 모든 소작지가 빈농들에게 분여되었다. 자작농들은 기존의 토지 소유권을 인정받아 전처럼 영농을 지속했다. 축출된 지주들도 타지로 이주하면 새 토지를 분여받아 경작에 동참할 수 있었다. 그러나 토지개혁 이후 계급투쟁이 격화되자 토지 문제 해결의 초점은 농민들의 안정된 생활기반 창출에서, 지주로 대표되는 이른바 '착취계급' 청산으로 무게중심이 이동하는 경향을 보였다. 경작지를 소작 준 전력이 있는 농민들을 대거 축출한 1947~1948년경의 과열된 계급투쟁은 1946년 토지개혁이 지향한 본래의 목표가 퇴색했음을 보여준다.

환호와
보답

토지개혁이 낳은 기적

농촌사회에 커다란 반향을 일으킨 토지개혁은 적잖은 파문도 불러왔다. 토지를 분여받은 수많은 빈농들이 중농의 지위에 올라선 반면, 지주와 부농들은 하루아침에 큰 재산을 잃었다. 황해도 해주 기계전문학교 교원 오련택(22)은 "유복한 가정에서 태어나 고생을 모르며 자랐다." 그러나 그의 집안은 토지개혁과 함께 1만평의 소유지 중 6,000평을 몰수당했다. 그 뒤 가세가 급속하게 기울기 시작했다. 평정자에 따르면 "퍽 곤란해진 그의 가족들은 있는 재산을 하나둘 팔아먹었다." 가세 몰락은 그의 학업에까지 지장을 주었다. 1946년 10월경 평양교원대학 화학과에 입학한 그는 열 달 만에 학업을 중단하고 취업을 준비해야 했다.[23]

물론 토지개혁을 통해 가세가 기운 집안들보다 형편이 나아진 집안들이 훨씬 많았다. 해방 전 동양척식주식회사 토지를 소작한 황해도 안악여자고급중학교 교사 이성주(22)의 집안은 7,000평의 토지를 분여받아 중농의 반열에 올라섰다.[24] 황해도 재령군 하성중학교 교사 오형권(22)의 집안도 마찬가지였다. 해방 전 논 6,000평을 소작하며 빈곤에 허덕인 그의 가정은 비옥한 경작지 7,200평을 분여받아 생활에 안정을 찾을 수 있었다.[25]

8남매의 가정에서 어렵게 자란 조선인민군 군관 김명호(23)에게 토지개혁이 가져다준 감격은 이루 헤아리기 어려울 정도였다. 해방 전 그의 집안은 맏형의 투병생활과 함께 많은 빚을 져야 했다. 얼마 되지 않은 가산은 순식간에 탕진되었다. 그 탓에 둘째 형은 소학교에 입학한 지 두 해 만에 학업을 포기했고, 셋째 형은 서당 문턱조차 밟지 못했다. 온 가족의 희생에도 불구하고 결국 맏형은 세상을 떠났다. 그의 형제들은 맏형이 남긴 빚을 갚기 위해 밤마다 모여 앉아 새끼를 꼬고 가마니를 짰다. 열한 명이나 되는 그의 가족이 적은 토지를 부쳐 몰락한 가세를 일으켜 세우기란 도저히 불가능한 일이었다.

그러나 그것을 가능케 한 기적 같은 토지개혁이 일어났다. 그의 집안은 논 4,500평과 밭 2,000평을 분여받았다. 생활형편은 급속히 향상되었다. 그의 가족들은 "무너져가는 초가삼간"을 매각한 뒤 "9간이나 되는 기와집"을 지었다. 전에는 없었던 가구들을 들여놓았고, 생활에 필요한 물품들을 하나하나 사 모으기 시작했다. 김명호의 고백에 따르면 이웃들로부터 "아들 부자"라는 비아냥을 듣던 그의 집안은 이제 "남부럽지 않은" 가정을 일굴 수 있었다. 그의 형은 촌락 당조직인

세포의 책임자가 돼, 기와집 방 한켠을 세포 사무실로 사용했다.[26]

김명호처럼 토지를 분여받은 빈농들의 기쁨은 이루 말할 수 없었다. 그들 중 일부는 자서전에 그 기쁨을 생생히 묘사했다. 평양교원대학 지리과 학생 전순애(20)는 토지개혁의 혜택을 농민들이 "움 안에서 거저 얻은 떡"에 비유했다. 그녀의 가족들에게 토지개혁 이후의 나날은 "화창한 봄날" 같았다.[27] 평양교원대학 노어과 학생 이학섭(19)은 논 1,000평과 밭 2,000평을 분여받고 기뻐하는 어머니의 모습에 눈시울이 뜨거워졌다. 그도 그럴 것이 극빈한 소작농으로 40대에 과부가 된 그녀는 온갖 고생을 다하며 아들을 키워온 터였다. 심지어 해방 직전에는 그녀가 소작하던 토지를 주인이 매각한 탓에 소작권을 상실한 일도 있었다.[28]

평안북도 선천군 남면 건산동 농민 김농수(18)의 집안은 토지개혁 당시 논 3,747평과 밭 1,451평을 분여받았다. 그의 가족 다섯 명이 생계를 유지하기에 모자람 없는 토지였다. "날듯이 기뻐한" 그의 아버지와 어머니는 토지개혁이 자신들을 "살게 해주었다!"며 감격했다. 그들은 모든 국가 사업에 누구보다 먼저 참가하는 열성을 보였다.[29]

3,300평의 토지를 분여받은 평양교원대학 수학물리과 학생 김달섭(19)의 부모가 맛본 기쁨도 별반 다르지 않았다. 사실 가까운 선조대에 그의 집안은 조그만 땅뙈기조차 소유한 적이 없었다. 그는 자서전에 그 기쁨을 다음과 같이 표현했다. "토지의 주인으로서 내 토지를 경작하는 맛이야말로 참으로 기뻤다. 토지 주인이 돼 일하니, 의욕이 넘쳐 이전보다 더 많은 수확고를 올릴 수 있었다. 게다가 현물세 25퍼센트를 바친 뒤 상당한 여유 양곡까지 얻게 되었다." 그의 가정

김명호

토지개혁은 빚더미에 깔려 출구가 보이지 않았던 김명호의 집안에
기적을 가져다주었다.

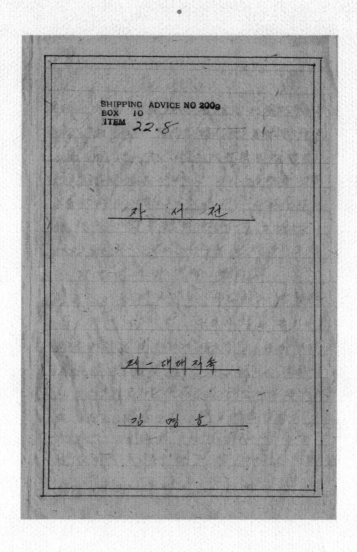

이 입은 혜택은 토지개혁에 그치지 않았다. 거주지인 황해도 재령군 남률면 해창리에 전기가 가설됨에 따라, 그들은 밤의 적막과 어둠에서 벗어날 수 있었다. 대학 진학에 대비한 야간 학습이 가능해졌다는 점도 전기가 김달섭에게 가져다준 혜택이었다.[30]

체제의 버팀목이 된 빈농들

토지를 분여받은 빈농들은 감격에 빠졌을 뿐만 아니라, 국가 건설에 적극 동참하겠다는 의지를 내비쳤다. 2,000평의 토지를 분여받은 조선인민군 장교 태은섭(22)의 가족들은 하나같이 국가 사업에 발 벗고 나섰다. 농민동맹에 가입한 그의 아버지는 기꺼이 학습조장을 맡아 밤마다 농민들에게 한글을 가르쳤다. 게다가 그는 인민반장으로서 이웃들을 건국 사업에 동원하는 일까지 떠맡았다. 여성동맹에 가입한 그의 어머니는 집안일보다 바깥일에 더 많은 시간을 보냈다. 농민동맹 교양 간사인 그의 작은아버지는 촌락 선전선동 사업에 열성을 보였다. 가난한 농민들인 그들은 새로운 체제의 믿음직한 버팀목이자 견고한 지지기반이 되었다.[31]

토지개혁의 수혜를 입은 이들 가운데 누구보다 헌신적으로 국가에 보답하려는 의지를 내비친 이들은 최하층 빈민들이었다. 열네 살이 되던 해에 공장 노동을 시작한 김길녀(21)도 학교라고는 다녀본 적이 없는 극빈층 출신이었다. 그녀는 열여덟 살이 된 1946년경 빈농가에 출가해 농사를 거들었다. 바로 그해에 토지개혁이 일어났다. 그녀의 새 가족은 논 504평과 밭 9,046평을 분여받았다. 감격한 그녀는 각종 사회단체에 가입해 국가 사업을 도왔다. 1946년경 북조선민주청년동맹·북조선민주여성동맹·북조선농민동맹에 가입한 데 이어, 1949년 3월경 북조선로동당에 입당했다. 그녀는 농사를 지으면서도 민청과 농맹의 간부직을 맡았을 만큼 사회 활동에 의욕을 보였다.[32]

평정자는 국가 사업에 헌신한 그녀의 열성에 깊은 감명을 받았다. 그는 그녀가 "낮에는 밭으로 나가고, 밤에는 국가 사업에 참여한다"고 기록했다. 그에게 더 경이로웠던 점은 학교조차 나오지 못한 그녀가 한글을 깨쳤다는 사실이었다. 사실 그녀는 민청 회의를 비롯한 각종 회의에 참가하며 한글을 익혔다. 이웃들마저 탄복한 까닭은 그녀가 문맹을 퇴치했을 뿐만 아니라, 좋은 글씨체를 습득했기 때문이었다. 평정자도 그녀에게 아낌없는 찬사를 보냈다. "그녀는 모두 다 감탄할 만큼 비약적 발전을 보이고 있다. 정치적으로 굳게 무장하고 국가 사업에 발 벗고 나선 모범적 일꾼이다."[33]

전혀 학교를 다닌 적이 없는 김길녀가 보기 좋은 글씨체로 자서전을 작성한 반면, 황해도 재령군 재령면 부성리 농민 오남제(38)는 몹시 서툰 글씨체로 자서전을 작성했다. 그도 전혀 교육을 받지 못한 극빈층 출신이었다. 열일곱 살이 되던 1928년부터 줄곧 머슴살이를 했을 만큼 그의 가정형편은 좋지 않았다. 스무 살이 된 1931년에 결혼했으나, 이듬해 고향을 떠나 다시 타농가의 머슴으로 들어갔다. 해방을 맞이하기까지 10여 년간 그는 여러 농가를 전전해야 했다. 그의 고생길은 끝이 보이지 않았다. 그러나 기적 같은 토지개혁이 일어나, 그의 설움을 말끔히 씻어주었다. 그에게 분여된 토지는 논 859평이

김길녀 이력서

극빈층 여성 김길녀는 토지개혁의 수혜를 입자
국가 사업에 적극 협력했다.

김길녀 자서전

김길녀는 학교 문턱조차 밟지 못한 여성이었지만,
한글을 깨친 뒤 좋은 글씨체로 자신의 의사를 표현할 수 있었다.

No. 7

간 부 리 력 서

1. 성명 ㄱ.본명 오초재 ㄴ.별명 오남제 ㄷ.별명 없음
2. 성별남자 ㄱ.생년월일 19ll 년 2월 5 일 (39 세) ㄴ.인족별 조선안
3. 출생지 ㄱ.현재행정구역의내서 황해로 백성조 서 식 면 백운리 200번지
   ㄴ.과거행정구역의명칭 황해도 해주군 석동면 백운리
6. 사회출신 ㄱ.빈농 부모의직업 8.15전 농업 부모의 8.15전답3,000 평 몬수 ✓ 평
   8.15후 사백 토지소유 ✓ 전 혼수 ✓ 평
   본인의 8.15전 평 몬수 평
7. 사회성분 농민 본인의기본직업 농업 토지소유3.15후답849평 본여 6 5 평
8. 당별 로동당 입당년일일 1946년 8월 28일 당증초수No.황해도재녕로동당
9. 입당한당의명칭 황해 당 황해 도 서(구역)재녕 군당부
10. 다른당에입당하였든가 (어떤당에서. 어느대부터어느대까지)발당리유 없음
11. 당과민청관가한열이있는가 없음
12. 외국정당예참가한일이있는가 없음
13. 지식정도

구분 교표별	학 교 명 칭	학교소재 지역명	어느대부터	어느대까지	졸업 중퇴	인가 불인가	전문한과목
보 통 학교	없음						
전문 학교	東海 없음			해방후			
	없음						
기술학교 교군학 한학교	없음						
	없음						
정치 학교	없음						
	없음						

14. 학위학직유무 없음
15. 과학. 발명. 문예. 저술유무 없음
16. 외국 려행유무 없음

어느대부터	어느대까지	어느국가어떤행정구역예가있었는가	무슨일을하였는가

토지를 분여받은 극빈층 출신 오남제는
국가의 시혜에 보답하고자 백미를 헌납했다.

자 서 전

학교 교육을 전혀 받은 적이 없는 오남제는
서툰 글씨체로 자서전을 작성했다.

었다.

그는 토지개혁 이후 첫 수확을 마치자 가장 먼저 현물세를 납부했다. 세금을 납부하고도 아직 그의 수중에는 많은 곡식이 남아 있었다. 그는 백미 17두를 들여 "무너져가는 오막살이 삼간"을 구입해 수리한 뒤, 아내와 자식들을 데려와 어엿한 가정을 이룰 수 있었다. 불현듯 국가에 보답하고픈 욕구가 그에게 솟구쳐 올랐다. 현물세 네 가마니를 이미 납부한 그는 "애국미愛國米" 여섯 가마니를 추가로 헌납했다. 그러자 이번에는 국가가 호응했다. 북조선인민위원회 위원장 "김일성 장군"과 황해도인민위원회 위원장 김응기가 그에게 표창을 수여했다. 감격한 그도 가만히 있을 수 없었다. 그는 계속해서 국가에 물질적으로 보답했고, 그럴 때마다 국가는 다시 상을 수여했다. 지속된 국가의 감사 표시는 그에게 마음의 빚을 떠안겼다.[34]

시련과
저항

토지개혁이 불러온 절망과 시련

토지를 분여받은 이들이 체제를 지지하며 국가 사업에 적극 협력한 반면, 토지를 몰수당한 이들은 불편한 심기를 내비쳤다. 공직자와 간부의 비중이 큰 자서전 작성자들 중에는 토지를 몰수당한 부유층 집안의 자제들이 많았다. 그들 가운데 몇몇은 토지개혁에 반감을 품은 가족들의 속마음을 솔직히 드러냈다. 그러나 그 불평불만은 당국자의 심기를 건드리지 않는 선에서 완곡하게 기술될 필요가 있었다. 그러한 기술 태도는 가족들을 배려하면서도 자신의 정직성을 내세울 수 있는 기록자들의 자연스러운 대응이었다.

함흥의과대학병원 부원장 주수영(43)의 부모는 토지개혁 당시 10만평(33.3정보)의 토지를 몰수당한 대지주였다. 다행히 그들은 전부 몰수된 전답과 달리 과수원의 소유권을 지켜내, 어느 정도의 경제력을 유지할 수 있었다. 그러나 대규모 경작지를 몰수당한 데 따른 앙금은 사라질 리 없었다. 주수영은 부모의 불만을 다음과 같이 완곡하게 내비쳤다. "부모는 과거 지주의 의식을 완전히 청산하지 못했다. 그들이 민주개혁의 의의를 이해하기란 사실상 무리이다. 다만 원하든 말든 새로운 시대가 도래했다는 점은 인지하고 있다."[35]

토지를 몰수당한 가족들의 불만을 털어놓은 자서전 작성자들은 그들의 불만에 나름의 이유가 있다는 변론을 덧붙이기도 했다. 평양교원대학 수학물리과 학생 오용경(21)은 자신의 부모가 얼마나 고생하며 한 평, 두 평 토지를 장만했는지 하소연했다. 지난날 그들은 어린 세 아이들을 맏딸에게 맡긴 채, 아침 일찍 밭으로 나가 저녁 늦게 귀가하는 생활을 지속했다. 자식들이 보통학교에 다닐 무렵에는 그들도 집안 농사를 거들며 어두워질 때까지 부모와 함께 밭에서 시간을 보냈다. 수확을 마친 뒤 겨울이 오면, 그의 아버지는 나무 장사를 했다. 부모는 "한 닢, 두 닢 돈을 모아" 3,000평의 밭을 사들였다. 그들은 밭에 온상을 설치하여 채소를 가꿨다. 채소 판매 덕에 재산은 더 불어날 수 있었다. 첫 토지를 구입한 지 5년이 지난 1941년경, 그의 집안 토지는 7,000평까지 증가했다.

그러나 어른 두 명과 어린 아이들의 노력만으로 7,000평의 토지를 경작하기란 무리였다. 대안은 소작뿐이었다. 결국 그의 집안은 토지개혁을 맞아 소작지인 3,000평을 몰수당하고 말았다. 부모의 상심은 컸다. 오용경의 고백에 따르면, "그들은 한숨으로 세월을 보냈다." 그는 부모의 불만을 넌지시 내비쳤으나, 그들이 당국의 눈 밖에 나길

평양교원대학생 오용경은 부모가 당국의 눈 밖에 나지 않도록,
토지를 몰수당한 뒤 불만을 내비친 그들의 반응을 완곡하게 기술했다.

바라지 않았다. 그는 자서전에 부모의 현재 동향을 소개하며 다음과 같이 그들을 비호했다. "노부모들이지만 자식들과 지역 간부들의 교양을 받아 토지개혁이 필연적이었음을 깨닫고, 자신들의 임무를 충실히 실행하고 있다."[36]

황해도 재령군인민위원회 교육과 시학 민형홍(25)의 부모도 악착같이 재산을 모았다. 그의 아버지는 1910년대부터 10여 년간 면사무소 서기를 지내며 농사를 병행했다. 그는 토지 매입에 적극성을 보였다. 급료를 저축해 토지를 사들이고, 그것을 담보로 금융조합으로부터 빚을 내 다시 매입하길 반복했다. 수확을 마친 가을이면 빚을 갚았다. 집안 재산은 점점 늘었으나 토지 매입에 급급한 나머지, "대단히 인색한" 생활을 지속했다. 이를테면 1939년경 사리원농업학교에 입학한 민형홍은 부모의 "지독한" 절약 탓에, 하숙생활을 중단하고 고된 기차 통학에 의존해 학업을 이어가야 했다. 해방 직전 그의 가정은 경작지 2만 1,300평(7.1정보)을 소유한 부농이 되었다.

그러나 그들도 토지개혁의 광풍을 피할 수 없었다. 몰수된 소작지가 전체 소유지의 절반을 넘는 1만 1,400평(3.8정보)에 달했다. 토지 재산에 집착한 부모의 상심은 매우 컸다. 민형홍은 미련을 버리지 못하고 있는 그들의 불만을 다음과 같이 완곡하게 기술했다. "일생 동안 자기 노력을 통해 토지를 장만한 부모가 몰수지에 대한 애착심을 하루아침에 깨끗이 청산하기란 쉬운 일이 아니다."[37]

자서전 작성자들은 토지를 몰수당한 가족들의 불평불만을 고백하면서도, 자신들의 사상적 결백성을 강조하기에 주저하지 않았다. "착취계급 가정"에서 태어나 불리한 출신성분에 결박돼 있었던 그들은 당국에 정치적 충성심을 입증해 보일 필요가 있었다. 토지개혁을 지지한다는 입장 표명이야말로 그 효과적 방법이었다. 토지개혁 당시 3,500평의 소유지 가운데 1,500평을 몰수당한 평양교원대학 화학과 학생 신희식(18)의 가족들은 커다란 상심에 빠졌다. 그녀는 불만을 내비친 어머니의 태도가 "봉건적 사상"의 발로라고 폄훼하며 반봉건적 토지개혁의 정당성을 지지했다. 아울러 그녀는 자신의 집안과 달리 큰집을 비롯한 친척들이 토지를 분여받아 여유롭게 생활하고 있는 사실이 "무엇보다 기쁘다"고 덧붙였다.[38]

중농층인 평양교원대학 역사과 학생 윤계호(19)의 집안은 토지개혁 당시 6,000평의 경작지 중 5,000평을 몰수당해 빈농의 지위로 전락했다. 그녀의 가족들은 신희식의 가족들보다 더 큰 상심에 빠졌다. 그녀는 부모가 "이젠 다 살았다고 야단하며 불만이 많았다"고 털어놓았다. 가족들의 생각을 솔직히 고백하는 태도 못지않게 그녀에게 중요했던 것은 자신의 사상적 결백을 당국에 입증해 보이는 일이었다. 자서전에 밝힌 그녀의 토지개혁관은 다음과 같다. "역사의 발전을 되돌릴 수는 없는 노릇이다. 시간이 지날수록 토지개혁이 필연적이었음을 너무나도 똑똑히 알게 되었다. 따라서 나는 아무런 불평불만도 입 밖에 내지 않았다."[39]

토지개혁은 가족 구성원들 간의 불화를 낳기도 했다. 이 경우 토지개혁에 반대한 가족들을 비판하는 행위는 자서전 작성자의 사상적 결백을 입증하는 근거가 될 수 있었다. 황해도 안악군 대원인민학교 교사 김용묵(18)의 가족들은 1944년 7월경 사망한 증조부로부터 토지를 상속받아 1만 7,000평(5.67정보) 소유농이 되었다. 불운하게도

김용묵 이력서

김용묵은 토지개혁에 반대한 형을 비판하며 자신의 사상적 결백성을 드러내고자 했다.

그들은 토지개혁 당시 소작을 주고 있었던 1만 2,200평(4.07정보)의 경작지를 몰수당했다. 그때 김용묵은 동료 교사인 강효순으로부터 "위로와 교양"을 받으며, 토지개혁이 "현재 북조선의 상황에서 가장 적절한 노선임을 깨달았다"고 털어놓았다.

그러나 가족들의 생각은 달랐다. 특히 집안의 실질적 상속자인 그의 형의 분노는 극에 달해 있었다. 그는 1946년 7월경 조선신민당에 입당한 동생 김용묵을 호되게 꾸짖었다. 그 당이 토지개혁을 지지한 정당이었기 때문이다. "신민당원으로서 조국의 완전 독립을 위해" 투쟁하기로 결심한 김용묵은 자서전에 다음과 같이 형을 비판했다. "나 자신이 국가 건설을 위한 투쟁에서 형과 사상적 갈등을 빚고 있으나 끝까지 싸우겠다고 결심했다. 형과 의견 충돌을 겪으며 그가 아직 과거 사상을 청산하지 못한 가련한 인간임을 확인하게 되었다."[40]

토지개혁을 지지해 조선신민당에 입당한 김용묵과 달리, 토지개혁에 반대해 그 당을 택한 이들도 있었다. 경성 세브란스의전을 졸업한 평양의학대학 교수 김인수(32)는 해방 후 농민운동이 고조되자, "성분 문제로 큰 두통"을 앓았다. 그의 아버지가 경작지 10정보를 소유한 지주였기 때문이다. 1946년 3월 토지개혁을 맞아 10정보의 토지를 모두 몰수당한 그의 집안의 재산은 20만원에서 2만원으로 급감했다. 당시 개업의였던 그는 가족들은 물론 자신도 토지개혁에 불만을 품었다고 털어놓았다. "토지개혁 이후 가족들은 크게 낙심했고, 나 자신도 큰 타격을 받았다. 그 당시에는 남들의 처지도 우리와 다를 바 없다며 가족들을 위로했다. 나는 내 기술을 믿고 다시 갱생하겠다는 각오를 다졌다. 그러나 한편으로는 '조선의 사정이 이래야만

하는가?'라며 의심하기도 했다."

막연한 저항의식이 발동한 그는 1946년 5월경, 인텔리의 정당인 조선신민당에 입당했다. 신민당이야말로 토지개혁을 주도한 공산당의 라이벌 정당이었기 때문이다. 그는 조선신민당 평안북도 영변군 고성면당 조직부장을 맡아 적극적으로 활동했다. 그러나 석 달 뒤 전혀 예상치 못한 일이 일어났다. 1946년 8월 말 공산당과 신민당 간 양당 합당이 이루어졌고 자연스레 그는 노동당원이 되었다. 이때부터 토지개혁을 바라보는 그의 관점에 변화가 일기 시작했다. 그는 자서전에 다음과 같이 고백했다. "양당 합당 이후 세상일에 눈뜨기 시작했다. 토지개혁의 역사적 필연성을 깨닫게 되자, 과거의 내 자신이 너무도 낙후했음을 후회했다."

그러나 그의 사상적 갱생은 집안에 닥친 악재를 해결하는 데 아무런 도움도 되지 않았다. 1947년 3월경, 그의 부모는 거주지인 평안북도 영변군 고성면 남산동에서 축출되었다. 그도 개인 병원인 '김인수 의원'을 정리한 뒤 고향을 떠났다. 가족들이 겪은 시련에도 불구하고, 노동당원으로서 토지개혁을 지지한 그의 신념은 흔들리지 않았다. 그의 고백에 따르면 1947년 10월 한 달 동안 평안북도 보건인 정치강습회에 참가하여 교육을 받은 경험이 그의 사상의식 단련에 큰 도움을 주었다.[41]

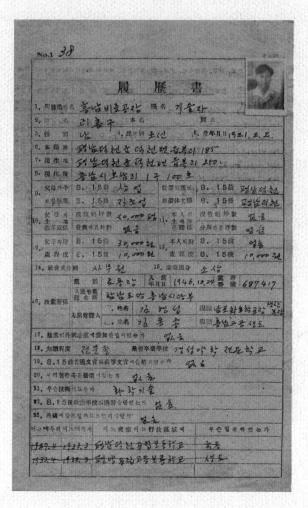

토지개혁 당시 2만평의 경작지를 몰수당해 재산 대부분을 잃은 이홍구의 아버지는
체제에 불만을 품고 조선민주당에 입당했다.

불만을 넘어 저항으로

토지개혁에 불만을 품은 유산층 상당수는 조선민주당에 가입했다. 그들의 조선민주당 입당은 토지개혁을 주도한 무산층의 정당인 공산당에 맞서 세를 규합할 수 있는 현실적 방안이었다. 경쟁 상대인 공산당원들로부터 억압을 당한 그들은 민주당 깃발 아래 자신들의 권익을 지키며 때로는 저항을 모색하기도 했다. 흥남비료공장 기술자 이홍구(27)의 아버지가 민주당에 가입한 동기도 다름 아닌 토지개혁에 있었다. 그는 1934년에 1만원을 밑천으로 잡화상점을 차렸다. 상점은 번창했다. 더 이상 자식들의 학비를 걱정하지 않아도 될 만큼, 가정형편이 눈에 띄게 나아졌다. 해방 직전 그의 아버지는 상점 수입 덕에 토지 2만평(6.67정보)을 포함한 3만원가량의 재산을 모을 수 있었다.

그러나 해방 직후 사회 혼란이 고조되는 와중에 상점은 파산하고 말았다. 엎친 데 덮친 격으로 그간 소작을 주어 관리해온 2만평의 경작지는 토지개혁을 통해 몰수되었다. 파산과 토지개혁을 겪으며 집안의 전 재산은 1만원 정도로 줄었다. 아버지와 함께 상점을 운영해온 이홍구의 형은 "보따리 장사"로 전락했다. 토지개혁에 앙심을 품은 그의 아버지는 조선민주당에 입당해 출구 마련을 모색했다. 물론 노동당원인 이홍구는 아버지의 민주당 입당을 극구 반대하며 설득에 나섰다. 그러나 아들의 조언은 이미 이성을 잃은 그의 귀에 들어오지 않았다.[42]

토지개혁에 반대한 집단적 저항운동도 일어났다. 1946년 3월 13일에 발생한 함흥 학생 시위가 그 대표적 사건이었다. 당시 함흥중학교에 다닌 한증호(17)는 현장을 직접 목격한 시위 참가자였다. 그가 시위에 가담한 까닭은 선배들의 "선동"에 현혹된 데다, 그들의 강압에 주눅들었기 때문이다. 사실 그는 시위의 실제 의도조차 알지 못한 채 참가했다. 그의 회상에 따르면 1946년 3월 13일, 함흥중학교 4학년 학생들 몇몇이 전교생을 불러 모았다. 그들은 "우리는 인민위원회에 식량을 요구하러 가야 한다!"고 외치며, 참석자 전원을 시위에 동원했다. 곧 시위 주도자들은 해방 직후 북한이 직면한 심각한 식량난과 그에 따른 배급 중단을 시위의 표면적 구실로 내세웠다. 그러나 그들의 실제 의도는 다름 아닌 토지개혁 반대에 있었다. 자신이 이용당했음을 간파한 한증호는 부끄러움을 느꼈다. 사실 그는 토지개혁 당시 4,000평의 경작지를 분여받은 빈농 집안의 아들이었다.[43]

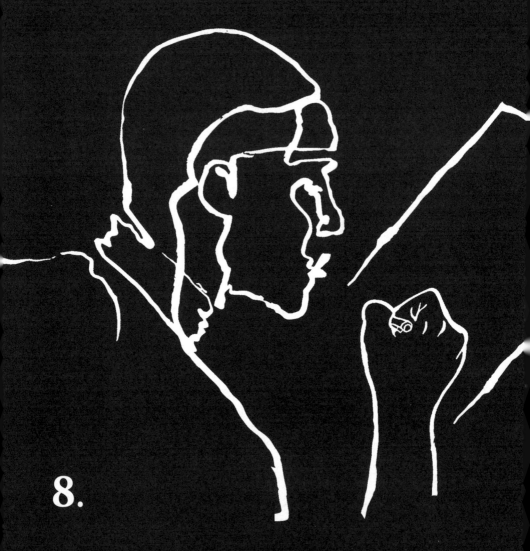

8.

서울이 38선 이남에 위치했다는 점은 북한에 치명적 불운이었다. 해방 당시 조선의 뛰어난 인재와 풍부한 물자가 밀집한 곳이 바로 서울이었기 때문이다. 따라서 북한의 국가 건설은 남한보다 불리한 여건에서 착수될 수밖에 없었다. 인재와 물자 부족에 시달린 북한은 다양한 해결책을 모색했다. 먼저 유능한 전문가들을 확보할 인재 공급원으로서 소련과 만주 외에 남한에도 눈을 돌렸다. 물론 국가 건설에 착수한 북한이 마지막까지 의존한 궁여지책은 국내의 인적·물적 자원을 총동원하는 일이었다.

국가 건설

- 기술자 부족 사태
- 인재 충원과 간부 등용
- 대중들의 국가건설운동 참여 열기

기술자
부족 사태

해방 후 북한의 국가 건설은 몹시 열악한 여건에서 착수되었다. 건설 재료인 물자 부족이 무엇보다 시급한 문제였다. 일제 말 전시 총동원 정책이 불러온 물자 고갈은 남북한을 망라한 전 조선사회에 심각한 인플레이션을 유발했다. 북한 전역에 엄습한 경제난은 개개인들의 생활수준을 현저히 떨어뜨렸다. 평양 제3여자중학생 김순실(17)의 부모는 더 이상 식료품을 조달할 길을 찾지 못하자, 오랜 생계 유지의 수단이었던 상업 활동을 접을 수밖에 없었다. 그녀의 가정은 경제적으로 큰 타격을 받았다.[1]

특히 식량 부족은 심각한 사회 혼란을 부채질했다. 그것은 38선 획정에 따른 남한 곡창지대로부터의 식량 유입 중단과 토지개혁이 일어난 해인 1946년의 대흉작이 맞물린 결과였다. 함경북도 주민 대다수가 대두 분말을 이용해 끼니를 해결해야 했을 만큼 식량 사정이 좋지 못했다. 영양실조에 걸린 이들이 속출하자, 의사들은 영양 보충에 도움이 될 보조식품들을 대중들에게 선전했다.[2] 북한 지역 식량난은 배급제의 원활한 운영에도 걸림돌이 되었다. 1946년 12월경 황해도 사리원상업학교 학생들에 대한 배급이 잠정 중단되자, 가정형편이 어려운 이들은 학업을 포기하고 귀향했다.[3]

식량난을 비롯한 물자의 부족과 함께 북한의 국가 건설을 방해한 요인은 식자층 인재의 부족이었다. 특히 고급 기술자 부족이 해방 후 산업시설의 신속한 복구와 원활한 운영을 가로막았다. 북한이 직면한 고급 기술자 부족난은 일제의 식민통치에 연원을 두고 있었다. 일제는 1930년대부터 전쟁 준비의 일환으로 조선에 군수품 산업과 전기 산업의 확장을 도모했다. 산업시설 확장은 조선 내 기술자 수요의 창출에 일조했다. 그 덕에 발전·송전·변전 등의 전기 산업과 건설업에 진출한 조선인들은 기술을 갈고닦을 기회를 잡을 수 있었다.[4]

그러나 '기술자 사용에 대한 법령'을 포고한 일제는 기술자들을 전쟁에 동원할 의도 아래 그들로부터 직장 선택의 자유를 박탈했다. 1940년 3월경 경성광산전문학교를 졸업한 뒤 조선총독부 광공국 광산과 기수직을 배정받은 고대옥(22)은 학교 교원으로 이직하길 희망했으나 끝내 허가를 얻지 못했다.[5] 그와 마찬가지로 공학을 전공한 전문학교와 대학 졸업생들은 본인의 의사에 관계없이 당국이 지정한 공장이나 직장에 배치되었다.[6]

공학계열 학교를 졸업한 조선인들이 기술직을 얻기란 어려운 일이 아니었다. 그러나 조선인 기술자들은 일제의 민족 차별 탓에 숙련 기술을 연마하기 어려운 처지에 놓여 있었다. 사실 식민지 조선의 공장과 산업시설에서 고위직과 요직을 독점한 이들은 일본인 기술자들이었다. 조선인 기술자들에게 부과된 임무는 대개 육체노동이나 단순노동에 국한되었다. 해방 직전 평양철도국 전기통신 기술자로 복무한 류광욱(32)은 일본인 상관들이 전기통신 업무에 기밀 사항이 많다는 이유로, 자신에게 기계도면을 보여주지 않았을 뿐만 아니라 첨단 통신 기술을 전수하길 꺼려했다고 회고했다. 단순하고 번거로운 작업만 떠맡아야 했던 그는 고급 기술에 접근하기 힘들었던 조선인들은 숙련공이 되기 힘든 구조적 환경에 결박돼 있었다고 푸념했다.[7]

조선인 기술자의 부족은 해방 후 북한의 국가 건설에 큰 타격을 입혔다. 그것은 식민지 조선의 고급 기술직과 핵심 기술직을 독점했던 일본인 기술진이 대거 귀국한 뒤 첨예한 문제로 부상했다. 그들의 귀국 이후 대부분의 공장·광산과 시설의 운영이 중단되었다. 조선인 의사 한 명과 일본인 의사 다섯 명이 근무한 평양 사동탄광병원은 해방과 함께 휴업의 위기를 맞았다.[8] 해방 직후 "왜놈 간부들이 일제히 자취를 감춘" 평안북도 후창광산도 약 3개월간 작업을 중단할 수밖에 없었다. 조선인 노동자들이 할 수 있는 일이라곤 치안대를 조직해 광산을 보호하는 일뿐이었다. 1945년 11월 1일 작업 재개와 함께 후창광산 건설과장에 발탁된 손동혁은 극심한 불안감에 사로잡혔다. 그동안 일본인들의 지시에만 고분고분 순종해온 그는 다수의 늙은 노동자들을 어떻게 부려야 할지 용기가 나지 않았다. 그때 그의 나이는 겨우 열여덟 살이었다.[9]

일본인 기술자들이 떠나자 그들의 공백을 메워야 했던 조선인들은 갖가지 난관에 부딪혔다. 관리직·경영직 경험이 부족한 조선인들은 경리 사무체계를 확립하는 데 곤란을 겪었다. 업무량도 과중해질 수밖에 없었다. 해방과 함께 서조선석탄관리국으로 개명된 조선무연탄주식회사의 기술자 이현동(25)은 일본인 기술진이 귀국한 뒤 줄곧 무리한 야간 근무에 시달렸다. 그는 과중한 업무를 수행하던 중 몸에 탈이 나 넉 달 동안 휴식을 취해야 했다. 그 후 건강을 생각해 중학교 교사로 전직했다.[10]

1947년 8월경 김일성종합대학 건축과 교수에 지원한 김응상(31)은 전문학교 이상의 고등교육을 받은 북한 지역 내 조선인 건축 기술자 수가 기껏해야 30명 내외라고 추산했다.[11] 그가 제시한 통계는 국가 건설운동에 착수한 북한의 기술자 부족난이 매우 심각한 수준이었음을 드러낸다. 조선인 기술진의 수준은 양적 측면뿐만 아니라 질적 측면에서도 빈약하긴 마찬가지였다. 김책공대의 전신인 평양공업전문학교 조수로 부임해 수학과 도학을 가르친 방덕근은 교내 교수진의 형편없는 실력에 통분을 금치 못했다.[12]

식자층 인재의 부족은 산업 부문 기술진에 국한되지 않았다. 교육 부문도 상황은 마찬가지였다. 1949년 5월 현재, 전교생 400여 명을 보유한 황해도 재령 제4인민학교의 교사 수가 총 6명에 지나지 않았을 정도였다.[13] 국가 건설에 필요한 식자층 인재가 부족하다는 점은 당시의 학생들에게도 잘 알려진 사실이었다. 학기말 대수 과목 학점으로 겨우 "병丙"을 받은 평양사범전문학교 학생 김양익(17)이 수학과 물리를 전공하게 된 사연도 그와 관련이 있었다. 그는 수치스런 학점을 만회하려 열심히 공부하다 그 과목들에 흥미를 붙였다. 더 나아가 그는 "기술자가 부족한 조국의 공업 발전에 이바지하겠다"는

뜻을 품고 수학과 물리를 전공하기로 결심했다.[14]

평안북도 선천중학교를 졸업한 정국정(17)이 평양교원대학 수학물리과를 지원한 까닭도 김양익의 생각과 다르지 않았다. 그는 그 과목들에 흥미와 소질이 있었던 데다, 특히 "수학이라면 누구나 싫어하는 조선 학생들"에게 그것이 재미있는 과목임을 일깨워주고 싶었다. 조선 학생들의 전반적 수학 실력 향상은 우수한 기술진의 배출에 유리한 여건을 조성할 터였다.[15]

당국이 적재적소에 투입할 전문가를 찾지 못해 일정 정도의 학력을 지닌 이들을 선발하여 공적 업무를 맡긴 해방 직후의 사회 풍조도 식자층 인재 부족의 심각성을 잘 드러낸다. 일본 히로시마現廣島縣 일장관중학교를 졸업한 뒤 귀국하여 농사에 전념하던 청년 한병무(21)는 해방이 되자마자 촌락 간부들에게 "요란히" 불려 다녔다. 밤낮을 가리지 않고 통계 사무를 처리해야 했던 그는 정작 자신의 농사일을 방치할 수밖에 없었다. 결국 식량이 바닥난 데다 몸까지 쇠약해진 그는 이웃 마을로 떠나 교편을 잡았다.[16] 함경북도 길주중학교 물리·화학 교사 허동춘(25)도 해방의 기쁨을 만끽할 여유가 없었다. 그는 하루 4~5시간의 주간 수업을 마치자마자 길주제지공장으로 이동했다. 매일 밤 4시간씩 노동자들에게 기술과학을 가르쳐야 했기 때문이다.[17]

북한 당국은 기술자 부족난을 해결하기 위한 미봉책으로 일본인 기술자 억류 조치를 단행했다. 그러나 잔류한 그들을 바라보는 조선인들의 시선은 곱지 않았다. 1946년 10월 2일, 훌륭한 기술자가 되겠다는 포부를 안고 황해도 송림시 공업기술전문학교 원동기계과에 입학한 김정수(18)는 자신의 생활필수품 전부를 부담한 국가의 시혜에 감격했다. 그러나 그의 감격은 곧 실망으로 바뀌었다. 전문학교 교원 대다수가 "왜놈들"이었기 때문이다.[18] 김정수와 같은 문제에 봉착한 평양특별시 시설사무소 설계과장 문일현(42)은 과감한 결단을 내렸다. 그는 새로운 근무지로 발령받자 돌연 직장을 사직했다. 일본인 기사장 밑에서 일하라는 상부의 지시가 그의 자존심을 건드린 탓이었다. 그는 조선인들을 또다시 "일본인들의 지배 아래에 옭아매려는 듯한" 그 지시에 분노했고 민족적 모멸감을 느꼈다.[19]

인재 충원과
간부 등용

일제시기 전문가와 생계형 부역자 재등용

식자층 인재의 부족은 향후 북한을 이끌어나갈 간부의 저수원을 어디에서 찾을 것인가에 대한 고민을 낳았다. 물론 일차적 저수원은 고등 교육을 받은 북한 지역 주민들이었다. 그들 가운데 항일투쟁에 참가하거나 독립운동을 지원한 경력이 있는 이들이 우선적으로 등용되는 경향을 보였다. 조선중앙일보사 함흥지국장을 지낸 오기익(40)은 일본인이 경영하는 학교가 아닌 사립 소학교에 아들을 보냈을 만큼, 반일의식이 투철한 진보적 언론인이었다. 게다가 그는 일제의 탄압으로 《조선중앙일보》가 폐간된 뒤 줄곧 실직 생활을 했다. 그러나 해방은 그가 받은 일제시기의 고초를 충분히 보상해주었다. 해방 후 그는 리인민위원장, 함남민보사 주필, 함남인민위원회 문화선전부장,

노동신문사 간부 등을 차례로 역임했다.[20]

평양 제6여자중학교 교사 김승륜(23)은 열렬한 항일운동가 집안에서 성장했다. 밭을 팔아 독립군 군자금을 원조했던 그의 아버지는 일제 경찰에 체포된 뒤 가혹한 매질을 당했다. 불행히도 그는 다리에 장독이 올라 그만 "병신"이 되고 말았다. 그러나 일제는 불구자가 된 그를 가만히 내버려두지 않았다. 계몽 사업에 투신한 그는 "불온한 지식"을 가르친다는 구실로 끊임없이 "왜경"에 불려 다녔다. 김승륜의 오촌 당숙들도 항일투쟁에 큰 족적을 남겼다. 이미 3·1운동 이전 "해삼위海蔘威"에 망명한 그들은 육군사관학교를 졸업한 뒤 혁명운동에 매진하다 죽음을 맞았다. 목숨과 맞바꾼 그들의 항일투쟁은 가족들의 등용을 통해 보상되었다. 해방 후 오촌 당숙들의 부친 곧 김승륜의 종조부는 평양혁명자유가족학원 연락소 소장에 등용되었고 그들의 자식들 중 한 명은 내무성 간부에 발탁되었다. 다른 한 명의 자식에게는 평양혁명자유가족학원 입학 혜택이 부여되었다.[21]

항일운동가들과 그 가족들은 어느 정도 역량을 갖추었다면 등용에 거의 제약을 받지 않았다. 일제에 협력한 전력을 지닌 공직자 출신도 혐의가 가벼운 생계형 부역자에 속했다면, 기존 공직에 그대로 유임될 수 있었다. 물론 일본인들과 함께 식민지 조선의 공직과 관리직을 독점해온 그들, 곧 고등 교육을 받은 조선인들 대부분이 재등용될 수 있었던 까닭은 해방 직후의 극심한 식자층 인재 부족난 때문이었다. 그에 따라 지방 우편국장을 지낸 한 공직자는 해방 후 체신성 관료로 발탁되었고, 평안남도 산업과 기술 행정원이었던 한 공직자는 평남인민위원회 공업과원으로 발탁되었다.[22]

김승륜 이력서

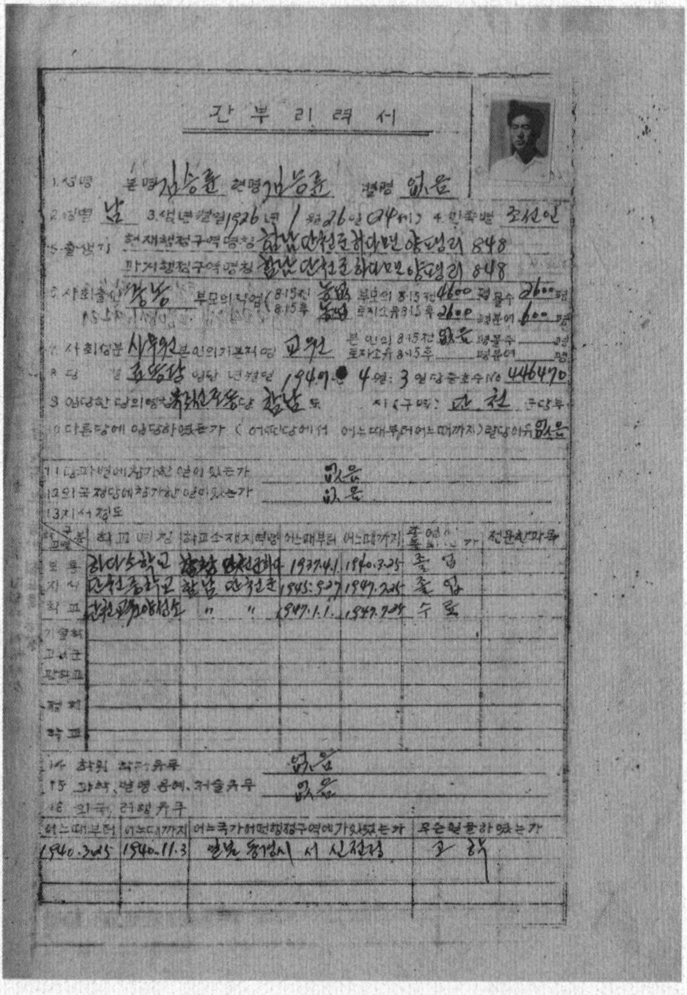
간부리력서

1. 성명 본명 김승륜 현명 김승륜 별명 없음

2. 성별 남 3. 생년월일 1926년 1월 26일 (24세) 4. 민족별 조선인

5. 출생지 현재행정구역명칭 함남 단천군 하다면 양평리 848

과거행정구역명칭 함남 단천군 하다면 양평리 848

6. 사회출신 중농 부모의 직업 (8.15전 농업 / 8.15후 농업) 부모의 토지소유 8.15전 4600평 8.15후 2600평

7. 사회성분 사무원 본인의 기본직업 교원 본인의 토지소유 8.15전 없음 8.15후

8. 당별 로동당 입당 년월일 1947년 4월 3일 당증호수 No 446470

9. 입당한 당의 명칭 북조선로동당 함남 도 단천 군당부

10. 다른 당에 입당하였는가 (어떠한 당에서 어느때부터 어느때까지) 탈당이유 없음

11. 당파별에 참가한 일이 있는가 없음

12. 외국정당에 참가한 일이 있는가 없음

13. 지식정도

구분	학교명칭	학교소재지명	어느때부터	어느때까지	졸업 여부	전문학과목
보통지식학교	하다소학교	함남 단천군 하다	1937.4.1.	1940.3.25	졸업	
	단천중학교	함남 단천군	1945.9.27	1947.3.25	졸업	
	단천교원양성소	"	1947.1.1.	1947.7.24	수료	
기술학교 군관학교						
정치학교						

14. 학위 학직유무 없음

15. 과학, 발명, 공예, 저술유무 없음

16. 외국 려행유무

어느때부터	어느때까지	어느국가 어떤 행정구역에 가있었는가	무슨일을 하였는가
1940.3.25	1940.11.3	일본 동경시 서 신철공	고학

열렬한 항일운동가 집안에서 성장한 김승륜과
그의 가족·친척들은 해방 후 국가로부터 충분한 보상을 받았다.

일제에 협력한 혐의가 있는 이들 가운데 전문직·기술직 종사자들은 더 관대한 처우를 받았다. 장연진이란 소년은 비행병을 모집한다는 일제의 선전을 만주의 한 촌구석에서 접한 뒤 조종사의 꿈을 품게되었다. 그는 부모의 반대를 무릅쓰고 도일하여 후쿠오카현福岡縣 다치아라이육군비행학교太刀洗陸軍飛行學校에 입학했다. 각종 군사학과 항공학 교육 과정을 이수한 그는 조선으로 귀국해 비행 훈련을 받고, 마침내 꿈에도 그리던 일본 비행대의 조종사가 되었다. 그러나 곧 해방이 찾아왔다. 뜻밖에도 일제의 패망은 그의 꿈을 앗아간 악재가 아닌, 새로운 기회를 제공한 호재가 되었다. 그는 해방 직후인 1946년 2월경 북한 공군의 모태가 될 신의주 조선항공대에 입대했다.[23]

악질적 친일 행위에 연루되지 않았다면 일제시기 전문직 종사자들은 그들의 기존 지위를 그대로 유지할 수 있었다. 강원도 평강축산전문학교 교장 주범(40)은 일제시기에 각종 공직을 두루 거친 전문가였다. 그는 시학으로부터 "일제 전직자"라는 이유로 학교장에 적합하지 않다는 지적을 받았다. 그러나 시학도 전문가인 그를 마냥 내칠수만은 없었다. 결국 시학은 그가 기술학교를 맡고 있다는 점을 들어 마지못해 그의 유임을 승인했다.[24]

사실 친일 전력을 비롯한 각종 결점들은 기술자나 전문가들에게 큰 문제가 되지 않았다. 해주기계전문학교에 재직 중인 강종경(36)은 "성격이 간사하고, 사업에 침착성이 없으며, 탐위적 야심으로 분파행위를 조장"하는 등 성격상 심각한 문제를 지닌 교원이었다. 그러나 그의 결점을 간파하고 있었던 시학은 정치 교육을 통한 시정을 강조할 뿐, 그가 현직에 적임자라는 결론을 내렸다. "능수능란하게 기계

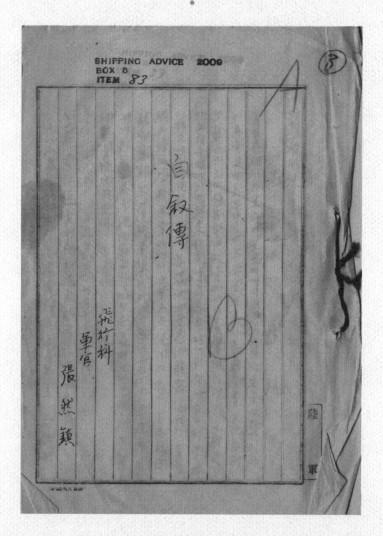

일본 비행대 조종사 출신 장연진은
전문가 부족난을 겪은 북한체제 하에서 공군 간부에 발탁될 수 있었다.

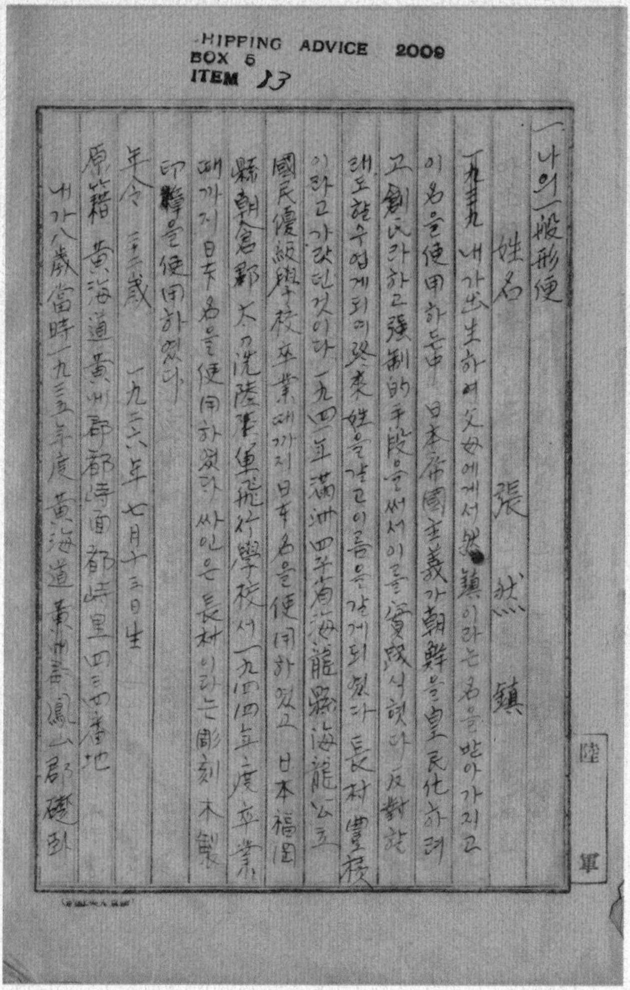

HIPPING ADVICE 2009
BOX 5
ITEM 13

一. 나의 一般形便

姓名 張 然 鎭

一九三九 내가 出生하여 父母에게서 然鎭이라는 名을 받아 가지고 이 名을 使用하든中 日本帝國主義가 朝鮮을 皇民化하려고 創氏라하고 强制的 手段을 써서 이를 實施시켰다 反對한대도 할수업게되여 從來 姓을 갖고 이름은 갈게되었다 長村豊稜이라고 가렸던 것이다 一九四一年 滿洲四平省海龍縣海龍公立國民優級學校 卒業때까지 日本名을 使用하였고 日本福岡縣朝倉郡 大刀洗陸軍飛行學校서 一九四四年度 卒業때까지 日本名을 使用하였다 싸인은 長村이라는 彫刻 木製印章을 使用하였다

年令 二十歲 一九二六年 七月十三日生

原籍 黃海道黃州郡都峙面都峙里四三四番地

내가 八歲當時 一九三三年度 黃海道 黃州郡 鳳山郡 礎臥

陸 軍

를 다룰 수 있는" 그의 기술적 재능을 외면할 수 없었기 때문이다.[25]

이공계 출신과 고학력자 우대

해방 후 식자층 인재 부족이 생계형 친일파 구제정책과 기술자·전문가 우대정책을 이끌어냈음을 살펴보았다. 그러나 새 국가의 건설을 이끌 간부진과 기술진을 그들만으로 꾸리기에는 턱없이 부족했다. 전문적 지식을 소유한 인재들을 찾아내 총동원할 필요가 있었다. 전문가로서의 길을 단념하고 비생산직 분야에서 활동하고 있는 이공계 출신 고학력자들이 일차적 동원 대상이었다. 평양의학전문학교를 졸업한 뒤 진로를 바꿔 음악가의 길을 걸은 김봉건(23)은 당국의 전문 인력 차출에 따라 자신이 늦게나마 찾은 꿈과 재능을 포기해야 했다. 국립교향악단에 근무하며 북조선음악동맹 상무위원과 김일성종합대학 음악서클 촉탁 등을 역임한 그는 1947년 10월에 발표된 "보건인은 보건 부문으로"라는 결정서에 따라, 보건국 의무부 도시치료과 지도원으로 전직했다.[26]

진로를 바꿔 비생산직 분야에 종사한 이공계 출신 고학력자들뿐만 아니라, 고등 교육을 받은 인재들 상당수가 전문직이나 간부직에 등용되었다. 교육수준이 높은 그들은 부족한 전문가 집단과 간부진을 대체할 수 있는 유용한 인적 자원이었다. 아주 우연한 기회에 간부가 된 경성치과의전 졸업생 최도명(24)도 당시로선 흔치 않게 고학력을 지닌 식자층 인재였다. 해방을 맞아 고향 신의주에 돌아온 그는

"일본놈들 대신 목사·자본가와 과거에 돈푼깨나 만지던 놈들이 정권 기관에 기어들어" 그야말로 "수라장"인 상황을 목격했다. 그는 세상을 등지고 독서에 열중할 생각이었으나 전문학교 출신이라는 평판이 나돌아, 1945년 말경 촌락민들의 투표를 통해 면인민위원회 행정부장으로 선출되었다.[27]

고학력 인재들의 전문직 진출은 법조계에서 두드러졌다. 식민지 조선 내 사법 간부직을 독점했던 일본인들이 해방과 함께 썰물처럼 빠져나가자, 법률 교육을 받은 경험이 없는 식자층 인재들을 판검사나 변호사에 발탁하는 일이 비일비재했다. 이를테면 해방 후 평안북도 영변군 인민재판소에서 근무하다 변호사 개업을 한 양이홍은 일제시기에 대서업으로 생계를 유지한 사무원 출신이었다.[28] 숭실전문학교 문학부를 졸업한 인텔리 김원섭(34)에게도 등용의 문은 활짝 열려 있었다. 1946년 9월경 북조선법률학원에 입학한 그는 3개월간의 수료 과정을 마친 뒤 법조인의 길로 들어섰다. 그가 거쳐 간 직책은 평양특별시 검찰소 예심원과 특무부 검사였다.[29]

일본인 교사들이 대거 유출된 교육계의 상황도 별반 다르지 않아, 어느 정도 교육수준을 지닌 이들이 교단에 서는 풍조가 만연했다. 물론 그들은 자격증이 없는 무자격 교사들이었다. 강원도 철원군 영중면에서 임시고원을 지낸 박태남(19)은 "일본인 교사들이 방치해놓고 떠난 학교를 재건해야 한다"는 지역 인민위원회의 권고를 받아들여 마지못해 교편을 잡았다.[30] 자강도 후창군 동흥중학교 교장 박학운(27)도 우연한 기회에 교사가 된 인물이었다. 그는 중앙 교육성이 파견한 교학과 도교육부가 파견한 시학의 검열을 받으며 수치심을 느껐다. 시학이 "제정시대에 무엇을 했습니까, 교원 검정시험에 합격했습니까?"라고 묻자, 그는 얼굴을 들지 못한 채 "무자격 교원입니다"라고 대답할 수밖에 없었다.[31]

'국대안' 파동과 남한 전문가 초빙

심각한 전문 인재 부족에 시달린 북한은 국내 식자층뿐만 아니라, 북한 지역 밖에 거주한 조선인 인재들에게도 눈을 돌렸다. 만주에서 나고 자라 그곳에 "뼈를 묻을 각오"를 하고 있었던 김덕유(32)는 작은 적산가옥을 얻어 '성제의원'이란 병원을 개업한 의사였다. 그는 해방 직후 함경북도인민위원회 보건부로부터 수차례에 걸쳐 구호 요청을 받았고, 민족감정에 호소한 그 요청을 마냥 거절할 수만은 없었다. 1946년 10월경 북한에 들어온 그는 당시 긴급한 현안이었던 콜레라 방역 사업을 지원하며 그곳에 그대로 눌러앉았다.[32]

물론 북한은 만주 지역 인재보다 남한 지역 인재에 훨씬 큰 관심을 보였다. 남한 전문가층 견인은 이른바 "초빙招聘"이라는 이름 아래 조직적으로 이루어졌다. 남한 전문가 초빙이 적잖은 성과를 거둔 요인은 북한의 치밀한 기획과 남한사회를 혼돈으로 몰아넣은 첨예한 사건이 복합적으로 작용한 데 있었다. 첨예한 사건이란 다름 아닌 '국립서울대학교 설립안(이하 국대안) 반대운동'을 의미했다. 많은 남한 지식인들과 전문가들이 1946년 7월경에 발표된 국대안에 반대하여 총사직운동을 펼치자, 때마침 전문 인재 부족에 시달리고 있던 북한이 그들을 적극적으로 견인했다.

1946년 10월 1일에 개교한 김일성종합대학이 남한 인재 초빙에 적극성을 보였다. 경성공업대학 수학교수 홍성해(30)는 그 대학에 초빙되기 전 국대안 반대운동에 참가했다. 그는 1946년 7월경 동료인 최종환·김지정 등과 함께 '조선수학회' 대표 자격으로 미군정청 문교부장 유억겸과 차관 오천석을 방문해 〈국대안 반대 결의문〉을 제출했다. 8월경 교수직을 사임한 그는 동창이자 저명한 공산주의운동가인 이강국의 도움을 얻어 중학교 취업을 준비하고 있었다. 그러던 중 김일성종합대학이 교원을 초빙하고 있다는 통보를 받았다. 그는 남한에 체류 중인 김일성종합대학 공학부장 신건희와 면담한 뒤 동료 수학자들과 함께 월북했다. 그러나 그의 새로운 삶은 순탄치 않았다. 집도 없이 북한에 정착한 그는 장만해간 의복 대부분을 도난당했다. 수중에 남은 것이라곤 서적 약 400권뿐이었다.[33]

경성대학 이공학부 교수 이한희(27)의 북한 정착 과정은 초빙 사업의 구체상을 잘 드러낸다. 1946년 9월 초 국대안에 반대해 사직서를 제출한 그는 북한의 초빙을 받아들여, 9월 19일 김일성종합대학 공학부 교수로 취임했다. 그로부터 한 달 남짓 지난 1946년 10월 하순경, 아직 남한에 있는 초빙교원 가족들과 그들의 짐을 어선으로 운송하는 사업이 시작되었다. 그때 인솔자 중 한 명으로 뽑힌 이한희는 다른 학부 교수들과 함께 배를 타고 남하했다. 그러나 10월 24일 어선이 한강 기슭에 닿았을 때, 그와 동료들은 잠복 중인 경찰에 체포되었다. 그들은 일주일간 취조를 받은 뒤에야 풀려날 수 있었다. 그가 북한 당국의 연락을 받고 가족과 함께 다시 38선을 넘은 시점은 1947

년 4월 22일이었다.[34]

1947년 7월 현재, 김일성종합대학에 재직 중인 전임 교원과 강사 수는 각각 93명과 30명에 지나지 않았다. 그들에게 전체 87학급 학생들이 수강할 141과목의 수업이 부과되었다. 그러나 총 시수가 1,399시간에 달한 전체 강의를 123명의 교원들이 감당하기에는 역부족이었다. 남한의 전문가 초빙이 시작된 지 약 1년이 지난 1947년 7월 현재, 김일성종합대학은 재임 중인 123명의 교원들에 더하여 전임 교원 60명과 강사 18명을 더 충원할 계획을 세우고 있었다. 물론 충원 대상에서 여전히 큰 비중을 점한 이들은 남한의 전문가들이었다. '임용 예정 교원 일람표'에 따르면, 1947년 9월 1일 부로 임용이 예정된 총 45명의 전문가들 가운데 남한 지역 인재들이 44.4퍼센트인 20명에 달했다.[35]

김일성종합대학뿐만 아니라 함경남도인민위원회도 국대안 파동 이후 남한 기술자·전문가 초빙에 적극성을 보였다. 함경남도 흥남시는 조선 최대의 공장단지가 밀집한 곳일 뿐만 아니라 공업대학이 창설된 지역이기도 했다. 따라서 초빙 사업이 시작되기 전부터 흥남지구 공장단지의 명성을 전해들은 남한 기술자들이 몰려들었다.

해방 직후 "흥남공장에 우리 기술자가 한 명도 없어 곤란하다"는 한 친구의 이야기에 놀란 서울대학 이공학부 조수 김한련(22)은 "그 공장을 살려야 한다"는 뜻을 품고 자진 월북했다. 그는 화학도가 아닌 물리학도였음에도 불구하고, 심각한 전문 인재 부족 탓에 본궁화학공장 기술자로 발탁되었다.[36] 몽양 여운형의 조카인 서울대학 교수 여경구(33)도 자진 월북한 화학 기술자였다. 국대안 반대운동을 벌이다 사직당한 그는 1946년 9월경에 월북했다. "평소 동경해 마지않던"

•

몽양 여운형의 조카 여경구는
"북조선 화학공업의 최고 권위자"라는 명성을 얻었다.

흥남공장 방문은 그에게 강렬한 인상을 심어주었다. 그 공장의 위용에 압도된 그는 아예 그곳에 눌러앉기로 결심을 굳혔다. 흥남지구 인민공장 기술부장과 기사장, 흥남고등공업기술원양성소 부소장, 흥남공업대학 화학과장 등의 요직을 두루 거친 그는 "북조선 화학공업의 최고 권위자"라는 명성을 얻었다.[37]

함경남도인민위원회의 남한 기술자·전문가 초빙 사업도 국대안 반대운동이 시작된 이후인 1946년 10월경부터 본격화되었다. 서울에 파견돼 기술자·전문가들을 접촉한 함경남도인민위원회 교학 이기빈이 두드러진 활약을 펼쳤다. 남조선로동당 문화부 산하 기구인 조선과학기술연맹은 남한의 기술자·전문가들을 그에게 소개하는 가교 역할을 담당했다.[38] 이기빈을 통해 함남인민위원회의 초청을 받은 인사들은 흥남고등공업기술원양성소 교원으로 발령되었다. 이 기구가 1947년 9월경 흥남공업대학으로 승격됨에 따라, 초빙된 남한 인사들의 소속과 직위도 그 대학의 교수나 연구원으로 변경되었다.[39] 북한의 초청을 받은 전문가와 기술자들 가운데 남조선로동당원들은 소속 세포 책임자의 허가와 당 중앙의 승인을 받은 뒤 월북했다. 북한에 정착한 그들은 북조선로동당 조직부를 찾아 전당 수속을 마치고 새로운 세포생활을 시작했다.[40]

경성 한양공업대학 교원 양인선(30)은 함남인민위원회의 초청을 받아 흥남공업대학 교수에 발탁된 월북 인사였다. 국대안 반대운동을 벌이며 한양공업대학 교장 김연준에 맞서 투쟁한 그는 경찰의 검거를 피해, 집에도 학교에도 가지 못하는 피신생활을 며칠간 지속했다. 때마침 조선과학기술연맹이 남한 전문가 초빙 사업을 개시한 북한 측에 그를 추천했다. 초빙에 응한 그는 1946년 11월 3일 두 개 조로 편성된 여섯 명의 인사들과 함께 동두천을 거쳐 38선을 넘었다. 강원도 연천 여관에서 대기하던 그에게 함남인민위원회 교육부의 전보가 전달되었다. 지시에 따라 흥남에 당도한 그는 11월 8일 고등공업기술원양성소 교원으로 취임해 흥남공업대학 창립 준비에 착수했다.[41]

흥남지구 인민공장 기술자 노태석(27)은 남한 기술자·전문가 초빙 사업의 실무를 담당한 인물이었다. 그는 동료 한홍식과 함께 1946년 12월 17일부터 1947년 5월 17일까지 만 5개월 동안 남조선로동당·조선과학기술연맹과 연락하며 초빙 사업을 지원했다. 그 기간 동안 그의 도움 아래 월북한 인원이 기술자 24명, 그들의 가족 70명에 달했다.[42]

전문 인력 부족난에 시달린 북한의 인재 확보정책은 기술자 우대에서 절정에 달했다. 우대 조치의 일환으로 그들에게 높은 임금이 지불되었다. 1949년 현재 흥남공업대학 교수 홍동표(24)의 월 임금은 당시 노동자들이 받을 수 있는 최고 임금 1,500원을 훨씬 웃도는 2,100원에 달했다.[43] 1947년 현재 김일성종합대학 교수진의 월 평균 임금은 2,000~3,000원 대에 걸쳐 있었다.[44] 국내외의 우수한 인재 유치에 주목한 북한은 우대 조치의 일환인 인센티브 지급뿐만 아니라, 인재들을 적재적소에 배치해 사업의 효율성을 높이는 과제에도 관심을 보였다. 철원사범전문학교 러시아어 교사 정연달(24)은 사상성이 견고하고 사업에 적극성을 보인 청년이었다. 그러나 말을 더듬는 그의 오랜 습관은 러시아어 수업에 적잖은 지장을 주고 있었다. 따라서 시학은 그를 "공장 노동직으로 옮길 필요가 있다"고 건의했다.[45]

대중들의
국가건설운동
참여 열기

건국을 향한 열의와 헌신

일제의 억압적 식민통치를 경험한 대중들은 조선의 해방에 감격했다. 그들은 새 국가 건설에 동참하겠다는 의욕과 열정을 내비쳤다. 해방을 맞아 교단에 선 평양 사동야간중학교 교사 이관보(25)는 "지식 상인" 노릇을 서슴지 않은 데다, "고용 관념"에 젖어 수동적으로 일한 과거 교원들의 그릇된 태도가 여전히 자신에게 남아 있다고 보았다. 그는 "맑스-레닌주의 사상으로 무장"해, 학생들에게 진리와 올바른 지식을 가르치겠다는 각오를 다졌다.[46]

'조선수학회' 결성을 주도한 경성공업대학 수학 교수 홍성해(30)는 여느 조선인들처럼 일본인 상관의 지시에 따라 일한 해방 전 자신의 모습에 부끄러움을 느꼈다. 그는 "일본놈들에게 불만을 품었으나 속으로만 원수로 생각"했을 뿐, 혁명운동에 투신한 경험이 없는 나약한 인텔리였다. 그러나 새 국가 건설에 자신의 모든 힘을 바치기로 결심한 그는 어용학자의 길을 단호히 거부하고, 노동자와 빈농의 자제들을 가르치는 데 헌신하겠다고 다짐했다.

1945년 11월경 그는 자신의 포부를 실행하기에 앞서 조선수학회 동료인 최종환·박창순 등과 함께 민족변호사 허헌을 방문했다. 존경하는 원로로부터 그들의 향후 활동 방침에 대한 조언을 얻으려는 의도에서였다. 그러나 그들은 약 30분간 지속된 담화를 통해 별 소득을 얻지 못했다. 허헌은 수학 분야의 문외한인 자신이 수학 교육정책에 참고점을 얻을 수 있었다고 사의를 표했지만, 그들의 방문에 그다지 관심을 보이지 않았다.[47]

해방에 감격한 청년들은 국가건설운동에 헌신하며, 밤낮이 따로 없는 분주한 나날을 보냈다. 교원 자격시험에 합격한 뒤 함경남도 북청군 신포인민학교 교단에 선 여교사 홍영숙(18)에게도 바쁜 나날이 찾아왔다. 그녀는 낮 동안 "새 나라의 용사"가 될 인민학교 학생들을 지도했고, 저녁식사를 마친 뒤에는 야간 한글학교의 문맹 학생들에게 글을 가르쳤다. 그녀의 일과는 그것으로 끝이 아니었다. 밤 11시경부터 약 두 시간에 걸쳐 함경남도 북청군 노동조합장 김현보의 강의를 들은 뒤에야 귀가했다. 게다가 그녀는 민청과 여맹 사업에까지 관여하고 있었다.[48]

김주숙(25)이란 여성도 남편의 장례를 치르자마자 바쁜 일상을 맞았다. 징용생활을 마치고 일본에서 돌아오던 그녀의 남편은 배 위에서 사망했다. 한동안 눈물로 밤을 지새우던 그녀는 해방이 되고나서

●

간 부 리 력 서

1. 성명 ㄱ.본명 김주숙 ㄴ.리명 김주숙 ㄷ.별명 김주든
2. 성별 녀 3. 생년월일 1920 년 8 월 27 일 (30세) 4. 민족별 조선인
5. 출생지 ㄱ.현재립적구역위원지 황해도신천읍도양리
　　　　 ㄴ.과거립적구역위명칭 황해도신천읍도양리
6. 사회출신 빈농 부모의직업 8.15전 농업 　부모의8.15전 6.50명 문수 정
　　　　　　　　　　　 8.15후 농업 　토지소유8.15전 6.6평 분여 정
7. 사회성분 가정 본인의기본직업 농업 　본인의8.15전 정 문수 정
　　　　　　　　　　　　　　　　　　　 8.15후 정 분여 정
8. 당별 로동당 입당년월일 1946 년 2 월 14 일 　입당호수 No.169242
9. 입당한당위명칭 로동당 황해도 신천군(구역) 신천 군당부
10. 다른당에입당하였든가. (어떤당에서, 어느때부터어느때까지)탈당리유 없음
11. 당리밖에 간가방이있는가 　없음
12. 외국정당에참가한일이있는가 　없음
13. 지식정도

구분	학교명칭	학교소재지역명	어느때부터	어느때까지	졸업인가중도인가	전문과목
보통지식학교	논천공립보통학교	논천면 도봉리	1931. 2	1935 3	졸업	
기술학교연구판학교						
정치학교	황해도당학교	해주시 화정리	1947. 1	1947 2	졸업	

14. 학위학직유무 　없음
15. 과학. 발명. 문예. 저술유무 　없음
16. 외국려행유무

어느때부터	어느때까지	어느국가어떤행정구역에가있었든가	무슨일을하였는가
		없음	

20대 중반에 청상과부가 된 김주숙은
국가 사업에 헌신하다 늑막염에 걸렸다.

야, 부산에 내려가 남편의 시신을 찾을 수 있었다. 그녀의 사회 활동은 모든 마음의 짐을 벗어던진 남편의 장례 이후부터 시작되었다. 어린 두 딸을 모친에게 떠맡긴 그녀는 여맹과 민청의 간부로 활약했다. 곧 뛰어난 역량을 인정받아 북조선로동당 황해도당학교에 입학하는 영예를 안았다. 그러나 밤낮을 가리지 않는 고된 활동이 그녀의 발목을 잡았다. 과로 탓에 늑막염에 걸린 그녀는 한 달간 치료를 받으며 휴식을 취해야 했다. 해방 직후 청년들이 과중한 업무를 수행하며 밤새워 일하는 풍조는 낯선 현상이 아니었다. 김주숙처럼 과로에 시달려 건강을 잃는 이들이 비일비재했다.[49]

공장관리운동

해방 직후 조선인들의 국가건설운동은 일제시기에 세워진 산업시설·공공기관·인프라 등의 접수와 관리 활동에서 출발했다. 조선인들은 그러한 자산들을 일제의 식민착취 산물로 간주해, 새 국가 건설의 물적 토대로 활용하고자 했다. 따라서 해방과 함께 일제의 권력이 무너지자, 그들은 그동안 일본인들이 운영해온 각종 시설과 기관 등을 접수해 관리하기 시작했다.

황해도 재령군 농민 최봉서(31)는 일제시기 적색농민조합사건에 가담한 형의 영향을 받아 농민운동에 투신했다. 해방 후 "농민들이 살 길은 농민조합 창설에 있다"고 외친 혁명가 송봉욱의 연설에 깊은 감명을 받은 그는 조합의 물적 토대가 될 제 기관의 접수에 착수했다. 그가 동지들을 규합해 접수한 기관은 조선인들의 "피를 빨고 살을 깎아 만든" 동양척식회사 사리원지점 북률면 출장소와 "왜놈 지주들"이 이끌어온 산미조합이었다.[50] 평안남도 안주군 신안주소학교도 해방 직후 조선인들에게 인수되었다. 학교 사업을 주도해온 일본인 교장과 교무주임이 떠나자, 조선인 교사 이길선(28)은 동료 교원들과 함께 그 학교와 부근의 일본인 학교를 접수했다. 이후 교장에 취임한 그는 두 학교를 자치적으로 관리했다.[51]

산업시설·공공기관·인프라 등을 접수해 보호한 조선인들의 국가건설운동은 공장관리운동에서 두드러진 성과를 보였다. 해방을 맞은 대중들은 공장과 탄광 등의 산업시설을 온전히 보존하여 새 국가에 넘기는 일이야말로 건국을 앞둔 조선인들의 숭고한 의무라고 생각했다.[52] 일제의 식민통치에서 벗어난 조선인들이 주인이 될 새 국가는 기존 지배자들이었던 일본인들의 간여를 용납할 수 없었다. 조선제철평양공장의 조선인 노동자들은 "공장 설비 복구는 우리 손으로!"라는 슬로건을 내걸고 재건운동에 착수했으며, 흥남비료공장 조선인 노동자들은 해방을 맞이하자마자 공장 내 "일본놈들"을 모조리 내쫓아버렸다.[53]

그러나 조선인들의 힘만으로 공장을 복구해 운영하겠다는 바람은 뜻대로 이루어지지 않았다. 조선인 기술자들은 수적으로 부족한 데다 공장을 주도적으로 운영해본 경험이 없었다. 따라서 일본인 기술자 억류 조치가 단행되었고, 북한 지역 산업의 복구와 재건은 그들의 협력 아래 이루어졌다. 새 국가 건설이 일본인들의 도움을 받아 추진되었다는 점은 조선인들이 굳이 드러내고 싶어 하지 않은 치부였다.

흥남공장 관리운동에 참가한 연구원 박원춘(18)은 "우리 손으로" 공장을 운영하기 시작했으나, 기술 부족 탓에 많은 난관을 겪었다고 고백했다. 그럼에도 대부분의 공장 운영이 정상화되었다고 밝힌 그는 소련 기술자들의 원조와 전 종업원들의 "열성적 돌격 운동"에 그 공로를 돌렸다. 그러나 그는 일본인 기술자들의 기여를 전혀 거론하지 않았다. 사실 그가 "조선의 아들딸들"에게 자신이 습득한 지식을 "우리의 말과 글"로 가르치겠다는 포부를 밝힌 이유는 일종의 콤플렉스와 무관치 않았다. 해방 후 그에게 기술 지식을 전수한 이들이 다름 아닌 일본인 전문가들이었기 때문이다.[54]

공장관리운동은 해방 직후의 혼란을 틈타 공장 자산을 절도·약탈하려는 개인이나 집단의 일탈 행위를 방지하는 데 우선적 목표를 두었다. 경찰 업무를 대행한 조직인 자위대나 치안대가 결성돼 공장 자산을 외부의 침탈로부터 보호했다. "반동분자들이 본궁화학공장 파괴 음모를 꾸미고 있다"는 풍설이 나돈 1945년 9월 중순경, 노동자 이인점(23)은 자위대 감시원으로 발탁되었다.[55]

자위대원들은 대개 무장을 갖추었다. 해방 직후 흥남비료공장 청년자위대원으로 활약한 김철환(19)은 "일본놈들이 가지고 있던 무기를 빼앗아" 공장 방비에 활용했다.[56] 경찰 업무를 대행한 자위대는 엄격한 규율에 따라 운영되었다. 흥남비료공장 자위대원 문택용(18)은 약 3개월 동안 정치 교육과 훈련을 받으며 단체생활을 했다. 그는 공장 상황이 안정화된 뒤에야 집에 돌아갈 수 있었다.[57]

외부인들의 침탈로부터 공장을 방비하는 일뿐만 아니라, 일본인 기술자·경영자들을 대신한 조선인들의 독자적 공장 운영도 공장관리운동의 주요 목표였다. 조선인들의 민족의식과 애국심으로부터 추진력을 얻은 이 운동은 전국 대부분의 공장에서 전개되었다. 1944년 4월 10일 평양 당산리의 조선 에다닛트 파이프공장에 취직해 자재과 원으로 일한 전창선(19)은 해방 직후 일본인들이 물러가자, 조선인 직원 세 명과 함께 작은 규모의 그 공장을 관리했다. 그는 1946년 5월 5일까지 공장을 관리하는 동안 북조선임시인민위원회의 지시에 따라 활동했다.[58]

1942년경 일본에서 직장생활을 마치고 귀국한 곽대흥(31)은 식민지 조선 내 대표적 공장 중 하나인 겸이포제철소에 취직했다. 해방 당시 기사직을 맡고 있었던 그는 동료들과 협의하여, "조선의 국보"인 그 공장을 "사수"하기로 결의했다. "겸이포제철소 운영위원회"의 결성을 주도한 그는 부회장에 선출되었다. 이 조직은 해방 직후 공장 내 혼돈 상황을 수습하며 보수와 관리에 주력하다, 1946년 1월 말 북조선 산업국에 공장을 이관했다.[59]

한편 모든 공장관리운동이 노동자들과 종업원들의 의도대로 관철된 것만은 아니었다. 해방을 맞아 흥남행을 계획하고 있던 기술자 양인선(29)은 "직장을 사수하자!"는 슬로건에 고무되어 남한에 잔류하기로 생각을 바꾸었다. 그의 직장은 경기도 부천군 소사읍 고척리에 위치한 소림광업경성제련소였다. 직원 수가 2,000여 명에 달한 이 공장에서도 공장관리위원회가 결성되었다. 양인선은 직원들의 추천을 받아 위원장에 임명되었다. 공장관리위원회는 그 공장을 경공업 공장으로 전환하는 한편, 일본인들을 한 명도 남김없이 축출한 뒤 직원 진을 열성적 근로자들로 재편하는 사업에 주력했다. 아울러 "조선인민공화국"을 지지한다는 정치적 슬로건을 내걸고 전체 노동자들의 단결을 도모했다.

그러나 미군의 남한 진주 이후 공장관리운동은 큰 차질을 빚기 시작했다. 해방 직후부터 공장 내 일본인 사택에 들어와 기거하던 조선인 노동자들이 모두 쫓겨나고, 미군이 대신 그곳에 입주했다. 본사 기술부에 근무하던 공장관리위원장 양인선은 공장이 소유한 광석이 미국에 유출되고 있는 실상을 확인한 뒤 반대투쟁을 벌이다 파면되었다.[60]

표창과 인센티브

공장관리운동을 통해 보호·관리된 산업시설은 정부기관의 창설과 함께 당국에 이관되었다. 이제 다음 과제는 그것을 원상태로 복구해 운영을 정상화하고, 일제시기 이상의 수준으로 생산고를 끌어올리는 일이었다. "복구→정상화→증산"의 과정은 산업 부문뿐만 아니라, 국가 건설에 착수한 북한의 모든 분야에 적용될 수 있는 일반적 재건 과정이었다. 그 재건 기간의 단축을 모색한 북한은 소련의 선례를 따라 공훈을 세운 이들에게 아낌없는 표창과 인센티브를 수여했다. 표창과 인센티브 수여를 통한 명예심의 고취와 물질적 동기 부여는 많은 인민들을 국가건설운동에 동원할 수 있는 효과적 수단이었다.

생산성 향상을 통해 인민경제계획 목표를 초과 달성한 모범노동자·모범농민뿐만 아니라, 분야를 막론하고 우수한 실적을 올려 타인의 모범이 된 이라면 누구나 표창과 인센티브를 받을 수 있었다. 비생산직에 종사한 이들과 군인들도 마찬가지였다. 조선인민군 1사단 포병연대 3대대 7중대 1소대장 이관호(22)는 평소 군사 학습과 훈련에 적극적이고, 열병식 준비를 비롯한 각종 사업에 모범을 보인 청년 군인이었다. 다른 군인들의 귀감이 된 그는 북조선인민위원회 위원장 김일성, 포병부장 무정, 연대장 최현, 연대장 허봉학, 연대장 강병찬 등으로부터 일곱 차례에 걸쳐 표창을 받았다.[61] 표창을 수여한 주체는 중앙·도·시·군·면 인민위원회, 북조선인민회의, 북조선인민위원회 위원장 김일성 등이었다. 가장 많은 수상자를 배출한 산업 부문의 경우, 산업국장과 공장·광산 지배인 등이 수여한 상도 있었다. 수여 기관에 따라 상의 권위와 상금·상품의 규모는 천차만별이었다.

1947년경 인민경제계획 완수가 산업 부문의 핵심 과제로 설정됨에 따라, 계획 목표를 초과 달성한 이들에게 표창과 인센티브가 수여되었다. 1948년 4월 1일부터 황해도 국영 재령광산 채광부로 일한 이경세(32)는 8·15해방 기념일 모범노동자로 추천돼 1,100원의 인센티브를 받았다.[62] 그의 한 달 임금에 맞먹는 금액이었다.

노동자들이 생산 계획량 초과 달성을 통해 인센티브를 획득했다면, 기술자들은 생산량을 현저히 끌어올릴 수 있는 기술 혁신을 통해 인센티브를 획득했다. 인산 첨가법을 활용해 유안 제조에 성공하고 유안의 품질까지 끌어올려 노력 절감에 기여한 흥남비료공장 기술자 이홍구(26)는 북조선인민위원회 위원장·북조선인민회의 의장·산업국장 표창을 받았다.[63]

생산성 향상에 이바지한 노동자·기술자뿐만 아니라, 다양한 방식으로 국가건설운동에 공헌한 많은 이들에게 표창과 인센티브가 수여되었다. 황해도 해주 제2중학교 교사 김병기(26)는 문맹퇴치 사업에 기여한 공로를 인정받아 해주시인민위원회상을 받았다.[64] 함경북도 보건연맹 위원장 성주영(41)은 해방 직전 소련군의 남진 과정에서 파괴된 적십자병원 복구에 기여한 의사였다. 함경북도인민위원회는 그에게 표창장과 2,300원의 인센티브를 수여했다.[65]

영화 연출가 신두희(30)는 북한의 영화 발전에 공헌한 인물이었다. 일본의 진보적 영화사인 '예술영화사'에 몸담은 적이 있는 그는 귀국 이후, 카프KAPF 계열 영화단체인 '서울키노'의 동인으로 활약했다. 그가 북한 영화 제작에 관여한 시점은 1946년 4월경이었다. 상부의 지시로 평양에 파견된 그에게 북조선공산당 중앙위원회 선전부 산하의 영화반원으로 활동할 수 있는 기회가 주어졌다. 그는 38선 이북 지역의 "민주 발전 성과"와 남북한의 "판이한 정세"를 기록물로 제작하여 선전하는 일에 힘썼다. 북조선 국립 영화촬영소가 설립된 뒤 연출자로 활동한 그는 기록영화 〈북조선〉의 제작에 기여한 공로를 인정받아, 1947년 7월 2일 북조선인민회의 상임위원회상을 수상했다.[66]

표창장이 대중들의 명예심 고취에 일조했다면, 상금과 상품은 물질적 동기 부여에 일조했다. 각 분야 공로자들에게 수여된 상품의 종류는 이루 나열하기 힘들 만큼 다양했다. 여성 사업 발전에 이바지한 황해도 재령군 여성동맹위원장 최봉춘(42)은 군인민위원회로부터 비누 한 장을 받았고, 같은 군 신원면의 모범농민 정수봉(31)은 면인민위원회로부터 놋그릇 하나를 받았다.[67] 그보다 더 값나가는 상품을 받은 이들도 있었다. 이를테면 학교 건물 신축에 기여한 공로를 세운

강원도 금화군 금성중학교 교장 홍영진(38)이 중학교 후원회로부터 받은 상품은 은수저와 식기류였다.[68]

대중들의 근로욕과 증산욕을 자극할 수 있는 경제적 인센티브인 상여금 지급도 활발히 이루어졌다. 교육 사업에 성과를 거둔 황해도 재령여자중학교 교사 박봉섭(30)은 한 달 봉급에 맞먹는 현금을 재령 군인민위원회로부터 받았고, 같은 공을 세운 함경남도 단천 고급중학교 교사 김병성(42)은 단천군인민위원회로부터 상금 1,900원을 받았다.[69] 황해도 은율군 내 인민학교와 중학교 교장을 두루 거친 주계신(42)은 교육 부문 인민경제계획 완수에 기여한 교육자였다. 걸출한 성과를 거둔 그는 북조선인민위원회 위원장 김일성이 수여한 금일봉 3,000원을 비롯해, 1948년 한 해 동안 네 차례에 걸쳐 총 6,800원에 달하는 거액의 상금을 손에 넣었다.[70]

대중들의 근로욕과 증산욕을 자극한 유인은 표창과 물질적 인센티브에 국한되지 않았다. 정치적 인센티브도 광범하게 활용되었다. 국영 흥남비료공장 기사장 이재영(27)은 1947년 8월 15일부터 만 1년 동안 인민경제계획 목표 달성에 기여한 공로를 세워, 총 여섯 차례에 걸쳐 북조선인민위원회상·북조선인민회의상·산업국장상·흥남인민 공장지배인상 등을 받았다. 타의 추종을 불허할 업적을 쌓은 그는 "노동영웅" 칭호를 얻었고, 1948년 8월경 조선최고인민회의 대의원에까지 오를 수 있었다.[71]

북한은 이재영처럼 국가건설운동에 탁월한 업적을 쌓아 "노동영웅" "농민영웅"의 반열에 오른 이들을 노동당이나 국가기구의 요직에 발탁했다. 그들은 대중들이 본받아야 할 모범적 인간의 전형이었다. 이제 누구라도 생산성 향상에 걸출한 공을 세우면 제2의 영웅이 될 수 있었다. 국가는 대중들의 그러한 경쟁심을 자극하여 건국운동에 그들을 동원하고자 했다.

건축 기술자 김응상의 국가건설운동 참여

인센티브의 영향이든, 순수한 민족애나 애국심의 발로이든, 자아실현의 일환이든 간에, 많은 이들이 자신이 소유한 재산·지식·기술·노동·재능 등을 바쳐 새 국가 건설에 이바지하고자 했다. 니혼日本대학 건축과를 나와 김일성종합대학 건축과 교수직에 지원한 김응상金應相(1916년 3월 29일 생)도 자신의 지식과 기술을 활용하여 국가건설운동에 동참한 인물이었다.

어렸을 때부터 완구 제작에 소질을 보인 그는 1931년 평양 광성중학교 입학 이후 과학자들의 전기문에 빠져들었다. 그에게 가장 큰 영감을 준 인물은 "실천적 발명가" 에디슨이었다. 에디슨 전기문을 읽고 발명가가 되길 희망한 그는 기계 수리에 흥미를 붙였고, 더 나아가 수상스키 발명에 착수했다. 관심 있는 책은 과학 잡지뿐이었고, 사귀는 친구들도 발명이나 기계 수리에 취미를 가진 이들이었다. 문학과 사회과학은 전혀 그의 구미를 끌지 못했다. 단지 발명으로 조선 인민에게 공헌하겠다는 단순한 생각만이 그의 머릿속을 지배했다.

만 20세가 된 1936년경, 그는 위대한 발명가를 꿈꾸며 일본 유학 길에 올랐다. 도쿄고등공업학교 기계과에 입학한 그는 중학시절에

김응상 이력서

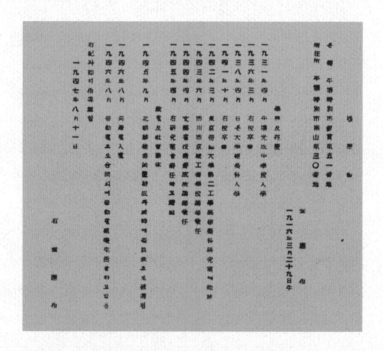

주택 개량 문제에 관심을 가지고 있던 김응상은
국가건설운동 참여의 일환으로 조선에 적합한 건축 재료를 연구했다.

김응상 자서전

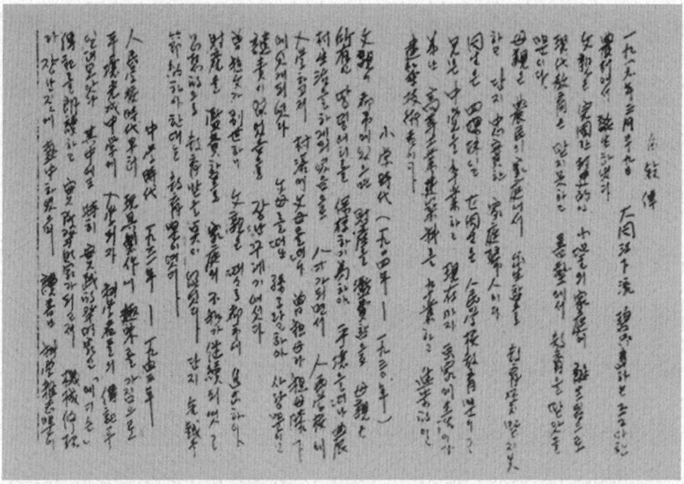

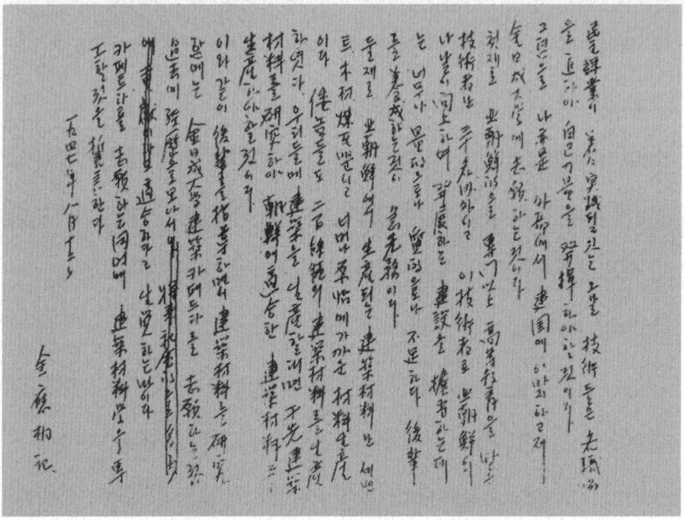

몰두하다 손을 놓고 있었던 수상스키 발명을 마무리해 특허를 취득했다. 그러나 그 학교의 형편없는 교육수준은 오랜 취미였던 발명을 그의 관심에서 멀어지게 했다. 1938년경 니혼대학 건축과로 전과한 그가 더 관심을 가지게 된 분야는 조선의 건축이었다. 전공을 바꾼 뒤 여름방학을 맞아 잠시 조선에 들른 그는 경주 등지의 고건축물들을 답사하며 겸사겸사 농촌 주택을 조사했다. 그 과정에서 그의 관심은 점점 조선 주택의 개량 문제로 옮겨졌다. 대책을 찾기에 골몰하던 그는 많은 전문가들의 논설과 씨름했다.

조선의 주택 문제는 그의 관심을 사상적 방면으로까지 넓혀주었다. 주택 개량 문제의 선결조건이 정치·경제적 해결책에 있음에도 불구하고, 일제의 식민통치를 받고 있는 조선은 그 문제를 독자적으로 해결할 길이 없었기 때문이다. 그러한 한계를 자각한 김응상은 먼저 시대에 따른 건축 양식의 변화를 파악하기 위한 건축사 연구에 착수했다. 그는 곧 조선과 일본 고건축물들의 대략적 양식을 이해할 수 있었다. 그가 보기에 건축은 당대의 정치·경제·문화를 반영하는 상징물이었다. 그러나 현대 건물과 달리 편용적 가치와 사회적 가치를 결여한 고건축물들은 그에게 단지 미래 건축 발전의 참고 자료로서만 의의를 지닐 뿐이었다.

한편 그는 "원시공산주의 시대"로부터 현대에 이르기까지 건축 발전사를 훑어볼 때, 건축 조형 발전의 원동력은 건축 재료의 생산에 있다고 보았다. 그럼에도 불구하고 20세기 과학 발전의 혜택을 받지 못한 조선은 농촌 주택 재료로 전혀 가공하지 않은 흙과 나무만을 사용할 뿐이었다. 그는 조선의 기후에 비추어볼 때 부족한 목재가 아닌, "불소연와不燒煉瓦"를 제조해 농촌 주택 재료 문제를 해결해야 한다는 결론에 다다랐다. 그는 먼저 일본의 흙으로 실험해 성공한 뒤, 조선 각지의 흙을 채집하여 다시 실험에 착수했다. 그러나 미 공군의 일본 공습이 잦아지자 그의 연구는 중단될 수밖에 없었다. 그는 1945년 4월경 귀국길에 올랐다.

해방을 맞이하기까지 그는 시멘트 대용토를 찾아 각지를 돌며 조사했다. 조사 결과는 몹시 암울했다. 북한 지역에서 얻을 수 있는 건축 재료라곤 시멘트·목재·연와 밖에 없었다. "왜놈들"이 200여 종의 건축 재료를 생산한 반면, 조국 조선의 건축 재료가 원시상태에 가깝다는 진단은 그에게 큰 자괴감을 안겨주었다. 그는 조선의 건축 발전에 이바지하려면, 먼저 조선에 적합한 재료를 찾아야 한다는 결론을 재확인했다. 새 국가 건설에 헌신하기로 각오한 그는 건축 재료를 연구하며, 후배 연구자들을 양성하고자 김일성종합대학 건축과 교수직에 지원했다.[72]

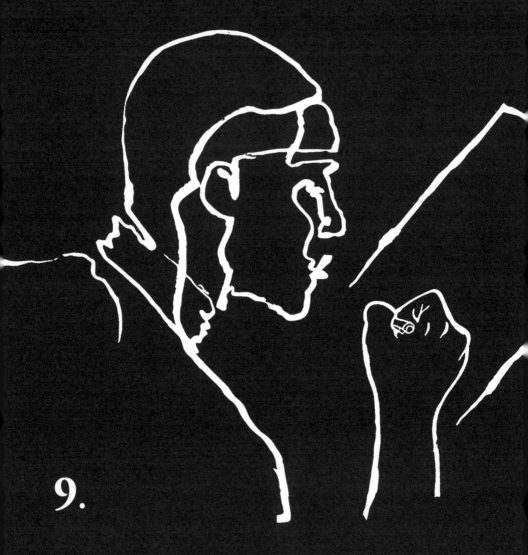

9.

마르크스-레닌주의가 불러온 사회혁명은 교육 부문에도 수혜를 안겼다. 이제껏 소외돼온 계급
에게 배움의 문이 열렸고, 교육 내용은 다름 아닌 마르크스-레닌주의로 대체되었다. 혁명가들
의 수련에 활용돼온 볼셰비키 규율은 교육수단으로 활용되었다. 마르크스-레닌주의 교육의 대
중화는 전례 없는 실험이었다. 그것은 후세들의 자아실현과 사회적 성취에 어떠한 영향을 끼칠
지 불확실했다는 점에서 혁명적 실험이기도 했다. 다만 공산주의자들만이 마르크스-레닌주의
교육의 장밋빛 청사진에 도취해 있었다.

교육, 새로운 인간형 만들기

- 무너진 교육제도
- 새로운 세계를 약속한 마르크스-레닌주의
- 인간 개조

무너진
교육제도

열악한 교육 여건과 교원 부족

일제가 패망하자 식민통치를 받아온 조선의 교육체계도 허물어졌다. 학생들과 교사들은 학교를 떠났고 교내 시설과 비품은 온전치 못한 상태로 방치되었다. 1945년 10월 6일, 함경북도 나남시 수북인민학교에 부임한 교사 유창훈(20)은 유리창이 사라지고 창틀만 남아 있는 교실과 맞닥뜨렸다. 교재는 없고 교원은 턱없이 부족했다. 그는 이곳 저곳에서 하나하나 자재를 모아 "까치가 집짓듯" 학교를 복구하며 학생들을 가르쳤다.[1] 숙사가 없는 학교도 많아, 장기간 교실에서 숙박하며 자취한 교사들도 있었다.[2]

일제의 패망에 따른 당국의 지원 중단과 감독 소홀은 학교 운영에 많은 어려움을 불러왔다. 일본인 교사들이 떠나 혼란에 빠진 황해도 연백군 은천면 백천창동학교의 상황도 마찬가지였다. 혼란 수습의 임무를 띠고 한 목사가 교장으로 부임해왔지만, 그는 학교 운영의 정상화에 관심을 보이지 않았다. 수업은 성경·찬송가 교육과 기도 위주로 이루어졌다. 그의 가장 큰 관심은 학교에 딸린 농원에 쏠려 있었다. 학생들을 동원해 추수를 마친 그는 수확물을 학교 창고가 아닌 자기 집으로 실어 날랐다. 학교 재정이 바닥나자 한 교사가 그 교장이 저지른 각종 부정 행위를 폭로했다. 결국 그는 학부형들의 압력에 못 이겨 사퇴했다.[3]

열악한 교통 사정도 학교 교육에 걸림돌이 되었다. 기숙사가 없었던 평양 제1여자중학교에 다닌 김혜덕(15)은 매일 기차 통학을 했다. 그녀는 새벽에 별을 보며 집에서 나왔지만, 빈번한 기차 연착으로 3~4교시가 끝난 뒤에야 학교에 도착하곤 했다.[4] 겨울철 기차 운행 상황은 훨씬 좋지 못했다. 1946년 8월경 평안남도 강동군 승호리에 중학교가 신설되자, 이용성(15)은 같은 마을 친구 열 명과 함께 3일 동안 입학시험을 치렀다. 그 마을이 배출한 두 명의 합격자 가운데 한 명이었던 그는 집에서 30킬로미터 떨어진 학교를 기차로 통학해야 했다. 그러나 입학 후 맞은 첫 겨울, 그는 "기차의 증기가 오르지 않아" 집에서 휴식할 수밖에 없었다.[5]

해방 직후 북한 교육계가 직면한 가장 큰 문제는 교원 부족이었다. 식민지 조선 교육의 한 축을 담당해온 일본인 교원들이 모두 귀국했기 때문이다. 1946년경 설립된 황해도 재령군 은룡중학교는 겨우 여섯 명의 교사를 확보하는 데 만족해야 했다.[6] 따라서 교사들은 과중한 업무에 시달릴 수밖에 없었다. 1948년 11월경 황해도 재령군 하성중학교에 부임해온 이낙훈(29)은 일주일에 30시간의 수업을 배정받았다. 더욱이 그는 그 학교의 교장직을 맡고 있었다. 야근이 일상이었기 때문에 연구 활동은 엄두조차 내기 어려웠다.[7]

1948년 중순경 함경북도 청진교원대학 역사과를 졸업한 뒤, 부푼 꿈을 안고 강원도 평강 고급중학교에 부임한 교사 김병철(20)은 훨씬 당혹스런 상황에 직면했다. 그는 백사장에 세워진 위태로운 학교 건물과 시설 부족 따위엔 크게 신경 쓰지 않았다. 문제는 교원 부족과 그에 따른 과중한 업무였다. 교장과 교무주임을 제외하고 유일한 교원이었던 그에게 주당 30시간의 수업이 할당되었다. 그는 전공과목인 조선사와 서양사 외에 경제·지리·러시아어까지 담당해야 했다. 게다가 교내 조쏘문화협회와 직업동맹 지도 임무 및 기숙사 사감 업무까지 그에게 부과되었다. 결국 그는 부임한 지 넉 달 만에 몸져누웠고, 석 달간 휴식하라는 의사의 진단을 받았다.[8]

해방 후 북한은 "입시 지옥"이라는 오명을 얻은 식민지 조선의 열악한 교육여건을 개선하고자 많은 학교를 세웠다. 그러나 학교 증설 사업은 교원 부족난을 더 악화하는 결과를 불러왔다. 대규모 교원 육성이 해결책으로 부상하자 각지에 많은 교원 양성소가 설립되었다. 사범학교나 교원대학 출신뿐만 아니라 중학교·전문학교 출신들까지 교원 양성소에서 약 1~2개월의 단기 교육을 이수한 뒤 교사로 발탁되었다. 20~30대의 젊은 나이에 교장이 된 이들도 적지 않았다.

일제에 복무한 조선인 교사들이 다시 교단에 설 수 있었던 까닭도 교원 부족 때문이었다. 그러나 그들은 "황민화 교육"에 앞장섰다는 양심의 가책을 느껴, 해방 후 학교에 복직하길 주저했다. 황해도 재령군 은룡공립국민학교 교사 노의백(25)은 해방 당시 "얼굴을 들지 못할 만큼" 큰 죄책감을 느꼈다. 그는 고민 끝에 "뜨거운 얼굴을 들고" 학생들 앞에 나섰으나, 그 학교에 오래 머무르지 않았다.[9] 일제시기 황해도 신천군 가산소학교 교원을 지낸 장춘복(22)도 "민주 교원"의 자격을 상실했다고 생각해 퇴직을 고려하고 있었다. 그러나 그는 학부형들과 지역 자치위원회 위원장이 용기를 북돋아준 덕에 마음을 고쳐먹었다.[10]

교원 부족뿐만 아니라 한글 교과서가 없었다는 점도 북한 교육계가 봉착한 난관이었다. "노예화 교육의 잔재가 농후한" 일제의 교과서를 그대로 사용할 수는 없는 노릇이었기 때문이다. 황해도 수안농업학교 교사 최재춘(25)은 기존의 일본 교과서를 조선어로 번역해 가르칠 수밖에 없는 현실을 "위태롭기 짝이 없는 방식이었다"고 고백했다.[11] 해방과 함께 한글 교육에 착수한 황해도 송화군 풍해면 풍천인민학교 교장 오기혁(33)은 조선역사·국어·수학 과목을 스스로 연구해 가르친 동료 교사들의 노고에 깊은 감명을 받았다.[12] 교과서 없이 실시된 해방 직후의 학교 교육은 계몽 교육의 성격을 띨 수밖에 없었다.

더 큰 문제는 해방 전 공용어였던 일본어로 교육받은 대다수 학생들의 한글 구사력이 형편없었다는 점이었다. 1945년 3월경 평양 제2공립중학교를 졸업한 전광수(18)는 해방 직후 약 3개월간 한글과 조선역사를 배우며 대학 진학의 꿈을 키워나갔다.[13] 일본인 학교인 평양 산수여학교를 졸업한 길확실(19)은 해방 당시 "부끄럽게도 우리글을 이해하지 못해" 야학에 나가 공부했다.[14] 일제시기에 일본어로 교육을 실시한 조선인 교사들의 한글 구사력도 학생들과 별반 차이가 없었다. 1946년 1월경 평양 대봉인민학교에 부임한 교사 박남수(20)는 밤 시간을 이용해 강습소에 나가 한글 교육을 받았다.[15]

빈곤층을 막아선 교육의 장벽

학교 시설과 교원 부족 등 교육환경이 열악했다는 점 외에, 해방 전과 마찬가지로 교육 자체가 유산층의 전유물이었다는 점도 문제였다. 특히 많은 학비가 소요된 고등교육기관의 경우, 학업을 마치지 못하고 중퇴하는 학생들이 속출했다. 김장근(17)이란 청년은 1946년 9월 1일 어린 시절부터 간절히 꿈꿔온 평양음악학교 피아노과에 입학했다. 그러나 학비를 감당할 수 없었던 그는 1년이 지난 뒤 중퇴했다.[16] 김일성종합대학 법학부 학생 김응성(18)은 60세를 넘긴 늙은 부모가 자신의 학비를 대느라 고생하는 모습을 차마 지켜볼 수 없었다. 결국 그는 장학금을 받을 수 있는 학교인 평양교원대학 체육과로 전학했다.[17]

배움의 길을 포기하고 조선인민군에 입대한 강병권(17)이란 청년의 안타까운 사연은 일제시기에 이루지 못한 향학의 꿈이 해방 후에도 같은 이유인 빈곤 탓에 좌절되었음을 보여준다. 그는 가정형편상 소학교에 가지 못하고 여덟 살 때부터 서당에 다녔다. "저 애는 무슨 수를 써서라도 공부를 시켜야 한다!"는 평판이 자자했을 만큼, 그는 3년간의 서당 교육 과정에서 두각을 나타냈다. 그러나 부모는 그에게

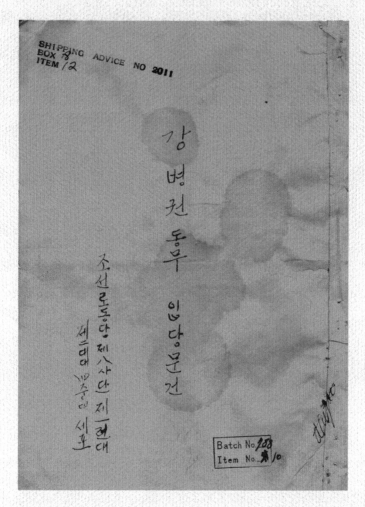

일제시기 빈곤한 가정형편 탓에 상급학교 진학의 꿈을 이루지 못한 강병권은 교육의 기회가 확대된
해방 후에도 같은 이유로 인해 좌절을 겪어야 했다.

입 당 청 원 서

一, 원적, 평안북도 정주군 고안면 오류리 二二五번지
一, 주소, 평안북도 정주군 고안면 오류리 二二五번지
一, 소속직무, (사단)련대 三대대 四중대 서기.
一, 출신, 의농. 一, 성분, 의농.

성명. 강 병 권
一九二九년 十月 二十日생.

내가 군대에 입대하기전 사회생활에 있었어 조직문제를 해결하
위하여 많으로 로력을 하여 왔었다. 저의 게으름으로 인하여 오늘까지도
해결하지 못하고 있었읍니다. 이러므로 군대입대의래 저는 더우히 조직
문제를 해결하지 못하는데 한탄하게 되 일이 많엇읍니다.
나는 군직문제를 해결하기위하여 정치부 중대장 동무와 세포위원장
동무에게 이문제를 해결하기위하여 수차오구 하엿으며 나는 실지
땅에 오범이 되기위하여 많으로 로력하여 왔었읍니다. 그러나 동무들으로
쓰며 더우히 전투화정소에서 입당을 청원 하는것은 나의영원이오다.

자 서 전

성명 강병권
1935년 7월 두일생.

ㅡ 본적 평안북도 정주군 고안면 오룡리 노ㅡ조ㅡ번지

ㅡ주소 평안북도 정주군 고안면 오룡리 노ㅡ조ㅡ번지

ㅡ (출신) 빈농.

ㅡ 나는 지금을 부터 노ㅡ년전 평안북도 정주군 고안면 오룡리
노룡에서 빈농의 가정을 부강상옥 모 노동 전으로 부모로
섬겨서 출생하였다. 이때 아버지와 부모님의 제가 초세가 되는 봄에 한개
가정에서 함께 생활을 하든 때였읍니다 제가 초세가 되는 봄에 한개
부모가 오죽하라는 사람이 장을 하책언으로 세걸을 나게
되었읍니다. 이때 도저라는 한편으로 순 소작이였음니다.
어머니의 가정은 광산으로 노동하는 당시 그때의 부모는
하는생이 노동자이 가정에서 길을 앗었습니다. 제가 十세 된人
헤가을도 아버지하면이 노력급 결관으로 육명한 돌밭
一원三부평을 사게 되었습니다. 조부님 안식구터 一형이

농사를 강권했다. 다행히 그는 한 친척의 도움으로 1939년 4월 1일 평안북도 정주군 고안공립심상소학교에 입학할 수 있었다. 소학교 시절 6년 내내 우등상과 개근상을 놓치지 않고 급장까지 도맡아 한 그는 졸업식 당일 평안북도 시학상을 받았다. 그러나 그의 배움은 거기까지가 끝이었다. 평안북도 구성농업학교 장학생으로 무시험 합격했지만, 집에서 80리(32킬로미터)나 되는 등굣길을 통학할 마땅한 교통편이 없었다. 유일한 해결책은 하숙뿐이었다. 그러나 그의 가정은 하숙비를 댈 여력이 없었다.

한동안 농사에 전념하던 그에게 새로운 기회가 찾아왔다. 해방과 함께 설립된 각지의 성인학교가 중등 교육을 받지 못한 이들에게 배움의 문을 열어준 터였다. 그의 고향 부근에도 정주 성인학교가 설립되었다. 농사를 중단할 수 없었던 그는 1946년 1월 1일, 집에서 30리(12킬로미터) 떨어진 그 학교의 야간반에 입학했다. 때때로 그는 땔감을 실은 썰매를 끌고 일찍 집을 나섰다. 그것을 팔아 수업료를 마련해야 했기 때문이다. 그러나 1946년의 대흉작이 그의 마지막 희망마저 앗아가고 말았다. 1947년 봄, 극심한 보릿고개에 시달리던 그는 결국 학교를 그만두고 리인민위원회 서기를 맡아 일하기 시작했다.[18]

일제시기 실력 있는 빈곤층 학생들이 사범학교에 진학하는 경향이 있었듯, 해방 후에도 빈곤층 학생들은 장학제도가 잘 갖춰진 교원대학을 선호했다. 교원대학은 일반 대학보다 많은 장학금을 교내 절반 이상의 학생들에게 지급했다. 일반 대학의 장학금이 학비의 절반에 미치지 못한 반면, 교원대학의 그것은 학비의 90퍼센트에 달했다. 따라서 많은 학생들이 교원대학을 선망했다.[19] 1946년에 창설된 청진교원대학 역사과의 경우, 첫 입학 정원 4명에 60명의 지원자가 몰렸을 정도였다.[20] 김성옥(20)이란 학생은 평양교원대학 장학금이 학비의 90퍼센트에 달한다는 한 신문의 학생 모집 광고를 보고 그 학교에 지원했다. 그는 소학교 시절인 1940년 10월경 짚신을 신고 수학여행을 떠났을 당시의 수치심을 아직 기억에서 떨쳐내지 못하고 있었다.[21]

대학 당국이 지급한 장학금은 학생들의 생계에 큰 보탬이 되었다. 평양교원대학 체육과 학생 김인식(22)은 모스크바체육대학 유학을 꿈꾸며 러시아어 공부에만 집중한 나머지 다른 과목 학습을 등한시했다. 특히 체육 실기를 게을리한 탓에 도수체조에서 낙제점을 받은 그는 다음 학기에 장학금을 타지 못하는 불상사를 맞았다. 사실 그가 매달 수령한 장학금 500원은 아내와 어린 딸을 포함한 세 식구의 부양에 요긴한 자금이었다. 그는 장학금을 받지 못한 1948년 한 학기 동안 아침 7시에 죽을 먹고 점심을 거른 뒤, 다시 저녁 7시에 죽을 먹는 생활을 되풀이해야 했다.[22]

추천을 통한 대학 진학

일제시기 교육제가 무너지자 기존의 입시제도도 제 기능을 발휘하지 못했다. 이제 고등교육기관 진학은 대개 시험이 아닌 추천을 통해 이루어졌다. 상급학교 입학 인원을 배당받은 각 중등학교가 지원자를 민청에 추천하는 방식이었다. 물론 성적이 우수한 학생들이 우선적으로 추천되었다.

함경북도 성진여자중학교 졸업을 앞둔 주옥여(21)는 성적이 우수한 데다 사교성까지 좋은 학생이었다. 대학 진학 문제를 고민하던 그녀는 어느 날 모교 교장으로부터 반가운 이야기를 들었다. 그는 김일성종합대학 장학생 한 명을 추천해달라는 상부의 요청이 있었다고 밝힌 뒤, 그녀를 염두에 두고 있다는 생각을 털어났다. 자신을 추천하겠다는 교장의 이야기에 기쁨을 감추지 못한 그녀는 외국어문학을 전공하고 싶다는 포부를 내비쳤다. 그러나 교장은 그녀를 평양교원대학으로 밀어낸 대신, 다른 학생을 김일성종합대학 장학생으로 민청에 추천했다.

최고 명문대학 입학의 꿈을 이루지 못하고 평양교원대학 노어과에 진학한 주옥여는 줄곧 방황의 시간을 보냈다. 그러나 그녀에겐 마지막 기회인 편입이 남아 있었다. 그녀는 무슨 수를 써서라도 김일성종합대학에 편입해 2년간 더 공부하겠다는 꿈을 포기하지 않았다. 편입 자격은 전 과목 학점 5점 만점자에게만 주어졌다. 그러나 그 요건을 갖추지 못한 그녀는 마지막 기회마저 놓친 채, 교원대학을 졸업하고 교사로서 사회에 첫발을 내디뎠다.[23]

상급학교 진학에 성공한 이들은 성적이 우수한 학생들만이 아니었다. 성적이 좋지 못한 학생들 중에도 인맥을 이용해 진학한 이들이 있었다. 이를테면 북조선공산당 중앙당학교 서기인 고숙삼(18)은 교장 전성화의 추천을 통해 김일성종합대학 예비과에 입학했다.[24] 그러나 그녀는 1947년 중순 당시 외국어과가 없었던 그 학교를 자퇴하고, 평양교원대학에 입학해 러시아어를 전공했다. 교원대학 지도교수의

김지용 이력서

●

김지용은 외삼촌인 북조선로동당 선전선동부장 김창만 덕에
평양교원대학 역사과에 진학할 수 있었다.

평가에 따르면, 그녀는 학급 내에서 가장 성적이 뒤처진 학생들 가운데 한 명이었다.[25]

1947년 중순경 함경남도 영흥농업학교를 졸업한 김지용(18)은 고숙삼보다 훨씬 좋은 배경을 지닌 학생이었다. 그러나 그는 풍족하지 못한 가정형편 탓에 대학 진학의 꿈을 접어야 할 처지에 놓였다. 게다가 대가족의 성원들인 그의 조카 다섯 명 중 두 명이 중학교에, 세 명이 인민학교에 다니고 있었다. 진학의 유일한 길은 장학금을 받을 수 있는 교원대학 입학이었지만 그의 성적은 좋지 못했다. 그럼에도 김지용은 희망의 끈을 놓지 않았다. 인맥에 기댈 수 있는 마지막 방법이 남아 있었기 때문이다.

농업학교 졸업 직후 그는 외삼촌이 소련에서 귀국했다는 소식을 듣고 무작정 평양에 올라갔다. 외삼촌을 만난 그는 진학해 열심히 공부하고 싶다는 포부를 밝혔다. 결국 그도 외삼촌의 주선으로 1947년 10월경 평양교원대학 역사과에 입학할 수 있었다. 그의 외삼촌은 다름 아닌 북조선로동당 선전선동부장 김창만이었다.[26] 역사과 지도교수의 평정에 따르면 항일운동가 집안에서 자란 김지용은 투철한 반일의식을 지닌 학생이었지만, 기초지식이 약한 탓에 성적은 하위권을 맴돌고 있었다.

새로운
세계를 약속한
마르크스
-레닌주의

대중 앞에 나선 혁명가들

해방과 함께 감옥에서 풀려나거나 은신생활을 청산한 공산주의자들은 당당히 대중 앞에 나섰다. 그들은 오랜 탄압의 기간 동안 진리라 믿어 의심치 않았던 마르크스-레닌주의가 지향하는 세계로 대중들을 인도하고자 했다. 더 나아가 그들은 오랫동안 구상해온 혁명노선과 국가 건설관을 자유롭게 발표했다. 공산주의운동에 가담한 경력을 지닌 혁명가들의 대중 강연은 해방 직후 어디에서나 쉽게 목격되었다.

강원도 원산시 정인여자중학교(전 루씨고등여학교) 학생 신배영(16)은 학교 강연회에 초청된 "김 여사"라는 혁명가의 회고담에 큰 감명을 받았다. 일제의 감옥에서 청춘을 보낸 "김 여사"는 "웃는 낯으로 침착하고 활기 있게" 눈물겨운 경험담을 들려줘 학생들 사이에 큰 반

향을 일으켰다. 이튿날 교사들은 학생들에게 그 강연에 대한 감상문을 제출하라는 과제를 냈다.[27]

널리 알려진 혁명가들의 대중 강연도 잇따랐다. 그들의 강연은 대중들의 의식개혁에 큰 영향을 끼쳤다. 해방 직후 평양시 민청위원회 선전부원으로 활동한 홍완희(26)는 중국 옌안에서 들어온 무정 장군을 눈앞에서 바라볼 기회를 얻었다. 그는 "마오쩌둥毛澤東의 신민주주의론"을 소개한 무정의 강연을 듣고, "우리 조국이 나갈 길"을 명확히 파악할 수 있었다.[28] 평양시 선교인민학교 교사 박성주(30)의 세계관 형성에 영향을 끼친 혁명가는 최창익이었다. 1946년 초 최창익의 강연을 경청한 그는 "우리 조선이 지향해야 할 노선"을 명확히 인식했을 뿐만 아니라, 민족주의자로 둔갑해 활동하는 친일파의 본질을 간파하게 되었다. 최창익의 강연에 감화된 박성주는 그가 지도한 정당인 조선신민당에 가입했다.[29]

사상 학습이 불러온 놀라운 변화

해방 후 조선인들은 대중 강연 외에도 공산주의자들과의 인연이나 접촉을 통해 마르크스-레닌주의를 접할 기회가 있었다. 해방을 맞아 가사를 돌보던 동덕고등여학교 졸업생 안덕순(18)은 일제시기 혁명운동에 관여하다 옥고를 치른 작은아버지로부터 사상적 영향을 받았다. 대화 도중 "봉건사상이 농후한" 그녀의 이야기에 말문이 막힌 그는 베벨August Ferdinand Bebel의 《여성론》, 고리끼Aleksey Maxim Gorky의

저서, 유물론 관련 서적 등과 소책자들을 건네며 정독을 권했다.[30]

공산당이나 신민당에 가입한 이들은 마르크스-레닌주의 학설을 접할 기회가 많았다. 그들은 마르크스-레닌주의를 접한 뒤 가치관과 세계관의 변화를 경험했다고 고백했다. 황해도 재령군 북률 제1인민학교 교장 김유각(32)은 그것을 학습하고나서야 "확고한 세계관"과 "정치교양의 기초"를 세울 수 있었다고 털어놓았다.[31] 강원도 철원군 영중면 영평인민학교 교사 박태남(21)은 마르크스-레닌주의가 자신의 "의식 형태"와 "관찰 방법"은 물론 "주위 환경에 대한 제 관계"에 이르기까지 "질적 변화"를 일으켜, 그를 "해방 전의 나약한 인간에서 새로운 인간으로" 개조하는 데 기여했다고 고백했다.[32]

해방 전 13년간 일제의 황민화 교육 보급에 앞장서온 강원도 김화군 통구인민학교 교장 박학영(35)은 지난날 자신의 직업에 비판의식을 품기는커녕, 그저 "밥 벌어 먹기에" 급급한 소시민일 뿐이었다. 그러나 해방 후 그는 한 혁명가에게 사흘 동안 "사회 발전의 사적 고찰"에 관한 강습을 받고 새로운 세계에 눈뜨게 되었다. 그는 사회주의 학설을 처음으로 접한 그 강습을 통해 공산주의자들의 정체를 옳게 파악하게 되었고, 마르크스-레닌주의가 인류에게 진정한 행복을 가져다줄 학설이라고 믿게 되었다. 그 후 그는 진보적 인사들의 가르침을 받으려 애쓰는 한편, 사회과학 서적 독서에 열중했다. 그가 조금의 동요도 없는 완벽한 진보적 인간이 되었다고 자각한 시점은 첫 마르크스-레닌주의 강습을 받은 지 약 반년이 지난 1946년 3월경이었다. 그 무렵 공산당 입당을 결심한 그는 "몸이 매우 가벼워지고 큰일을 마쳤을 때의 쾌감"을 느꼈다.[33]

경성치과의전을 졸업한 뒤 변변한 직장을 잡지 못하고 있었던 의학도 최도명(24)에게 일어난 변화는 더 극적이었다. 해방 후 그가 공산당 입당을 타진한 이유는 단지 출세욕 때문이었다. 과거에 재력 있고 기반 있던 동료 의사들이 해방 후에도 한 자리씩을 꿰찬 반면, 아직 자리를 잡지 못한 그는 자신의 처지가 한심하기 짝이 없다고 생각했다. 그는 점점 세상을 비관하며 염세주의에 빠져들었다. 1946년 3월경 농촌에서 토지개혁을 목격한 그는 "혁명이란 결국 도적 행위"에 다름 아니라 생각했고, 심지어 입당 직후 남녀평등권법령이 포고되었을 때에는 "여자가 어디 가나?"라며 냉소적 반응을 보였다.

그러던 그에게 놀라운 변화가 일어났다. 마르크스-레닌주의 교육에 힘입어 자신의 머릿속에 남아 있던 반혁명적 관점을 청산할 수 있었다고 밝힌 그는 수차례의 강습회와 약 두 달간에 걸친 도당학교의 사상 교육이 그의 의식 변화에 결정적 영향을 끼쳤다고 털어놓았다. 그 경험을 자기 생애의 "일대 전변"이라 평가한 그는 "인텔리는 이론으로 정복당하고 이론으로 무장해야 한다"는 입장을 밝혔다.[34]

혁명가 양성의 산실, 정치학교와 정치서클

공산주의자들이 북한 지역 헤게모니를 장악함에 따라 마르크스-레닌주의는 가장 영향력 있는 사조로 부상했다. 그들은 마르크스-레닌주의의 전국적 보급을 꾀했고, 풍부한 이론적 소양을 갖춘 이들을 간부로 발탁했다. 전국 각지에 설립된 많은 정치학교가 간부 양성의 산실이 되었다. 정치학교의 교육 내용은 마르크스-레닌주의 위주의 사회과학에 집중되었다. 강원도 철원군 정치학교 학생 김태현(21)처럼 "고상한 이론가나 돼볼까?"라는 허영심에 젖어 입학을 자청한 이들도 있었지만, 대부분의 학생들은 공산당(노동당) 간부의 추천을 받아 입학한 청년들이었다. 그들은 약 한두 달간의 단기 교육을 받았다.[35]

북조선로동당 함경북도 명천군 아간면당 정치학교 학생 태은섭(18)은 1946년 말 농촌 세포위원장의 추천을 받아 입학한 청년이었다. 그와 동료들은 일제에 굴하지 않고 저항한 혁명가 이종식의 가르침을 받았다. 한 달간의 교육 기간 동안 '사회발전사' '민주운동사' '경제학' '가치론' '진화론' 등의 강의가 실시되었다. 함께 강습 받은 학생 120명 중 성적이 10등 안에 든 태은섭은 상급학교인 명천군당 정치학교에 진학할 수 있었다. 강사는 마찬가지로 이종식이었지만, 강습 과목은 '유물론' '유심론' '레닌선집' '맑스주의' '가치론' '민주운동사' 등 더 심화된 과정으로 편성되었다.[36]

1946년 1월경 함경북도 청진시 보안서장의 추천을 받아 청진노동자정치학교에 입학한 강병찬(20)도 한 혁명가에게 강습을 받았다. 항일운동 시기에 동상으로 발가락 두 개를 잃은 그 강사는 '소련공산당사'와 '조선근대사' 등을 가르쳤다.[37] 군사 간부를 집중적으로 양성한 평양학원도 마르크스-레닌주의 중심의 정치 교육에 큰 비중을 두었다. 하루 8시간의 수업 시간 중 군사학과 정치학에 각각 4시간이 할당되었다.[38] 공장이나 광산에서도 정치학교의 성격을 띤 강습회를 개최해 마르크스-레닌주의 교육을 실시했다. 1946년 9월경, 곡산 중석광산 산하의 강습회에 참여한 노동자 박순희(21)는 북조선로동당 황

해도 곡산군당 비서 김치용金致鏞으로부터 약 두 달간 마르크스주의와 사회발전사 등을 배웠다.[39]

마르크스–레닌주의 교육은 개개인들이 조직한 정치서클에서도 활발히 이루어졌다. 해방 직후 결성된 '신문화건설동맹'이 그 전형적 조직이었다. 3년 뒤 조선민주주의인민공화국 농림성 부상에 취임할 송봉욱의 지도를 받은 이 조직은 "사회주의 문화의 과학성"을 선전하는 활동에 역점을 두었다.[40]

정치서클의 활동은 특히 학교에서 두드러졌다. 평안북도 영변여자중학교에 재학 중인 양영숙(18)을 비롯한 네 학생은 1947년경 '전진서클'을 결성했다. 매주 목요일마다 모임을 연 이 서클은 '사회발전사'에 대한 이해의 증진을 목표로 설정했다. 당시 평안북도 영변군 유력 인사들인 군인민위원장 김창만, 교육과장 차용준, 보안대장, 군민청위원장 등이 강사로 참여했다.[41] 1948년 6월경 민청의 지시에 따라 평양교원대학 역사과에서 조직된 정치서클은 훨씬 많은 학생들의 참여 아래 운영되었다. 역사과 전체 학생 112명을 6개 연구 분과에 편제하여 운영한 이 조직들은 매주에 한 번씩 학생 연구 발표회를 개최하고, 교수와 외래 강사들을 초청해 강연회를 열었다.[42]

정치서클은 만주 지역 조선인 사회에서도 조직되었다. 지린성吉林省 옌지현延吉縣 동성중학교에 재학 중인 이학설(17)을 비롯한 일곱 명의 학생들은 옌지시 정부와 민주동맹의 지원 아래 'ML사회과학연구소'를 창설했다. 이 서클은 학생들이 과학적·유물론적 세계관을 습득할 수 있도록, 그들에게 다양한 사회과학 이론을 소개하는 활동에 매진했다. 동성중학교 학생 대부분을 회원으로 흡수하며 세를 확장해간 ML사회과학연구소는 얼마 가지 않아 학교 산하 연구기관이 되었다. 연구소 위원장 정철호와 조직부장 김재권은 중국공산당에 가입했다.[43]

알려지지 않은 이론가 이학모의 삶

마르크스-레닌주의의 보급은 다른 경로를 통해서도 이루어졌다. 많은 매체와 지식인들이 동원돼 음지에 가려 있던 사회과학 지식을 양지로 끌어냈다. 저명한 혁명가들뿐만 아니라 잘 알려지지 않은 노동당 이론가들도 글이나 강연을 통해 마르크스-레닌주의의 대중화에 이바지했다. 일찍부터 공산주의운동에 투신해 사회과학적 소양을 갖추고 있었던 그들은 해방 후 당 학교 강사나 대학 교수에 발탁되었다.

1904년 8월 25일 함경남도 단천군에서 태어난 이학모도 마르크스주의 이론가의 길을 걷게 될 인물이었다. 그는 15세에 우수한 성적으로 보통학교를 졸업했다. 그러나 아버지의 사업 실패 후 가정형편이 어려워지자 상급학교 진학을 단념할 수밖에 없었다. 학업에 미련을 버리지 못한 그가 할 수 있는 일이라곤 일본에서 출판된 중학 강의록을 자습하며 후일을 기약하는 일뿐이었다. 아버지가 죽은 뒤 가세가 완전히 기울었지만, 동생들 뒷바라지와 생계 활동 따윈 그의 안중에 없었다. 어머니 홀로 일곱 명이나 되는 자식들의 부양을 떠맡아야 했다. 향학열을 억제할 수 없었던 그는 아버지가 남긴 약간의 현금을 챙겨, 친척 집이 있는 북간도 용정으로 떠났다. 그곳 영신중학교에 입학해 2년간 공부한 경력이 그의 생애 마지막 교육이었다.

1923년경 다시 조선으로 돌아온 20세의 청년 이학모는 단천사회
과학연구소와 단천신흥청년동맹에 가입해 간부로 활약했다. 그가 마
르크스주의에 관심을 갖게 된 때가 바로 그 무렵이었다. 젊은 혈기와
가정형편상 상급학교에 진학하지 못한 데 따른 사회적 불만이 자연
스레 그를 사회주의자의 길로 안내했다. 사회주의 학설을 실천에 옮
기기로 결심한 그는 노동조합에 가입했다. 그러나 노동자들의 계급
적 각성을 이끌어낼 선전선동가라기보다 직업인에 가까웠던 그의 노
동조합 활동은 뚜렷한 결실을 맺지 못했다.

그의 삶의 중대한 고비는 "단천농민조합사건"과 함께 찾아왔다.
이 사건에 연루된 그는 검거를 피해 서간도 장백현으로 떠났다. 그곳
에서 그가 할 수 있는 일이라곤 농사와 야학 운영밖에 없었다. 그는 3
년간 용케 피신생활을 했으나, 1934년경 체포돼 함흥형무소에서 4년
간 수감생활을 했다.

감옥을 나온 그는 다시 노동조합운동에 뛰어들었다. 그러나 조합
에서 나오는 변변찮은 수입이 생계에 도움을 주지 못한 데다, 경찰의
감시도 심해지자 더 이상 그곳에 머무를 수 없었다. 친구에게 자금을
빌려 소상업을 시작했지만, 수완과 경험이 부족한 탓에 재미를 보지
못했다. 게다가 전시에 포고된 기업정비령은 그의 사업에 결정적 타
격을 입혔다. 무직자가 된 그는 도시생활을 접고 농촌에 내려가 과수
원을 운영했다. 무료한 농촌생활이 2년 정도 지났을 무렵 예상치 못
한 해방을 맞았다. 이제 그의 지식은 새로이 건립될 국가에 귀중한
자산이 될 수 있었다. 1946년경 그가 맡은 첫 직무는 북조선공산당

이학모 이력서

일제에 저항하며 사회주의운동에 발을 들여놓은 이학모는 해방 후
마르크스-레닌주의 학설의 권위자가 되었다.

함경남도당학교 강사였다. 3년간 도당학교 강사를 지낸 그는 1948년 10월경, 함경남도 흥남공업대학 사회과학 교수로 발령되었다.

흥남공업대학장 신건희申建熙는 중학교 졸업에 불과한 학력을 지닌 그가 전공인 사회과학에 조예가 깊고, "조국 독립투쟁에 헌신하다 체포돼 오랜 기간 감옥생활을 했다"며 그의 경력을 높게 평가했다. 아울러 그가 "북조선 맑스-레닌주의 학설의 권위자로 명성이 자자하다"는 찬사도 빠뜨리지 않았다.[44]

알려지지 않은 이론가 이인범의 삶

이학모의 추천을 받아 흥남공업대학에 채용돼 "맑스-레닌주의 기본" 과목을 강의한 이인범도 그와 비슷한 길을 걸었다. 이인범은 1919년 9월 14일, 함경북도 성진시 한천리에서 우차몰이를 하는 어느 노동자의 넷째 아들로 태어났다. 어린 시절 그는 형들에게 한글을 배웠다. 당시 보통학교에 다닌 형들이 사용한 교재는 조선어 교과서였다. 그들은 연 놀이에도 어린 동생을 데리고 다녔다. 대신 끈이 끊어져 멀리 날아간 연을 주워오는 일은 언제나 그의 몫이었다. 만 여덟 살에 시작된 학교생활은 그다지 즐겁지만은 않았다. 술을 마시고 학교에 나와 수업하는 주정뱅이 선생을 첫 담임으로 만났을 뿐만 아니라, 아버지가 수업료를 주지 않으면 며칠간 집에서 쉬어야 했기 때문이다.

그러나 그는 보통학교 시절 6년 동안 최우등의 성적을 놓친 적이 없었다. 부모는 다른 자식들보다 공부에 재능을 보인 그에게만은 무슨 일이 있어도 학비를 대주어야겠다고 생각했다. 그 덕에 그는 가족들 중 유일하게 상급학교의 문턱을 밟을 수 있었다. 경성공립고등보통학교 시절 그는 수리 과목에서 두각을 나타냈다. 상급생들도 범접하지 못할 실력이었으나, 다른 과목 성적이 신통치 못해 줄곧 10~20위권을 맴돌았다. 그러나 차츰 그의 흥미를 끌기 시작한 것은 조선문학이었다. 그는 외국 소설이나 탐정 소설에 탐닉하는 친구들을 냉소하며, 이광수와 이태준의 작품에 빠져들었다. 물론 그는 친일파 이광수의 작품에 몰두한 전력이 "우습기 짝이 없는 취미였다"는 변명을 자서전에 빠뜨리지 않았다.

경성고보를 졸업한 이인범은 일본 유학길에 올랐다. 유학의 최종목표는 고등문관시험 합격이었다. 그러나 문학에 대한 애착을 떨쳐버릴 수 없었던 그는 독서와 습작으로 하루하루를 보냈다. 아들의 관심사를 눈치채지 못한 부모는 단지 유학길에 오른 그가 관리가 되길 원했고, 그 기대 아래 갖은 고생을 다하며 학비를 지원했다. 만일 부모의 기대를 저버리고 문학 전공을 택한다면 학비 송금이 중단될 수 있었기 때문에, 그는 어쩔 수 없이 니혼日本대학 정치학부에 입학했다. 그러나 1년 뒤 더 이상 송금할 여력이 없다는 아버지의 편지를 받은 그는 미련 없이 귀국길에 올랐다.

1942년 중순경에 귀향한 이인범은 독서에만 열중했다. 그는 특히 마르크스의 《자본론》과 가와카미 하지메河上肇의 《경제학대강》에 깊은 감명을 받았다. 그 무렵 이웃 청년 다섯 명이 학식 있는 그를 찾아와 가르침을 청했다. 그는 일제 패망의 날이 머지않았다고 역설하며, 그들에게 "징병 도피"를 권고했다. 그 일이 화근이었다. 청년들 중 한

이인범 이력서

일제시기 여느 지식인들처럼 사회주의사상에 매료된 이인범은
마르크스주의 서적을 읽으며 걸출한 이론가로 성장했다.

명이 성진경찰서 고등계에 도일을 요청하다 거부당한 일이 있었다. 분개한 청년은 과격하게 일제의 정책을 비판했고, 그 탓에 고등계 형사로부터 취조를 받았다. 모진 심문이 옥죄어오자 그는 누구의 영향을 받았는지 실토하지 않을 수 없었다. 결국 이인범도 성진경찰서 고등계에 검거되었다. 그는 세 차례 물고문을 당한 뒤 성진검사국에 넘겨졌다. 검사의 협박에 못 이겨 다시는 청년들을 선동하지 않겠다고 맹세하고서야 풀려날 수 있었다.

그러나 그는 석방된 지 얼마 지나지 않아 경찰서에 호출되었다. 고등계 형사가 그에게 보국대 가입을 강요했다. 어쩔 수 없이 삼국석탄회사에 들어간 그는 석탄을 퍼 나르는 작업을 수행했다. 성실한 태도를 인정받아 사무실 서기로 발탁된 뒤에는 각지 탄광을 순회하며 석탄 수송을 독촉하는 임무를 맡았다. 그는 당시를 "일본놈들의 심부름꾼질"을 한 치욕의 시기였다고 회상했다.

해방을 맞아 집에 돌아온 그는 다시 일자리를 찾아 나섰다. 보국대 근무 경험을 살려 성진제강소에 취직해 각지 탄광들을 순회하며 석탄 확보에 매진했다. 민청 성진군위원회 학술부장을 맡아 일하기 시작한 때도 그 무렵이었다. 민청의 지시로 성진제강소를 나와 교직에 몸담고 있던 그는 북조선로동당 함경북도당과 성진시당의 추천을 받아 중앙당학교 이론간부반에 들어갔다. 그 과정을 이수한 뒤 1948년 10월경 흥남공업대학 교수로 발탁되었다.[45]

진보적 사상에서 일반인들의 교양으로

마르크스-레닌주의는 공산당원들만의 전유물이 아니었다. 북한의 정치 지도자들은 그것을 특정 계층만이 아닌, 전 인민이 체득해야 할 교양으로 간주했다. 따라서 정규 교육기관인 학교에서도 마르크스-레닌주의 교육이 실시되었다. 그 준비 절차로 학생들을 가르칠 교사들이 먼저 교육을 받았다. 해방 후 각지에 설립된 교원 양성소가 그 임무를 맡아, 전국의 모든 교원들을 재교육했다. 그들은 오랜 기간 내면화된 일제 교육 잔재를 척결하고 마르크스-레닌주의적 소양을 습득해, 새 국가 건설에 이바지할 교원으로 거듭나야 했다.

1948년 4월 26일 북조선 중앙교육간부학교에 입학한 강원도 연천군 전곡중학교 수학 교사 한남호(21)는 6개월간 '소련공산당사'와 '정치경제학'을 배웠다.[46] 1946년 2월경 평안북도 영변군에서 열린 교원 강습에 참가한 장동찬(25)은 '인민민주주의노선'을 교육받았다. 재교육 과정을 이수한 그는 북조선공산당 평안북도 운산군당 책임비서 김형주의 주선으로 북진동인민학교에 배치되었다. 당시 공산당이 경영한 그 학교의 학생들은 대부분 "프롤레타리아트의 자제들"이었다.[47]

교원 양성소의 우수 졸업자들이 받은 상품도 마르크스-레닌주의 관련 서적이 많았다. 1948년 8월 13일 함경남도 교육간부양성소를 최우등의 성적으로 졸업한 온화성(21)은 상장과 함께 김일성의 보고집인《조선민주주의인민공화국 수립을 위하여》와《소련공산당사》를 상품으로 받았다. 이후《소련공산당사》는 그가 가장 아끼는 책이 되었다.[48]

사실 그 책은 모든 교육자들과 학생들이 읽어야 할 필독서였다. 아직 노동당에 가입하지 않은 여교사 변연옥(20)은 《대기층 번개와 우레》《야생 약초》《잠과 꿈》이란 책 외에 《소련공산당사》를 소장하고 있었다.[49]

사회과학 서적 소장 여부에 관계없이 많은 교사와 학생들은 마르크스–레닌주의 이론에 무지한 면모를 보였다. 이를테면 경성제국대학을 졸업한 인텔리 양희봉(33)은 사회주의와 공산주의의 개념조차 제대로 이해하지 못했다. 해방 직후 그는 동료들이 공산주의를 옹호하면, 단지 반박할 의도로 사회주의를 지지한다는 토론을 벌였다. 당시 그는 사회주의가 "사회 전체의 이익을 우선시하는" 체제라 생각하고 있었다.[50]

재교육을 받은 교사들의 마르크스–레닌주의적 소양도 썩 나아 보이진 않았다. 문승무(18)라는 이름을 지닌 한 교사는 교원 양성소에 들어가 6개월간 《소련공산당사》를 학습했다. 그러나 그는 "제1장의 핵심 내용조차 모를" 뿐더러 유고슬라비아의 티토Josip Broz Tito가 누구인지도 알지 못했다.[51]

마르크스–레닌주의 이론에 무지한 이들뿐만 아니라, 상당한 식견을 지닌 이들도 적지 않았다. 주로 반일의식이 투철한 교사들 중 노동당에 가입한 이들이 사회과학적 지식에 해박한 면모를 보였다. 그들은 학생들에게 철저한 마르크스–레닌주의 교육을 실시했다. 함경남도 함흥시 광화인민학교 교사 김인식(20)은 사상 문제가 중시된 해방 직후야말로 전 인민적 "이데올로기의 개조기"였다고 회고했다. 그가 학생들의 사상 개조에 열성을 보인 까닭은 "젊은 혈기"가 분출했을 뿐만 아니라, 그의 가정이 토지개혁 시에 경작지 6,000평을 분여받은 빈농이었기 때문이다.[52] 반일 민족주의자의 아들로 자란 신의주 여자중학교 교사 염이석(33)은 해방 후 첫 수업부터 "공산주의는 세상에서 가장 진보적인 사상"이라고 역설했다. 그는 교내에 단 한 명의 진보적 인사도 찾을 수 없는 "사면초가"의 상황에서 외로운 싸움을 벌여야 했다.[53]

공산당원(노동당원) 교사들은 학생들의 계급의식 고양과 유물론적 사고 함양에 큰 관심을 보였다. 함경남도 흥남시 응봉인민학교 교사 조경일(21)은 1946년 8월 8일 북조선공산당 후보당원으로 입당하자마자, 전교 학생들에게 "계급적 교육"을 실시했다.[54] 강원도 평강 고급중학교 역사 교사 김병철(20)은 "학생 수준의 질적 향상을 위한 교수안 작성"과 "출근·교수 시간 엄수" 외에, 자신이 평생 좌우명으로 삼아야 할 몇 가지 교육 목표를 설정했다. "학생들이 변증법적 유물론과 역사과학을 이해할 수 있도록 유물사관에 입각해 역사를 교육할 것" "무계획적 사업 방식을 청산하고 계급적 견지에 서서 맑스-레닌주의 학설을 교육할 것" 등이 그것이었다.[55]

학교의 울타리를 넘어 일반 대중사회에까지 마르크스-레닌주의를 보급한 교사들도 있었다. 일본인 교장과 갈등을 빚다 강원도 회양군 오동학교로 좌천성 전근을 당한 권혁중(33)은 해방을 산간벽지인 그곳에서 맞았다. 학부형들의 요청을 뿌리치지 못하고 산골 학교에 남은 그는 자신이 소장해온 사회과학 서적들을 지역민들이 공람할 수 있도록 공공장소에 비치했다. 아울러 그는 《사회 진화와 무산계급의 사명》이라는 소책자를 저술해, 회양군 내 교사들과 공공기관 간부

들뿐만 아니라 촌락민들에게까지 무상으로 배포했다.[56]

마르크스-레닌주의 교육은 곧 학원사회의 정규 교과과정에 포함되었다. 1947년 9월경 평양교원대학 외국어과에 입학한 이학섭(17)은 수업 시간에 사회과학을 배우며, 그에 관한 보충지식을 학장인 윤흥섭으로부터 얻었다. 그는 일제시기에 3년간을 감옥에서 보낸 혁명가였다. 이학섭은 틈이 날 때마다 그를 찾아가 마르크스·엥겔스·레닌·스탈린·김일성 등을 비롯한 혁명가들과 "민주개혁"에 대한 지식을 얻을 수 있었다.[57] 해방 직후 16세의 청소년이었던 박양준은 정치문제에 무지하고 무관심한 학생이었지만, 1947년 9월 1일 김일성종합대학 경제학부에 입학하면서부터 레닌과 스탈린의 이론을 접했다.[58] 마르크스-레닌주의 교육은 전공에 관계없이 모든 학생들을 대상으로 실시되었다. 김일성종합대학 의학부 세균학교실 연구원들에게도 그것은 필수적으로 갖추어야 할 교양이었다.[59]

마르크스-레닌주의적 소양이 개개인을 평가하는 중요 척도가 됨에 따라, 간부들과 학생들은 그 학습을 소홀히 할 수 없었다. 그들은 빈번히 실시된 시험에 대비해야 했다. 정치·시사와 마르크스-레닌주의 시험 문제는 "모스크바삼상회의 결정"이나 "마셜George Catlett Marshall" 등과 같은 비교적 쉬운 문제로부터, "인민파의 오류"나 "변증법의 4대 법칙" 등과 같은 난이도 있는 문제에 이르기까지 폭넓은 범위에 걸쳐 있었다.[60] 특히 소련공산당사는 출제 빈도가 매우 높은 주제였다. 대학 당국이 작성한 학생 평정서는 그들이 독학을 통해 소련공산당사를 이해할 수 있는 수준인지, 아니면 지도를 받아야 따라갈 수 있는 수준인지 등 정밀한 진단을 내렸다.[61]

시험을 통과하지 못한 이들의 평정서는 그들의 낮은 교양수준을 혹독하게 질타했다. 황해도 해주기계전문학교 교원 이순영(20)은 "정치 학습을 등한시하며 일반 상식적인 문제조차 모른다. 학습을 30분도 하지 않으며 신문은 생각나는 대로 본다"는 평가를 받았다.[62] 마르크스-레닌주의 학습이 강조됨에 따라 전공 학습에만 몰두하는 태도는 더 이상 미덕이 될 수 없었다. 강원도 금화고급중학교 교사 유창술(20)은 "자기 전공 과목인 광물과에만 열중하고 있는 반면, 맑스-레닌주의로 무장하려는 노력이 부족하다"는 비판을 받았다.[63]

빈약한 마르크스-레닌주의적 소양을 지닌 이들이 받은 불이익은 비판에 그치지 않았다. 그들은 학교에서 낙제하거나 직장에서 해직될 수 있었다. 황해도 재령 제2중학교의 서무를 담당한 정영섭(34)은 "정치적으로 낙후하며 국내외 정세를 추상적으로 파악할 뿐만 아니라, 소극적이고 비혁명적"이라는 평가를 받은 사무원이었다. 그의 평정서를 작성한 간부는 "아프다는 구실로 교양에 노력하지 않는" 그가 "사상을 개조"하지 않으면, 더 이상 직장에 남아 있을 이유가 없다는 결론을 내렸다.[64]

인간 개조

인민과 개인

마르크스–레닌주의 교육은 학생들의 가치관·세계관 형성에 큰 영향을 끼쳤다. 이제 그들은 오래전부터 소중히 간직해온 개인적 희망보다, "인민"이라 불린 공동체의 복리 향상에 더 큰 의미를 부여했다. 곧 인민의 복리에 이바지하는 일이야말로 개개인들의 장래 희망이자 자아실현과 동일시되는 경향을 보였다.

평양 제3중학교 마라톤 선수 김운학(17)은 그간 올림픽 출전을 목표로 훈련에 매진해왔다. 만일 그 꿈이 이루어진다면 자신의 이름 석 자를 세계 만방에 떨칠 수 있을 터였다. 그러나 1946년 '8·15경축 종합체육대회'에 참가해 해방된 인민들의 환호를 목격한 그는 보다 숭고한 가치를 깨닫게 되었다. 그것은 바로 "인민과 근로대중과 조선을 위한 체육"에 "몸을 바치는" 길이었다. 새로운 꿈을 이루고자 평양교원대학 체육과에 입학한 그는 어떻게 하면 우리 조선이 체육의 대중화를 실현해, 타 민족과 어깨를 겨룰 수 있을지 진지하게 고민했다.[65]

일제시기에 경성치과의전을 나온 김상선(25)도 김운학 못지않게 어려운 결단을 내렸다. 해방된 민족의 한 구성원으로서 국가에 헌신할 방법을 고민해오던 그는 오래전부터 꿈꿔온 의사의 길을 포기하기로 결심했다. 개인적 꿈을 접은 그가 새로이 품은 희망은 "후대의 민족 간부 육성"에 필요한 교원의 길이었다. 사실 그는 의사 자격시험 과목 총 14개 가운데, 물리·화학·약리학·의사법·해부학·생리학·위생학·병리학·산부인과학·외과학·안과학 등 11과목을 통과해 최종 합격을 눈앞에 둔 상태였다.[66]

평양의학대학 교수 홍순옥(33)은 살모넬라균 연구에 탁월한 업적을 쌓은 의사였다. 그러나 그는 자신의 과거 연구가 개인의 영달만을 안중에 둔 이기적 행위였다고 반성하며, 인민 보건에 기여할 의사가 되기로 마음을 고쳐먹었다. 그 무렵 북한사회에 심각한 문제를 일으키고 있었던 전염병이 그의 주목을 끌었다. 그는 전염병과 세균학 연구에 매진하는 한편, 그 두 부문의 의학자와 기술자를 양성하는 데 헌신하겠다는 각오를 내비쳤다.[67]

인민과 국가에 헌신하는 태도가 고귀한 가치로 격상된 반면, 그 대척점에 놓인 사적 이해관계를 앞세우는 태도는 부정적 가치로 인식되었다. 개인주의·이기주의·자유주의·영웅주의 등이 그 구체적 태도로 지목되었다. 조직을 이끈 관리자들은 개인주의와 이기주의가 조직 내 구성원들의 단합을 가로막는 요인이라고 진단했다.[68] 자유주의는 회의나 집회 등의 단체생활에 불참하거나 유흥에 탐닉하는 행위 등과 같이, 개인의 욕구 충족을 우선시해 제멋대로 활동하는 태도를 의미했다. 당국자들은 한 개인의 자유주의적 태도가 그의 조직생활 경험 부족에서 발현되는 경향이 있다고 보았다.[69] 평양교원대학생 김명준(19)을 평정한 학과장은 그가 집회에 참가하지 않는 등 자유주의적 행위를 일삼았으나, 민청의 지도 아래 꾸준히 시정해온 결과 지난 학기 낙제점을 받은 마르크스-레닌주의 과목 성적을 5점 만점까지 끌어올렸다고 기록했다.[70]

조직이나 단체에서 타인들의 이목을 끌고자 자신의 역량을 과장하는 태도인 영웅주의도 공동체 전체 이익에 반하는 가치로 인식되었다. 만주 신징新京의대 중퇴 경력을 지닌 평양 제12중학교 교사 김준섭(26)은 자신의 본분인 학생 교육보다 의사로서의 부업에 더 큰 자부심을 가지고 있었다. 동료 교사들은 "산파질"을 일삼으며 의사 행세를 하거나, 수업 중에 찾아오는 환자들과 면담하는 그의 행위를 영웅주의적 태도라고 비판했다.[71]

개인주의·자유주의·영웅주의적 태도를 지닌 이들에 대한 사회적 제재는 도덕적 비난에 그치지 않았다. 그러한 악덕은 평정서에 빠짐없이 기록돼 그들의 사회적 지위 상승을 제약하는 근거로 활용될 수 있었다. 평양교원대학 화학과 학생 백신호(22)는 지각과 조퇴를 자주 하는 데다, 이러저러한 변명을 대며 학습회와 시사 강연회에 불참하곤 했다. 그의 관심은 오직 노는 데 있을 뿐, 학생 규율은 안중에 없었다. "조직생활을 무시하며 무원칙한 자유를 즐긴다"고 비판한 학과장 교수는 그를 "평가할 가치조차 없다"고 일갈한 뒤, 그가 앞으로 일거

일동을 시정하지 않으면 인민의 사표인 교원에 등용하기 힘들다고 못 박았다.[72]

　자유주의적 태도는 평정서에 기록되었을 뿐만 아니라, 간부 추천서에도 반드시 기입해야 할 사항이었다. 이를테면 한 추천서는 피추천자가 민청 회의와 학습회 등에 얼마나 열성적으로 참석했는지 지적하고 있다.[73] 공공기관이나 단체의 관리자들은 조직생활을 등한시하는 이른바 "자유주의자들"의 간부직 진출이나 승진에 제동을 걸고자 했다. 자위대 근무에 불참하고 술을 마신 한 대학생의 평정서는 그가 고급중학교 교원직에 부적당하다는 결론을 내렸으며, 인맥을 이용해 직장을 옮길 기회만 엿보던 한 교사의 평정서는 상급기관에 그의 해임을 건의했다.[74]

성격과 개성의 개조

혁명의 완수와 국가의 이해관계 관철을 모색한 북한은 개개인들의 행위뿐만 아니라 성격과 개성에까지 간여하는 경향을 보였다. 이제 전통적 미덕으로 여겨져온 몇몇 유형의 성품은 좋지 못한 평가를 받을 수 있었다. 전통적으로 선량하고 친절한 성품을 지닌 지도자들은 대중들의 존경과 신망을 얻어, 조직을 원만하게 이끌 수 있는 인간형이라는 소리를 들었다. 그러나 이제 그들은 공동체의 집단 이익을 극대화해야 할 새 시대의 지도자로 적합하지 않다고 평가절하되었다. 간부들을 평가한 많은 평정서들은 군중들에게 "사람 좋다!"는 소리를 듣는 그들이 과단성 부족으로 집행력에 한계를 보인다고 지적했다.[75] 게다가 "성품이 착해 남에게 싫은 소리를 못하는" 그들은 과오자들에 대한 냉정한 비판에도 약점을 드러냈다.[76]

황해도 재령여자고급중학교 교장 양희봉(37)도 그러한 성품의 소유자였다. 그에 대한 시학의 평정은 매우 냉혹했다. "성격이 극히 온순하고 듣기 싫은 말을 남에게 하지 못한다. 따라서 하부 직원을 잘 만나야만 학교 사업을 옳게 운영할 수 있다. 부하 직원을 장악해 강력히 사업을 추진하지 못하고 있다. 앞으로 많은 발전을 기대하기 어렵다."[77] 시학의 평정은 그의 앞길이 순탄치 않을 것임을 예고했다.

계급의 적들에 맞서 싸워야 할 혁명의 시기에 전통적으로 호감을 산 인간형은 시대의 부적응자로 전락할 처지에 놓였다. 착하고 온순한 성품을 지닌 이들 외에 적의가 없는 융화주의적 인간형도 그에 속했다. 그들은 계급투쟁의 방관자가 될 가능성이 높았다. 과묵하며 타인의 과오를 너그럽게 용서하는 이들도 비판을 피하기 어려웠다. 전통적 군자형에 속한 그들은 오랫동안 타인들로부터 존경을 받아온 인간형이었다. 동료들에게 "돌부처石佛"라는 별명을 얻은 한 교사의 평정서는 그가 어느 회의에서든 토론이나 비판 한 마디 없이 묵묵히 자리만 지키고 있음을 우려했다.[78]

혁명과 건설의 시대는 개개인의 개성에까지 규격화된 틀을 요구했다. 활력과 속도감과 적극성이 새 시대의 분위기를 대변함에 따라, 그에 어울리지 않는 개인적 취향은 주변의 따가운 눈총을 받았다. 이를테면 평양교원대학생 최치헌(20)을 평정한 학과장은 그가 느린 곡조의 음울한 노래에 심취해 있음을 우려의 눈길로 바라보았다.[79] 반면 작업에 동원될 때마다 남자들 이상의 성과를 거둬, "노동영웅"이란 별명을 얻은 평양교원대학생 김순실(20)은 순박하고 몸치장을 하지 않는다는 이유로 좋은 평가를 받았다.[80] 검소와 순박이 사치와 화려함보다 새로운 시대에 더 부합한 가치였기 때문이다.

종교는 아편이자 독한 마취약

종교적 세계관도 혁명의 시대에 역행하는 가치로 인식되었다. 현실의 불행과 고난을 감내할 힘을 주는 종교의 낙관적 내세관은 피착취계급의 저항의식과 혁명정신을 "마취"해, 계급투쟁을 방해할 수 있다고 진단되었다. 특히 북한 지역에 견고한 기반을 둔 기독교가 경계대상으로 주목받았다. 기독교를 믿는 학생들과 교사들은 학교 당국으로부터 의혹 어린 시선을 받기 일쑤였다.

평양교원대학 당국은 "어느 교회에 어느 목사가 있고 어느 목사는 자기 재산을 들여서라도 사회 사업에 희생한다"는 풍설을 퍼뜨리고 있는 한 학생의 태도를 좌시하지 않았다.[81] 기독교 집안에서 자라 신도가 된 평양 제1고급중학교 문학 교사 현정렬(31)은 학생들에게 사상적으로 부정적 영향을 끼치고 있다는 비판에 직면했다. 종교를 포기할 수 없었던 그는 학교장으로부터 지속적인 사직 압력을 받았다.[82]

반면 종교 척결을 주도한 교사들은 학내에서 공고한 입지를 다질수 있었다. 조선민주주의인민공화국 교육성 부상 김응환의 아들인 평양 제5여자중학교 인민과 교사 김형익(23)은 전교생의 37퍼센트에 달한 신도 비율을 7퍼센트로 끌어내리는 데 혁혁한 공을 세웠다. 그는 기독교와 "예수교 학생들"을 비판하는 좌담회를 열어가며 종교에 맞서 싸웠다.[83]

학교 당국의 주목을 받은 신도나 과거에 종교를 믿은 적이 있는 학생들은 자서전을 통해 자신의 입장을 적극 변론했다. 평양교원대학생 이정혁(20)은 해방 후 "민주 교육"을 받은 자신의 세계관에 "하늘과 땅 차이"만큼 놀랄 만한 변화가 있었다고 고백했다. 그가 종교를 가지게 된 동기는 "파도치는 생활난" 탓이었다. "땅이 꺼질 듯한 깊고 깊은 한숨"만을 내쉬던 그 고난의 시기에 그는 "마을의 신앙가를 가장 신성한 존재로 여기며, 신앙만이 인간이 선택할 수 있는 최선의 세계관"이라고 확신했다. 그러나 그는 "민주 교육"을 받은 뒤 종교가 "아편"이자 "깨어날 수 없는 독한 마취약"임을 깨달았을 만큼, 놀라운 내적 성장을 이루었다고 변론했다.[84]

적극적인 변론에도 불구하고 자서전을 통한 신도들의 해명은 당국에 곧이곧대로 받아들여지지 않았다. 1949년 현재 평양 제2고급중학교 교장에 재임 중인 정남연(52)은 주색에 빠져 가산을 탕진한 아버지의 과거사를 조심스레 끄집어냈다. 죄책감에 빠진 그의 아버지는 기독교를 믿기 시작했고, 그 후 거짓말처럼 술을 입에 댄 적이 없었다. 그 모습에 감화된 가족들 모두가 교회에 나가기 시작했다. 정남연은 20여 년간 독실한 신앙생활을 했다.

그러나 그는 아버지의 사망을 계기로 기독교와 절연했다고 해명했다. 그가 들이민 근거는 기독교 학교인 숭실전문에 입학하라는 주위의 권고를 뿌리쳤다는 점이었다.[85] 그러나 당국은 그의 해명에 의

정남연 이력서

20여 년간 독실한 신앙생활을 해온 정남연은 기독교와 절연했다고 털어놨으나,
그의 과거 행적을 조사한 당국은 그 고백을 신뢰하지 않았다.

심을 품었다. 해방 직전 그가 기독교 계통의 재단 법인인 안성육영원을 설립하는 데 주도적 역할을 담당했음이 정보망에 포착되었기 때문이다. 당국은 그에게서 "여전히 기독교 냄새가 난다"고 결론지었다.[86]

북한의 종교 억압은 기독교에 국한되지 않았다. 불교 신자들의 입지도 위축되긴 마찬가지였다. 심원사라는 사찰이 경영한 학원에서 강사로 근무한 어느 불교도의 독실한 신앙생활은 당국의 관용을 얻지 못했다. 심지어 그는 그 절의 지원 아래 불교 계통 학교인 일본 고마자와대학駒澤大學을 졸업한 전력이 있었다.[87]

유교나 시천교도 새로운 시대와 융화하기 힘든 가치였다. 흥남공업대학 교수 홍동표(22)는 엄격한 유교 도덕가이자 시천교도인 할아버지를 가장으로 둔 집안에서 성장했다. 그러나 해방은 그의 가정 분위기를 완전히 바꾸어놓았다. 노동당에 입당한 그의 아버지와 촌락 인민위원장에 오른 삼촌은 집안의 제사가 지속되는 상황을 내버려두지 않았다.[88]

김덕윤의 고백: 인간 개조의 성공 사례

혁명의 시대는 인민 개개인들에게 가치관과 세계관의 개혁을 요구했을 뿐만 아니라, 기존의 가치체계와 세계관을 혁파할 엄격한 규율을 부과했다. 그 대표적 수단인 폭로와 비판은 '사회악'으로 간주된 개개인들의 과오와 결점을 시정하는 데 활용되었다. 국가와 혁명의 발전에 걸림돌이 될 수 있는 개개인들의 모든 과오와 결점은 발견 즉시 폭로되고 척결되어야 했다. 따라서 타인의 과오와 결점을 면전에서 즉각 지적하는 행위와 자신의 그것들을 당당히 대중 앞에 드러내는 행위가 권장되었다. 과오와 결점이 폭로되면, 드러난 환부에 메스를 들이대듯 단호한 비판이 가해졌다.

"표리가 부동하고 경솔하며 과오를 범하기 쉬운 성격"을 지닌 황해도 재령군 삼강중학교 교사 이규춘(20)을 평정한 시학은 "수시로 감시하고 비판해 그의 결점을 고쳐줄 필요가 있다"고 강조했다.[89] 그러나 비판 행위는 체면을 중시해온 조선인들의 전통적 정서에 부합하지 않았다. 이를테면 "교만하고 영웅심이 많은" 평양교원대학 화학과 학생 유강(23)은 동료들의 비판이 자신의 인격과 체면을 깎아내리고 있다고 불평했다.[90] 종종 노동 행위도 과오와 결점을 교정하기 위한 수단으로 활용되었다. 이를테면 사업 중 과오를 범한 평양시 교육부 간부 이길선(31)은 북조선로동당 평양시당의 지시에 따라 7개월간 국영 연탄공장 노동자 생활을 했다. 1948년 말 교정을 마친 그는 평양 제12중학교 교장으로 복직했다.[91]

북한은 인민 개개인들에게 새로운 가치관과 세계관을 부과하며, 그들이 혁명의 시대에 걸맞는 새로운 인간형으로 거듭나길 독려했다. 사실이든 아니든 많은 이들이 과거의 허물을 벗고 새로운 인간이 되었다는 경험담을 털어놓았다. 1910년 2월 26일에 태어난 평양의학대학 교수 김덕윤은 기독교도이자 민족주의자였던 자신이 몇 차례의 성숙 과정을 거쳐 마르크스-레닌주의자로 거듭났다고 고백했다. 말하자면 그의 삶은 인간 개조의 성공 사례에 속했다.

그를 기독교도의 길로 이끈 이들은 외할머니와 어머니였다. 어린 시절 그는 그 두 분이 다른 교인들과 어깨를 나란히 하고 예배를 드리는 모습을 바라볼 때 가장 큰 기쁨을 느꼈다. 그는 기미년 3·1운동 무렵 "일본놈들의 무서운 총칼에 맞서 싸운 예수교인들"의 용맹스런 민족운동을 직접 목격한 뒤, 조선인이라면 누구나 교회에 나가야 한다고 생각했다.

기독교 계통 학교인 숭실전문 입학은 식견을 넓히고 더 넓은 세계를 접할 수 있는 기회를 그에게 제공했다. 전문학교 시절 그는 "당시 조선 문단에서 이름 높은 양주동梁柱東 교수"의 지도를 받으며 문학의 세계에 빠져들었다. 여름방학을 맞아 학생들이 모두 귀향하면, 빈 기숙사에 홀로 남아 창작에 몰두하곤 했다.

1931년 7월 동아일보사가 주최한 현상 모집 논문 준비 과정은 그의 의식이 성장할 수 있는 한 계기가 되었다. 그가 한 달 동안 집필해 완성한 논문 〈조선 농업 구제책〉은 조선 농촌의 몰락 과정을 살피며, 통계를 통해 그 비참한 현실을 철저히 해부했다. 입상의 기쁨은 잠시뿐이었고, 일본의 식민통치하에서 자본주의 제도의 압박을 받으며 신음하고 있는 조선의 현실이 그의 뇌리를 떠나지 않았다. 논문을 작성하며 인간생활과 경제가 불가분의 관계에 있음을 깨달은 그는 경제학 연구의 필요성을 절감했다. 개조사가 발간한 《경제학 전집》 덕에 그의 지적 호기심은 상당 부분 해소될 수 있었다. 다양한 경험을 축적한 그는 숭실전문 졸업 후 약 3만 명의 독자를 보유한 월간 잡지 《농민생활》의 주간을 맡아 조선 농민들의 계몽을 위해 분투했다.

조선 경제를 연구하며 한 차례 의식 성장을 경험한 그에게 다른 변화도 감지되었다. 그는 이제까지 이광수·김동인·염상섭·현진건·나도향 등 이른바 소시민 작가들의 인도주의·낭만주의·자유주의·퇴폐주의적 작품들만을 애독해왔으나, 조선의 현실을 직시하면서부터 신경향파 작가들인 김기진·최서해·박영희·한설야 등에도 관심을 가지게 되었다. 그는 "계급적 열정이 높은" 좌익 문단 작가들의 작품을 접하며 문학과 예술이 지향해야 할 사명을 깨달을 수 있었다. 철학을 바라보는 그의 관점에도 변화가 생겼다. 칸트나 헤겔의 관념론이 아닌 브레하노프나 포이어바흐의 유물론에 기초한 철학적 세계관이 그의 의식세계에 뿌리내렸다. 그는 마르크스와 엥겔스의 정연한 학설까지 섭렵해 모순 없는 사상체계와 철학적 인생관을 정립할 수 있었다고 고백했다.

그러나 그때까지도 그의 사상체계는 확고하지 못했고 여러 불협화음에 동요하기 일쑤였다. 그는 광주학생운동 당시 "일본 순사와 격투하며" 큰길가에서 만세를 절규하던 전문학교 1학년 시절의 감성과 다를 바 없는 민족주의 의식에 여전히 갇혀 있었다. 심지어 일본 릿쿄立教대학 유학 시절에는 조선 민족에 헌신하겠다는 생각보다, 자기 개인의 영화와 출세에 더 집착하기까지 했다. 유학을 마치고 귀국해 금융조합에 취직한 그는 급기야 "일본놈들이 시키는 대로 기계적으로 순종"하는 주구가 돼 있었다. 나이 어린 후배들 밑에서 사무원 생활을 하던 그는 세상을 비관하며 모든 희망과 출세욕을 버리고 다시 교회에 나가 위안을 찾기 시작했다. 그에게 이 시기는 술과 담배를 멀리하고 속세를 떠나 참된 인간으로 살아보겠다는 "어리석은 생각"이 지배하던 시기였다.

해방은 그가 타락의 늪에서 빠져나올 수 있는 디딤돌을 제공했다. 그의 부분적 성숙에 기여한 이들이 브레하노프·포이어바흐·마르크스·엥겔스였다면, 그를 보다 완벽하고 동요하지 않는 인간형으로 개조하는 데 기여한 이들은 레닌과 스탈린이었다. 그는 그들의 저작 속에서 새로운 세계를 발견할 수 있었다. 과거의 그는 계급적 입장에서 혁명적 역할을 실천하지 못하고 "편협한 민족주의 감정"에 빠져 지낸 식민지 민족의 한 구성원일 뿐이었다. 심지어 관념론적 염세주의자로 세상을 비관하며 종교에 의지하기까지 했다.

그러나 그는 레닌과 스탈린을 배우며 새로운 세계관을 정립한 뒤, 억압과 착취가 없는 새 사회 건설에 모든 힘을 바치기로 결심했다. 해방 후 마르크스-레닌주의자로 거듭난 그의 실천적 생활은 문학 창작에서 두드러졌다. 그는 정치성과 계급성을 반영한 시 수 편과 소설 수 편을 발표했다. 1948년 신춘문예에 입상한 그의 단편 소설 〈병삼이네 집〉은 《평북신문》에 게재되었고, 같은 해 북조선 문학예술축전에 출품한 〈인민교원〉도 입선의 영예를 안았다.[92]

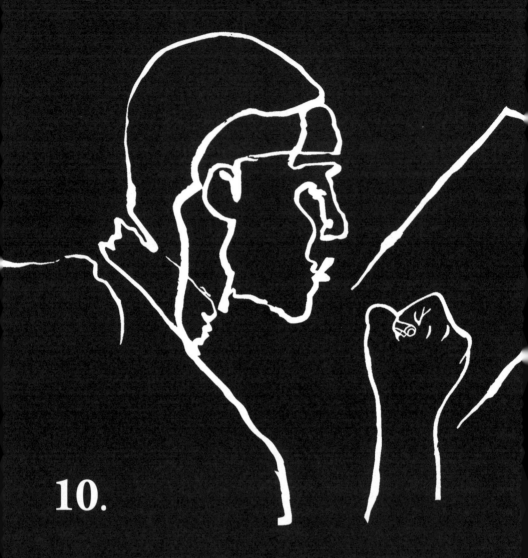

10.

북한은 가족 구성원들의 일탈에 대해서도 폭로와 고발을 권장했다. 반공주의가 횡행하던 시절, 남한은 북한을 비난할 때마다 으레 가족관계에 적용된 "비인간적" 행동양식을 강조했다. 그러나 이 당혹스러울 법한 행동양식이 개개인들의 과오와 결점을 바로잡기 위한 폭로와 비판문화의 산물이었다는 점은 전혀 설명되지 않았다. 폭로와 비판은 개개인들의 과오와 결점을 비롯한 "사회악"을 근절할 수 있는 수단이자, 인간관계를 매개로 이루어질 "사상적 전염"을 예방하기 위한 수단으로 활용되었다.

가족

연좌제

가정 장악과 처벌

연좌제

강원도 평강축산전문학교 교원 노동인(26)의 외삼촌은 일제시기 "함흥노조사건"에 가담한 혁명가였다. 당시 경찰에 체포된 그는 애석하게도 감옥에서 죽음을 맞았다. 해방 후 북한 당국은 그의 투쟁 업적을 외면하지 않았다. "혁명자 유가족"으로 인정된 노동인의 외할머니는 국가의 원호 아래 생계를 꾸려갈 수 있었다.[1]

자강도 후창인민학교 교사 박치균(21)도 혁명가의 가정에서 성장했다. 그의 작은형 박치옥은 일제시기 혁명운동에 참여하다, 경찰에 체포돼 함흥형무소에서 4년간의 옥고를 치렀다. 모진 투옥생활이 그에게 가져다준 것은 폐병뿐이었다. 해방과 함께 석방된 그는 내내 병으로 고생했으나, 항일운동가 우대정책의 수혜를 입어 1949년경 자강도 노동신문사 주필에 발탁되었다. 그의 혁명 활동에 대한 국가의 보답은 본인에 그치지 않고 가족 구성원들에게까지 미쳤다. 혁명가의 동생 박치균은 당국의 배려에 힘입어 1946년 6월경 북조선공산당에 입당할 수 있었다. 1949년 현재 대가족을 이루고 있었던 그의 가족 성원 13명 가운데, 노동당적을 획득한 이들이 무려 6명에 달했다.[2] 북한체제가 항일운동가 가정을 우대했음을 엿볼 수 있다.

해방 후 북한은 항일운동에 가담한 이들과 그들 가족에게 보답한 반면, 친일 행위에 연루된 가정을 억압했다. 강원도 평강축산전문학교 교원 송춘모(24)는 일제에 부역한 집안에서 성장했다. 그의 아버지 송유환은 경관에 복무하며 은급까지 받은 친일 경찰이었다. 해방 후 그는 처벌을 피해 월남했다. 불이익을 당하지 않을까 우려한 송춘모는 아버지의 전력을 감추려 했다. 그러나 당국은 그의 부친이 일제에 협력했을 뿐만 아니라, 월남 후 남한에서 고위직을 맡고 있다는 사실까지 간파하고 있었다.

북한에 남은 송춘모의 삶은 순탄할 리 없었다. 먼저 당국은 아버지의 친일 행적을 자서전에 기입하지 않았다는 이유로 노동당원인 그에게 경고 책벌을 부과했다. 직장 내 평가도 좋지 않았다. 강원도 평강군 교육과 시학은 그를 다음과 같이 평정했다. "정치·사상 면에서 확고히 믿을 수 없으며, 계급적으로 의심할 여지가 있다. 현직에 적당치 않다. 초급 중학교나 초급 기술학교 평교원으로 강등함이 적절하다."[3]

사실 북한 당국으로부터 억압을 받은 가정은 친일 행위에 연루된 집안에 국한되지 않았다. 출신 배경이 좋지 않거나 부정한 전력을 지닌 이들과 혈연관계에 있는 가족·친척들도 차별을 당하고 불이익을 받았다. 곧 가족 구성원들의 과오에 연대 책임을 묻는 연좌제가 가족

친일 경찰인 아버지가 월남한 뒤 줄곧 의혹에 시달린 송춘모는
급기야 교직에서 해임될 위기에 몰렸다.

관계에 적용되었다. 그것은 반공주의가 횡행하던 시절, 남한사회의 좌익계 가정에 적용된 것보다 훨씬 광범하고 강도 높은 수준의 연좌제였다. 친일파 가정 외에 지주 가정, 월남자 가정, 기독교인 가정, 남한에 거주하는 가족·친척을 둔 가정 등이 억압을 받았다. 심지어 부농·기업가·상인 가정 및 노동당과 반목한 조선민주당·천도교청우당 가정도 경계 대상에 속했다. 북한체제가 부정적으로 바라본 그들 가족 성원들은 차별을 받았을 뿐만 아니라, 사회적 지위의 수직 이동 기회를 제약당했다.

친일파 가정이 당한 수난에 미치지 못했지만, 종교인 가정도 연좌제의 적용을 받았다. 평양공업대학 교수 강영환(46)은 기독교 가정에서 성장했다. 그의 아버지 강우송은 함경북도 청진·부령 일대에서 목사를 지냈다. 다른 가족 성원들처럼 독실한 신자였던 강영환은 "예수교 학교"인 평양 숭실대학을 나왔다. 게다가 그 학교의 지원을 받아 일본 도호쿠東北제국대학 유학을 마치기까지 했다. 평양공업대학 학장은 기독교에 둘러싸인 그의 성장환경에 경계심을 내비치며 다음과 같이 평정했다. "위와 같은 환경에서 자란 그는 변증법적 유물론의 입장에 튼튼히 서 있지 못하고 동요할 우려가 있다. 앞으로 많은 교양이 필요하다."[4]

본인이 기독교인이었던 강영환과 달리, 황해도 재령군 하성중학교 교무주임 황충환(22)은 단지 처갓집 사람들이 기독교를 믿은 탓에 당국의 주시를 받았다. 기독교 장로인 장인과 평양신학교에 재학 중인 처남을 둔 그는 "불순한 가정"과 혼인관계를 맺었다는 이유로, 처가의 오점에 대한 책임을 함께 떠안아야 했다.[5]

연좌제에 속박된 가정들 가운데 가장 큰 비중을 점한 가정은 월남자 가족 성원을 둔 집안이었다. 당시 월남자는 체제를 배반하고 달아난 "도주자"로 간주되었다. 따라서 월남자 본인은 물론 그로부터 부정적 영향을 받았을지 모를 가족 성원들도 사상성을 의심받았다. 황해도 재령여자중학교 여교사 차인호(20)를 평정한 시학은 토지개혁시에 월남한 아버지와 사촌오빠를 둔 그녀의 가정환경을 문제 삼았다. 그의 진단에 따르면 그녀는 토지를 몰수당한 뒤 불만을 품고 월남한 그들의 영향을 받아, "확고한 입장에 서지 못한 채 동요할 우려가 있었다."[6]

황해도 재령군 서호중학교 교사 김인성(29)도 월남한 친척을 둔 탓에 당국으로부터 부정적 평가를 받았다. 재령군 교육과 시학은 그의 작은아버지가 "토지개혁을 비롯한 모든 민주개혁을 반대해 도주했다"고 지적했다. 그는 조카 김인성이 숙부로부터 "악영향을 받았을 우려가 있다"고 결론내렸다.[7]

토지개혁에 반감을 품고 월남한 이들뿐만 아니라 모든 월남자들이 체제를 배반한 "도주자"로 규정됨에 따라, 그들을 돕는 행위는 일체 용납되지 않았다. 가족·친척들의 도움조차 예외는 아니었다. 황해도 해주 공업전문학교 교원 김병기(27)는 월남 도중 철도경비대에 체포된 뒤 수용소에 감금된 한 친척을 빼내려 로비를 시도했다. 그러나 그는 목적을 이루기는커녕, "도주자를 원조했다"는 이유로 노동당 최고 책벌에 해당하는 출당 처분을 받았다. 평정자는 당원인 그가 "경각심이 부족하며 의식이 박약했다"고 질타했다.[8]

더 당혹스러운 사실은 월남자의 가족 성원들뿐만 아니라, 해방 전부터 남한에 거주하고 있는 가족이나 친척을 둔 북한 주민들도 불이익을 받았다는 점이다. 북한 당국은 당시 '열린 공간'이었던 38선을 넘나들며, 남북 간 가족·친척이 교류하는 상황을 철저히 통제했다. 남한의 가족·친척이 북한 주민들에게 끼칠 수 있는 부정적 영향이 우려되었기 때문이다. 특히 미국 첩보기구가 포섭해 북파한 스파이들 대부분이 월남자들을 비롯한 북한 출신자들이었던 탓에, 최악의 경우 남한에 가족·친척을 둔 북한 주민들은 스파이 혐의를 받을 수 있었다.

황해도 해주 제1여자중학교 교사 김채희(26)는 어느 면에서도 나무랄 데 없는 여성 인재였다. 당국자는 "우수한 두뇌와 뛰어난 능력"을 소유한 그녀가 능숙하고 성실하게 사업을 수행한다고 평정했다. 그러나 그녀는 "사상적" 측면에서 몹시 인색한 평가를 받았다. 남한에 거주하고 있는 친척을 고려할 때, 그녀의 가정환경이 "상당히 좋지 못하다"는 결론이었다. 그 친척은 바로 해방 전 남한에서 가정을 이룬 그녀의 언니였다. 이 문제의 여성은 몹시 우려할 만한 남성과 결혼한 전력이 있었다. 경성제국대학을 졸업한 뒤 학병에 자원해 일본군 장교를 지낸 그녀의 남편은 현재 황해도 연백군에서 "반동청년단 단장"을 맡고 있었다. 게다가 일제시기에 경기도 지사를 지낸 그녀의 시아버지는 남한 국회의원에 재임 중이었다.

그나마 다행이었던 점은 그녀가 이미 이혼해 그들과의 관계를 청산한 뒤, 홀로 지내고 있다는 사실이었다. 그러나 당국은 김채희가 이혼한 언니와 사돈 집안으로부터 "직접적 영향은 아니라 해도, 간접적 영향을 받을 우려가 있다"는 결론을 내렸다. "특별한 주의와 교양

나무랄 데 없는 여성 인재 김채희는 단지 가정환경이 좋지 못한 남성과 결혼한 친언니 탓에 의혹을 받았다.

이 필요하다"는 대책도 덧붙여졌다.[9]

위 사례들은 불리한 배경과 부정한 전력을 지닌 이들의 가족 구성원뿐만 아니라, 그들 친척들의 입지도 불안했음을 보여준다. 사실 가족의 경계를 넘어 불이익을 받을 수 있는 친척의 범위가 과연 어디까지였을까의 문제는 북한 주민들에게 매우 민감한 사안일 수밖에 없었다. 그와 관련해 자서전 작성 요강은 기록자의 8촌 친척까지를 그 경계로 제시했다. 그러나 자서전과 평정서에 소개된 다양한 사례들은 연좌제가 적용된 친척의 경계가 일반적으로 친가 5촌, 외가 3촌에 설정되었음을 드러낸다. 강원도 평강고급중학교 교사 김병철(21)을 평정한 시학은 그의 친척관계를 우려하며 다음과 같이 지적했다. "해방 전 5촌 친척이 만주에서 목재상을 경영하며 부유한 생활을 했다." 시학은 5촌 친척의 영향을 받았을지 모를 그를 "계급적으로 확고히 믿을 수 없다"고 의심했다.[10]

친가와 외가 쪽 친척들뿐만 아니라, 결혼을 통해 맺어진 처가와의 관계도 중시되었다. 처가의 부정한 전력이나 불리한 가족 배경에 대해서도 연대 책임을 져야 했다. 특히 빈번히 교류하며 친밀한 관계를 맺기 마련인 장인과 처남의 주목해야 할 동향은 어김없이 평정서에 기재되었다. 황해도 재령 제2중학교 교사 정영섭(34)을 평정한 시학은 지주인 그의 장인이 토지개혁 시에 8정보의 경작지를 몰수당한 뒤, 처남과 함께 다른 지역으로 축출되었다고 지적했다. 심지어 평정자는 그의 처삼촌이 축출된 전력도 묵과하지 않았다.[11]

처가도 친가나 외가만큼이나 빈번히 접촉할 수 있는 대상인 이상, 집안 간 영향관계가 경시되지 않았음을 알 수 있다. 황해도 재령군 삼강중학교 교사 이운준(28)을 평정한 그 학교의 교장은 해주시에서 여관을 경영한 적이 있는 그의 처가의 전력을 가벼이 보아 넘기지 않았다. 평정자는 "그의 처가가 과거에 뿌르죠아였기 때문에 그가 악영향을 받을 수 있다"고 우려했다.[12]

가정 장악과
처벌

사상적 전염 예방

해방 후 북한은 가족관계와 친척관계에 강도 높은 연좌제를 적용했다. 가족·친척은 그 구성원들이 빈번히 접촉하며 서로간에 중대한 영향을 끼칠 수 있는 집단이다. 사실 현실 사회주의권 국가들은 인간관계를 통해 주고받을 수 있는 부정적 영향을 "사상적 전염"의 관점에서 바라보았다. 가족관계와 친척관계에 적용된 연좌제는 불온한한 개인을 통해 "사상적으로 전염"되었을 가능성이 있는 다른 구성원들에게까지 연대 책임을 물어 처벌한 제도였다.

인간관계를 통한 "사상적 전염"의 방지를 모색한 북한은 가정의 장악에 주력했다. 그 첫 출발점은 모든 가족 구성원들의 개인 정보를 상세히 파악하는 일이었다. 이를테면 황해도 재령 제2중학교 교사 고

영화(19)를 평정한 당국자는 그의 집안의 내밀한 가정사까지 속속들이 파악하고 있었다. 평정자는 음주를 즐긴 그의 "방탕한 부친이 난봉기를 지닌 탓에 15년 전 첩을 얻었다"고 기록했다.[13]

가정을 장악하여 가족 구성원들 간에 끼칠 수 있는 부정적 영향을 차단하려 한 북한체제의 발상은 궁극적으로 국가 보위의 과제와 관련이 있었다. 당시 절대적 가치를 부여받은 국가는 가능한 한 빨리 모든 사회악을 적발해 시정함으로써 안전을 보장받을 수 있다고 인식되었다. 곧 국가에 부정적 영향을 끼칠 수 있는 개개인들의 과오·결함·일탈 등 모든 사회악의 "전염"을 막으려면, 그것들은 신속히 폭로될 필요가 있었다. 가족 구성원들의 과오와 결함도 마찬가지였다. 가정은 모든 구성원들의 일탈과 과오를 드러내 시정함으로써 국가의 안전에 이바지해야 했다. 그것이 국가가 가족 구성원들의 개인 정보를 수집하고, 더 나아가 가정을 장악하려 한 근본적 이유였다.

국가가 가족 구성원들의 과오와 결함을 비롯한 모든 정보를 수중에 넣어 가정을 장악하려 했다는 점은 사적 공간으로서 가정의 입지가 위축되었음을 의미한다. 사실 당국이 개개인들의 모든 과오와 결함을 폭로하도록 독려함에 따라, 그들의 사생활은 존중받지 못했을 뿐더러 안정적 입지를 구축할 수도 없었다. 국가가 사생활의 가치를 경시하고 있음을 간파한 자서전 작성자들은 가능한 한 사사로운 가정사를 드러내길 기피하는 경향을 보였다. 그들이 기록하길 꺼린 대표적 소재는 사랑에 관한 이야기였다. 설령 거론한다 해도 그것은 그들의 혁명 활동과 연관성이 있어야 했다.

강원도 철원군 영북중학교 교양주임 고진천(22)은 자신의 사랑과

고진천은 지난날의 연애 경험을 사생활이 아닌,
혁명 사업의 연장에서 바라보았다.

결혼에 대해 다음과 같이 회상했다. "북조선로동당 강원도 철원군당 청년사업부장 신철권 동무의 추천으로 1947년 3월부터 1948년 4월까지 군 민청 학생부에서 일했다. 그 무렵 같은 동리에 살고 있는 이돈숙 동무와 교제하기 시작했다. 군 내무서 문화계에 근무하고 있던 그녀는 가장 혁명적이며 선진적인 여성이다. 어린 시절부터 같이 공부하며 오빠라는 소리를 들었기 때문에, 자라서도 스스럼없이 대화하는 사이가 되었다. 우리는 사회 사업에 관련된 이야기를 나누며 서로 사랑하는 사이가 되었다. 양가 부모님들은 둘 다 얌전하다는 이유로 교제를 허락했다. 1947년 11월 8일에 결혼했다."[14] 혁명적인 여성과 결혼한 고진천에게 사랑은 그의 은밀한 사생활이라기보다, 부부의 사회 사업 결실을 더 높은 수준으로 끌어올릴 수 있는 윤활유였던 셈이다.

내밀한 가정사를 숨기고 싶었던 자서전 작성자들과 달리, 당국자들은 그들의 사생활에 관한 정보를 낱낱이 캐내려 했다. 따라서 자서전 작성자들이 고백하지 않은 가정 내의 사사로운 일상들과 치부들마저 그대로 노출되기 일쑤였다. 이를테면 황해도 재령군 북률중학교 교장 김익준(41)을 평정한 시학은 성품이 "착하고" 다른 교원들로부터 존경을 받고 있는 그가 궁핍한 생활에 시달리고 있음을 안타까워하며 다음과 같이 기록했다. "사생활: 장남은 공대에 다니고 장녀는 여자사범전문학교에 다닌다. 가족은 여덟 명이다. 현재의 봉급으로는 안정된 경제생활이 불가능하다. 매일 점심을 거르며 생활하고 있다."[15]

평양 제10중학교 교무주임 이구발(27)을 평정한 시학도 그의 사적 영역을 간과하지 않았다. 시학은 유능한 데다 군중들의 신망을 얻고 있는 그를 높게 평가했다. 그러나 배우자 없는 독신생활이 "큰 문제"라며 아쉬움을 드러냈다. 사실 그는 결혼 적령기를 훌쩍 넘긴 27세의 노총각이었다.[16]

불순한 가족관계에 연대 책임 부과

개개인들의 사적 영역과 가정의 장악을 모색한 북한체제는 과오자가 있거나 집안 배경이 좋지 못한 가족 구성원들에게 각종 불이익을 부과했다. 그들이 당국으로부터 받은 가장 큰 불이익은 해직이었다. 사업 실적이 뒤처지거나 과오를 범한 이들이 좋지 못한 가정환경에서 지내고 있다면, 그들은 여지없이 파면을 당했다.

자강도 자성군 삼풍중학교 수학 교사 김영우(20)는 어느 유부녀와 바람을 피워 물의를 빚었다. 그는 교원으로서 "학교 위신을 떨어뜨린"데다, 몹시 우려할 만한 가정환경에 둘러싸여 있었다. 문제의 인물이었던 그의 아버지는 일제시기에 면장과 도 평의원을 지낸 친일파였을 뿐만 아니라, 토지개혁 당시 4,000평의 토지를 몰수당하기까지 했다. 평정자는 그의 7촌 친척이 1947년경에 월남한 사실도 좌시하지 않았다. 그는 "가정환경과 사업 작풍에 비추어" 김영우가 교원 자격이 없으며, 다른 적격자가 있는 이상 해임이 불가피하다고 건의했다.[17]

가정환경이 좋지 못한 이들 가운데 성실하고 유능한 이들은 제약된 여건에서나마 나름의 출구를 찾을 수 있었다. 자강도 초산고급중학교 문학 교사 박문창(22)은 성격이 명랑한 데다 직무에 열성을 보였다. 게다가 그는 책임감도 투철해 많은 학생들로부터 신망을 얻고 있었다. 그러나 문제는 일제시기에 5년간 순사를 지낸 전력이 있는 그의 맏형이었다. 박문창이 1948년 말 북조선로동당 자강도 초산군 초산면당 입당 심사를 통과하고도, 상급당인 군당 입당 심사에서 고배를 마신 까닭은 바로 그 때문이었다. 그의 입당 실패를 "크게 유감으로 생각한" 평정자는 실력이나 사업 역량에 비추어, 그의 교직 유임이 마땅하다고 두둔했다.[18]

황해도 재령군 청천중학교 교무주임 이인곤(23)도 비슷한 유형에 속한 인물이었다. 그는 근면하고 열정적일 뿐만 아니라, "사상이 견실하고 진보적"이라는 평가를 받았다. 성격도 진중해 타인들로부터 두터운 신망을 얻었다. 그러나 그가 성장한 가정환경에 복잡한 문제가 있었다. 1만 3,000평의 경작지를 소유한 부농 가정이었던 그의 집안은 토지개혁 당시 그동안 소작을 주었던 3,000평을 몰수당했다. 심지어 그의 처가는 기존 거주지에서 축출된 "불로지주" 집안이었다.

평정자는 그가 유능한 데다 좋은 평판을 얻고 있었지만, 자라온 가정환경을 고려할 때 "융화하고 타협하기 쉬운" 인간이 될 수 있다고 우려했다. 그는 이인곤이 현직에 적합한 인재라고 건의하면서도, "본인과 처가의 가정환경을 주시하며 수시로 그의 사상 동향을 검토할 필요가 있다"는 결론을 내렸다. 사실 이인곤 자신도 오점 있는 가정환경 탓에 상당히 주눅들어 있었다. 그는 평정자와 면담하던 중 자신의 가정환경에 "양심의 가책을 느껴 용기 있게 사업을 수행할 수 없다"고 고백하기까지 했다.[19]

가정환경에 오점이 있었으나, 평판이 좋고 유능한 박문창과 이인

이인곤은 유능한 데다 두터운 신망을 얻고 있었지만,
출신성분과 가정환경이 좋지 못해 신뢰하기 어렵다는 평가를 받았다.

곤은 제한된 여건에서나마 출구를 모색할 수 있는 이들이었다. 그러면 어느 정도 실력을 갖췄으되, 가정환경에 치명적 결함이 있는 이들의 입지는 어떠했을까? 자강도 초산고급중학교 화학 교사 김형송(30)이 그 전형적 예에 속한 인물이었다. 평정자에 따르면 그는 자신의 전공 과목인 "화학 방면에 소질이 있었다." 그러나 그는 부농 가정에서 성장했고, 집안의 가장인 아버지는 일제시기에 구장을 지낸 전력이 있었다. 그보다 더 큰 문제는 해방 전 친형이 경찰직에 종사했다는 점이었다. 심지어 1948년경 "반동사건"을 일으킨 형은 여전히 수감상태에 있었다. 공모자인 사촌형도 마찬가지였다. 평정자는 김형송의 매부가 토지를 몰수당한 뒤 축출된 지주였다는 사실도 간과하지 않았다. "반동사건에 가담한 친형과 사촌형의 영향을 받아 동요할 수 있다"고 진단한 평정자는 가차 없이 그의 해임을 당국에 건의했다.[20]

황해도 재령 제2중학교 교사 송제만(27)도 본인의 역량과 가정환경 면에서 김형송과 유사한 부류의 인물이었다. 평정자에 따르면, 그는 "어느 정도 사업 역량을 발휘하며 노력하는" 열의를 보였다. 그러나 그의 가정환경에 치명적 오점이 있었다. 친부모와 처가 부모 모두 경작지를 몰수당한 뒤 축출된 지주들이었다. 게다가 해방 후 월남한 그의 친형은 남한에 거주하고 있었다. 평정자는 가정환경에 큰 결함이 있는 그가 교직에 적합하지 않다는 결론을 내렸다.[21]

불리한 가족 배경이 자서전 작성자들의 사회적 성취를 가로막을 수 있었기 때문에, 그들은 의도적 누락에 의존하는 식의 글쓰기 전략을 구사하기도 했다. 자강도 후창여자중학교 교무주임 전인호(24)는 교화소를 탈옥해 남한으로 도주한 아버지의 전력이 자신에게 미칠

파장을 우려했다. 그는 아버지가 밤낮을 가리지 않고 열심히 일한 빈농이라고 자서전에 기록했다. 그러나 그의 탈옥과 월남에 대해서는 전혀 언급하지 않았다. 안타깝게도 눈앞의 문제 해결에만 집착한 전인호의 기만적 글쓰기는 더 큰 후과를 불러왔다. 아버지의 일탈에 더하여 당국을 기만한 자신의 과오까지 영구 기록으로 남는 불운을 자초했기 때문이다.[22]

가족·친척의 부정한 전력을 은폐하는 행위가 더 큰 화를 불러올 수 있음을 간파한 이들은 그것을 솔직하게 고백하고 자아비판하는 태도를 보였다. 이를테면 평양교원대학 수학물리과 학생 김달섭(19)은 큰아버지의 과오를 들추어냈다. 그는 자서전에 다음과 같이 기록했다. "다수의 친척들이 한 마을에 거주한다. 그들은 모두 토지를 분여받아 열성적으로 일하며 정권기관에 협조하고 있다. 그러나 왜정시기에 소지주였던 큰아버지는 현재 장사를 하며 소시민 생활을 한다. 그는 아직도 확고한 사상을 견지하지 못한 채 태평하게 그날그날을 보낼 따름이다."[23] 사실 김달섭의 큰아버지는 가족의 울타리 밖에 있는 친척인 데다, 심각한 오점이 있다고 보기에 무리가 있었다. 당연히 조카인 그가 받을 불이익의 정도도 크지 않았다. 따라서 큰아버지의 오점을 숨기기보다 드러내는 태도는 오히려 그의 정직성을 입증해 보일 효과적 전략이 될 수 있었다.

반면 김달섭과 동일한 전략을 택한 황해도 재령 제2중학교 교사 권인섭(19)은 어떠한 실익도 얻지 못했다. 그의 아버지는 일제시기에 5년간 면장을 지낸 데다, 1948년 봄 "반동사건"에 연루돼 체포된 뒤 줄곧 수감생활을 해오고 있었다. 평정자에 따르면, 아들 권인섭은

"자기 부친의 반동성을 잘 알고 비판하는 솔직한" 청년이었다. 그러나 그의 정직성은 별 도움이 되지 않았다. 아버지의 과오가 치명적이었기 때문이다. 평정자는 "부친의 반동사건에 비추어볼 때, 그가 현직에 적합하지 않으며 앞으로도 교육 간부가 될 수 없다"고 단호히 선을 그었다.[24] 북한체제가 개개인들에게 가족 구성원들의 일탈을 솔직히 공개하도록 독촉했음에도 불구하고, 그 지침을 실행에 옮겨 조금이나마 이익을 볼 수 있었던 이들은 가족들의 과오가 경미한 이들뿐이었다.

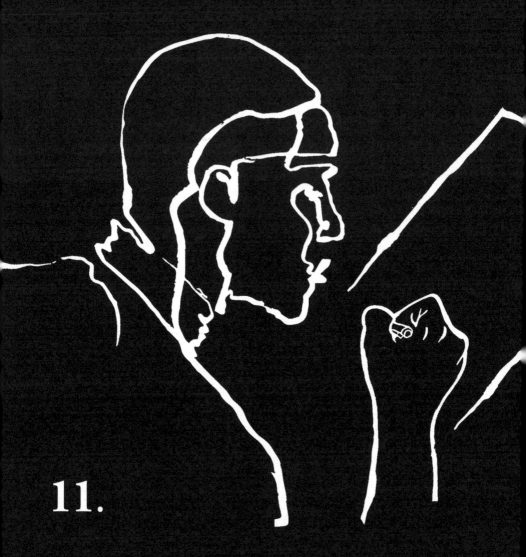

11.

해방 후 북한의 혁명은 기존의 계급질서를 완전히 뒤바꿔버렸다. 지배계급에 속했던 기득권층이 차별과 억압의 대상으로 전락한 반면, 그동안 착취받고 소외돼온 노동자·농민층은 새로운 계급 질서의 상층에 편제돼 정치·경제·사회적 우대를 받았다. 북한은 계급의 통합체로서 "인민의 국가"라는 슬로건을 강조했으나, 인민을 구성하는 상이한 층위의 계급들을 동등하게 대우하지 않았다. 인민의 위에 계급이 있었고, 계급의 위에 절대자인 국가가 군림했다.

계급

- 출신성분
- 무산계급과 유산계급
- 궁지에 몰린 착취계급

출신성분

성분 분류의 모호성

해방 후 북한은 마르크스주의적 계급관을 참작해 기존의 계급 질서를 새로운 형태로 재편했다. 그것은 '착취계급'과 '피착취계급'의 기존 지위를 뒤바꾸는 방식이었다. 이 방식에 따라 편제된 새로운 계급 질서는 노동자-고농-빈농-사무원-중농-수공업자-상인-기업가-부농-지주 등의 순으로 위계화되는 경향을 보였다. 곧 피착취계급으로부터 착취계급에 이르기까지 착취당하거나 착취한 정도에 따라 계급 서열이 고착되었다. 북한은 이 모든 계급들에 차별정책을 실시했다. 물론 노동자·고농·빈농 등 위쪽에 자리한 계급이 우대를 받은 반면, 지주·부농·기업가·상인 등 아래쪽에 자리한 계급은 억압을 받았다.

그러면 북한체제는 각 개개인들에게 어떤 식으로 계급적 지위를 부여했을까? 북한은 소련의 선례를 따라 성분 분류 사업을 실시했다. 개개인이 속한 계급을 의미하는 "성분"은 "출신성분"과 "사회성분"으로 분류되었다. 출신성분은 태어날 당시 부모의 직업을 뜻하는 용어였다. 그것은 개개인의 성장환경을 가늠하기 위한 잣대로 활용되었다. 본인이 종사한 직업들 가운데 가장 오래 몸담아온 직업을 가리키는 사회성분은 일생 동안 몇 번이고 변할 수 있었다. 반면 출생 순간 확정되는 출신성분은 변경이 불가능할 뿐만 아니라, 자손들에게 대물림되었다는 점에서 신분제의 성격을 띠었다. 한 가족의 구성원들은 동일한 출신성분을 부여받았고, 그에 근거해 당국으로부터 동일한 처우를 받았다.

여느 현실 사회주의권 국가들처럼 북한에서도 출신성분은 개개인들의 사회적 성취와 자아실현을 좌우할 수 있는 중요 변수였다. 누구라도 자신의 앞길에 걸림돌이 되지 않을 좋은 출신성분을 소유하고 싶어 했다. 출신성분 분류는 때때로 모호한 작업이었기 때문에, 당사자들에게는 어느 정도 선택의 여지가 있었다. 이를테면 지주인 할아버지와 면사무소 직원인 아버지 밑에서 자란 대가족의 자녀들은 어떤 출신성분을 부여받았을까? 당연히 당사자들은 출신성분 본연의 개념에 따라 아버지의 직업인 사무원 성분을 부여받길 원했을 것이다. 그러나 문제는 출신성분이 개개인들의 성장환경을 가늠하기 위한 잣대라는 점에 있었다. 당국은 그에 근거하여 당사자들에게 더 큰 영향을 끼칠 수 있는 환경 요인을 우선시하는 경향을 보였다. 위 사례의 경우 대가족 자녀들은 지주 출신으로 분류되었다.

사실 명확하게 분류하기 힘들 만큼, 출신성분이 모호한 사례는 아주 많았다. 그러한 난관에 부딪힐 경우 당국은 앞의 사례와 같이 출신성분 본연의 개념에 의거하기보다, 개개인들의 성장환경 요인을 중시해 불리한 성분을 부여하는 경향을 보였다. 가난한 소작농의 아들로 태어난 황해도 재령군 장수중학교 교사 최재건(23)은 이력서에 자신의 출신성분을 빈농으로 기입했다. 그러나 소작농인 아버지가 그와 함께 산 기간은 매우 짧았다. 어린 시절 아버지가 죽은 뒤부터 그는 거리에 잡화상을 차린 홀어머니 밑에서 자라야 했다. 황해도 재령군 교육과 시학은 그가 "소시민 가정에서 부족함을 모르고 자랐다"고 지적하며, 그의 출신성분이 빈농이라기보다 소시민 곧 상인에 가깝다는 결론을 내렸다.[1]

　　황해도 재령군 신원중학교 교사 김규성(20)의 출신성분도 모호한 구석이 있었다. 그는 빈농의 아들이었다. 그러나 광산지대에 음식점을 차린 어머니의 직업도 그의 출신성분 판별에 간과할 수 없는 요소였다. 그를 평정한 재령군 교육과 시학의 눈에는 "광산 노동자들에게 음식을 팔아 걱정 없는 생활을 해온" 그 가정의 넉넉한 면만이 두드러져 보였다. 시학은 그의 "소시민적 근성"이 음식점을 운영하고 있는 가정환경에서 싹 텄으며, 그가 "계급적 입장에 설 여건이 못 된다"고 결론내렸다.[2]

　　출신성분 분류의 모호성은 특히 농민층 내에서 두드러졌다. 황해도 재령군 청천중학교 교사 이인곤(23)은 1만평의 토지를 자작하며, 3,000평을 소작 주고 있는 농가에서 태어났다. 4정보 남짓의 경작지를 소유한 그의 집안은 엄밀히 말해 중농과 부농의 경계에 위치해 있었다. 당연히 이인곤은 이력서에 자신의 출신성분을 중농으로 기입했다. 그러나 평정자는 토지개혁 당시 소작지 3,000평을 몰수당한 점까지 감안해, 그의 집안이 적어도 부농 더 나아가 지주에 해당한다고 보았다.[3]

황해도 재령군 청천중학교 교사 이용필(23)은 500평의 경작지를 자작하며, 5,000평을 소작 주고 있는 농가에서 성장했다. 2정보에 조금 못 미치는 경작지를 소유한 그의 집안은 빈농과 중농의 경계에 위치해 있었다. 물론 그는 이력서상의 출신성분을 빈농으로 기입했다. 중농이 경작지 2정보(6,000평) 이상 소유자라는 당시의 일반적 통념에 근거한 대응이었다. 그러나 평정자는 그의 집안이 토지개혁 시에 5,000평의 경작지를 몰수당한 "착취계급"임을 묵과하지 않았다. 그는 이용필의 출신성분이 중농 이상에 해당한다고 못 박았다.[4]

당국이 개개 가정의 "착취 전력"까지 감안해 불리한 출신성분을 부여하려 한 반면, 당사자들은 가급적 유리한 출신성분을 부여받고 싶어 했다. 황해도 해주여자고급중학교 교장 김정배(40)는 자신의 출생 당시 상점에서 근무한 아버지의 모호한 경력 탓에 곤경을 겪었다. 그는 아버지가 상점 서사書士로 근무한 경력을 내세워, 출신성분을 사무원으로 기입했다.[5] 그러나 그의 의견은 받아들여지지 않았다. 평정자는 냉정하게 그의 출신성분을 "소시민"으로 정정했다. 당시 소시민은 기업가나 상인을 가리키는 용어였다. 평정자와 면담할 기회를 얻은 그는 부친의 과거 행적을 적극적으로 변호했다. 그는 부친이 서사로 근무하기 전에도 "상점 사환꾼"에 지나지 않았다고 소리를 높이며, 그가 소시민에 속한다는 판단은 가당치 않다고 항변했다.[6]

인성과 사상성을 비추는 거울

1946년 9월경, 김일성종합대학 공학부 교수 류연락(50)은 자신의 이력서에 출신성분을 지주로 기입했다.[7] 그러나 시간이 지날수록 그의 내면에 잠재한 불안이 커져만 갔다. 출신성분이 개개인들의 사회적 성취를 좌우할 수 있는 포섭과 배제의 중요 척도가 되었기 때문이다. 약 2년 뒤인 1948년 10월경 평양공업대학 화학과 교수에 재직 중인 그는 다시 이력서와 자서전을 작성하며, 자신의 출신성분을 중농으로 수정했다. 그리고 자서전에 그에 관한 짤막한 변론을 남겼다. "출생 당시의 가정형편은 곤궁한 편이 아니었다. 그렇다고 퍽 여유롭지도 않았다."[8]

북한 대중들에게 그들의 출신성분은 사회적 지위의 등락에 영향을 끼치거나, 당국으로부터 받을 수 있는 각종 불이익의 빌미가 되었다는 점에서 매우 첨예한 문제였다. 따라서 누구라도 유리한 성분을 공인받고 싶어 했다. 형제간에도 이력서에 상이한 출신성분을 기재한 이들이 있을 정도였다. 이를테면 이력서에 자신을 지주 출신이라 밝힌 흥남공업대학 학장 신건희(44)와 달리, 같은 학교 교수인 그의 동생 신두희(31)는 출신성분을 중농으로 기입했다.[9] 대중들은 가장 오래 몸담아온 직업을 의미하는 사회성분에도 출신성분만큼이나 민감한 반응을 보였다. 공장 노동 경력을 지닌 교사들은 자신의 사회성분을 사무원이 아닌 노동자로 기입하기 일쑤였다.

유리한 출신성분과 사회성분에 집착한 대중들의 태도가 자연스러운 반응이었듯, 지주·부농·기업가·상인 등 불리한 계급에 속한 이들

류연락 평양공업대학 이력서

류연락은 1946년경 김일성종합대학 재임 시와 1948년경 평양공업대학 재임 시에
자신의 출신성분을 각각 지주와 중농으로 달리 기입했다.

은 때때로 그것을 숨기고픈 유혹에 빠졌다. 황해도 재령군 장수중학교 교장 박봉섭(31)은 이력서에 자신의 출신성분을 중농으로 기입했다. 그러나 그의 집안은 전체 소유지 3만평(10정보) 가운데 1만평을 자작하며 2만평을 소작 준 부유한 농가였다. 토지개혁 당시 임대해온 경작지 2만평(6.67정보)을 몰수당한 데다 경작지 5정보 이상 소유자를 지주로 규정한 토지개혁법령에 비추어볼 때, 그의 집안도 지주에 해당할 수 있었다. 따라서 평정자는 이력서에 중농 출신이라 기입한 그의 기만 행위를 묵과하지 않았다. 다만 1만평의 경작지를 자작한 점을 참작해, "지주나 부농에 해당한다"고 바로잡았다.[10] 출신성분을 속인 그의 기만적 태도는 사회적 지위 상승의 걸림돌을 걸어내고 각종 불이익을 모면하기 위한 나름의 자구책이었다.

북한뿐만 아니라 현실 사회주의권 국가들 대부분이 출신성분에 근거하여 개개인들을 포섭하거나 배제하는 경향을 보였다. 출신성분이 개개인들을 평가하는 척도로 활용된 까닭은 그것이 그들의 성장환경을 반영한다고 인식되었기 때문이다. 인간은 선천적으로 타고나는 존재라기보다 환경의 영향 아래 자아를 형성해가는 존재라는 설이 공식적 권위를 획득함에 따라, 개개인들의 성장환경을 드러내는 지표인 출신성분의 중요성은 강조될 수밖에 없었다.

성장환경이 개개인들의 자아 형성에 결정적 영향을 끼칠 수 있다는 인식은 달리 말해, 그들의 계급적 소속이 인성과 사상성 등 내면적 성향까지 비출 수 있는 "거울"로 간주되었음을 의미한다. 더 직접적으로 말해 개개인들의 사상성을 엿볼 수 있는 출신성분은 "계급의 적들"을 사전에 분간하고 배제할 수 있는 효과적 도구였다. 당국자들이 작성한 평정서도 개개인들의 성장환경이 그들의 인성 형성에 결정적 영향을 끼친 요인이라는 관점을 잘 드러낸다. 아래의 평정서들은 평양교원대학 각 학과 학과장들이 학생들을 평가한 기록이다.

- 평양교원대학 역사과 정준성: "이 동무는 소시민 가정에서 출생하여 아무런 고생 없이 중학교를 졸업하고 본 대학에 입학했다. 부친이 사무직과 상업에 종사해온 그의 가정은 그리 궁핍한 적이 없었다. 이러한 가정환경에서 이 동무의 소부르주아적 성격이 생겼으며 자유주의 경향에 흐르게 되었다. 정치·사상 방면에서 확고한 계급의식이 부족하며, 모든 것을 둥글둥글하게 해결하려고 한다."[11]

- 평양교원대학 지리과 이원건: "농촌에서 올라와 상업을 하는 가정에서 자랐다. 그의 집안은 현재 구장동에서 하나밖에 없는 간장공장을 경영하고 있다. 왜정 때 서울에 가서 공부했을 만큼 가정이 경제적으로 풍족하다. 현재도 지리과 2학년 학생들 중 넉넉한 가정에서 지내고 있다. 기업을 경영하는 가정에서 자랐기 때문에, 고집이 많고 남을 깔보는 기질이 있으며 자기를 높게 평가한다. 학교 민청 사업에서도 개인 이익에 눈을 돌리며 소시민적 근성이 농후하다."[12]

- 평양교원대학 지리과 임건순: "이 동무의 아버지는 정미소를 경영해 상당한 재산을 모았다. 해방 후 그 돈을 가지고 남조선에 장

임건순 이력서

간 부 리 력 서

1. 성명 ㄱ.본명 임건순 ㄴ.편명 임건순 ㄷ.별명
2. 성별 남자 3.생년월일 1927년 5월 16일 (21)세 4.민족별 조선식
5. 출생지 ㄱ.현재 행정구역의 명칭 평안남도 강서군 강서면 청학리 311번지
   ㄴ.과거 행정구역의 명칭 평안남도 강서군 강서면 청학리 311번지
6. 사회출신 빈농 부모의직업 8.15전 농업 8.15후 농업
   부모의 8.15전 ___ 명 목수 ___
   토지소유 8.15후 ___ 명 분여 ___
   본인 의 8.15전 ___ 명 목수 ___
   토지소유 8.15후 ___ 명 분여 ___
7. 사회성분 학생 본인의 기본직업
9. 당별 _____ 입당년월일 ___ 년 ___ 월 ___ 일 당증호수 No
9. 입당한당의 명칭 _____ 당 ___ 도 ___ 시 (구역) _____ 군당부
10. 다른당에 입당하였는가 (어떤당에서 어느때부터 어느때까지) 해당리유 _____
11. 당파벌에 참가한일이 있는가 없음
12. 외국정당에 참가한일이 있는가 없음
13. 지식정도

구분	학교명칭	학교소재 지역명	어느때부터	어느때까지	졸업하였는가 중퇴하였는가	전문학과목
보통	평양상업학교	평양 특별시	1941.4.1	1945.10.1	졸업	
지식	강서정진중	평남 강서군 강서면	1945.5.21	1947.7.15	졸업	
학교	평양공업대학	평양 특별시	1947.9.1	1949.6.30	졸업	지리
기술학교및군관학교						
정치학교						

14. 학위 학직유무
15. 과학, 발명, 문예, 저술유무
16. 외국 려행유무

어느때부터	어느때까지	어느국가 어떤행정 구역에가 있었는가	무슨일을하였는가

당국은 조직생활을 등한시하고 자유로운 삶을 추구한
임건순의 그릇된 태도가 그의 출신성분에서 비롯되었다고 진단했다.

사하러 내려가 큰 손해를 보았다. 지금 강서군에서 정미·제분기업을 경영하며 상당히 부유한 생활을 하고 있다. 이러한 환경에서 자란 임건순 동무는 자기 마음대로 행동하는 경향이 있으며 조직에 대한 복종성이 전혀 없다. 자유주의적 잔재를 청산하지 못해 조직 규율을 잘 지키지 않는다. 3학년 2학기에 무단 무계출 결석과 무계출 조퇴가 약 1개월가량이라는 점이 이를 입증한다. 자기의 사업 작풍을 하나도 반성하지 않는다. 학생 규율을 위반해 민청에서 경고 책벌을 받고도 잘 깨닫지 못하고 있다. 게다가 자서전에 그러한 처벌 내용을 기입하지도 않았다. 학생들 가운데 가장 낙후하며, 사상 면에서도 계급적 입장에 서지 못하고 있다. 부친은 민주당원이다. 교원에 적당하나 매우 미흡하며 초급중학교에 적당하다."[13]

• 평양교원대학 지리과 김장근: "이 동무는 자유노동자의 청부업 가정에서 태어났다. 어렸을 때부터 지금까지 하등의 경제적 고통 없이 자랐다. 일제의 충복을 양성하는 학교나마 소학교를 졸업한 뒤 순조롭게 중학교를 마쳤다. 자유노동자 가정에서, 또 매우 엄격한 부친 밑에서 자란 이 동무는 이중의 성격을 지니게 되었고, 요령을 피우며 눈치만 보고 다닌다. 사무 능력이 없고 학교 사업에 무관심하다. 반에서 가장 낙후한 학생들 중 한 명이다. 뒤에서 간부들을 비방하고 학교 행사 및 기타 사업에서 잘 뺑소니친다. 자위대 사업에 열성이 없으며 기숙사 생활에서도 가장 뒤떨어져 있다. 학생들 사이에 위신이 없고 낙후자인 임건순 동무와 친할

뿐이다. 성적은 평균 3.2정도이다."[14]

위의 네 학생은 인성 면에서 좋은 평가를 받지 못했다. 평양교원대학 역사과 학과장과 지리과 학과장은 예외 없이 네 학생의 인성적 결함을 그들의 성장환경 탓으로 돌렸다. 정준성이 지닌 소부르주아적 성격과 자유주의적 경향은 소시민 가정환경에, 이원건의 소시민적 근성과 이기적 성격은 간장공장을 운영한 가정환경에, 조직 규율을 지키지 않는 임건순의 자유주의적 성향은 정미·제분기업을 경영한 가정환경에, 이중적 성격을 지닌 김장근의 인성적 결함은 자유노동자의 청부업 가정환경에 전가되었음을 볼 수 있다. 위 네 학생에 대한 평정이 그러했듯 인성적 결함을 지닌 이들이 "착취계급" 가정환경에서 성장했다면, 환경 요인의 영향력은 더더욱 강조되는 경향을 보였다.

한편 성장환경이 개개인들의 인성과 사상 형성에 결정적 영향을 끼칠 수 있는 요인이라면, 그들을 불리한 가정환경으로부터 떼놓는 방식도 효과적인 처방이 될 수 있었다. 평양사범대학 노어과 학생 용연권(20)은 아버지가 개인기업을 운영하는 매우 부유한 가정에서 성장했다. 그는 5점 만점에 4.5점대의 성적을 유지할 만큼 우수한 학생이었다. 그러나 평정자는 그가 우려할 만한 가정환경에서 성장한 탓에, 정치교양을 등한시한다고 진단했다. 게다가 그는 조선민주당원인 아버지와 독실한 기독교인인 어머니의 영향을 받아 신앙생활에까지 발을 들여놓고 있었다. 그가 가정환경으로부터 부정적 영향을 받고 있다고 진단한 평정자는 다음과 같은 처방을 내렸다. "이 학생은 출신성분상으로 보아 향후의 근무지가 부모와 멀리 떨어진 곳이라야

만 발전이 빠르리라고 본다."[15]

　성장환경이 개개인들의 인성과 사상 형성을 좌우한다고 믿은 이들은 당국자들에 국한되지 않았다. 착취계급 가족 구성원들을 차별하고 배제한 북한체제의 계급정책이 일상화됨에 따라, 일반 대중들도 그러한 관점을 수용하지 않을 수 없었다. 평양공업대학 건설공학부 건축과 교수 방덕근(26)은 자서전에 다음과 같이 기록했다.

　　나는 부친이 관리생활을 하는 가정에서 차남으로 태어났다. 가정형편은 그리 풍족하지 않았으나, 부족함 없는 생활을 영위했다. 다시 말해 나는 온상에서 성장한 유년기를 보냈다. 그러한 생활 탓에 신체가 건강하지 못하고 의지가 약한 인간이 되었다. 또한 그 시기의 생활이 오늘날 나의 사업에서 적지 않은 문제들을 일으키는 싹이 되었다. 그러나 나는 출신성분에서 비롯된 결점을 시정하고자 많은 노력을 기울이고 있다.[16]

　불리한 출신성분을 지닌 방덕근은 자신의 결점을 자아비판하며, 그것이 유년기의 가정환경에서 형성되었다고 진단했다. 사실 불리한 가족 배경을 지닌 이들이 자신의 성장환경을 자아비판하는 태도는 일반적 현상이었다. 문제는 성장환경이 개개인들의 사상성을 좌우한다는 인식이 보편화됨에 따라, 그것을 가늠할 수 있는 지표인 출신성분에 근거해 그들을 평가하는 풍조가 만연하기 시작했다는 점이다. 곧 출신성분에 근거한 평가는 개개인들에 대한 선입견과 편견을 조장할 수 있었다.

무산계급과 유산계급

노동자·농민 출신 우대

착취계급 가정환경에서 성장한 이들과 달리, 빈곤한 가정환경에서 성장한 이들은 긍정적 평가를 받았다. 평양 제1중학교 교양주임 김초후(25)를 평정한 당국자는 그가 성장한 환경을 간단히 한 문장으로 압축했다. "빈농가 출신으로 가정환경이 깨끗하다."[17] 노동자 부모 밑에서 자란 평양사범대학 화학과 학생 박승해(21)를 평정한 학과장도 가정환경이 그의 긍정적 인성 형성에 기여했다고 진단했다. "이 학생은 노동자 가정에서 출생한 만큼 노동 정신이 풍부하다. 계급의식이 강해 노력 동원이 있을 때마다, 자신의 몸을 아끼지 않고 국가와 인민을 위해 헌신하고 있다."[18]

마르크스주의적 이상을 현실에 구현하려 노력한 공산주의자들이 북한 지역 헤게모니를 장악함에 따라, 그간 억압받고 소외돼온 계급인 노동자·빈농의 지위에 변화가 일기 시작했다. 일제시기부터 탄광노동에 종사해온 박순희(22)는 해방 직후 탄광노동조합위원장 김치용金致鏞에게 마르크스주의와 '사회발전사'를 배우며 계급의식을 연마했다. 그때 착암수인 동료 노동자 김정운金正雲이 폐병에 걸려 더이상 일을 할 수 없는 처지에 놓였다. 오랜 기간 돌가루를 흡입한 탓이었다. 노동 능력을 상실한 그는 안타깝게도 배급을 받을 수 없었다. 그의 가족들마저 생계에 큰 타격을 입었음은 물론이었다.

동료의 딱한 사정을 목격한 박순희는 노동조합위원장 김치용에게 선처를 베풀어달라는 편지를 보냈다. 그러자 탄광 지배인 원세창元世昌이 그를 불러 왜 자신과 먼저 상의하지 않았냐고 타박했다. 박순희는 곧 보복성 인사를 당해 갱내 잡부로 배치되었다.[19] 사실 그가 산업재해를 당한 동료의 고난을 일제시기에 목격했다면, 투서 행위는 엄두조차 내지 못했을 것이다. 그러나 그는 세상이 변하고 있음을 간파했고, 어쩌면 자신의 요구가 받아들여질지 모른다는 기대를 가지고 있었다.

박순희의 청원은 비록 실패로 돌아갔으나, 빈곤층의 처우는 차츰 개선돼갔다. 그들은 우호적 평가와 함께 물질적 우대를 받았다. 1949년 현재 황해도 재령 제2중학교 교사 오예숙(25)이 담임을 맡고 있는 학급에는 빈농 출신 학생 46명, 중농 출신 학생 4명, 사무원 출신 학생 1명, 노동자 출신 학생 3명이 재학 중이었다. 학교 당국은 그들 중 가장 빈곤한 학생 13명을 선정해 "월사금"을 면제했다.[20]

겸이포제철소 노동자의 딸로 태어난 평양사범대학 노어과 학생 이봉빈(19)도 해방과 함께 자기 집안의 가정형편이 나아지고 있음을 느겼다. 당국이 제철소 사택에 거주해오던 일본인들을 쫓아낸 뒤, 조선인 노동자들에게 입주 우선권을 부여한 덕이었다. 좋은 집에 살게 된 이봉빈은 아침마다 "변또를 끼고 현관문을 나서서 힘차게 공장으로 걸어가는 노동자들"의 모습을 바라보며 세상이 격변했음을 실감했다.[21]

빈민들은 경제적 우대를 받았을 뿐만 아니라, 정치·사회적으로도 유리한 위치에 올라섰다. 평양교원대학 지리과 학생 한증호(20)는 빈농 가정에서 성장했다. 그를 평정한 학과장은 "어려서부터 경제적으로 쓰라린 생활을 해온" 그가 이루 말하기 힘든 고생을 겪었다며 비장한 찬사를 보냈다. 집안이 가난한 탓에 그는 외갓집의 지원을 받아 중학교를 다녔다. 입학 당시에는 집안의 유일한 재산인 소를 300원에 팔아 150원의 입학금을 지불한 일도 있었다. 그의 동생은 형의 진학이 가정 경제에 미친 치명적 타격으로 인해 배움의 길을 포기해야 했다.

그러나 해방은 그의 가족이 겪은 시련에 충분한 보상을 해주었다. 1,000평의 토지를 경작해온 그의 가족은 토지개혁 시에 4,000평의 경작지를 분여받았다. 총 5,000평의 경작지를 보유하게 된 그의 집안은 단숨에 빈농에서 중농에 근접한 지위로 올라설 수 있었다. 그들 가족의 정치·사회적 지위에도 큰 변화가 따랐다. 그의 아버지는 촌락 농민동맹위원장에, 작은아버지는 촌락 노동당 조직 책임자인 세포위원장에 선출되었다. 한증호 자신은 명문대인 평양교원대학에 입학한 데 이어, 북조선로동당에 입당하는 영예를 안았다.[22]

한증호가 그러했듯, 정치·경제·사회적 우대를 받은 빈곤층은 국가에 보답하려는 심리를 내비쳤다. 황해도 봉산군 마동고급중학교 교사 류명상(20)은 밭 3,000평을 소유한 빈농가에서 성장했다. 그의

토지개혁의 수혜를 입은 한증호의 가족들은
국가 사업에 열성적으로 협력했다.

류명상 이력서

●

간 부 리 력 서

1. 성명 ㄱ.본명 류 명상 ㄴ.현명   ㄷ.별명
2. 성별 남 3. 생년월일 1925년 8월 20일 (21세) 4. 민족별 조선인
6. 출생지 ㄱ. 원적행정구역의명칭 함남 영흥군 진흥면 봉양리 160
         ㄴ. 직거행정구역의명칭 함남 영흥군 진흥면 봉양리 260
6. 사회출신 ㄴ농   부모의직업 8.15전 농업 무토지8.15전 3200평 분주 ·
                            8.15후 농업 토지소유8.15후 3400평 분여 4000평
7. 사회성분 학생 본인의기본직업 교원   본인 8.15전 · 평 분주 ·
                                        토지소유8.15후 · 평 분여 ·
8. 당별   입당년월일   년 월 일 당증호수No.
9. 입당한당의명칭   당   도   시(구역)   군담무
10. 다른당에입당하였든가. (어떤당에서, 어느때부터어느때까지; 탈당리유)
11. 당의 심의에참가한일이있는가
12. 외국정당에참가한일이있는가
13. 지식정도

구분	학교명칭	학교소재지역명	어느때부터	어느때까지	졸업중퇴	인가	제문답리유
보통학교	영흥에서초인학교	함남 영흥군 영흥면	1937.4.1	1943.3.25	졸업		
지중학교	청진제이사범학교	평양도 청진시 나남읍	1943.4.15	1947.9.15	졸업	인가	
대학교	청진교육대학교	청양도청진시 나남읍리	1947.9.1	1949.6.29	졸업	인가	졸업
기술학교군관학교 전문학교							
정치학교							

14. 학위 학직유무   없음
15. 과학, 발명, 문예, 저술유무 없음
16. 외국 려행유무   없음

어느때부터	어느때까지	어느국가어떤행정구역에가있든가	무슨일을하였는가

토지개혁의 수혜를 입은 데다 수업료 면제 혜택까지 받은 류명상은
자신의 본분인 학업에 매진하여 국가의 시혜에 보답하고자 했다.

가정은 토지개혁 시에 그동안 소작해온 논 400평을 분여받았다. 당시 학생이었던 그는 자신의 위치에서 토지개혁에 보답할 수 있는 길은 민청 사업에 협력하며 열심히 공부하는 일뿐이라 생각했고 그를 적극 실천에 옮겼다.

그의 가정에 찾아온 행운은 토지개혁에 그치지 않았다. 1947년 현재 원산 명사중학교에 재학 중이었던 그는 가정형편이 매우 어려운 학생으로 분류돼 수업료 면제 대상자가 되었다. 학교 당국이 보인 "뜻밖의 배려"는 다시 한번 그의 보답 심리를 자극했다. 그는 국가에 "은혜를 갚으려는 지성"으로 열심히 학업에 매진했다. 그 결과 최우등의 성적을 거두었고 중학교를 졸업하던 1947년 7월 15일, 강원도 인민위원장상과 원산시 민청위원장상을 동시에 수상하는 영예를 안았다. 게다가 그는 일제시기라면 생각조차 못했을 대학 진학의 꿈을 이룰 수 있었다. 평양교원대학 국문과에 입학한 그는 다시 국가에 보답하겠다는 각오를 내비치며 정치 교양에 힘을 쏟기 시작했다.[23]

지주와 부유층 억압

빈곤층을 대하는 따뜻한 눈길과 달리, 부유층은 차가운 시선과 맞닥뜨렸다. 평양사범대학 노어과 학생 주옥여(23)를 평정한 학과장 교수는 부유한 농가에서 성장한 그녀를 편견 어린 시선으로 바라보았다. 그의 평정은 다음과 같이 시작한다. "평온한 가정환경에서 어린 시절을 보낸 이 동무는 곤란과 쓰라림을 모르고 자라났다. 더욱이 귀여움을 받으며 자랐기 때문에 풍파를 겪은 일이 적다. 따라서 난관에 부딪힐 때마다 어쩔 줄 몰라 하며 당황하는 기색이 역력하다."[24]

출생 당시 "10간 집에서 호화로운 생활을 한" 황해도 재령군 장수중학교 교사 양재규(25)도 비슷한 평가를 받았다. 재령군 교육과 시학 이의혁은 "출신성분이나 자라온 환경을 고려할 때, 그가 고생이라고는 전혀 맛보지 못했음을 알 수 있다. 부르주아적 근성이 남아 있으며 자기 사업에 책임감이 없다. 계급의식이 미약한 점에 비추어 타협하기 쉽다"고 평정했다. 평정자는 그가 "민주 학원의 교원으로 적절하지 않다"는 결론을 내리며, 당국에 해임을 건의했다.[25]

지주·부농·기업가·상인 등 "착취계급" 가정환경에서 성장한 이들만이 부정적 평가를 받은 것은 아니었다. 여유로운 가정형편 자체가 비판의 표적이 될 수 있었다. 평양사범대학 화학과 학생 변연옥(19)은 이발업에 종사한 부모 밑에서 성장했다. 뜻밖에도 평정자는 이발소를 "개인기업"으로 간주하며, 그녀를 다음과 같이 평가했다. "씀씀이와 학비 지출 등을 보아 이 학생은 대단히 여유로운 생활을 하고 있음을 알 수 있다. 따라서 근로인민들의 곤란과 계급적 입장을 전혀 모르는 형편이다!"[26] 그녀는 북한 전체 인구의 약 70~80퍼센트에 달하는 "근로인민들"과 동떨어진 생활을 하고 있으며, 그들의 정서에 공감하지 못한다는 이유로 질타를 받았다.

생활형편이 여유로운 인텔리층도 부정적 시선에 직면하기 일쑤였다. 함경남도 갑산군 회린중학교 교장 박태훈(29)은 근로인민들과 유리된 삶을 살고 있는 지식인이었다. 평정자는 특히 그의 평소 태도가 마음에 들지 않았다. "좀 아는 체하고 인텔리 근성이 아주 많다. 토론을 할 때마다 썩은 토론을 한다."[27]

착취계급과 부유층을 부정적으로 바라본 이들은 당국자들에 국한되지 않았다. 평정의 대상자들인 일반 대중들도 그것이 옳건 그르건 마르크스주의적 계급관을 수용해야 했다. 설령 이견이 있더라도 표면적으로는 그에 동조하는 태도를 취할 수밖에 없었다. 평양의학대학 교수 이창근(40)은 당국이 의사들을 착취계급으로 간주하고 있음을 누구보다 잘 알고 있었다. 따라서 개인병원 원장을 겸직하고 있었던 그는 "자본주의 사회에서 개업의라는 것은 한 상인에 불과"하다며 먼저 자아비판하는 태도를 보였다.[28]

뛰어난 사업 실적을 올리고 있는 유능한 인재들도 출신성분이 좋지 않으면 불신을 받기 일쑤였다. 그들은 의기소침해질 수밖에 없었다. 황해도 재령 제1중학교 교사 홍성숙(32)은 좋은 평판을 얻고 있는 유능한 인물이었다. 학교장의 평가에 따르면, 그는 지도력이 있고 정치사상적 수준이 높으며 군중들로부터 두터운 신망을 얻고 있었다. 문제가 있다면 그것은 그가 지주의 아들이라는 점이었다. 그를 평정한 황해도 재령군 교육과 시학도 "열성적으로 일하며 현 정치노선을 옳게 인식하고 있는" 그의 역량과 태도를 인정했다.

그러나 시학은 "불로지주의 아들로 태어나 상당히 부유한 생활을 해온" 그의 성장환경에 대한 의구심을 떨쳐낼 수 없었다. 그는 그 교사가 "진실로 확고한 입장에 서서 사업하고 있을까?"라고 적으며 끝까지 의심을 거두지 않았다. 고민 끝에 시학은 그가 아직 "확고한 계급적 입장에 서 있지 못하고 동요할 우려가 있다"는 부정적 결론을 내렸다. 현직에 유임되려면 앞으로 더 철저한 교양이 필요하다는 건

●

간 부 리 력 서

1. 성명 ㄱ.본명 홍성숙 ㄴ.현명 홍성숙 ㄷ.별명
2. 성별 남 3. 생년월일 1917년 4월 13일 (33세) 4. 민족별 조선인
5. 출생지 ㄱ. 현재행정구역의명칭 함경도 재령훈 소원면 송학리 160
          ㄴ. 과거행정구역의명칭 함경도 재령훈 하율면 송학리 160
6. 사회출신 지주 8.15전 직업 지주겸상업 부 모 8.15전 12,000 원 농수 120,000
   사회성분 사무원 부모직업 8.15후 사망 토지소유 8.15후 없음 밭 유여 없음
7. 사회성분 사무원 본인의기본직업 사무원 본인 8.15전 24,000 논수 24,000
                                          토 소유 15후 1,284 밭수 1,284
8. 당별 로동당 입당날자 1946년 9월 10일 당증호수 No 283,880
9. 입당당위에명칭 평산 당 제령 도 시(구역) 제령 군당부
10. 다른당적경력이있는가 (어떤당에서, 어느때부터어느때까지, 탈당리유 없음
11. 남의력에경가담된이있는가 없음
12. 외국정당에관가든있었는가 없음
13. 지식정도

구분	학교명칭	학교소재 지역명	어느때부터	어느때까지	졸업또는 중퇴(몇학년)	인가	견훈인
보통학교	보통학교	함경도 재령훈 소원면	1923.4.1	1930.7.30	졸업		
전문학교	중학교	함경시 청진 영성	1932.4.5	1935.3.30	〃		
대학	재령예과	일본 전과고 북양여	1935.9.10	1938.3.30	〃		
기술학교 고등학교 전문학교		없음					
상직 학교		없음					

14. 학위 학직을무 없음
15. 과학, 발명, 문예, 저을은무 없음
16. 외국 려행은무

어느부터	어느때까지	어느국가이런행정구역에가있었는가	사 은일을하였는가
1932.4.5	1938.3.30	일본 동경시 청하구 청가	공부

홍성숙처럼 유능하고 신망이 높은 인물이라 해도
지주 집안에서 성장했다면 당국의 신뢰를 얻기 어려웠다.

의도 잊지 않았다.[29]

성장환경 자체만으로 불신을 당한 착취계급 출신들은 타인들로부터 배려나 도움을 얻기 어려운 상황에 맞닥뜨렸다. 곧 착취계급의 이해관계를 옹호하는 행위는 "근로인민"의 이해관계를 외면하는 반계급적 일탈로 간주되었다. 강원도 평강중학교 교무주임이자 노동당원인 최인환(26)은 1947년경 평강군 인민극장에서 열린 한 동료 교사의 결혼식에 참석해 축사를 낭독했다. 문제는 그 동료의 신부가 "평강군 내에서 가장 악명 높은 지주의 손녀"라는 점이었다.

이듬해인 1948년 5월경, 북조선로동당 강원도 평강군당 상무위원회는 "지주계급의 이해관계를 옹호"한 그의 중대 과오를 비판하며 출당 처분을 제의했다. 그러나 얼마 뒤 강원도당 상무위원회에 소환된 그는 "엄중경고" 책벌을 받는 선에서 출당을 면할 수 있었다. 신부가 지주 출신임을 알고 있었던 그는 자신의 과오가 "계급적 경각심 부족" 탓에 발생했다고 반성했다.[30] 착취계급을 돕거나 배려하는 행위가 반계급적 일탈로 간주됨에 따라, 그들은 고립될 수밖에 없는 처지에 놓였다.

궁지에 몰린
착취계급

희망의 상실

착취계급 출신들이 받은 불이익은 비판에 그치지 않았다. 때때로 그들은 오랫동안 열망해온 꿈을 이룰 기회를 박탈당하기도 했다. 수학에 재능이 있었던 청년 장동찬(27)은 10여 년 전부터 대학에 진학해 대수학가가 되려는 꿈을 키워오고 있었다. 그 희망을 포기할 수 없었던 그는 과감히 8년 남짓 종사해온 교사직을 접고 대학에 들어갔다. 1948년 2월경, 김일성종합대학 수학물리과 편입은 그의 삶에 새로운 활력을 불어넣었다.

그러나 그에게는 아내와 자식들을 포함한 네 명의 부양가족이 딸려 있었다. 가족의 생계를 외면할 수 없었던 그는 얼마 안 가 대학을 중퇴해야 했다. 그가 공부를 접을 수밖에 없었던 결정적 이유는 퇴직 후 배

장동찬 이력서

대수학가를 꿈꿔온 부농의 아들 장동찬은 과감히 직장생활을 접고
김일성종합대학 수학물리과에 편입했지만, 배급 대상에서 제외되자 학업을 중단할 수밖에 없었다.

급이 중단되었기 때문이다. 사실 그는 토지개혁 당시 전체 소유지 5정보 중 2정보를 몰수당한 부농 집안의 자식이었던 탓에, 김일성종합대학 배급 대상 학생에서 제외되었다. 그에게 남은 선택지는 교직 복귀뿐이었다. 결국 부농 출신성분이 그의 꿈을 가로막은 셈이었다.[31]

부농의 자식이라는 이유로 경제적 차별을 받아 오랫동안 갈구해온 꿈을 포기할 수밖에 없었던 장동찬과 달리, 평양사범대학 화학과 학생 윤시종(20)은 불리한 출신성분 자체에 발목이 잡힌 불운한 청년이었다. 해방 직후 평양 제2중학교 재학 당시 그는 학급 선전 간사를 맡아보고 있었다. 책임 간사인 안원주와 함께 그가 주력한 활동은 우익 진영 학생들을 겨냥한 사상투쟁이었다. 그들은 교내 정치운동에 앞장서면서도 열심히 공부하며 소련 유학의 꿈을 키워나갔다. 그러나 동료 안원주와 달리 그의 꿈은 좌절되고 말았다. 윤시종은 그 이유가 자신의 출신성분 탓임을 잘 알고 있었다. 그는 자서전에 다음과 같은 자아비판성 고백을 남겼다. "나의 출신성분은 중농이다. 우리 조상들은 대대로 양반 가문을 자랑하며 이 지방의 가여운 백성들을 착취해왔다. 따라서 나는 쏘련에 갈 자격이 못 됨을 깨달았다."[32]

윤시종은 비록 자신의 꿈이 좌절되었음에도 불구하고, 출신성분에 따른 차별이 정당하다고 생각했다. 그러나 평양교원대학 지리과 학생 정위균(19)의 생각은 달랐다. 그는 1학년 1학기에 5점 만점의 성적을 기록할 만큼 수위를 달리는 학생이었으나, 소련 유학의 꿈을 이룰 수 없었다. 그는 친구들에게 불평했다. 그러나 운이 없게도 그의 불온한 언사는 당국자의 귀에까지 들어갔다. "남조선 학생들은 공부만 잘하면 유학을 갈 수 있다. 그러나 북조선에서는 노동당원이 아니

간 부 리 력 서

1. 성명 ㄱ. 본명 정위균 ㄴ. 현명 정위균 ㄷ. 별명 _____
2. 성별 녀 3. 생년월일 1930년 3월 27일 (20)세 4. 민족별 조선인
5. ㄱ. 현재 행정구역의 명칭 황해도 재령군 재령읍 레나4
   ㄴ. 과거 행정구역의 명칭 황해도 재령군 재령읍 레나4
6. 사회출신 사무원 부모의직업 8.15전 사무원 8.15후 사무원
7. 사회성분 학생 본인의기본직업 학생

평양교대생 정위균은 최우등생이었음에도 불구하고
좋지 못한 출신성분 탓에 소련 유학의 꿈을 이룰 수 없었다.

417

면 아무리 공부를 잘해도 유학갈 수 없다!"

사실 그는 노동당에 입당하기 어려운 환경인 유복한 가정에서 성장했다. 지리과 학과장 교수도 그의 성장환경의 문제점을 지적하며 다음과 같이 평정했다. "사무원 가정에서 출생했다. 부친은 일본 와세다대학을 중퇴한 뒤 연희전문을 졸업했고, 모친 역시 고등 교육을 받은 인텔리이다. 물론 당시의 가정형편은 풍족했다. 부유한 환경에서 성장한 그는 책임감 없는 기계적 사업 작풍과 창발성 없는 태도를 보인다. 모든 행동이 경솔하며 침착성이 없다. 회의 시에는 전혀 토론에 참가하지 않고, 뒤에서 비방하는 경향이 있다. 성적은 매우 우수하다. 고급 교원 검정시험에 합격했으나, 맑스-레닌주의 학습 열의는 없다."[33]

가로막힌 출셋길

차별에 직면한 유산계급 출신들이 북한체제하에서 꿈을 실현하기란 여간 어려운 일이 아니었다. 무엇보다 그들은 사회적 지위의 수직 이동에 제약을 받았다. 그들은 재능과 역량에 관계없이 공직에 진출하기 어려웠을 뿐더러, 설령 진출했다 해도 승급에 제약을 받기 일쑤였다. 달리 말해 노동자와 빈농 등 무산계급 출신들에게 더 많은 기회가 부여되었다. 자강도 후창군 칠평중학교 교장 정남순(22)은 유능한 교육자였다. 그러나 여인숙을 운영해온 가정환경이 그의 앞길을 가로막았다. 1946년 말 북조선로동당 유일당증 수여 사업 당시 간부에게 심사를 받으며 질타를 당한 그는 자신의 장래가 순탄치 않으리라는 점을 예견했을 것이다.[34] 그를 평정한 당국자는 그의 뛰어난 역량을 인정했음에도 불구하고, 다음과 같이 매정한 결론을 내렸다. "젊은 간부로서 발전성이 있다. 그러나 상인 성분이므로 등용 대상이 못 된다."[35]

해방 직후 식자층 인재 부족에 직면한 북한은 출신성분과 일제시기 공직 복무 경력에 관계없이 고학력자들을 적극적으로 등용하는 경향을 보였다. 그러나 시간이 지날수록 계급투쟁노선이 강조됨에 따라, 그들의 공직 진출은 제약을 받기 시작했다. 특히 성분이 가장 불리한 지주 출신들은 재능과 역량에 관계없이 사회적 지위의 수직 이동을 철저히 봉쇄당했다. 황해도 재령여자중학교 교장 양희봉(37)도 해방 직후부터 내내 내리막길을 걸어온 지주의 아들이었다. 그의 집안은 토지개혁 당시 10정보의 소유지를 모두 몰수당했다.

경성제국대학 법문학부를 졸업한 그는 전도유망한 젊은이였다. 해방 직후 사회운동에 투신한 그에게 공직 진출의 기회가 찾아왔다. 그는 황해도 재령군에 인민재판소가 창설된 1946년 1월경 판사직에 발탁되었다. 최고 학부를 졸업한 그가 사회에 성공적인 첫발을 내디뎠다고 자부할 만큼 충분히 만족할 만한 직책이었다. 사실 식자층 인재 부족이 심각한 사회 문제로 부상한 당시 상황에서, 고학력자인 그의 요직 진출은 그다지 어려운 일이 아니었다. 그러나 토지개혁 직후부터 그에게 지속적인 시련이 닥쳤다. 그 첫 시련은 전국적으로 단행된 공직자 검열 사업이었다. 그는 1946년 5월경 황해도 해주에 소환돼 소련인 "스떼님 박사"로부터 심사를 받았다. 몹시 실망스럽게도 그는

경성제국대학 법문학부를 졸업한 양희봉은 해방 직후
고위직에 등용되었으나, 출신성분 탓에 계속해서 한직으로 밀려났다.

출신성분 탓에 판사직 파면 통고를 받았다. 공직에서 쫓겨난 그가 할 수 있는 일이라고는 변호사 개업뿐이었다.

노동당 고위 간부이기도 했던 그의 당내 입지도 불안하긴 마찬가지였다. 해방 직후 그는 당조직 내에서도 주목받는 인물이었다. 1946년 4월 중순경 조선신민당 황해도 재령군당 창설 당시 입당한 그는 두각을 나타내며 위원장에 선출되었다. 1946년 8월 말 북조선공산당과 조선신민당 간 양당 합당이 성사된 뒤에는 북조선로동당 황해도 재령군당 부위원장에 취임했다.

그러나 1947년 6월경 군당위원장인 김준상이 돌연 그에게 부위원장직 사직을 권고했다. 판사직에서 해임된 지 약 1년 만에 일어난 일이었다. 황해도 재령군 내 2인자의 자리에서 밀려난 그를 기다리고 있었던 직책은 한직에 속한 조쏘문화협회 재령군지부 위원장직이었다. 양희봉의 강등은 그것으로 끝이 아니었다. 그는 1947년 11월경 재령군인민위원회 교육과장으로 발령받은 뒤, 재령 제1중학교 교장을 거쳐 1949년 8월경 재령 여자중학교 교장 취임에 이르기까지 계속해서 내리막길을 걸었다. "황해도 봉산군 서종면 양진사댁" 지주의 아들인 그의 앞길에 드리운 암운은 도무지 걷힐 기미가 보이지 않았다.[36]

착취계급 출신 고학력자들이 공직이나 간부직에서 밀려난 뒤, 그 공백을 메운 이들은 노동자·빈농 출신들이었다. 물론 고등 교육이나 전문 교육을 받지 못한 그들의 역량은 전임자들에 뒤처질 수밖에 없었다. 곧 출신성분에 근거한 등용정책은 부적격자들을 간부직에 앉히는 부작용을 낳았다. 학력이라고는 6년제 소학교 교육이 전부인 자강도 후창군 칠평인민학교 교사 지영국(23)은 빈농 가정에서 성장했다. 게다가 그는 15세부터 3~4년간 광산 노동에 종사했을 만큼 계급 성분이 우수한 청년이었다. 평정자도 "좋은 가정환경에서 태어나 노동을 해온" 그가 "사상적으로 계급적 입장에 서 있다"는 찬사를 보냈다. 그러나 문제는 그의 실력이었다. 평정자의 결론에 따르면, "인민학교 교사직은 기본 실력이 부족한 그에게 과중한 감이 있었다." 따라서 평정자는 "각고의 노력과 교양이 없다면, 그를 강등시켜야 한다"는 건의를 덧붙였다.[37]

끝없는 참회의 길

노동자·빈농 출신 등용이 적지 않은 문제를 일으켰음에도 불구하고, 계급 차별정책은 중단되지 않았다. 불리한 출신성분을 지닌 이들에게 출구는 보이지 않았다. 그들은 체제에 순응하며 자신들의 사상성을 당국에 입증해 보여야 했다. 부유한 가정환경에서 성장한 자서전 작성자들 대부분은 거두절미하고 먼저 그들의 출신성분을 자아비판했다. 이어 그들은 자신들이 지닌 내면적 결함의 형성 원인을 출신성분 곧 성장환경에 전가하는 태도를 보였다.

함흥의과대학 교수 김석우(30)는 중농 가정에서 성장한 자신의 과거를 지우고 싶었다. 그는 자서전에 다음과 같은 기록을 남겼다. "중농 출신인 저는 봉건적 잔재가 많이 남아 있는 서당집 외아들로 태어났습니다. 부모의 의사를 존중한다는 구실 밑에 미온적이고 기회주의적으로 행동했습니다. 뿐만 아니라 진보적 이론을 소유한 체 하면서도 전혀 그것을 실천에 옮기지 않았습니다. 그 사이 민주개혁 실행에 따른 북조선의 민주역량 성장과 함께 저의 정치의식도 조금이나마 발전한 감이 있습니다. 그러나 제 자신을 돌아보면 아직 미흡한 감을 금할 길이 없습니다."[38]

착취계급 가운데 누구보다 자아비판에 적극성을 보인 이들은 출신성분이 가장 불리한 지주 출신들이었다. 평양교원대학 지리과 학생 김용묵(21)은 토지개혁 당시 전체 소유지 1만 7,000평(5.67정보) 가운데 1만 2,200평(4.1정보)을 몰수당한 지주의 아들이었다. 그는 착취계급이었던 자신의 집안을 조금도 변호할 생각이 없었다. 그의 자아비판은 해방 전 사망한 증조부로부터 많은 토지를 상속받아 지주 집안이 된 사연에 초점이 맞추어져 있었다.

그는 "그때의 일을 생각하면 인민들 앞에 머리를 숙이게 되며, 우리 집안이 크나큰 죄악을 저질렀음을 잘 알고 있다"고 반성했다. 심지어 그는 소작인의 입장에 서서 자기 집안을 바라보며, 자신이 진심어린 자아비판을 하고 있음을 입증해 보이고자 했다. "가을이 되면 우리집에 소작료를 바치러 오는 사람들을 보고 사회의 모순을 확인할 수 있었다. 만일 우리가 남의 토지를 소작했다면 '나도 그렇게 했겠지!'라는 생각이 들어 소작인들을 보기가 부끄러웠다. 고개를 든 채 길을 걷기도 어려웠다."[39]

지주의 아들인 평양의학대학 교수 홍순옥(36)은 자신이 지닌 내면적 결함의 형성 원인을 진지하게 분석해 보았다. 마침내 그도 출신성분이 그 원인을 제공했다는 결론에 다다랐다. 그는 자서전에 다음과 같이 고백했다.

해방 직전까지 나의 생활은 너무 단순해 특기할 만한 변동이라곤 전혀 없었다. 적극적인 면이 없었고, 지식계급의 공통 병인 허무주의적·무정부주의적 경향에 젖어 있었다. 철학·문학·예술 방면에 흥미가 있었어도, 어디까지나 소부르주아적 견지에 국한된 관심일 뿐이었다. 일제의 탄압에 분개하여 젊은 가슴을 불태우기도 했으나, 적극적으로 반항한 적은 없었다. 그 이유 역시 진보적 사상을 가진 동지들의 지도가 없어서라기보다, 나의 출신성분이 내 자신을 그러한 소극적인 태도에 가두어두었기 때문이라고 솔직하게 자아비판한다.

그러나 그는 자신의 내면적 결함을 해부하는 데 만족하지 않았다. 적극적 자기 변론을 통해 자신이 착취계급과 다른 결에 서 있음을 입증하고자 했다.

나는 대구의학전문을 졸업한 뒤 전혀 사회와 접촉할 기회가 없었다. 따라서 소학생처럼 어리석은 점도 있었던 반면, 비교적 순진성을 잃지 않았다고 생각한다. 즉, 개업의로 나서지 않았기 때문에 돈에 대한 관심이 적었다. 다시 말해 남을 착취하는 입장에 서보지 못했다는 점이 나의 현재 성격과 인성 형성에 결정적 영향을 끼쳤다고 생각한다.[40]

출신성분이 불리한 이들은 한걸음 더 나아가 실천을 통해 그들의 진심을 당국에 드러내 보이기도 했다. 평양의학대학 교수 김태하(31)는 큰돈을 벌 수 있는 의사들이 착취계급으로 간주되었음을 간파하고 있었다. 따라서 그는 "과거 의료인들의 저열한 사상과 갖가지 죄악을 청산할 필요가 있다"고 강조하며, 자신이 속한 계급을 향해 신랄한 비판을 퍼부었다. 더 나아가 그는 의료기관 국영화를 "전폭적으로 지지한다"는 입장을 밝혔다.

이제 그에게 필요한 것은 말뿐이 아닌 실천을 통해 솔선하는 태도를 보이는 일이었다. 1946년 10월경 그는 실천의 일환으로 3년 동안 운영해온 치과의원을 폐업한 뒤, 평양 제6인민병원에 들어가 치과 책임자로 근무하기 시작했다. 그는 개업의 생활을 청산하고 인민병원에 복무하는 일이야말로 자신이 인민들을 위해 봉사할 수 있는 참된 의료인의 길이라고 생각했다.[41]

자강도 초산고급중학교 체육 교사 김윤태(25)는 여느 지주 출신들보다 훨씬 우려할 만한 가정환경에서 성장했다. 평정자는 다음과 같이 기록했다.

> 이 동무는 초산군 고면 내 제일 부유한 가정에서 태어났다. 조부 김선호는 평수를 가늠하기 힘들 만큼 막대한 토지를 소유하고 있었다. 조모는 세 사람이었다. 조부는 돈이 많아 일제시기에 매관매직으로 도회의원을 역임했다. 해방 후 이 사실이 들통 나 1년 가까이 징역을 살기도 했다. 김윤태 본인은 중학교를 졸업할 때까지 가정적으로나 사회적으로 전혀 고생이라는 것을 모르고 자랐다. 조부가 축출당한 토지개혁 이후에야 홀로 고립돼 고통을 당하고 있다.

김윤태는 지주 집안에서 성장한 탓에 해방 후 숱한 시련을 겪었으나 전혀 불평하지 않았다. 그의 태도는 평정자에게 좋은 인상을 남겼다. "이 동무는 고통을 받는 것이 당연하다고 생각하며, 아무런 불평 없이 자기 사업을 실천하고 있다. 계급의식이 투철하고 정치적 교양 수준도 높다." 그는 늘 반성하는 태도를 보였을 뿐만 아니라, 실천을 통해 자신의 진정성을 입증해 보이고자 했다. 마침내 평정자도 그의 진심을 인정하지 않을 수 없었다. "현재 그의 부인도 매일 나무를 하고 있는 형편이나 아무런 불평 없이 일한다. 그는 과거 부잣집 자식임에도 열심히 일해 평판이 좋다. 학생들에게도 두터운 신망을 얻고 있다. 1949년 도·시·군 인민위원회 선거 당시 모범 선전대장에 뽑혀 평안북도 인민위원장상을 받았으며 모든 사업에 열성적이다."[42]

해방 전 기득권층에 속한 착취계급은 북한체제의 사회개혁과 함께 차별과 억압의 대상으로 전락했다. 새로이 형성된 북한의 계급 질서는 그동안 착취받고 소외돼온 노동자·빈농을 맨 위쪽에, 착취계급에 해당한 유산층을 아래쪽에 배치하는 형태로 재편되었다. 곧 기존 계급 질서의 해체 수준을 넘어 착취자와 피착취자의 지위를 뒤바꾼 새로운 질서가 태동한 셈이었다. 마르크스주의가 사회주의의 도래와 계급의 소멸을 전망했음에도 불구하고, 오히려 북한은 계급 간 경계를 선명화하고 계급 차별을 강화하는 체제로 발전해갔다.

맺음말

"자서전·이력서는 사료적 객관성을 보증할 만한 자료인가?"라는 의문이 제기되기도 한다. 사실 수십 년 전의 기억에 기초하여 재구성된 '증언록'만큼은 아니지만, 자서전도 엄연히 기억에 의존해 작성된 기록물이다. 기억은 확고히 고정되기보다 시간이 지나면서 새로운 경험이나 다른 기억의 간섭을 받아 왜곡되는 경향이 있다. 자서전은 증언록에 비해 상대적으로 '기억의 오염'에서 안전한 자료이기는 하나, 적어도 수 년 전의 경험 기억을 끄집어내 재구성한 자료라는 점에서 미덥지 못하긴 마찬가지이다.

사실 자서전 작성자들의 기억이 왜곡된 몇몇 사례들이 포착되고 있다. 평양교원대학 수학물리과 학생 계순희(19)는 "공산당에 반대하여 피를 흘린" 신의주 중학생들의 시위가 토지개혁에 대한 불만에서 비롯되었다고 회상했다.[1] 그러나 전후 관계를 따져보면, '신의주학생사건'은 토지개혁(1946. 3. 5)이 실시되기 전인 1945년 11월 23일에 일어났다. 강원도 철원군 영평중학교 교장 김용완(31)도 혼돈스런 기억을 바로잡지 못한 채 자서전을 작성했다. 그가 1949년 4월 25일과 1949년 7월 5일에 약간의 시차를 두고 작성한 두 개의 자서전은 여러 지점에서 사실관계의 차이를 보였다. 그는 친구의 소개를 받아 취업한 사립학교로부터 백미 5석과 팥 2석을 연봉으로 받았다고 먼저 작성한 자서전에 기술했으나, 나중에 작성한 자서전에는 은사의 소개로 들어간 사립학교에서 백미 2석, 팥 2석, 좁쌀 2석을 연봉으로 받았다고 기술했다.[2]

자서전은 기억에 의존해 작성된 기록이라는 한계를 안고 있다는 점 외에, 허위 기재와 의도적 누락 등 당국을 기만하려는 대중들의 전략적 글쓰기가 적극적으로 시도된 공간이었음을 살펴보았다. 기록자들의 자기검열을 거친 자서전은 그 내용의 객관성에 대한 의구심을 불러일으킬 수 있다. 더 나아가 이상의 문제들은 자서전·이력서·평정서의 사료적 가치를 폄훼하는 근거로 활용될 수 있다. 저자는 그러한 문제 제기 가능성에 대비해, 몇 가지 근거를 들어 자서전·이력서류가 상당한 사료적 가치를 지닌 기록임을 보이고자 한다.

먼저 이 글의 재료로 활용된 자서전·이력서류가 한국전쟁 전인 1948~1949년경에 집중적으로 작성되었다는 점에 주목할 필요가 있다. 이 시점은 혁명을 열망한 노동당원들의 젊은 혈기와 순수한 열정이 두드러지게 발현된 당 건설 초기이자, 국가 건설 초기에 해당한 시기였다. 따라서 이 열정의 시기에 작성된 개인 기록들은 형식화된 뒷시기의 자서전·이력서와 달리 노동당원들의 진솔한 고백을 담고 있다.

당국도 자서전·이력서 작성자들의 정직한 글쓰기를 유도하기 위한 몇 가지 대비책을 구비하고 있었다. 먼저 기록 내용에 대한 보증인 기입이 의무화되었다. 보증인을 세운 상황에서 기록자들이 양심에 거리끼는 내용을 기술하기란 쉬운 일이 아니었다. 허위 기재와 의도적 누락에 대한 처벌도 기록자들의 기만적 글쓰기를 제약했다. 곧 불리한 배경과 부정한 전력을 지닌 이들의 기만적 글쓰기는 상당한 위험 부담이 따르는 행위였고, 기록자들도 그 점을 충분히 의식하고 있었다. 물론 그러한 위험 부담을 무릅쓰고 기만적 글쓰기를 감행했다 한들, 대부분은 평정 과정에서 드러나기 마련이었다.

사실 허위 기재와 의도적 누락 등의 기만 전략은 소련처럼 광활한 영토를 보유한 국가의 대중들에 의해 적극적으로 활용되었다. 출신 성분이 좋지 않거나 부정한 전력을 지닌 소련 대중들 상당수가 자서전·이력서를 허위로 작성하는 방법을 통해 출구를 모색했다. 새로운 삶을 꿈꾸며 개인 문서를 조작한 그들에게, 머나먼 타지로의 이주는 불리한 배경과 부정한 전력을 감출 수 있는 효과적 수단이었다.

그러나 대중들의 인간관계를 쉽게 파악할 수 있을 만큼 국가 규모가 작은 북한의 경우, 불리한 배경과 부정한 전력을 왜곡하여 자서전에 기술한 이들은 여지없이 당국의 검열에 적발되었다. 당국은 자서전 작성자의 지인들을 통해 그 기록의 진위를 밝혀낼 수 있었다. 물론 기록자들은 당국의 검열 과정에서 자서전 내용의 진위가 밝혀질 수 있다는 강박관념에 결박돼 있었고, 따라서 섣불리 기만 전략을 구사할 수도 없었다.

한편 철저한 검열이 이루어졌다 해도 당국자들이 모든 허위 기록을 들추어내기란 불가능한 일이었다. 그러면 평정서가 포착하지 못한 허위 기록들을 어떻게 식별할 수 있을까? 사실 그러한 시도는 비생산적일 뿐만 아니라 불필요한 소모적 행위로 보인다. 왜냐하면 허위 기록도 나름의 사료적 가치가 있기 때문이다. 자신의 부정한 전력을 감추려 자서전을 허위로 기록한 이들은 당국자들이 그 내용을 믿게끔, 당대의 상식에 근거하여 기술하는 전략을 택할 수밖에 없다. 곧 그러한 허구가 '근거 없는 허구'라기보다, 당국자들을 기만하기 위한 '개연성 있는 허구'라는 점은 그 또한 당시의 시대상과 사회상을 반영하는 의미 있는 재료가 될 수 있음을 뜻한다.

서설

[1] 이문환, 〈평양공업대학 전기강좌장 이문환 이력서〉, 1948. 10. 10, NARA RG242 SA2007 Box Item18.1

[2] 朴順熙, 〈조선인민군 제3사단 제9연대 체육 교원 5급 박순희 자서전〉, 1948. 11. 23, NARA RG242 SA2009 Box10 Item21.2

[3] 北朝鮮人民委員會 敎育局 敎幹 第26號, 〈金日成大學 發令 件〉, 1947, NARA RG242 SA2006 Box12 Item32.1

제1부 전략적 글쓰기

[1] 안수덕, 〈자강도 후창군 동흥중학교 교사 안수덕 자서전〉, 1949.

[2] 박학운, 〈자강도 후창군 동흥중학교 교장 박학운 자서전〉, 1949.

[3] 洪昌範, 〈김일성종합대학 간부부 직원 홍창범 자서전〉, 1947. 9. 22, NARA RG242 SA2006 Box12 Item32.1

[4] 오영옥, 〈평양교원대학 수학물리과 학생 오영옥 자서전〉, 1949, NARA RG242 SA2007 Box Item19.2

[5] 이재복, 〈평양교원대학 지리과 학생 이재복 자서전〉, 1949. 4. 23, NARA RG242

SA2007 Box Item20.2; 조은해, 〈평양교원대학 지리과 학생 조은해 자서전〉, 1949.
4. 21, NARA RG242 SA2007 Box Item20.2

6 최경희, 〈평양교원대학 역사과 학생 최경희 자서전〉, 1949. 4. 22, NARA RG242
SA2007 Box Item19.1

7 洪性海, 〈흥남공업대학 수학강좌장 홍성해 자서전〉, 1948. 7. 18, NARA RG242
SA2007 Box Item18

8 선우철, 〈평양교원대학 화학과 학생 선우철 자서전〉, 1949, NARA RG242 SA2007
Box Item20.7

9 이성주, 〈평양교원대학 지리과 학생 이성주 자서전〉, 1949, NARA RG242 SA2007
Box Item20.6

10 李賢植, 〈해주공업전문학교 교원 이현식 자서전〉, 1949. 10. 13, NARA RG242
SA2007 Box Item20.4

11 홍창하, 〈조선인민군 582군 부대 홍창하 자서전〉, 1949. 9. 1, NARA RG242
SA2009 Box10 Item20.10

12 정원명, 〈평양교원대학 수학물리과 학생 정원명 자서전〉, 1949. 4. 25, NARA
RG242 SA2007 Box Item19.2

13 朴圭會, 〈자강도 후창여자중학교 교양주임 박규회 자서전〉, 1949. 9. 16.

14 金命鎬, 〈평양공업대학 금속공학부 교수 김명기 자서전〉, 1948, NARA RG242
SA2007 Box Item18.2

15 鄭泰尚, 〈함경남도 갑산중학교 교양주임 정태설 자서전〉, 1949. 9. 23.

16 박연순, 〈강원도 철원고급중학교 교사 박연순 자서전〉, 1949. 10. 20, NARA RG242
SA2011 Box7 Item23

17 박태남, 〈강원도 철원군 영평중학교 교양주임 박태남 자서전〉, 1949. 10. 1, NARA
RG242 SA2011 Box7 Item23

18 이성숙, 〈평양의학대학 교수 이성숙 자서전〉, 1948, NARA RG242 SA2005 Box8
Item35

19 鄭泰尚, 〈함경남도 갑산중학교 교양주임 정태설 자서전〉, 1949. 9. 23.

20 양영숙, 〈평양교원대학 지리과 학생 양영숙 자서전〉, 1949. 4. 22, NARA RG242
SA2007 Box Item20.6

21 최성배, 〈강원도 평강여자중학교 교양주임 최성배 이력서〉, 1949. 11. 1, NARA

RG242 SA2011 Box7 Item23

22 한종숙, 〈평양교원대학 지리과 학생 한종숙 자서전〉, 1949, NARA RG242 SA2007 Box Item20.6

23 변석해, 〈평양교원대학 지리과 학생 변석해 자서전〉, 1949. 4. 23, NARA RG242 SA2007 Box Item20.6

24 최의섭, 〈황해도 장연고급중학교 교사 최의섭 자서전〉, 1949. 8. 26, NARA RG242 SA2007 Box Item20.1; 최의섭, 〈황해도 장연고급중학교 교사 최의섭 평정서〉, 1949, NARA RG242 SA2007 Box Item20.1

25 길성혁, 〈평양교원대학 화학과 학생 길성혁 이력서〉, 1949, NARA RG242 SA2007 Box Item20.7; 길성혁, 〈평양교원대학 화학과 학생 길성혁 자서전〉, 1949. 4. 21, NARA RG242 SA2007 Box Item20.7; 길성혁, 〈평양교원대학 화학과 학생 길성혁 평정서〉, 1949. 5. 8, NARA RG242 SA2007 Box Item20.7

26 김경렬, 〈평양교원대학 지리과 학생 김경렬 평정서〉, 1949. 4. 22, NARA RG242 SA2007 Box Item20.2

27 이응삼, 〈평양교원대학 수학물리과 학생 이응삼 자서전〉, 1949. 4. 23, NARA RG242 SA2007 Box Item19.2; 이재영, 〈국영 흥남비료공장 기사장 이재영 자서전〉, 1948. 11. 27, NARA RG242 SA2007 Box Item18; 김용수, 〈황해도 재령 제4인민학교 교장 김용수 자서전〉, 1949, NARA RG242 SA2010 Box Item107

28 이춘희, 〈평양의학대학 교수 이춘희 자서전〉, 1948. 10. 20, NARA RG242 SA2005 Box8 Item35

29 장원겸, 〈평양교원대학 지리과 학생 장원겸 평정서〉, 1949, NARA RG242 SA2007 Box Item20.6

30 임창빈, 〈강원도 철원농업학교 교양주임 金永植 평정서〉, 1949, NARA RG242 SA2011 Box7 Item23

31 홍완희, 〈황해도 안악여자고급중학교 교장 홍완희 자서전〉, 1948. 12. 16.

32 姜錫球, 〈황해도 해주공업전문학교 교원 강석구 자서전〉, 1949. 10. 12, NARA RG242 SA2007 Box Item20.4

33 朴圭會, 〈자강도 후창여자중학교 교양주임 박규회 자서전〉, 1949. 9. 16.

34 한성용, 〈자강도 후창여자중학교 교양주임 박규회 평정서〉, 1949. 10. 22.

35 송춘모, 〈강원도 평강축산전문학교 교원 송춘모 자서전〉, 1949, NARA RG242

SA2011 Box7 Item23

36 이복록, 〈강원도 평강축산전문학교 교원 송춘모 평정서〉, 1949, NARA RG242
SA2011 Box7 Item23

37 길성혁, 〈평양교원대학 화학과 학생 길성혁 평정서〉, 1949. 5. 8, NARA RG242
SA2007 Box Item20.7

38 황진우, 〈황해도 해주여자고급중학교 교사 고광선 평정서〉, 1949. 9. 8, NARA
RG242 SA2007 Box Item20.4

39 이의혁, 〈황해도 재령군 남률중학교 교사 이대순 평정서〉, 1949.

40 이의혁, 〈황해도 재령군 신원중학교 교장 盧義柏 평정서〉, 1949.

41 임창빈, 〈강원도 철원고급중학교 교사 김강동 평정서〉, 1949, NARA RG242
SA2011 Box7 Item23

42 이의혁, 〈황해도 재령군 남률중학교 교사 김창배 평정서〉, 1949.

43 이의혁, 〈황해도 재령군 북률여자중학교 교사 송관수 평정서〉, 1949.

44 한종숙, 〈평양교원대학 지리과 학생 한종숙 평정서〉, 1949, NARA RG242 SA2007
Box Item20.6

45 임창빈, 〈강원도 철원사범전문학교 교원 金寬用 평정서〉, 1949, NARA RG242
SA2011 Box7 Item23

46 申建熙, 〈흥남공업대학 교수 申斗熙 평정서〉, 1948. 11. 30, NARA RG242 SA2007
Box Item18

47 이의혁, 〈황해도 재령군 남률중학교 교사 김유각 평정서〉, 1949. 10. 25.

48 전종만, 〈황해도 재령군 상성중학교 교사 기노학 평정서〉, 1949.

49 강복식, 〈황해도 재령군 청천중학교 교무주임 이인곤 평정서〉, 1949. 10. 17.

50 이의혁, 〈황해도 재령군 청천중학교 교무주임 이인곤 평정서〉, 1949.

제2부 해방의 소용돌이

1 고병원, 〈함경남도 갑산군 진동면 양유리 고병원 자서전〉, 1949. 7. 17.

2 김봉우, 〈평양공업대학 건설공학부 교수 김봉우 자서전〉, 1948. 10, NARA RG242
SA2007 Box Item18.3

[3] 김병철, 〈강원도 평강고급중학교 교사 김병철 자서전〉, 1949. 10. 30, NARA RG242 SA2011 Box7 Item23

[4] 김기화, 〈평양교원대학 화학과 학생 김기화 자서전〉, 1949. 4. 23, NARA RG242 SA2007 Box Item20.1

[5] 김병철, 〈강원도 평강고급중학교 교사 김병철 자서전〉, 1949. 10. 30, NARA RG242 SA2011 Box7 Item23

[6] 玄鳳得, 〈강원도 철원사범전문학교 교원 현봉득 자서전〉, 1949. 10. 22, NARA RG242 SA2011 Box7 Item23

[7] 강창숙, 〈평양교원대학 화학과 학생 강창숙 자서전〉, 1949. 4. 23, NARA RG242 SA2007 Box Item20.7

[8] 이장민, 〈함경남도 함주군 주지고급중학교 교사 이장민 자서전〉, 1949. 9. 18, NARA RG242 SA2011 Box7 Item27

[9] 김종건, 〈흥남공업대학 노어 교수 김종건 자서전〉, 1948, NARA RG242 SA2007 Box Item18

[10] 鄭泰尙, 〈함경남도 갑산중학교 교양주임 정태설 자서전〉, 1949. 9. 23.

[11] 이승렬, 〈함경남도 갑산군 진동중학교 교장 이승렬 자서전〉, 1949.

[12] 이승란, 〈평양교원대학 화학과 학생 이승란 자서전〉, 1949. 4, NARA RG242 SA2007 Box Item20.7

[13] 이창애, 〈평양교원대학 역사과 학생 이창애 자서전〉, 1949, NARA RG242 SA2007 Box Item19.1

[14] 김호남, 〈평양교원대학 외국어과 학생 김호남 자서전〉, 1949. 4. 23, NARA RG242 SA2007 Box Item20.5

[15] 오기혁, 〈황해도 봉산군 마동고급중학교 교사 오기혁 자서전〉, 1949. 5. 10.

[16] 김명준, 〈평양교원대학 노어과 학생 김명준 자서전〉, 1949. 5. 15, NARA RG242 SA2007 Box Item20.5

[17] 김지용, 〈평양교원대학 역사과 학생 김지용 자서전〉, 1949. 4. 22, NARA RG242 SA2007 Box Item19.1

[18] 이승렬, 〈함경남도 갑산군 진동중학교 교장 이승렬 자서전〉, 1949.

[19] 김혜덕, 〈평양교원대학 노어과 학생 김혜덕 자서전〉, 1949. 4. 29, NARA RG242 SA2007 Box Item20.6

20 온화성, 〈함경남도 함흥야간고급중학교 교사 온화성 자서전〉, 1949. 9. 21.

21 신배영, 〈평양교원대학 화학과 학생 신배영 자서전〉, 1949, NARA RG242 SA2007 Box Item20.7

22 김경옥, 〈평양교원대학 수학물리과 학생 김경옥 자서전〉, 1949. 4, NARA RG242 SA2007 Box Item19.2

23 박형만, 〈조선제철평양공장 노동자 박형만 자서전〉, 1949. 4. 22, NARA RG242 SA2007 Box Item20.5

24 장치원, 〈평양교원대학 수학물리과 학생 장치원 자서전〉, 1949. 4. 24, NARA RG242 SA2007 Box Item19.2

25 문상두, 〈함경남도 함흥 야간고급중학교 교사 문상두 자서전〉, 1949. 9. 20.

26 이영서, 〈평양교원대학 지리과 학생 이영서 자서전〉, 1949. 4. 20, NARA RG242 SA2007 Box Item20.7

27 장치원, 〈평양교원대학 수학물리과 학생 장치원 자서전〉, 1949. 4. 24, NARA RG242 SA2007 Box Item19.2

28 박창서, 〈함경남도 갑산중학교 교무주임 박창서 자서전〉, 1949. 8. 22.

29 黃壽鳳, 〈청진의과대학 생화학교실 교원 황수봉 자서전〉, 1949. 5. 10, NARA RG242 SA2005 Box8 Item31

30 李仁坤, 〈황해도 재령군 청천중학교 교무주임 이인곤 자서전〉, 1949. 10. 15.

31 문태주, 〈평양교원대학 지리과 학생 문태주 자서전〉, 1949. 4. 22, NARA RG242 SA2007 Box Item20.7

32 정준성, 〈평양교원대학 역사과 학생 정준성 자서전〉, 1949, NARA RG242 SA2007 Box Item19.1

33 김항래, 〈평양공업대학 건설공학부 토목과 교수 김항래 자서전〉, 1948. 10. 10, NARA RG242 SA2007 Box Item18.3

34 류명상, 〈평양교원대학 문학과 학생 류명상 자서전〉, 1949. 10. 12.

35 윤시종, 〈평양사범대학 화학과 학생 윤시종 자서전〉, 1949. 4. 21, NARA RG242 SA2007 Box Item20.1

36 이청우, 〈평양교원대학 화학과 학생 이청우 자서전〉, 1949. 4. 22, NARA RG242 SA2007 Box Item20.7

37 주옥여, 〈평양교원대학 노어과 학생 주옥여 자서전〉, 1949. 4. 28, NARA RG242

SA2007 Box Item20.5

38 명재천, 〈평양교원대학 체육과 학생 명재천 자서전〉, 1949. 4. 20, NARA RG242
SA2007 Box Item20.5

39 손승원, 〈평양교원대학 노어과 학생 손승원 자서전〉, 1949, NARA RG242 SA2007
Box Item20.4

40 한보훈, 〈평양교원대학 수학물리과 학생 한보훈 자서전〉, 1949, NARA RG242
SA2007 Box Item19.2

41 김덕상, 〈평양교원대학 노어과 학생 김덕상 자서전〉, 1949. 4. 22, NARA RG242
SA2007 Box Item20.5

42 용연권, 〈평양사범대학 노어과 학생 용연권 자서전〉, 1949, NARA RG242 SA2007
Box Item20.4

43 이죽순, 〈평양교원대학 체육과 학생 이죽순 자서전〉, 1949. 4. 22, NARA RG242
SA2007 Box Item20.3

44 梁珍鴻, 〈청진의과대학 학장 양진홍 자서전〉, 1948. 10. 1, NARA RG242 SA2005
Box8 Item31

45 김명호, 〈조선인민군 군관 김명호 자서전〉, 1950. 7. 18, NARA RG242 SA2009
Box10 Item22.8

46 최용희, 〈평양교원대학 체육과 학생 최용희 자서전〉, 1949. 4. 21, NARA RG242
SA2007 Box Item20.4

47 신종립, 〈흥남공업대학 강사 신종립 자서전〉, 1948. 11, NARA RG242 SA2007 Box
Item18

48 김상륜, 〈황해도 장연중학교 교사 김상륜 자서전〉, 1949. 6. 6, NARA RG242
SA2007 Box Item20.1

49 박석련, 〈청진의과대학 교수 박석련 자서전〉, 1948. 11. 8, NARA RG242 SA2005
Box8 Item31

50 梁珍鴻, 〈청진의과대학 학장 양진홍 자서전〉, 1948. 10. 1, NARA RG242 SA2005
Box8 Item31

51 이죽순, 〈평양교원대학 체육과 학생 이죽순 자서전〉, 1949. 4. 22, NARA RG242
SA2007 Box Item20.3

52 윤계호, 〈평양교원대학 역사과 학생 윤계호 자서전〉, 1949. 4. 22, NARA RG242

SA2007 Box Item19.1

53 최경희, 〈평양교원대학 역사과 학생 최경희 자서전〉, 1949. 4. 22, NARA RG242
SA2007 Box Item19.1

54 韓善一, 〈황해도 송림공업전문학교 제조화학과 교원 한선일 자서전〉, 1949. 5. 12.

55 김호남, 〈평양교원대학 외국어과 학생 김호남 자서전〉, 1949. 4. 23, NARA RG242
SA2007 Box Item20.5

56 진창국, 〈함흥야간고급중학교 교장 진창국 자서전〉, 1949. 9. 27.

57 김인식, 〈평양공업대학 금속공학부 학부장 김인식 자서전〉, 1948, NARA RG242
SA2007 Box Item18.1

58 박병칠, 〈평양교원대학 노어과 학생 박병칠 자서전〉, 1949, NARA RG242 SA2007
Box Item20.5

59 정위택, 〈평양교원대학 노어과 학생 정위택 자서전〉, 1949. 4. 21, NARA RG242
SA2007 Box Item20.4

60 고대갑, 〈평양교원대학 노어과 학생 고대갑 자서전〉, 1949. 4. 22, NARA RG242
SA2007 Box Item20.6

61 황진우, 〈황해도 해주여자고급중학교 교사 고광선 평정서〉, 1949. 9. 8, NARA
RG242 SA2007 Box Item20.4

62 玄炳槿, 〈평양의학대학 조교수 현병근 자서전〉, 1948. 10. 28, NARA RG242 SA2005
Box8 Item35

63 박기호, 〈평양의학대학 교수 박기호 자서전〉, 1948. 10. 19, NARA RG242 SA2005
Box8 Item35

64 김호남, 〈평양교원대학 외국어과 학생 김호남 자서전〉, 1949. 4. 23, NARA RG242
SA2007 Box Item20.5

65 김호남, 〈평양교원대학 외국어과 학생 김호남 평정서〉, 1949. 4. 23, NARA RG242
SA2007 Box Item20.5

66 서춘식, 〈흥남공업대학 부학장 서춘식 자서전〉, 1948. 10. 26, NARA RG242
SA2007 Box Item18

제3부 대중조직 건설 운동

1 이청우, 〈평양교원대학 화학과 학생 이청우 자서전〉, 1949. 4. 22, NARA RG242 SA2007 Box Item20.7

2 류명상, 〈평양교원대학 문학과 학생 류명상 자서전〉, 1949. 10. 12.

3 유강, 〈평양교원대학 화학과 학생 유강 자서전〉, 1949. 4. 22, NARA RG242 SA2007 Box Item20.7

4 이근성, 〈평양교원대학 수학물리과 학생 이근성 자서전〉, 1949. 4, NARA RG242 SA2007 Box Item19.2

5 김정수, 〈평양교원대학 체육과 학생 김정수 자서전〉, 1949. 4. 22, NARA RG242 SA2007 Box Item20.5; 임건순, 〈평양교원대학 지리과 학생 임건순 자서전〉, 1949. 4, NARA RG242 SA2007 Box Item20.2

6 최재춘, 〈황해도 수안고급중학교 교장 최재춘 자서전〉, 1949.

7 윤석규, 〈평양공업대학 광산지질학부 교수 윤석규 자서전〉, 1948, NARA RG242 SA2007 Box Item18.1

8 최광문, 〈평양교원대학 화학과 학생 최광문 자서전〉, 1949. 4. 21, NARA RG242 SA2007 Box Item20.7

9 신범영, 〈평양교원대학 체육과 학생 신범영 자서전〉, 1949. 4. 22, NARA RG242 SA2007 Box Item20.3

10 한증호, 〈평양교원대학 지리과 학생 한증호 자서전〉, 1949. 4. 22, NARA RG242 SA2007 Box Item20.2

11 이청우, 〈평양교원대학 화학과 학생 이청우 자서전〉, 1949. 4. 22, NARA RG242 SA2007 Box Item20.7

12 장치원, 〈평양교원대학 수학물리과 학생 장치원 자서전〉, 1949. 4. 24, NARA RG242 SA2007 Box Item19.2

13 유강, 〈평양교원대학 화학과 학생 유강 자서전〉, 1949. 4. 22, NARA RG242 SA2007 Box Item20.7

14 김두찬, 〈평양 제8여자중학교 교양주임 김두찬 자서전〉, 1949. 11. 7, NARA RG242 SA2011 Box Item; 신영일, 〈조선인민군 총사령부 직속 경위대대 문화공작원 신영일 자서전〉, 1948. 4. 12, NARA RG242 SA2009 Box10 Item22.3

[15] 류명상, 〈평양교원대학 문학과 학생 류명상 자서전〉, 1949. 10. 12.

[16] 장근상, 〈평양교원대학 체육과 학생 장근상 자서전〉, 1949. 4. 21, NARA RG242 SA2007 Box Item20.4

[17] 신영일, 〈조선인민군 민족보위성 직속 경위연대 문화공작원 신영일 자서전〉, 1948. 12. 28, NARA RG242 SA2009 Box10 Item21.13

[18] 변정석, 〈평양교원대학 지리과 학생 변정석 평정서〉, 1949. 5. 2, NARA RG242 SA2007 Box Item20.6

[19] 계순희, 〈평양교원대학 수학물리과 학생 계순희 자서전〉, 1949. 4, NARA RG242 SA2007 Box Item19.2

[20] 김태권, 〈황해도 해주 기계전문학교 교원 김태권 자서전〉, 1949. 10. 12, NARA RG242 SA2007 Box Item20.4

[21] 김공근, 〈함경남도 함주군 주지고급중학교 교무주임 김공근 자서전〉, 1949. 9. 15, NARA RG242 SA2011 Box7 Item27

[22] 온화성, 〈함경남도 함흥야간고급중학교 교사 온화성 자서전〉, 1949. 9. 21.

[23] 조동우, 〈황해도 장연고급중학교 교장 조동우 평정서〉, 1949. 9. 16, NARA RG242 SA2007 Box Item20.1

[24] 太銀燮, 〈조선인민군 제582군부대 제2대대 제5중대 중대부관 태은섭 자서전〉, 1950. 2. 23, NARA RG242 SA2009 Box10 Item21.1

[25] 金昇鉉, 〈평양 제11중학교 교양주임 김승현 자서전〉, 1949. 11. 8.

[26] 윤정협, 〈강원도 평강축산전문학교 수의과 주임 윤정협 자서전〉, 1949, NARA RG242 SA2011 Box7 Item23

[27] 이철, 〈평양교원대학 노어과 학생 이철 자서전〉, 1949. 4, NARA RG242 SA2007 Box Item20.4

[28] 조윤호, 〈평양공업대학 금속공학부 교수 조윤호 자서전〉, 1948, NARA RG242 SA2007 Box Item18.2

[29] 오화석, 〈북조선농민동맹 황해도 재령군위원회 조직문화부장 오화석 자서전〉, 1949. 7. 23, NARA RG242 SA2010 Box Item107

[30] 온화성, 〈함경남도 함흥야간고급중학교 교사 온화성 자서전〉, 1949. 9. 21.

[31] 윤계호, 〈평양교원대학 역사과 학생 윤계호 자서전〉, 1949. 4. 22, NARA RG242 SA2007 Box Item19.1

32 신희식, 〈평양교원대학 화학과 학생 신희식 자서전〉, 1949. 2. 22, NARA RG242 SA2007 Box Item20.7

33 김경옥, 〈평양교원대학 수학물리과 학생 김경옥 자서전〉, 1949. 4, NARA RG242 SA2007 Box Item19.2

34 조경일, 〈평양교원대학 지리과 학생 조경일 자서전〉, 1949. 4. 21, NARA RG242 SA2007 Box Item20.2

35 신범영, 〈평양교원대학 체육과 학생 신범영 자서전〉, 1949. 4. 22, NARA RG242 SA2007 Box Item20.3

36 한증호, 〈평양교원대학 지리과 학생 한증호 자서전〉, 1949. 4. 22, NARA RG242 SA2007 Box Item20.2

37 김을천, 〈평양교원대학 역사과 학생 김을천 자서전〉, 1949. 4. 23, NARA RG242 SA2007 Box Item19.1

38 김철, 〈평양교원대학 역사과 학생 김철 자서전〉, 1949. 4. 22, NARA RG242 SA2007 Box Item19.1

39 김경옥, 〈평양교원대학 수학물리과 학생 김경옥 자서전〉, 1949. 4, NARA RG242 SA2007 Box Item19.2

40 정국정, 〈평양교원대학 수학물리과 학생 정국정 자서전〉, 1949. 4. 26, NARA RG242 SA2007 Box Item19.2

41 김철, 〈평양교원대학 역사과 학생 김철 자서전〉, 1949. 4. 22, NARA RG242 SA2007 Box Item19.1

42 김덕상, 〈평양교원대학 노어과 학생 김덕상 자서전〉, 1949. 4. 22, NARA RG242 SA2007 Box Item20.5

43 신희식, 〈평양교원대학 화학과 학생 신희식 자서전〉, 1949. 2. 22, NARA RG242 SA2007 Box Item20.7

44 김정하, 〈평양교원대학 체육과 학생 김정하 자서전〉, 1949. 4. 22, NARA RG242 SA2007 Box Item20.3

45 張雲龍, 〈황해도 해주 공업전문학교 교원 장운룡 자서전〉, 1949. 10. 13, NARA RG242 SA2007 Box Item20.4

46 朴仁善, 〈평양 제5중학교 교양주임 박인선 자서전〉, 1949. 11. 7.

47 김원섭, 〈평양 제7여자중학교 교장 김원섭 자서전〉, 1949. 11. 8.

48 김윤제, 〈평양공업대학 건설공학부 건축과 교수 김윤제 자서전〉, 1948, NARA RG242 SA2007 Box Item18.3

49 김득서, 〈평양공업대학 건설공학부 토목과 교수 김득서 자서전〉, 1948. 9. 10, NARA RG242 SA2007 Box Item18.3

50 李永熙, 〈흥남공업대학 교수 이영희 자서전〉, 1948, NARA RG242 SA2007 Box Item18

51 金應相, 〈김일성종합대학 건축과 교수 지원자 김응상 자서전〉, 1947. 8. 12, NARA RG242 SA2006 Box12 Item32.1

52 金在顯, 〈강원도 철원군 월정중학교 교사 김재현 자서전〉, 1949, NARA RG242 SA2011 Box7 Item23

53 원산옥, 〈평양교원대학 체육과 학생 원산옥 자서전〉, 1949. 4. 21, NARA RG242 SA2007 Box Item20.3

54 김응선, 〈황해도 재령군 북률면 동신홍리인민위원회 위원장 김응선 자서전〉, 1949, NARA RG242 SA2010 Box Item107

55 이성술, 〈평양곡산공장 노동부 노동과장 이성술 이력서〉, 1950. 3. 15, NARA RG242 SA2006 Box Item10

56 김용수, 〈황해도 재령 제4인민학교 교장 김용수 자서전〉, 1949, NARA RG242 SA2010 Box Item107

제4부 일제 잔재 청산

1 오치경, 〈평양교원대학 화학과 학생 오치경 자서전〉, 1949. 4. 22, NARA RG242 SA2007 Box Item20.1

2 김경렬, 〈평양교원대학 지리과 학생 김경렬 자서전〉, 1949. 4. 22, NARA RG242 SA2007 Box Item20.2

3 손승원, 〈평양교원대학 노어과 학생 손승원 자서전〉, 1949, NARA RG242 SA2007 Box Item20.4

4 고대갑, 〈평양교원대학 노어과 학생 고대갑 자서전〉, 1949. 4. 22, NARA RG242 SA2007 Box Item20.6

5 김병철, 〈강원도 평강고급중학교 교사 김병철 자서전〉, 1949. 10. 30, NARA RG242 SA2011 Box7 Item23

6 박용득, 〈평양사범대학 역사지리학부 역사과 학생 박용득 자서전〉, 1949. 4. 21, NARA RG242 SA2007 Box Item19.1

7 오기혁, 〈황해도 봉산군 마동고급중학교 교원 오기혁 자서전〉, 1949. 5. 10.

8 윤병수, 〈강원도 금화고급중학교 교사 윤병수 자서전〉, 1949. 8. 29, NARA RG242 SA2011 Box7 Item23

9 한용팔, 〈평양교원대학 수학물리과 학생 한용팔 자서전〉, 1949. 4, NARA RG242 SA2007 Box Item19.2

10 김종성, 〈항공무기 수리공 김종성 자서전〉, 1949, NARA RG242 SA2012 Box4 Item32

11 온화성, 〈함경남도 함흥야간고급중학교 교사 온화성 자서전〉, 1949. 9. 21.

12 한율종, 〈평안북도 후창군 동흥면 라죽인민학교 교장 한율종 자서전〉, 1949. 5. 29.

13 趙成俊, 〈흥남공업대학 교수 조성준 자서전〉, 1948. 10. 25, NARA RG242 SA2007 Box Item18

14 韓善一, 〈황해도 송림공업전문학교 제조화학과 교원 한선일 자서전〉, 1949. 5. 12.

15 한종숙, 〈평양교원대학 지리과 학생 한종숙 평정서〉, 1949, NARA RG242 SA2007 Box Item20.6

16 주병권, 〈철원 이동중학교 교장 주병권 이력서〉, 1949. 4. 24, NARA RG242 SA2011 Box7 Item23

17 박연순, 〈강원도 철원고급중학교 교사 박연순 자서전〉, 1949. 10. 20, NARA RG242 SA2011 Box7 Item23

18 김정배, 〈황해도 해주 여자고급중학교 교장 김정배 자서전〉, 1949. 11. 1, NARA RG242 SA2007 Box Item20.4

19 주동헌, 〈평양 제2중학교 교양주임 주동헌 자서전〉, 1949. 9. 28.

20 이채구, 〈강원도 평강군 세포중학교 교무주임 이채구 자서전〉, 1949. 7. 26, NARA RG242 SA2011 Box7 Item23

21 박문주, 〈평안북도 초산 남자고급중학교 교양주임 함윤형 평정서〉, 1949. 10. 15.

22 김공근, 〈함경남도 함주군 주지고급중학교 교무주임 김공근 평정서〉, NARA RG242 SA2011 Box7 Item27

23 劉昌勳, 〈강원도 철원농업전문학교 교원 유창훈 자서전〉, 1949. 9. 15, NARA RG242 SA2011 Box7 Item23

제5부 반체제운동

1 최용희, 〈평양교원대학 체육과 학생 최용희 자서전〉, 1949. 4. 21, NARA RG242 SA2007 Box Item20.4

2 오남선, 〈평양교원대학 체육과 학생 오남선 자서전〉, 1949. 4. 21, NARA RG242 SA2007 Box Item20.3

3 이봉빈, 〈평양사범대학 노어과 학생 이봉빈 자서전〉, 1949. 4. 22, NARA RG242 SA2007 Box Item20.2

4 강성식, 〈평양교원대학 노어과 학생 강성식 자서전〉, 1949. 4. 23, NARA RG242 SA2007 Box Item20.4

5 박양성, 〈평양교원대학 수학물리과 학생 박양성 자서전〉, 1949. 4. 24, NARA RG242 SA2007 Box Item19.2

6 홍성구, 〈평양교원대학 지리과 학생 홍성구 자서전〉, 1949. 4, NARA RG242 SA2007 Box Item20.8

7 한증호, 〈평양교원대학 지리과 학생 한증호 평정서〉, 1949. 5. 2, NARA RG242 SA2007 Box Item20.2

8 李容祐, 〈흥남공업대학 교수 이용우 자서전〉, 1948. 7. 5, NARA RG242 SA2007 Box Item18

9 김석우, 〈함흥의과대학 부설 고급교원양성소 사회과학 강사 김석우 자서전〉, 1948. 11. 21, NARA RG242 SA2006 Box12 Item17.3

10 김기홍, 〈평양교원대학 지리과 학생 김기홍 자서전〉, 1949. 4. 21, NARA RG242 SA2007 Box Item20.7

11 김승륜, 〈평양 제6여자중학교 교양주임 김승륜 자서전〉, 1949. 11. 5.

12 장문옥, 〈평양교원대학 수학물리과 학생 장문옥 자서전〉, 1949. 4. 24, NARA RG242 SA2007 Box Item19.2

13 최창익, 〈조선인민군 582군부대 군악소대장 최창익 자서전〉, 1949. 9. 6, NARA

RG242 SA2009 Box10 Item22.15

14 南翼煥, 〈강원도 철원사범전문학교 교원 남익환 자서전〉, 1949. 4. 24, NARA RG242 SA2011 Box7 Item23

15 박태남, 〈강원도 철원군 영평중학교 교사 박태남 자서전〉, 1949. 10. 1, NARA RG242 SA2011 Box7 Item23

16 이낙훈, 〈황해도 재령군 하성중학교 교사 이낙훈 자서전〉, 1949. 10. 5.

17 이채구, 〈강원도 평강군 세포중학교 교무주임 이채구 자서전〉, 1949. 7. 26, NARA RG242 SA2011 Box7 Item23

18 최광문, 〈평양교원대학 화학과 학생 최광문 자서전〉, 1949. 4. 21, NARA RG242 SA2007 Box Item20.7

19 오기혁, 〈황해도 봉산군 마동고급중학교 교사 오기혁 자서전〉, 1949. 5. 10.

20 최용희, 〈평양교원대학 체육과 학생 최용희 자서전〉, 1949. 4. 21, NARA RG242 SA2007 Box Item20.4

21 강성식, 〈평양교원대학 노어과 학생 강성식 자서전〉, 1949. 4. 23, NARA RG242 SA2007 Box Item20.4

22 이명숙, 〈평양교원대학 수학물리과 학생 이명숙 자서전〉, 1949. 4. 22, NARA RG242 SA2007 Box Item19.2

23 김경옥, 〈평양교원대학 수학물리과 학생 김경옥 자서전〉, 1949. 4, NARA RG242 SA2007 Box Item19.2

24 조병렬, 〈평양교원대학 체육과 학생 조병렬 자서전〉, 1949. 4, NARA RG242 SA2007 Box Item20.4

25 이문기, 〈평양교원대학 역사과 학생 이문기 자서전〉, 1949. 4. 22, NARA RG242 SA2007 Box Item19.1

26 이춘섭, 〈평양교원대학 수학물리과 학생 이춘섭 자서전〉, 1949. 4. 24, NARA RG242 SA2007 Box Item19.2

27 박병칠, 〈평양교원대학 노어과 학생 박병칠 자서전〉, 1949, NARA RG242 SA2007 Box Item20.5

28 박인덕, 〈평양 제12인민학교와 평양 제9중학교 교장 박인덕 자서전〉, 1949. 11. 10.

29 金容完, 〈강원도 철원군 영평중학교와 영평인민학교 교장 김용완 자서전〉, 1949. 4. 25와 1949. 7. 5, NARA RG242 SA2011 Box7 Item23

30 권오창, 〈강원도 평강군 옥봉중학교 교장 권오창 자서전〉, 1949, NARA RG242 SA2011 Box7 Item23

31 변정석, 〈평양교원대학 지리과 학생 변정석 자서전〉, 1949. 4. 22, NARA RG242 SA2007 Box Item20.6

32 최인환, 〈강원도 평강고급중학교 교무주임 최인환 자서전〉, 1949. 11, NARA RG242 SA2011 Box7 Item23

33 고진천, 〈강원도 철원군 영북중학교 교양주임 고진천 자서전〉, 1949, NARA RG242 SA2011 Box7 Item23

34 김인환, 〈황해도 재령군 신원여자중학교 교원 김인환 문의서〉, 1949.

35 최창익, 〈조선인민군 582군부대 군악소대장 최창익 자서전〉, 1949. 9. 6, NARA RG242 SA2009 Box10 Item22.15

제6부 주도권 쟁탈에 나선 정당들

1 金昇鉉, 〈평양 제11중학교 교양주임 김승현 자서전〉, 1949. 11. 8.

2 이인점, 〈평양곡산공장 서무부 서무과장 이인점 자서전〉, 1950. 1. 4, NARA RG242 SA2006 Box Item10

3 양도전, 〈평양 제9중학교 교양주임 양도전 자서전〉, 1949. 9. 25.

4 이의준, 〈조선인민군 제8사단 제1연대 제2대대 제6중대 제1소대 제3분대 전사 이의준 입당 보증서〉, 1951. 2. 2, NARA RG242 SA2011 Box8 Item12

5 김형권, 〈조선인민군 제8사단 제1연대 제2대대 제6중대 제2소대 부소대장 김형권 입당 보증서〉, 1951. 2, NARA RG242 SA2011 Box8 Item12

6 金仁煥, 〈황해도 재령군 신원여자중학교 교장 김인환 자서전〉, 1949. 10. 20.

7 원산옥, 〈평양교원대학 체육과 학생 원산옥 자서전〉, 1949. 4. 21, NARA RG242 SA2007 Box Item20.3

8 강병권, 〈조선인민군 제8사단 제1연대 제2대대 제4중대 서기 강병권 입당 청원서〉, 1951. 1. 31, NARA RG242 SA2011 Box8 Item12

9 정연달, 〈강원도 철원사범전문학교 교원 정연달 자서전〉, 1949. 4. 25, NARA RG242 SA2011 Box7 Item23

[10] 김운학, 〈강원도 철원사범전문학교 교원 김운학 자서전〉, 1949. 11, NARA RG242 SA2011 Box7 Item23

[11] 원산옥, 〈평양교원대학 체육과 학생 원산옥 자서전〉, 1949. 4. 21, NARA RG242 SA2007 Box Item20.3

[12] 심봉락, 〈평양교원대학 체육과 학생 심봉락 자서전〉, 1949. 4. 21, NARA RG242 SA2007 Box Item20.3

[13] 정정환, 〈조선인민군 제17포병연대 제1대대장 정정환 자서전〉, 1950. 2. 11, NARA RG242 SA2009 Box10 Item21.14

[14] 하용락, 〈강원도 철원중학교 교장 하용락 자서전〉, 1949, NARA RG242 SA2011 Box7 Item23

[15] 朴在甲, 〈함흥의과대학병원 내과의사 박재갑 자서전〉, 1948. 11. 20, NARA RG242 SA2006 Box12 Item17.3

[16] 계원규, 〈평양의학대학 의학부 구강과 강사 계원규 자서전〉, 1948. 11. 26, NARA RG242 SA2005 Box8 Item35

[17] 이영호, 〈황해도 재령군 재령면 신대리 거주 이영호 문의서〉, 1949.

[18] 이영서, 〈평양교원대학 지리과 학생 이영서 자서전〉, 1949. 4. 20, NARA RG242 SA2007 Box Item20.7

[19] 김유각, 〈황해도 재령군 남률중학교 교장 김유각 자서전〉, 1949. 10. 25.

[20] 홍성숙, 〈황해도 재령제일중학교 교사 홍성숙 자서전〉, 1949. 5. 12.

[21] 李汝宰, 〈흥남공업대학 교수 이여재 이력서〉, 1948. 7. 19, NARA RG242 SA2007 Box Item18

[22] 주병권, 〈강원도 철원군 이동중학교 교장 주병권 이력서〉, 1949. 4, NARA RG242 SA2011 Box7 Item23

[23] 金命鎬, 〈평양공업대학 교수 김명기 이력서〉, 1948. 10. 10, NARA RG242 SA2007 Box Item18.2; 한남호, 〈강원도 평강고급중학교 교사 한남호 자서전〉, 1949. 10. 31, NARA RG242 SA2011 Box7 Item23

[24] 金柄基, 〈황해도 해주공업전문학교 교원 김병기 문의서〉, 1949, NARA RG242 SA2007 Box Item20.3

[25] 姜錫球, 〈황해도 해주공업전문학교 교원 강석구 문의서〉, 1949, NARA RG242 SA2007 Box Item20.4

26 고병원, 〈함경남도 갑산군 진동면 양유리 고병원 자서전〉, 1949. 7. 17.

27 高泳燦, 〈강원도 철원군 월정중학교 교장 고영찬 자서전〉, 1949. 9. 30, NARA RG242 SA2011 Box7 Item23

28 김창길, 〈만주 길림성 연길고등여학교 서무과 직원 김창길 자서전〉, 1950. 3. 18, NARA RG242 SA2006 Box Item10

29 이학설, 〈평양사범대학 역사과 학생 이학설 자서전〉, 1949. 4. 22, NARA RG242 SA2007 Box Item19.1

30 오영옥, 〈평양교원대학 수학물리과 학생 오영옥 자서전〉, 1949. 4, NARA RG242 SA2007 Box Item19.2

31 許文珦, 〈평양공업대학 건설공학부 토목과 교수 허문향 자서전〉, 1948, NARA RG242 SA2007 Box Item18.3

32 金知顯, 〈김일성종합대학 화학부 아스피란트 과정 김지현 자서전〉, 1947. 7. 26, NARA RG242 SA2006 Box12 Item32.1

33 최창수, 〈평양의학대학병원 의사 최창수 자서전〉, 1948. 11. 19, NARA RG242 SA2005 Box8 Item35

34 홍병두, 〈평양의학대학병원 의사 홍병두 자서전〉, 1948, NARA RG242 SA2005 Box8 Item35

35 김대길, 〈흥남공업대학 교수 김대길 자서전〉, 1948. 10. 26, NARA RG242 SA2007 Box Item18

36 이승렬, 〈함경남도 갑산군 진동중학교 교장 이승렬 자서전〉, 1949.

37 원덕중, 〈평양 제2여자중학교 교장 원덕중 자서전〉, 1949. 11. 12.

38 김인식, 〈평양공업대학 금속공학부 학부장 김인식 자서전〉, 1948, NARA RG242 SA2007 Box Item18.1

39 노태명, 〈함경남도 갑산군 진동중학교 교사 노태명 자서전〉, 1949. 9. 23.

40 최재춘, 〈황해도 수안고급중학교 교장 최재춘 자서전〉, 1949.

41 정남순, 〈자강도 후창중학교 칠평분교 교사 정남순 자서전〉, 1949.

42 박정식, 〈평양 제8여자중학교 교장 박정식 자서전〉, 1949. 11. 8.

43 온화성, 〈함경남도 함흥 야간고급중학교 교사 온화성 자서전〉, 1949. 9. 21.

44 楊仁性, 〈함흥의과대학 생물학 교원 양인성 자서전〉, 1948. 11. 19, NARA RG242 SA2006 Box12 Item17.3

45 한병진, 〈강원도 철원여자중학교 교장 한병진 자서전〉, 1949. 10. 16, NARA RG242 SA2011 Box7 Item23

46 유인렬, 〈황해도 재령군 청천중학교 교사 유인렬 문의서〉, 1949.

47 이용필, 〈황해도 재령군 청천중학교 교사 이용필 문의서〉, 1949.

48 박태남, 〈강원도 철원군 영평중학교 교양주임 박태남 자서전〉, 1949. 10. 1, NARA RG242 SA2011 Box7 Item23

49 정운경, 〈해주공업전문학교 교원 정운경 문의서〉, 1949, NARA RG242 SA2007 Box Item20.4

50 정운경, 〈해주공업전문학교 교원 정운경 자서전〉, 1949, NARA RG242 SA2007 Box Item20.4

제7부 혁명의 시작, 토지개혁

1 최재춘, 〈황해도 수안고급중학교 교장 최재춘 자서전〉, 1949.

2 朴載衡, 〈강원도 철원 사범전문학교 교원 박재형 자서전〉, 1949. 11. 12, NARA RG242 SA2011 Box7 Item23

3 김지용, 〈평양교원대학 역사과 학생 김지용 자서전〉, 1949. 4. 22, NARA RG242 SA2007 Box Item19.1

4 金載明, 〈평양공업대학 광산지질학부장 김재명 이력서〉, 1948. 10. 10, NARA RG242 SA2007 Box Item18.1

5 金命鎬, 〈평양공업대학 교수 김명기 자서전〉, 1948. 10. 10, NARA RG242 SA2007 Box Item18.2

6 박수봉, 〈평양교원대학 지리과 학생 박수봉 평정서〉, 1949. 5. 12, NARA RG242 SA2007 Box Item20.2

7 鄭寅暢, 〈평양공업대학 건설공학부장 정인창 자서전〉, 1948. 10. 11, NARA RG242 SA2007 Box Item18.1

8 이문환, 〈평양공업대학 전기강좌장 이문환 이력서〉, 1948. 10. 10, NARA RG242 SA2007 Box Item18.1

9 이익한, 〈평양의학대학 종합진료소 이비과 과장 이익한 자서전〉, 1948, NARA

RG242 SA2005 Box8 Item35

10 유승걸, 〈평안북도 후창인민학교 교양주임 유승걸 자서전〉, 1949. 8. 4.

11 김인환, 〈황해도 재령군 신원여자중학교 교원 김인환 문의서〉, 1949.

12 박순복, 〈평양사범대학 체육과 학생 박순복 자서전〉, 1949. 4. 21, NARA RG242 SA2007 Box Item20.5

13 이의혁, 〈황해도 재령군 청천중학교 교사 최홍택 평정서〉, 1949.

14 이의혁, 〈황해도 재령군 장수중학교 교장 朴奉燮 평정서〉, 1949. 10. 17.

15 김을천, 〈평양교원대학 역사과 학생 김을천 자서전〉, 1949. 4. 23, NARA RG242 SA2007 Box Item19.1

16 임창빈, 〈강원도 철원 사범전문학교 교원 朴燦在 평정서〉, 1949, NARA RG242 SA2011 Box7 Item23

17 김윤제, 〈평양공업대학 건설공학부 건축과 교수 김윤제 자서전〉, 1948, NARA RG242 SA2007 Box Item18.3

18 梁熙鳳, 〈황해도 재령여자중학교 교장 양희봉 자서전〉, 1949.

19 金裕殼, 〈황해도 재령군 남률중학교 교원 김유각 자서전〉, 1949. 10. 25.

20 장동찬, 〈평양 제6중학교 교사 장동찬 자서전〉, 1949. 7. 9.

21 강창숙, 〈평양교원대학 화학과 학생 강창숙 평정서〉, 1949. 4. 23, NARA RG242 SA2007 Box Item20.7

22 이근수, 〈평양공업대학 운수공학부 교수 이근수 자서전〉, 1948, NARA RG242 SA2007 Box Item18.2

23 吳蓮澤, 〈평양교원대학 화학과 학생 오련택 평정서〉, 1949. 10. 28, NARA RG242 SA2007 Box Item20.1

24 김태윤, 〈황해도 안악여자고급중학교 교사 이성주 평정서〉, 1949.

25 이의혁, 〈황해도 재령군 하성중학교 교사 오형권 평정서〉, 1949.

26 김명호, 〈조선인민군 군관 김명호 자서전〉, 1950. 7. 18, NARA RG242 SA2009 Box10 Item22.8

27 전순애, 〈평양교원대학 지리과 학생 전순애 자서전〉, 1949. 4. 22, NARA RG242 SA2007 Box Item20.6

28 이학섭, 〈평양교원대학 노어과 학생 리학섭 자서전〉, 1949. 4. 20, NARA RG242 SA2007 Box Item20.5

29 김농수, 〈평안북도 선천군 남면 건산동 빈농 김농수 자서전〉, 1948, NARA RG242
SA2006 Box16 Item23

30 김달섭, 〈평양교원대학 수학물리과 학생 김달섭 자서전〉, 1949. 4. 24, NARA
RG242 SA2007 Box Item19.2

31 太銀燮, 〈조선인민군 제582군부대 제2대대 제5중대 중대부관 태은섭 자서전〉, 1950.
2. 23, NARA RG242 SA2009 Box10 Item21.1

32 김길녀, 〈황해도 재령군 은룡면 봉오리 빈농 김길녀 자서전〉, 1949. 7. 25, NARA
RG242 SA2010 Box Item107

33 군파견원 강영식, 〈황해도 재령군 은룡면 봉오리 빈농 김길녀 평정서〉, 1949, NARA
RG242 SA2010 Box Item107

34 오남제, 〈황해도 벽성군 서석면 백운리 빈농 오남제 자서전〉, 1949, NARA RG242
SA2010 Box Item107

35 朱洙英, 〈함흥의과대학병원 부원장 주수영 자서전〉, 1948. 11. 24, NARA RG242
SA2006 Box12 Item17.3

36 오용경, 〈평양교원대학 수학물리과 학생 오용경 자서전〉, 1949. 4. 24, NARA
RG242 SA2007 Box Item19.2

37 민형홍, 〈황해도 재령군인민위원회 교육과 시학 민형홍 자서전〉, 1949. 10. 26.

38 신희식, 〈평양교원대학 화학과 학생 신희식 자서전〉, 1949. 2. 22, NARA RG242
SA2007 Box Item20.7

39 윤계호, 〈평양교원대학 역사과 학생 윤계호 자서전〉, 1949. 4. 22, NARA RG242
SA2007 Box Item19.1

40 김용묵, 〈평양교원대학 지리과 학생 김용묵 자서전〉, 1949. 4. 21, NARA RG242
SA2007 Box Item20.2

41 김인수, 〈평양의학대학 교수 김인수 자서전〉, 1948. 10. 21, NARA RG242 SA2005
Box8 Item35

42 이홍구, 〈함경남도 흥남비료공장 기술자 이홍구 자서전〉, 1948. 11. 29, NARA
RG242 SA2007 Box Item18

43 한증호, 〈평양교원대학 지리과 학생 한증호 자서전〉, 1949. 5. 2, NARA RG242
SA2007 Box Item20.2

제8부 국가 건설

[1] 김순실, 〈평양교원대학 지리과 학생 김순실 자서전〉, 1949. 4. 23, NARA RG242 SA2007 Box Item20.6

[2] 박석련, 〈청진의과대학 교수 박석련 자서전〉, 1948. 11. 8, NARA RG242 SA2005 Box8 Item31

[3] 김용철, 〈평양교원대학 역사과 학생 김용철 자서전〉, 1949. 4. 22, NARA RG242 SA2007 Box Item19.1

[4] 이문환, 〈평양공업대학 전기강좌장 이문환 자서전〉, 1948. 10. 10, NARA RG242 SA2007 Box Item18.1

[5] 高大玉, 〈평양공업대학 교수 고대옥 자서전〉, 1948. 10. 10, NARA RG242 SA2007 Box Item18.1

[6] 李容根, 〈평양공업대학 교수 이용근 자서전〉, 1948. 10. 8, NARA RG242 SA2007 Box Item18.2

[7] 류광욱, 〈평양공업대학 교수 류광욱 자서전〉, 1949. 1. 18, NARA RG242 SA2005 Box8 Item35

[8] 이동준, 〈평양의학대학병원 내과 의사 이동준 자서전〉, 1948. 11. 19, NARA RG242 SA2005 Box8 Item35

[9] 손동혁, 〈조선인민군 제17포병연대 도서관주임 손동혁 자서전〉, 1950. 2. 27, NARA RG242 SA2009 Box10 Item21.7

[10] 이현동, 〈황해도 사리원 여자고급중학교 교원 이현동 자서전〉, 1949. 4. 24.

[11] 金應相, 〈김일성종합대학 건축과 교수 지원자 김응상 자서전〉, 1947. 8. 12, NARA RG242 SA2006 Box12 Item32.1

[12] 方德根, 〈평양공업대학 건설공학부 교수 방덕근 자서전〉, 1948. 10. 10, NARA RG242 SA2007 Box Item18.3

[13] 김용수, 〈황해도 재령 제4인민학교 교장 김용수 자서전〉, 1949. 7. 24, NARA RG242 SA2010 Box Item107

[14] 김양익, 〈평양교원대학 수학물리과 학생 김양익 자서전〉, 1948. 4. 25, NARA RG242 SA2007 Box Item19.2

[15] 정국정, 〈평양교원대학 수학물리과 학생 정국정 자서전〉, 1949. 4. 26, NARA

RG242 SA2007 Box Item19.2

16 한병무, 〈함경남도 함주군 주지고급중학교 한병무 자서전〉, 1949. 9, NARA RG242 SA2011 Box7 Item27

17 許東春, 〈평양공업대학 교수 허동춘 자서전〉, 1948. 10. 11, NARA RG242 SA2007 Box Item18.1

18 김정수, 〈황해도 송림시 공업기술전문학교 원동기계과 학생 김정수 자서전〉, 1949. 4. 22, NARA RG242 SA2007 Box Item20.5

19 文一賢, 〈평양특별시 기술자사정중앙위원회 고급기사 문일현 자서전〉, 1948. 10. 28, NARA RG242 SA2007 Box Item18.3

20 오남선, 〈평양교원대학 체육과 학생 오남선 자서전〉, 1949. 4. 21, NARA RG242 SA2007 Box Item20.3

21 김승륜, 〈평양 제6여자중학교 교양주임 김승륜 자서전〉, 1949. 11. 5.

22 양영화, 〈평양교원대학 노어과 학생 양영화 평정서〉, 1949. 5. 20, NARA RG242 SA2007 Box Item20.4; 朴瑩植, 〈평양공업대학 섬유공학부장 박영식 자서전〉, 1948. 10, NARA RG242 SA2007 Box Item18.1

23 張然鎭, 〈평안북도 신의주 조선항공대 비행과 군관 장연진 자서전〉, 1950, NARA RG242 SA2009 Box5 Item83

24 주범, 〈강원도 평강축산전문학교 교장 주범 문의서〉, 1949. 10. 30, NARA RG242 SA2011 Box7 Item23

25 강종경, 〈황해도 해주기계전문학교 교무주임 강종경 문의서〉, 1949. 9. 10, NARA RG242 SA2007 Box Item20.4

26 金奉健, 〈평양의학대학병원 의사 김봉건 자서전〉, 1948, NARA RG242 SA2005 Box8 Item35

27 최도명, 〈평양의학대학 의학부 조교수 최도명 자서전〉, 1948. 10. 21, NARA RG242 SA2005 Box8 Item35

28 양영숙, 〈평양교원대학 지리과 학생 양영숙 자서전〉, 1949. 4. 22, NARA RG242 SA2007 Box Item20.6

29 김원섭, 〈평양 제7여자중학교 교장 김원섭 자서전〉, 1949. 11. 8.

30 박태남, 〈강원도 철원군 영평중학교 교양주임 박태남 자서전〉, 1949. 10. 1, NARA RG242 SA2011 Box7 Item23

31 박학운, 〈자강도 후창군 동흥중학교 교장 박학운 자서전〉, 1949. 5. 31.

32 金德裕, 〈청진의과대학 교수 김덕유 자서전〉, 1948. 11. 6, NARA RG242 SA2005 Box8 Item31

33 洪性海, 〈흥남공업대학 수학강좌장 홍성해 자서전〉, 1948. 7. 18, NARA RG242 SA2007 Box Item18

34 李漢熙, 〈흥남공업대학 교수 이한희 자서전〉, 1948. 11. 30, NARA RG242 SA2007 Box Item18

35 北朝鮮 金日成大學 副總長 朴日, 〈大學敎員 招聘依賴의 件〉, 1947. 7. 19, NARA RG242 SA2006 Box12 Item32.1; 北朝鮮 金日成大學 副總長 朴日, 〈金大 招聘敎員 一覽表〉, 1947. 7. 19, NARA RG242 SA2006 Box12 Item32.1

36 金漢鍊, 〈함경남도 국영 본궁화학공장 기술자 김한련 자서전〉, 1948. 11. 27, NARA RG242 SA2007 Box Item18

37 여경구, 〈함경남도 흥남시험소 소장 여경구 자서전〉, 1948. 11. 27, NARA RG242 SA2007 Box Item18

38 洪駿, 〈흥남공업대학 교원 홍준 자서전〉, 1948. 9. 30, NARA RG242 SA2007 Box Item18

39 金演東, 〈흥남공업대학 교원 김연동 자서전〉, 1948. 7. 17, NARA RG242 SA2007 Box Item18

40 高大玉, 〈흥남화학전문학교 강사 고대옥 자서전〉, 1947. 5. 5, NARA RG242 SA2006 Box12 Item32.1

41 양인선, 〈흥남공업대학 교원 양인선 자서전〉, 1948. 11. 1, NARA RG242 SA2007 Box Item18

42 노태석, 〈함경남도 국영 흥남비료공장 기획부 생산계획과장 노태석 자서전〉, 1948. 11. 29, NARA RG242 SA2007 Box Item18

43 洪東杓, 〈흥남공업대학 교원 홍동표 이력서〉, 1948. 10. 23, NARA RG242 SA2007 Box Item18

44 金日成大學 總長 金枓奉, 〈金日成大學 職員 俸給에 關한 件〉, 1947. 3. 26, NARA RG242 SA2006 Box12 Item32.1

45 정연달, 〈강원도 철원사범전문학교 러시아어 교사 정연달 문의서〉, 1949. 4. 22, NARA RG242 SA2011 Box7 Item23

46 이관보, 〈평양 사동야간중학교 교사 이관보 자서전〉, 1949. 7. 9.

47 洪性海, 〈흥남공업대학 수학강좌장 홍성해 자서전〉, 1948. 7. 18, NARA RG242 SA2007 Box Item18

48 홍영숙, 〈평양교원대학 지리과 학생 홍영숙 자서전〉, 1949. 4. 21, NARA RG242 SA2007 Box Item20.6

49 김주숙, 〈황해도 재령군 여맹 위원장 김주숙 자서전〉, 1949. 7. 23, NARA RG242 SA2010 Box Item107

50 최봉서, 〈북조선소비조합 황해도 재령군위원회 위원장 최봉서 자서전〉, 1949. 7. 29, NARA RG242 SA2010 Box Item107

51 이길선, 〈평양 제4중학교 교장 이길선 자서전〉, 1948. 10. 1.

52 金載明, 〈평양공업대학 광산지질학부장 김재명 자서전〉, 1948. 10. 10, NARA RG242 SA2007 Box Item18.1

53 박형만, 〈조선제철평양공장 노동자 박형만 자서전〉, 1949. 4. 22, NARA RG242 SA2007 Box Item20.5; 문택용, 〈함경남도 연포비행장 비행학생 문택용 자서전〉, 1949. 8. 9, NARA RG242 SA2009 Box4 Item111.6

54 박원춘, 〈평양교원대학 화학과 학생 박원춘 자서전〉, 1949. 4. 26, NARA RG242 SA2007 Box Item20.1

55 이인점, 〈평양곡산공장 서무부 서무과장 이인점 자서전〉, 1950. 1. 4, NARA RG242 SA2006 Box Item10

56 김철환, 〈조선인민군 582군부대 3대대 정찰지도원 김철환 자서전〉, 1950. 2. 10, NARA RG242 SA2009 Box10 Item22.9

57 문택용, 〈함경남도 연포비행장 비행학생 문택용 자서전〉, 1949. 8. 9, NARA RG242 SA2009 Box4 Item111.6

58 전창선, 〈평양교원대학 체육과 학생 전창선 자서전〉, 1949. 4. 20, NARA RG242 SA2007 Box Item20.4

59 郭大弘, 〈북조선중앙연구소 연구원 곽대홍 자서전〉, 1947, NARA RG242 SA2006 Box12 Item32.1

60 양인선, 〈흥남공업대학 교수 양인선 자서전〉, 1948. 11. 1, NARA RG242 SA2007 Box Item18

61 李寬浩, 〈조선인민군 제17포병연대 대대장 이관호 군관표창등록표〉, 1950. 1. 18,

NARA RG242 SA2009 Box10 Item21.10

[62] 李京世, 〈황해도 국영 재령광산 채광부 이경세 이력서〉, 1949. 7. 17, NARA RG242 SA2010 Box Item107

[63] 이흥구, 〈함경남도 흥남비료공장 기술자 이흥구 자서전〉, 1948. 11. 29, NARA RG242 SA2007 Box Item18

[64] 金炳基, 〈황해도 해주공업전문학교 교원 김병기 이력서〉, 1949. 5. 15, NARA RG242 SA2007 Box Item20.3

[65] 成周英, 〈함경북도 청진시 중앙병원 원장 성주영 이력서〉, 1948. 8. 10.

[66] 申斗熙, 〈흥남공업대학 교원 신두희 자서전〉, 1948. 10. 25, NARA RG242 SA2007 Box Item18

[67] 최봉춘, 〈황해도 재령군 여성동맹위원장 최봉춘 이력서〉, 1949, NARA RG242 SA2010 Box Item107; 정수봉, 〈황해도 재령군 신원면 송학리 세포위원장 정수봉 이력서〉, 1949. 7. 24, NARA RG242 SA2010 Box Item107

[68] 홍영진, 〈강원도 철원중학교 교무주임 홍영진 이력서〉, 1949. 9. 27, NARA RG242 SA2011 Box7 Item23

[69] 朴奉燮, 〈황해도 재령군 장수중학교 교장 박봉섭 이력서〉, 1949. 10. 17; 金炳聲, 〈흥남공업대학 수학교원 김병성 이력서〉, 1948. 10. 14, NARA RG242 SA2007 Box Item18

[70] 주계신, 〈평양 제2중학교 교무주임 주계신 자서전〉, 1949. 11. 21.

[71] 이재영, 〈함경남도 국영 흥남비료공장 기사장 이재영 이력서〉, 1948. 11. 27, NARA RG242 SA2007 Box Item18

[72] 金應相, 〈김일성종합대학 건축과 교수 지원자 김응상 자서전〉, 1947. 8. 12, NARA RG242 SA2006 Box12 Item32.1

제9부 교육, 새로운 인간형 만들기

[1] 劉昌勳, 〈강원도 철원농업전문학교 교원 유창훈 자서전〉, 1949, NARA RG242 SA2011 Box7 Item23

[2] 이봉기, 〈황해도 재령군 은룡중학교 교원 이봉기 문의서〉, 1949.

3 이낙훈, 〈황해도 재령군 하성중학교 교원 이낙훈 자서전〉, 1949. 10. 5.

4 김혜덕, 〈평양교원대학 노어과 학생 김혜덕 자서전〉, 1949. 4. 29, NARA RG242 SA2007 Box Item20.6

5 이용성, 〈조선인민군 추격기연대 이용성 자서전〉, 1950. 8. 22, NARA RG242 SA2009 Box4 Item111.1

6 黃忠煥, 〈황해도 재령군 하성중학교 교원 황충환 자서전〉, 1949. 10. 20.

7 이낙훈, 〈황해도 재령군 하성중학교 교원 이낙훈 자서전〉, 1949. 10. 5.

8 김병철, 〈강원도 평강고급중학교 교원 김병철 자서전〉, 1949. 10. 30, NARA RG242 SA2011 Box7 Item23

9 盧義柏, 〈황해도 재령군 신원중학교 교원 노의백 자서전〉, 1949. 10. 20.

10 張春福, 〈황해도 재령군 상성중학교 교원 장춘복 자서전〉, 1949.

11 최재춘, 〈황해도 수안고급중학교 교원 최재춘 자서전〉, 1949.

12 오기혁, 〈황해도 봉산군 마동고급중학교 교원 오기혁 자서전〉, 1949. 5. 10.

13 전광수, 〈평양교원대학 체육과 학생 전광수 자서전〉, 1949. 4. 22, NARA RG242 SA2007 Box Item20.4

14 길확실, 〈황해도 해주사범전문학교 교원 길확실 자서전〉, 1949.

15 박남수, 〈황해도 안악여자고급중학교 교원 박남수 자서전〉, 1949. 3. 28.

16 김장근, 〈평양교원대학 지리과 학생 김장근 자서전〉, 1949, NARA RG242 SA2007 Box Item20.6

17 김응성, 〈평양교원대학 체육과 학생 김응성 자서전〉, 1949, NARA RG242 SA2007 Box Item20.5

18 강병권, 〈조선로동당 제8사단 제1연대 제2대대 4중대 세포 강병권 자서전〉, 1951. 1. 31, NARA RG242 SA2011 Box8 Item12

19 김을천, 〈평양교원대학 역사과 학생 김을천 자서전〉, 1949. 4. 23, NARA RG242 SA2007 Box Item19.1

20 김병철, 〈강원도 평강고급중학교 교원 김병철 자서전〉, 1949. 10. 30, NARA RG242 SA2011 Box7 Item23

21 김성옥, 〈평양교원대학 화학과 학생 김성옥 자서전〉, 1949. 4. 22, NARA RG242 SA2007 Box Item20.7

22 김인식, 〈평양교원대학 체육과 학생 김인식 자서전〉, 1949. 4. 21, NARA RG242

SA2007 Box Item20.5

23 주옥여, 〈평양교원대학 노어과 학생 주옥여 자서전〉, 1949. 4. 28, NARA RG242
SA2007 Box Item20.5

24 고숙삼, 〈평양교원대학 노어과 학생 고숙삼 자서전〉, 1949, NARA RG242 SA2007
Box Item20.5

25 고숙삼, 〈평양교원대학 노어과 학생 고숙삼 평정서〉, 1949. 5. 15, NARA RG242
SA2007 Box Item20.5

26 김지용, 〈평양교원대학 역사과 학생 김지용 자서전〉, 1949. 4. 22, NARA RG242
SA2007 Box Item19.1

27 신배영, 〈평양교원대학 화학과 학생 신배영 자서전〉, 1949, NARA RG242 SA2007
Box Item20.7

28 홍완희, 〈황해도 안악여자고급중학교 교장 홍완희 자서전〉, 1948. 12. 16.

29 박성주, 〈평안남도 평양 제10중학교 교사 박성주 자서전〉, 1949. 10. 7.

30. 안덕순, 〈함경남도 갑산여자중학교 교원 안덕순 자서전〉, 1949. 9. 23.

31 金裕殼, 〈황해도 재령군 남률중학교 교원 김유각 자서전〉, 1949. 10. 25.

32 박태남, 〈강원도 철원군 영평중학교 교원 박태남 자서전〉, 1949. 10. 1, NARA
RG242 SA2011 Box7 Item23

33 박학영, 〈강원도 철원군 인목중학교 교원 박학영 자서전〉, 1949, NARA RG242
SA2011 Box7 Item23

34 최도명, 〈평양의학대학 교수 최도명 자서전〉, 1948. 10. 21, NARA RG242 SA2005
Box8 Item35

35 김태현, 〈강원도 철원중학교 교원 김태현 자서전〉, 1949. 5. 25, NARA RG242
SA2011 Box7 Item23

36 太銀燮, 〈제582군 부대 제2대대 제5중대 중대부관 태은섭 자서전〉, 1950. 2. 23,
NARA RG242 SA2009 Box10 Item21.1

37 강병찬, 〈제582군부대 부대장 강병찬 자서전〉, 1949. 9. 12, NARA RG242 SA2009
Box10 Item22.17

38 강병찬, 〈제582군부대 부대장 강병찬 자서전〉, 1949. 9. 12, NARA RG242 SA2009
Box10 Item22.17

39 朴順熙, 〈중앙보안간부학교 포병 제2중대 1소대 1분대 대원 박순희 자서전〉, 1947. 8.

9, NARA RG242 SA2009 Box10 Item21.2

40 정인창, 〈평양공업대학 교수 정인창 자서전〉, 1949, NARA RG242 SA2007 Box Item18.1

41 양영숙, 〈평양교원대학 지리과 학생 양영숙 자서전〉, 1949. 4. 22, NARA RG242 SA2007 Box Item20.6

42 진두진, 〈평양교원대학 역사과 학생 진두진 자서전〉, 1949. 4. 21, NARA RG242 SA2007 Box Item19.1

43 이학설, 〈평양교원대학 역사과 학생 이학설 자서전〉, 1949. 4. 22, NARA RG242 SA2007 Box Item19.1

44 이학모, 〈흥남공업대학 교수 이학모 자서전〉, 1948, NARA RG242 SA2007 Box Item18

45 이인범, 〈흥남공업대학 교수 이인범 자서전〉, 1948, NARA RG242 SA2007 Box Item18

46 한남호, 〈강원도 평강고급중학교 교원 한남호 자서전〉, 1949. 10. 31, NARA RG242 SA2011 Box7 Item23

47 장동찬, 〈평안남도 평양 제6중학교 교원 장동찬 자서전〉, 1949. 7. 9.

48 온화성, 〈함경남도 함흥 야간고급중학교 교원 온화성 자서전〉, 1949. 9. 21.

49 변연옥, 〈황해도 재령여자중학교 교원 변연옥 문의서〉, 1949.

50 梁熙鳳, 〈황해도 재령여자중학교 교원 양희봉 자서전〉, 1949.

51 문승무, 〈황해도 재령군 청천중학교 교원 문승무 문의서〉, 1949.

52 김인식, 〈평양교원대학 체육과 학생 김인식 자서전〉, 1949. 4. 21, NARA RG242 SA2007 Box Item20.5

53 염이석, 〈평안남도 평양 제1중학교 교원 염이석 자서전〉, 1949.

54 조경일, 〈평양교원대학 지리과 학생 조경일 자서전〉, 1949. 4. 21, NARA RG242 SA2007 Box Item20.2

55 김병철, 〈강원도 평강고급중학교 교원 김병철 자서전〉, 1949. 10. 30, NARA RG242 SA2011 Box7 Item23

56 권혁중, 〈강원도 평강고급중학교 교원 권혁중 자서전〉, 1949. 5. 1, NARA RG242 SA2011 Box7 Item23

57 이학섭, 〈평양교원대학 노어과 학생 이학섭 자서전〉, 1949. 4. 20, NARA RG242

SA2007 Box Item20.5

58 박양준, 〈조선로동당 제8사단 1연대 2대대 45밀리포소대 세포 박양준 자서전〉, 1951. 1. 30, NARA RG242 SA2011 Box8 Item12

59 임성재, 〈평양의학대학 교수 임성재 자서전〉, 1948. 11. 21, NARA RG242 SA2005 Box8 Item35

60 강의식, 〈황해도 재령군 신원여자중학교 교원 강의식 문의서〉, 1949; 송제만, 〈황해도 재령 제2중학교 교원 송제만 문의서〉, 1949.

61 김창한, 〈평양교원대학 화학과 학생 김창한 평정서〉, 1949. 5. 8, NARA RG242 SA2007 Box Item20.7

62 李順永, 〈황해도 해주기계전문학교 교원 이순영 문의서〉, 1949, NARA RG242 SA2007 Box Item20.3

63 유창술, 〈강원도 금화고급중학교 교원 유창술 평정서〉, 1949. 11. 12, NARA RG242 SA2011 Box7 Item23

64 정영섭, 〈황해도 재령군 제2중학교 교원 정영섭 문의서〉, 1949.

65 金雲鶴, 〈강원도 철원사범전문학교 교원 김운학 자서전〉, 1949. 11. 7, NARA RG242 SA2011 Box7 Item23

66 김상선, 〈강원도 철원고급중학교 교원 김상선 자서전〉, 1949. 10. 20, NARA RG242 SA2011 Box7 Item23

67 홍순옥, 〈평양의학대학 교수 홍순옥 자서전〉, 1948, NARA RG242 SA2005 Box8 Item35

68 李雲俊, 〈황해도 재령군 삼강중학교 교원 이운준 평정서〉, 1949. 7. 15.

69 배준호, 〈평양공업대학 교수 배준호 평정서〉, 1949, NARA RG242 SA2007 Box Item18.1

70 김명준, 〈평양교원대학 노어과 학생 김명준 평정서〉, 1949. 5. 15, NARA RG242 SA2007 Box Item20.5

71 김준섭, 〈평안남도 평양 제12중학교 교원 김준섭 평정서〉, 1949. 10.

72 백신호, 〈평양교원대학 화학과 학생 백신호 평정서〉, 1949, NARA RG242 SA2007 Box Item20.7

73 이규희, 〈평안남도 평양시 통신기계제작소 이규희 추천서〉, 1950. 4. 26, NARA RG242 SA2009 Box2 Item20

74 최순영, 〈평양교원대학 지리과 학생 최순영 평정서〉, 1949, NARA RG242 SA2007
　　Box Item20.2; 고광선, 〈황해도 해주여자고급중학교 교원 고광선 문의서〉, 1949,
　　NARA RG242 SA2007 Box Item20.4

75 김낙형, 〈황해도 재령군 은룡중학교 교원 김낙형 문의서〉, 1949; 김인환, 〈황해도 재
　　령군 신원여자중학교 교원 김인환 문의서〉, 1949.

76 김익준, 〈황해도 재령군 북률여자중학교 교원 김익준 문의서〉, 1949.

77 梁熙鳳, 〈황해도 재령여자고급중학교 교장 양희봉 평정서〉, 1949.

78 장원겸, 〈평양교원대학 지리과 학생 장원겸 평정서〉, 1949, NARA RG242 SA2007
　　Box Item20.6

79 최치헌, 〈평양교원대학 노어과 학생 최치헌 평정서〉, 1949. 5. 15, NARA RG242
　　SA2007 Box Item20.5

80 김순실, 〈평양교원대학 지리과 학생 김순실 평정서〉, 1949. 5. 2, NARA RG242
　　SA2007 Box Item20.6

81 변석해, 〈평양교원대학 지리과 학생 변석해 평정서〉, 1949, NARA RG242 SA2007
　　Box Item20.6

82 현정렬, 〈평안남도 평양 제1고급중학교 교원 현정렬 문의서〉, 1949.

83 김형익, 〈평안남도 평양 제8중학교 교원 김형익 자서전〉, 1949. 5. 19.

84 이정혁, 〈평양교원대학 지리과 학생 이정혁 자서전〉, 1949. 4. 25, NARA RG242
　　SA2007 Box Item20.2

85 정남연, 〈평안남도 평양 제2고급중학교 교원 정남연 자서전〉, 1949. 6. 15.

86 정남연, 〈평안남도 평양 제2고급중학교 교원 정남연 평정서〉, 1949. 5. 11.

87 홍영진, 〈강원도 철원중학교 교원 홍영진 문의서〉, 1949, NARA RG242 SA2011
　　Box7 Item23

88 洪東杓, 〈흥남공업대학 교수 홍동표 자서전〉, 1948. 10. 23, NARA RG242 SA2007
　　Box Item18

89 이규춘, 〈황해도 재령군 삼강중학교 교사 이규춘 문의서〉, 1949.

90 유강, 〈평양교원대학 화학과 학생 유강 평정서〉, 1949. 5. 10, NARA RG242 SA2007
　　Box Item20.7

91 이길선, 〈평안남도 평양 제4중학교 교사 이길선 평정서〉, 1949. 11. 21.

92 김덕윤, 〈평양의학대학 교수 김덕윤 자서전〉, 1948, NARA RG242 SA2005 Box8

제10부 가족

[1] 이복록, 〈강원도 평강축산전문학교 교원 노동인 평정서〉, 1949. 1. 30, NARA RG242 SA2011 Box7 Item23

[2] 김병길, 〈자강도 후창인민학교 교사 박치균 평정서〉, 1949. 6.

[3] 이복록, 〈강원도 평강축산전문학교 교원 송춘모 평정서〉, 1949, NARA RG242 SA2011 Box7 Item23

[4] 姜永煥, 〈평양공업대학 물리강좌장 강영환 평정서〉, 1948, NARA RG242 SA2007 Box Item18.1

[5] 이의혁, 〈황해도 재령군 하성중학교 교사 황충환 평정서〉, 1949.

[6] 김윤배, 〈황해도 재령여자중학교 교사 차인호 평정서〉, 1949. 10. 27.

[7] 김인성, 〈황해도 재령군 서호중학교 교사 김인성 평정서〉, 1949.

[8] 金炳基, 〈황해도 해주공업전문학교 교원 김병기 평정서〉, 1949, NARA RG242 SA2007 Box Item20.3

[9] 김종훈, 〈황해도 해주 제1여자중학교 교사 金彩姬 평정서〉, 1949. 10. 25, NARA RG242 SA2007 Box Item20.3

[10] 이복록, 〈강원도 평강고급중학교 교사 김병철 평정서〉, 1949. 10. 31, NARA RG242 SA2011 Box7 Item23

[11] 박상용, 〈황해도 재령 제2중학교 교사 박상용 평정서〉, 1949.

[12] 강건명, 〈황해도 재령군 삼강중학교 교무주임 李雲俊 평정서〉, 1949. 9. 15.

[13] 박상용, 〈황해도 재령 제2중학교 교사 고영화 평정서〉, 1949.

[14] 고진천, 〈강원도 철원군 영북중학교 교양주임 고진천 자서전〉, 1949, NARA RG242 SA2011 Box7 Item23

[15] 이의혁, 〈황해도 재령군 북률여자중학교 교장 金益俊 평정서〉, 1949.

[16] 이구발, 〈평양 제10중학교 교무주임 이구발 평정서〉, 1949.

[17] 김영우, 〈자강도 자성군 삼풍중학교 수학 교사 김영우 평정서〉, 1949.

[18] 박문주, 〈자강도 초산고급중학교 문학 교사 박문창 평정서〉, 1949. 10. 15.

19 이의혁, 〈황해도 재령군 청천중학교 교무주임 李仁坤 평정서〉, 1949.

20 박시언, 〈자강도 초산 남자고급중학교 교사 김형송 평정서〉, 1949. 10. 28.

21 박상용, 〈황해도 재령 제2중학교 교사 송제만 평정서〉, 1949.

22 한성용, 〈자강도 후창여자중학교 교무주임 전인호 평정서〉, 1949. 10. 22.

23 金達燮, 〈황해도 해주공업전문학교 교원 김달섭 자서전〉, 1949. 10. 12, NARA RG242 SA2007 Box Item20.3

24 박상용, 〈황해도 재령 제2중학교 교사 권인섭 평정서〉, 1949.

제11부 계급

1 이의혁, 〈황해도 재령군 장수중학교 교사 최재건 평정서〉, 1949.

2 이의혁, 〈황해도 재령군 신원중학교 교사 김규성 평정서〉, 1949.

3 이의혁, 〈황해도 재령군 청천중학교 교무주임 李仁坤 평정서〉, 1949.

4 이의혁, 〈황해도 재령군 청천중학교 교사 이용필 평정서〉, 1949.

5 김정배, 〈황해도 해주여자고급중학교 교장 김정배 이력서〉, 1949. 11. 1, NARA RG242 SA2007 Box Item20.4

6 황진우, 〈황해도 해주여자고급중학교 교장 김정배 평정서〉, 1949. 9. 9, NARA RG242 SA2007 Box Item20.4

7 류연락, 〈김일성종합대학 공학부 교수 류연락 이력서〉, 1947, NARA RG242 SA2006 Box12 Item32.1

8 류연락, 〈평양공업대학 화학 강좌장 대리 류연락 자서전〉, 1948. 10. 10, NARA RG242 SA2007 Box Item18.1

9 申建熙, 〈흥남공업대학 학장 신건희 이력서〉, 1948, NARA RG242 SA2007 Box Item18; 申斗熙, 〈흥남공업대학 교수 신두희 이력서〉, 1948. 10. 25, NARA RG242 SA2007 Box Item18

10 이의혁, 〈황해도 재령군 장수중학교 교장 朴奉燮 평정서〉, 1949.

11 정준성, 〈평양교원대학 역사과 학생 정준성 평정서〉, 1949. 5. 2, NARA RG242 SA2007 Box Item19.1

12 이원건, 〈평양교원대학 지리과 학생 이원건 평정서〉, 1949. 5. 2, NARA RG242

SA2007 Box Item20.2

13 임건순, 〈평양교원대학 지리과 학생 임건순 평정서〉, 1949. 5. 12, NARA RG242
SA2007 Box Item20.2

14 김장근, 〈평양교원대학 지리과 학생 김장근 평정서〉, 1949. 5. 12, NARA RG242
SA2007 Box Item20.6

15 용연권, 〈평양사범대학 노어과 학생 용연권 평정서〉, 1949. 5. 15, NARA RG242
SA2007 Box Item20.4

16 方德根, 〈평양공업대학 건설공학부 건축과 교수 방덕근 자서전〉, 1948. 10. 10,
NARA RG242 SA2007 Box Item18.3

17 김초후, 〈평양 제1중학교 교양주임 김초후 평정서〉, 1949.

18 박승해, 〈평양사범대학 화학과 학생 박승해 평정서〉, 1949. 5. 2, NARA RG242
SA2007 Box Item20.7

19 朴順熙, 〈중앙보안간부학교 포병 제2중대 1소대 1분대 대원 박순희 자서전〉, 1947. 8.
9, NARA RG242 SA2009 Box10 Item21.2

20 박상용, 〈황해도 재령 제2중학교 교사 오예숙 평정서〉, 1949.

21 이봉빈, 〈평양사범대학 노어과 학생 이봉빈 자서전〉, 1949. 4. 22, NARA RG242
SA2007 Box Item20.2

22 한증호, 〈평양교원대학 지리과 학생 한증호 평정서〉, 1949. 5. 2, NARA RG242
SA2007 Box Item20.2

23 류명상, 〈평양교원대학 문학과 학생 류명상 자서전〉, 1949. 10. 12.

24 주옥여, 〈평양교원대학 노어과 학생 주옥여 평정서〉, 1949. 4. 28, NARA RG242
SA2007 Box Item20.5

25 이의혁, 〈황해도 재령군 장수중학교 교사 양재규 평정서〉, 1949.

26 변연옥, 〈평양사범대학 화학과 학생 변연옥 평정서〉, 1949. 5. 8, NARA RG242
SA2007 Box Item20.1

27 박태훈, 〈함경남도 갑산군 회린중학교 교장 박태훈 평정서〉, 1949.

28 이창근, 〈평양의학대학 교수 이창근 자서전〉, 1948. 10. 22, NARA RG242 SA2005
Box8 Item35

29 김윤배, 〈황해도 재령 제1중학교 교사 洪性淑 평정서〉, 1949. 10. 25.

30 최인환, 〈강원도 평강고급중학교 교무주임 최인환 자서전〉, 1949. 11, NARA

RG242 SA2011 Box7 Item23

[31] 장동찬, 〈평양 제6중학교 교사 장동찬 자서전〉, 1949. 7. 9.

[32] 윤시종, 〈평양사범대학 화학과 학생 윤시종 자서전〉, 1949. 4. 21, NARA RG242 SA2007 Box Item20.1

[33] 정위균, 〈평양교원대학 지리과 학생 정위균 평정서〉, 1949, NARA RG242 SA2007 Box Item20.2

[34] 정남순, 〈자강도 후창중학교 칠평 분교 교사 정남순 자서전〉, 1949.

[35] 김병길, 〈자강도 후창중학교 칠평 분교 교사 정남순 평정서〉, 1949. 10. 22.

[36] 梁熙鳳, 〈황해도 재령여자중학교 교장 양희봉 자서전〉, 1949.

[37] 한성용, 〈자강도 후창군 칠평인민학교 교양주임 지영국 평정서〉, 1949. 10. 22.

[38] 김석우, 〈함흥의과대학 부설 고급교원양성소 사회과학 강사 김석우 자서전〉, 1948. 11. 21, NARA RG242 SA2006 Box12 Item17.3

[39] 김용묵, 〈평양교원대학 지리과 학생 김용묵 자서전〉, 1949. 4. 21, NARA RG242 SA2007 Box Item20.2

[40] 홍순옥, 〈평양의학대학 교수 홍순옥 자서전〉, 1948, NARA RG242 SA2005 Box8 Item35

[41] 김태하, 〈평양의학대학 교수 김태하 자서전〉, 1948. 10. 22, NARA RG242 SA2005 Box8 Item35

[42] 박시언, 〈자강도 초산고급중학교 체육 교사 김윤태 평정서〉, 1949. 10. 29.

맺음말

[1] 계순희, 〈평양교원대학 수학물리과 학생 계순희 자서전〉, 1949, NARA RG242 SA2007 Box Item19.2

[2] 金容完, 〈강원도 철원군 영평중학교와 영평인민학교 교장 김용완 자서전〉, 1949. 4. 25와 1949. 7. 5, NARA RG242 SA2011 Box7 Item23

찾아보기

[ㅎ]

고백하는 사람들

―자서전과 이력서로 본 북한의 해방과 혁명, 1945~1950

2020년 6월 29일 1판 1쇄 발행

2022년 6월 20일 1판 3쇄 발행

지은이	김재웅
펴낸이	박혜숙
디자인	이보용
펴낸곳	도서출판 푸른역사
	우) 03044 서울시 종로구 자하문로8길 13
	전화: 02)720-8921(편집부) 02)720-8920(영업부)
	팩스: 02)720-9887
	전자우편: 2013history@naver.com
	등록: 1997년 2월 14일 제13-483호

ⓒ 김재웅, 2022

ISBN 979-11-5612-168-8 93900

이 도서는 한국출판문화산업진흥원의
'2020년 우수출판콘텐츠 제작 지원'
사업 선정작입니다.